अनुप्रयुक्त भाषाविज्ञान की व्यावहारिक परख

अनुप्रयुक्त भाषाविज्ञान की व्यावहारिक परख

गुर्रमकोंडा नीरजा

वाणी प्रकाशन

वाणी प्रकाशन
4695, 21-ए, दरियागंज, नयी दिल्ली 110 002

शाखा
अशोक राजपथ, पटना 800 004

फोनः +91 11 23273167 फैक्सः +91 11 23275710

www.vaniprakashan.in
vaniprakashan@gmail.com

ANUPRAYUKTA BHASHAVIGYAN KI VYAVAHARIK PARAKH
by Gurramkaunda Neeraja

ISBN : 978-93-5229-249-3
Linguistics

प्रथम संस्करण
मूल्य : ₹ 495

हर्ष प्रिंटर्स, दिल्ली-110 093 में मुद्रित

वाणी प्रकाशन का लोगो मक़बूल फ़िदा हुसेन की कूची से

श्रद्धेय गुरुवर
प्रो. दिलीप सिंह
के
श्रीचरणों में

भूमिका

'अनुप्रयुक्त भाषाविज्ञान की व्यावहारिक परख' पुस्तक की पांडुलिपि कई दिनों से मेरे हाथ में थी। शुरू से आखीर तक दो बार पढ़ चुका था कि शल्य-चिकित्सा के चक्कर में कुछ महीने बेकाम निकल गये। छह महीने बाद डॉक्टरों से 'नॉर्मल' होने की सनद मिलते ही पढ़ाई-लिखाई फिर से शुरू की तो पुनः यह पांडुलिपि हाथ में ली। वैसे 'बेकामी' वाली अवधि में भी यह पुस्तक सोच-विचार में साथ चलती रही थी। अब धीरे-धीरे, मन्थर गति से सँभल-समझ कर पढ़ना शुरू किया—थोड़ा-थोड़ा करके। इस दौरान पुस्तक के कई प्रकरण वैचारिक भी लगे और विचारणीय भी। यदि पुस्तक के ढाँचे की बात करूँ तो मेरी दृष्टि में यह पुस्तक अलग-अलग लेखों का वर्गीकृत संकलन है। पर इन लेखों का सूत्र एक है—अनुप्रयुक्त भाषाविज्ञान। ऐसे संकलनों में सामान्यतः यह देखने में आता है कि कहीं विचार-शृंखला टूट जाती है या कहीं बीच में कौर के कंकड़ की तरह कोई अनावश्यक प्रकरण अपनी उपस्थिति दर्ज कराने लगता है। मुझे यह देखकर प्रसन्नता हुई कि इस तरह का 'सन्दर्भ-परिवर्तन' पुस्तक में अपनी पैठ नहीं बना सका है क्योंकि एक तो यह कि पुस्तक की व्यापक विषयवस्तु को सन्तुलित ढंग से और सही क्रम में रखा गया है। और दूसरे यह कि लेखिका डॉ. गुर्रमकोंडा नीरजा मूलतः तेलुगुभाषी हैं और तमिल, अंग्रेजी और हिन्दी भाषा पर भी उनकी कौशलयुक्त दक्षता है। साथ ही वे एक सक्षम अनुवादिका भी हैं। अर्थात् भाषासिद्धान्तों के अनुप्रयोग को वे अपने जीवन में भी साधती रही हैं। इसीलिए जगह-जगह यह सुखद आभास होता है कि अनुप्रयुक्त भाषाविज्ञान की व्यावहारिक परख करने में इस 'वैयक्तिक बहुभाषिकता' तथा 'अनुवाद-कार्य' के दौरान व्यतिरेकी विश्लेषण के अभ्यास ने उनकी भरपूर मदद की है।

आधुनिक भाषाविज्ञान की यह प्रसिद्ध मान्यता है कि किसी भी प्रकार के अनुप्रयोग का प्रस्थान-बिन्दु 'विश्लेषण' होता है। और यह भी कि इस खास किस्म के विश्लेषण में भाषावैज्ञानिक सिद्धान्तों का अनुप्रयोग भिन्न-भिन्न प्रकार की सामग्री (डेटा) पर किया जाता है। लेखिका ने इस मान्यता को अपनाते हुए सैद्धांतिक भाषाविज्ञान की इकाईगत स्थापनाओं तथा तदनुरूप 'सामग्री' का उपयुक्त चयन किया है। 'सामग्री विश्लेषण' के लिए समसामयिक भाषाविज्ञान की

महत्त्वपूर्ण 'अवधारणाओं' का चयन भी डॉ. जी. नीरजा की इस पुस्तक के व्यापक अध्ययन क्षेत्र और इन क्षेत्रों में उनकी गहरी रुचि का परिचायक है।

इस पुस्तक की रूपरेखा एवं इसकी सामग्री सुचिंतित ढंग से प्रस्तुत और विश्लेषित की गयी है। यह एक कटु सत्य है कि आज के अकादमिक माहौल में हिन्दी और भारतीय भाषाओं को लेकर इस तरह का लेखन विरल होता जा रहा है। भाषावैज्ञानिक सिद्धान्तों का अनुप्रयोग करते हुए जब इस तरह के 'पाठ-केन्द्रित' अध्ययन दिखाई देते हैं तो अपार सन्तोष मिलता है कि 'भाषा और पाठ' के परिप्रेक्ष्य में विशिष्ट सन्दर्भों और परिस्थितियों से बँधी भाषा/भाषाओं के विश्लेषण द्वारा विभिन्न भाषा-प्रकार्यों को देखने-समझने की परम्परा अभी कायम है। किसी भी भाषा-समाज के सन्दर्भ में इस 'परम्परा' अथवा 'विश्लेषण प्रणाली' (अनुप्रयुक्त) की गम्भीरता, गहराई और उपादेयता पर भी लेखिका ने इस पुस्तक में पर्याप्त प्रकाश डाला है।

पुस्तक का प्रत्येक खंड एवं सम्बद्ध आलेख बड़ी ही तन्मयता के साथ लिखे गये हैं। इस तन्मयता का ही परिणाम है कि हिन्दी भाषा के साहित्यिक और साहित्येतर पाठों के विश्लेषण में यह सफल हो सकी है और इस तथ्य को उजागर कर सकी है कि कोई भी भाषा (इस अध्ययन में हिन्दी भाषा) अलग-अलग सामाजिक परिस्थितियों और प्रयोजनों में अलग-अलग ढंग से बरती ही नहीं जाती, बल्कि भिन्न प्रयोजनों में प्रयुक्त होते समय अपनी अकूत अभिव्यंजनात्मक क्षमता को भी अलग-अलग संरचनाओं में ढाल कर अलग-अलग तरीकों से सिद्ध करती है। पुस्तक में उद्धरित इस सैद्धांतिक कथन को डॉ. जी. नीरजा ने लगता है कि अपनी 'परख' में शब्दशः उतार दिया है—

'अनुप्रयुक्त भाषाविज्ञान को आज आधुनिक भाषाविज्ञान का संक्रियात्मक क्षेत्र माना जाता है। भाषाविज्ञान का मूल कार्य है—भाषा की आन्तरिक प्रकृति पर प्रकाश डालना तथा भाषा सम्बन्धी तथ्यों का संकलन और विश्लेषण करना, इसके लिए भाषाविज्ञान अनेक सिद्धान्तों का प्रतिपादन करता है। भाषाविज्ञान द्वारा प्रयुक्त सिद्धान्तों का अनुप्रयोग भाषाविज्ञान, भाषा-उपभोक्ता की आवश्यकताओं की पूर्ति के लिए करता है। इस प्रकार अनुप्रयुक्त भाषाविज्ञान के कई ऐसे क्षेत्र हमारे सामने आते हैं जो उपभोक्ता की आवश्यकताओं द्वारा नियंत्रित लक्ष्य का परिणाम होते हैं।'

'भाषा-प्रयोजन' के विस्तीर्ण होते जा रहे नक्शे ने वैश्विक स्तर पर इस बात में तनिक भी सन्देह की गुंजाइश नहीं छोड़ी है कि पिछली आधी सदी में भाषा से भाषा-उपभोक्ता (प्रयोक्ता-यूज़र) की अपेक्षाएँ बहुत बढ़ गयी हैं। वास्तविकता यह भी है कि पिछले कुछ दशकों से भाषा-प्रयोक्ता की इन्हीं अपेक्षाओं की आपूर्ति अनुप्रयुक्त भाषाविज्ञान करता आ रहा है। 'सामाजिक आवश्यकता' के जरूरी उद्देश्य की पूर्ति में आधुनिक मानव भाषाओं ने भी अपनी तथाकथित भाषायी रूढ़ियों तथा 'आदर्श भाषारूप' के निर्वाह की ज़िद को तिलांजलि दे कर अपने प्रयोक्ता

को 'प्रयोग' की वैविध्यपूर्ण संरचनाएँ प्रदान करने में तनिक भी संकोच नहीं किया। स्वाभाविक है कि 'माँग और आपूर्ति' की इस भाषिक प्रक्रिया को सम्भव बनाने में अनुप्रयुक्त भाषाविज्ञान की 'संक्रियात्मक भूमिका' सर्वोपरि रही। इस 'सर्वोच्चता' का एक ही प्रसंग पर्याप्त होगा कि आधुनिक भाषाविज्ञान की 'व्यावहारिकता' अथवा प्रयोक्ता/प्रयोग सापेक्ष विकल्पनों के विश्लेषण की जो अनगिनत प्रविधियाँ आज हमें उपलब्ध हैं वे हमें अनुप्रयुक्त भाषाविज्ञान की भिन्न-भिन्न शाखाओं से ही मिली हैं। इस पुस्तक के सम्बन्ध में एक सराहनीय बात यह भी है कि लेखिका ने इसमें अनुप्रयुक्त भाषाविज्ञान के **सीमित** (भाषाशिक्षण) तथा **व्यापक** (समाजभाषा विज्ञान, अनुवाद विज्ञान, शैलीविज्ञान) इन दोनों ही सन्दर्भों या कहें शाखाओं को समेटने का यत्न किया है। पुस्तक के सीमित कलेवर में ऐसा कर पाना कठिन रहा होगा पर डॉ. जी. नीरजा ने ऐसा कर पाने में सफलता अर्जित की है।

आधुनिक भाषाविज्ञान की यह भी मान्यता है कि सटीक भाषा-सिद्धान्त वही माना जाएगा जो उस सामग्री का 'पूर्ण' एवं 'तार्किक' विश्लेषण कर पाने में समर्थ हो जिस पर उसका अनुप्रयोग किया जाना है, अथवा किया जा रहा है। और तभी बाह्य-भाषावैज्ञानिक क्षेत्रों में किए गये भाषायी अनुप्रयोगों को भाषावैज्ञानिक सिद्धान्तों के अनुप्रयोग की उत्तम 'संक्रिया' कहा जा सकेगा। पुस्तक की विश्लेषणात्मक संक्रिया सीमित सामग्री के होते हुए भी 'पूर्ण' एवं 'तार्किक' है।

इस बात से आज देश-विदेश के सभी अनुप्रयुक्त भाषावैज्ञानिक सहमत हैं कि व्यतिरेकी भाषाविज्ञान, समाजभाषाविज्ञान, शैलीविज्ञान, अनुवादविज्ञान, कोशविज्ञान, भाषाशिक्षण आदि व्यावहारिक क्षेत्रों में अनुप्रयुक्त भाषाविज्ञान की भूमिका सर्वोपरि है। इतनी महत्त्वपूर्ण कि इन सबको अनुप्रयुक्त भाषाविज्ञान की शाखाएँ माना गया है—भाषाशिक्षण को तो इसका पर्याय तक कहा जाने लगा था। प्रस्तुत पुस्तक में सबसे पहले 'अन्य भाषा शिक्षण' के क्षेत्र को द्वितीय भाषा के रूप में हिन्दी शिक्षण पर बल देते हुए विवेचित किया गया है। इस चर्चा में लेखिका ने भाषिक सिद्धान्तों के 'अनुप्रयोग' की अनेक श्रेणियों को 'व्यतिरेकी विश्लेषण' (कंट्रास्टिव एनालिसिस) की अनेक प्रविधियों द्वारा सामने रखा है—स्वाभाविक है कि यह सुचिंतित विश्लेषण दो भाषाओं हिन्दी-तेलुगु की 'भाषायी सामग्री' पर आधारित है जिसे क्रमशः भाषिक-संरचना, भाषा-विकल्पन और आखीर में समाज-सांस्कृतिक तथ्यों की भाषिक परिणति को व्यतिरेकी विवरण देकर पुष्ट एवं वैज्ञानिक रूपाकार प्रदान किया गया है। पुस्तक का यह पूरा हिस्सा 'अनुप्रयोग' की 'व्यावहारिकता की परख' की दृष्टि से सर्वथा स्पष्ट एवं संक्षिप्त है। दो सजातीय भाषाओं की संरचना एवं प्रयोगगत भिन्नता के पीछे निहित पारिवारिक और सामाजिक स्तर भेदों (स्ट्रेटिफिकेशन्स) की ओर भी संकेत दिये गये हैं, जो आगे 'समाज और भाषा' तथा 'अनुवाद' वाले खंडों में उभरकर सामने आते हैं, और भाषा की समाज-सांस्कृतिक एवं प्रयोगगत

विभिन्नताओं पर बहुरेखीय प्रकाश डालते हैं। भाषा, भाषा-भेदों तथा बोलियों के समुच्चय से निर्मित भारतीय भाषाओं के यथार्थ को इस पुस्तक के लगभग सभी खंडों में पहचानने की कोशिश की गयी है—टुकड़ों-टुकड़ों में, जिसे इस किताब की एक बड़ी उपलब्धि कहा जा सकता है। यह भी सराहनीय है कि ये सारे टुकड़े परस्पर जुड़कर 'अनुप्रयुक्त भाषाविज्ञान' तथा उसकी क्षेत्र केन्द्रित (फील्ड स्पेसेफ़िक) विश्लेषण-प्रक्रिया की भी एक सुथरी तस्वीर रच पाये हैं।

इस पुस्तक के पूरे सैद्धान्तिक कलेवर में जगह-जगह यह कहा गया है और इसकी पाठ-विश्लेषण-प्रणाली से भी यह तथ्य छन कर निकलता है कि मनुष्य, किसी भी समाज में जन्म लेते ही 'भाषा-दर्शन', 'भाषा का समाजशास्त्र' और 'भाषा-समाज का मनोविज्ञान' से स्वतः बँधता चला जाता है। मनुष्य की भाषा-अधिगम प्रक्रिया, उसके समाजीकरण एवं उसके व्यक्तित्व-निर्माण में कमोबेश इन तीनों की भूमिका अनिवार्यतः रहती है। सम्भवतः इसीलिए आधुनिक भाषाविज्ञान की यह मान्यता है कि मानव समाज के लिए भाषा एक बहुआयामी यथार्थ है अथवा 'व्यवस्थाओं की व्यवस्था' है। भाषा की यह 'बहुआयामिता' भाषायी सिद्धान्तों के अनुप्रयोग की पड़ताल से और भी प्रभावी ढंग से उजागर होती जाती है। यही 'पड़ताल' सम्भवतः इस पुस्तक का मूलभूत अभिप्रेत अथवा लक्ष्य है।

यह अभिप्रेत पुस्तक के 'भाषाशिक्षण और व्यतिरेकी विश्लेषण' वाले अंश के भीतर से साफ प्रतिध्वनित होता है क्योंकि इसमें लगभग सभी समाजभाषावैज्ञानिक संकल्पनाएँ समाहित हैं। यह तो माना ही जा चुका है कि इनके अभाव में 'व्यावहारिक भाषा' की पहचान सम्भव ही नहीं है। यह बात भी अब सर्वमान्य है कि व्यावहारिक (Functional) और बोधात्मक (Cognitive) पक्ष के अधिगम में 'समाज-भाषिक' तथ्यों का यथोचित समावेश 'भाषा शिक्षण' को करना ही पड़ता है। वैसे तो इन तथ्यों के बिना अथवा इनकी त्रुटिपूर्ण समझ (Understanding) से उत्पन्न अनुवाद, शैलीविज्ञान और कोश-विज्ञान की अनुप्रयोगात्मक प्रक्रिया को भी अब सही या वैज्ञानिक नहीं माना जाता—अनुवाद और द्विभाषिक कोश निर्माण में 'द्वि-निर्देशी' (बाई-डॉयरेक्शनल) और शैलीविज्ञान में 'पाठ-केन्द्रित' होकर यह प्रक्रिया हमारे समक्ष आती है। पुस्तक में कोड-मिश्रण, भाषाद्वैत, भाषा-प्रकार जैसी संकल्पनाओं को हिन्दी-तेलुगु व्यतिरेक के साथ लेखिका ने देखा है तथा भाषाई-सम्प्रेषण में इनकी महती भूनिका को एक पृष्ठभूमि की तरह हमारे समक्ष रखा है। 'पृष्ठभूमि' इसलिए कि पुस्तक का एक पूरा खंड 'समाजभाषाविज्ञान' पर केन्द्रित है जिसमें लेखिका ने 'समाजशैली विज्ञान' को आधार बनाकर 'भाषासिद्धान्तों' का अनुप्रयोग किया है। उदाहरण के लिए सर्वनाम प्रयोग के 'समाज-संदर्भित' वैविध्यों को 'गोदान' के माध्यम से विश्लेषित किया गया है। नाते-रिश्ते की शब्दावली की प्रयोगगत परख हिन्दी के भिन्न 'कथा-पाठों' द्वारा की गयी है। 'दलित आत्मकथाओं का सामाजिक

संदर्भ' साहित्यिक या आलोचनात्मक अध्ययन अधिक बन गया। कमोबेश ऐसी ही स्थिति 'स्त्री-विमर्श' वाले आलेख की भी है। पर 'दलित भाषा' और 'स्त्री-भाषा' पर सार्थक बहस उठा देने से यह 'पाठ' 'अनफिट' होने से बच गया है।

किताब का 'अनुवाद' सम्बन्धी खंड ठोस है। लेखिका स्वयं एक समर्थ अनुवादिका हैं। अतः इस खंड की बनावट में उनकी व्यावहारिक दृष्टि की झलक बराबर मिलती चलती है। घटकीय (कम्पोनेंशियल) विश्लेषण की समस्याओं पर किया गया विमर्श गहराई और सूक्ष्मता लिए हुए है। इसी कड़ी में 'अनुवाद समीक्षा' के अन्तर्गत 'दिनकर' की चर्चित काव्यकृति 'कुरुक्षेत्र' के अंग्रेजी अनुवाद को लेकर शब्द और अभिव्यक्ति के धरातल पर एक के बाद एक घटकों के संरचनात्मक तथा समाज-सांस्कृतिक अन्तरों को 'अनुवादनीयता' के परिप्रेक्ष्य में उभार दिया है। 'बच्चन की अनुवाद विषयक मान्यताएँ' एक जानकारी भरा आलेख है। इसकी प्रस्तुति रोचक एवं पठनीय है। 'साहित्येतर अनुवाद की समस्याएँ, मनोविज्ञान विषयक अनुवाद को आधार बना कर चला है पर इसकी सामग्री (डेटा) इतनी सीमित है कि समस्या को प्रयुक्तिगत विस्तार नहीं मिल पाता। 'अनुवाद समीक्षा' की दृष्टि से इस खंड में बहुत कुछ मूल्यवान है।

मेरी दृष्टि में शैलीवैज्ञानिक अध्ययन वाला अंश भी प्रभावशाली है। प्रतापनारायण मिश्र के निबन्ध 'शिवमूर्ति' का भाषिक विश्लेषण इसलिए भी नवीन लगता है कि इसमें 'पाठ' को विराम-चिह्नों को आर्थी-घटक के रूप में सामने रखकर भी देखा गया है। 'स्वतन्त्रता के पाठ की भाषा' भी नयापन लिए हुए है क्योंकि यह हिन्दी भाषा की समाज-राजनैतिक प्रयुक्ति के साहित्यिक पाठ में समावेश से सम्बन्धित है। शमशेर तथा अज्ञेय की काव्य-भाषा पर विचार करने वाले दोनों आलेख परोक्षतः 'कविता की भाषा' पर खास-खास शैलीवैज्ञानिक मुद्दों को उठाने के कारण लेखिका की हिन्दी कविता तथा हिन्दी काव्य-भाषा के विषय में तात्विक जानकारी की खरी कसौटी हैं।

'शैलीविज्ञान' के ही अंग प्रयोजनमूलक भाषा अथवा प्रयुक्ति-विश्लेषण के लिए लेखिका ने अपेक्षाकृत नये क्षेत्रों (फील्ड्स) का चयन किया है—विज्ञापन, प्रिंट मीडिया और टी.वी. विज्ञापन। मुझे यह देखकर बहुत अच्छा लगा कि इनकी चयनित सामग्री अद्यतन है और विश्लेषण-प्रक्रिया पोर-पोर वर्गीकृत। यह अध्ययन हिन्दी भाषा की मानक संरचना के व्यावहारिक या वैविध्यपूर्ण या आधुनिक बनने-बनाने की प्रक्रिया की ओर भी इशारा करता है—यह इस खंड की अन्य विशेषता है।

इस पुस्तक के दो आलेख 'प्रेरक' की कोटि के हैं। एक दक्षिण भारत हिन्दी प्रचार सभा मद्रास से सम्बद्ध है और दूसरा गाँधी जी के भाषा-चिन्तन से। मेरा इस संस्था से लम्बा और गहरा सम्बन्ध रहा है अतः स्वाभाविक है कि भावात्मक स्तर पर इन लेखों ने मुझे खूब प्रभावित किया है। दोनों की भूमिकाएँ राष्ट्रभाषा और सम्पर्क भाषा हिन्दी के विस्तार, प्रचार-प्रसार तथा व्यावहारिक स्तर के विकास से आबद्ध

हैं। प्रेरक यह भी है कि परतन्त्र भारत में 'हिन्दी भाषा' की भूमिका को राष्ट्रीय, सांस्कृतिक एवं भावात्मक एकता के लिए निर्धारित करते हुए राष्ट्रभाषा के रूप में इसे मान्यता दिलवाने तथा सम्पर्क भाषा के रूप में उसकी अखिल भारतीय व्याप्ति को प्रमाणित करने के जो प्रयत्न किये गये उनका लेखा-जोखा है। दक्षिण भारत हिन्दी प्रचार सभा के उच्चशिक्षा और शोध संस्थान के चारों केन्द्रों (चेन्नई, हैदराबाद, एर्णाकुलम, धारवाड़) में किये-कराये गये कुछ महत्त्वपूर्ण भाषा केन्द्रित शोध-प्रबन्धों की संक्षिप्त सूची देकर लेखिका ने यह भी दर्शा दिया है कि अनुप्रयुक्त भाषाविज्ञान के बृहत् क्षेत्रों में से किसी एक को चुनकर दक्षिण भारत में हिन्दी-शोध की एक परम्परा बन चुकी है। शोधार्थियों के लिए इस तरह के अध्ययन उन्हें बौद्धिकता एवं मौलिकता की दृष्टि से तो सन्तोष दे ही रहे हैं, 'प्रोफेशनली' भी उन्हें लाभ पहुँचा रहे हैं।

पाँच भाषा-विवेचकों के विचारों को अन्त में स्थान देने से पुस्तक के सभी खंडों को मानो अतिरिक्त प्रकाश मिल गया है। क्योंकि ये विचार सीधे पिछले खंडों से जुड़ते चले जाते हैं और उन्हें विस्तार देने के साथ ही भाषा-सम्बन्धी चिन्तन की भिन्न धाराओं को परखने की दिशा भी देते हैं। एक ओर इसमें प्रेमचन्द (गद्यकार) और अज्ञेय (कवि) के भाषा-विचार हैं जिनमें हिन्दी के विकास और उसकी साहित्यिक रचनात्मकता पर चर्चा है। दूसरी ओर इसमें पं. विद्यानिवास मिश्र शामिल हैं जिनकी भाषा-तात्विक दृष्टि संस्कृतगर्भित और आधुनिक भारतीय चिन्तन का अनूठा सम्मिश्रण है। फिर प्रो. रवीन्द्रनाथ श्रीवास्तव के और मेरे (प्रो. दिलीप सिंह) प्रमुख भाषावैज्ञानिक विचारों का समावेश किया गया है। प्रो. श्रीवास्तव भारत में अनुप्रयुक्त भाषाविज्ञान के जनक माने जाते हैं; विशेषकर 'हिन्दी भाषा' के लिए 'अनुप्रयोग' की दिशाएँ प्रशस्त करने के कारण—खासकर भाषाशिक्षण, शैलीविज्ञान और समाजभाषाविज्ञान के स्तर पर। मैंने कुछ खास नहीं किया है—इन्हीं भाषाविचारकों के कार्य को व्यावहारिक जामा भर पहनाया है। इन पर खुद भी काम किया और विद्यार्थियों से भी कराया। यह स्पष्ट शब्दों में कहा जा सकता है कि ये सभी विचार-सरणियाँ मिलकर 'अनुप्रयुक्त भाषाविज्ञान' की वह अपेक्षित छवि उभारती हैं जिन्हें लेखिका ने इस पुस्तक के माध्यम से उकेरने का प्रयास किया है। मैं अपनी तरफ से यह भी कहना चाहूँगा कि इन पाँच विचारकों के भाषा सम्बन्धी विचारों ने मिलकर इस पुस्तक की उपादेयता एवं गम्भीरता को बिना कुछ और कहे ही सिद्ध कर दिया है।

अन्त में बस इतना ही कि 'अनुप्रयुक्त भाषाविज्ञान की व्यावहारिक परख' डॉ. जी. नीरजा के अथक परिश्रम का परिणाम है। लेखिका की विषय के प्रति गहन आस्था पुस्तक के शब्द-शब्द से झलकती है। सुदूर दक्षिण में बैठ कर इस तरह की किताब तैयार करने का साहस दिखाने के लिए मैं व्यक्तिगत तौर पर डॉ. जी. नीरजा

को साधुवाद देता हूँ। श्री अरुण माहेश्वरी, प्रबन्ध निदेशक, वाणी प्रकाशन, नयी दिल्ली ने इस पुस्तक के प्रकाशन में रुचि दिखाकर इस प्रकार के विरल होते जा रहे लेखन को प्रोत्साहित किया, वे मेरे धन्यवाद के पात्र हैं।

मुझे पूर्ण विश्वास है कि यह पुस्तक भाषाविज्ञान में रुचि रखने वाले अध्येताओं को पसन्द आएगी तथा हिन्दीतर भाषाभाषी हिन्दी अध्यापकों तथा छात्र-छात्राओं को उपादेय लगेगी।

–दिलीप सिंह

मातृ-दिवस
2015

शुभाशंसा

हमारी परम्परा ने पंचभूतों की उत्पत्ति चिदाकाश से मानी है जिसमें नाद, शब्द, वाक् या भाषा व्याप्त है। इसीलिए हमारा सारा चिन्तन भाषामूलक है। वाक् और अर्थ के सम्बन्धों को समझने के लिए ही भाषाविज्ञान और काव्यशास्त्र विकसित हुए हैं। ये दोनों एक दूसरे को प्रभावित तो करते ही हैं, प्रतिच्छादित भी करते हैं। इन दोनों में भी भाषाविज्ञान अपेक्षाकृत अधिक वैज्ञानिक है और अपनी वैज्ञानिक विश्लेषण प्रक्रिया के कारण अनुप्रयोग की अनंत संभावनाएँ भी प्रस्तुत करता है। अनुप्रयोग से जुड़कर भाषाविज्ञान के सिद्धान्त विभिन्न ज्ञान शाखाओं का विस्तार करते हुए नित्य नए क्षितिजों का उद्‌घाटन कर रहे हैं। इससे अनुप्रयुक्त भाषाविज्ञान के कई क्षेत्र सामने आए हैं। भाषा शिक्षण, अनुवाद विज्ञान, शैलीविज्ञान, समाजभाषाविज्ञान, मनोभाषाविज्ञान, संचार अभियांत्रिकी, कंप्यूटर विज्ञान आदि क्षेत्रों में भाषाविज्ञान के अनुप्रयोग ने नई संभावनाओं को उजागर किया है। इसलिए अनुप्रयुक्त भाषाविज्ञान की अलग अलग क्षेत्रों में व्यावहारिक परख भी आवश्यक हो गई है। डॉ. गुर्रमकोंडा नीरजा की यह पुस्तक इसी दृष्टिकोण से लिखी गई है।

लेखिका डॉ. गुर्रमकोंडा नीरजा को दक्षिण भारत में हिन्दी के अध्ययन-अध्यापन, पठन-पाठन और तत्सम्बन्धी शोधकार्य का अच्छा अनुभव है। वे समाजभाषिकी, अनुवाद, भाषा शिक्षण, व्यतिरेकी विश्लेषण, संचार, पत्रकारिता और साहित्यालोचन से व्यावहारिक रूप से प्रत्यक्षतः जुड़ी हुई हैं और इन विषयों पर प्रायः सोचती, पढ़ती और लिखती रहती हैं। यह पुस्तक उनके भाषा-साहित्य के स्वाध्याय और साधना का प्रीतिकर प्रतिफलन है। लेखिका ने अनुप्रयुक्त भाषाविज्ञान के विभिन्न मुद्दों को आत्मसात करके उन्हें सोदाहरण सरल एवं सटीक भाषाशैली में इस पुस्तक में पिरोया है।

सात खण्डों वाली इस पुस्तक की प्रस्तुति पूर्णतः तर्कसंगत और क्रमिक विकास की दृष्टि से सोपानबद्ध है। 'अनुप्रयुक्त भाषाविज्ञान' खण्ड में भाषा अध्ययन की दृष्टियों पर चर्चा करते हुए अनुप्रयोग के कुछ महत्वपूर्ण क्षेत्रों पर प्रकाश डाला गया है। इस संक्षिप्त पीठिका के साथ अनुप्रयुक्त भाषाविज्ञान की व्यावहारिक परख की ओर अगले छह खण्डों में क्रमशः प्रस्थान किया गया है। इस प्रस्थान के बिन्दु हैं—भाषा शिक्षण, अनुवाद विमर्श, साहित्य पाठ विमर्श या शैलीवैज्ञानिक विश्लेषण, प्रयोजनमूलक भाषा विमर्श, समाजभाषिक विमर्श और भाषाचिन्तन।

इसमें सन्देह नहीं कि यह पुस्तक अनुप्रयुक्त भाषाविज्ञान के अनेक आयामों की व्यावहारिकता को उद्‌घाटित करने के साथ साथ उनका परीक्षण एवं मूल्यांकन भी करती है। इस दृष्टि से डॉ. गुर्रमकोंडा नीरजा की यह कृति भाषा और साहित्य, दोनों ही के जिज्ञासु पाठकों और शिक्षकों के लिए अत्यंत उपादेय सिद्ध होगी तथा नई पीढ़ी को अनुप्रयुक्त भाषाविज्ञान की ओर आकृष्ट करने में भी सफल होगी, ऐसा मेरा विश्वास है।

शुभकामनाओं सहित

25 अप्रैल, 2015

–ऋषभ देव शर्मा

अनुक्रम

खण्ड 1 : अनुप्रयुक्त भाषाविज्ञान

खण्ड 2 : भाषा शिक्षण

खण्ड 3 : अनुवाद विमर्श

खण्ड 4 : साहित्य पाठ विमर्श (शैलीवैज्ञानिक विश्लेषण)

खण्ड 5 : प्रयोजनमूलक भाषा

खण्ड 6 : समाजभाषिकी

खण्ड 7 : भाषा विमर्श में अनुप्रयोग

अनुप्रयुक्त भाषाविज्ञान

भाषाविज्ञान के आधार

भाषाविज्ञान की विषयवस्तु मूलतः भाषा है और इसकी अध्ययन प्रणाली वैज्ञानिक है। इसीलिए भाषाविज्ञान को व्यापक दृष्टि से भाषा के वैज्ञानिक अध्ययन के रूप में स्वीकार किया जाता है। इसकी परम्परा अत्यंत प्राचीन है। आधुनिक भाषाविज्ञान के जनक सस्यूर (फर्दिनेंड द सस्यूर, 1857-1913, 'Cours de linguistique generale = Course in General Linguistics, 1916) ने भाषा के सन्दर्भ में 'भाषा व्यवस्था' (लांग/Long) और 'भाषा व्यवहार' (परोल/Parole) के युग्म को उभारा। 'लांग'/ भाषा व्यवस्था भाषा का वह रूप है जो हर बोलने वाले के मस्तिष्क में होता है। दूसरी ओर 'परोल'/ भाषा व्यवहार भाषा का प्रयुक्त रूप है। इसे 'प्रयुक्त भाषा' भी कहा जा सकता है। इस सन्दर्भ में रवीन्द्रनाथ श्रीवास्तव का कथन उल्लेखनीय है कि "भाषा व्यवहार न केवल भाषा का व्यक्त भौतिक घटना रूप है बल्कि व्यक्ति के अपने वैयक्तिक संदर्भों से जुड़े होने के कारण वह भाषा का व्यष्टि रूप भी है। यही कारण है कि भाषा व्यवहार अपने प्रतिफलित रूप में वैविध्यपूर्ण और विषमरूपी है। भाषा व्यवस्था, समूहगत अनुबंध का परिणाम होती है जो व्यक्ति की अपनी इच्छा से परे होती है। यह प्रतीकों की अर्थवत्ता से निर्मित मानसिक व्यवस्था होती है। भाषा व्यवस्था सामाजिक संस्थान (इंस्टिट्यूशन) की तरह एक सामाजिक वास्तविकता है जो व्यक्ति से जुड़ी रहकर भी व्यक्ति की अपनी सीमाओं से मुक्त होती है।" (रवीन्द्रनाथ श्रीवास्तव, 'आधुनिक भाषाविज्ञान और भारतीय भाषा चिन्तन', भाषाविज्ञान : सैद्धान्तिक चिन्तन, पृ. 16-17)। अतः यह कहा जा सकता है कि भाषा से संबंधित सूक्ष्म और विस्तृत अध्ययन के रूप में भाषाविज्ञान सामने आया है।

भाषाविज्ञान के उस प्रकार को सामान्य भाषाविज्ञान (General Linguistics) कहते हैं जिसमें भाषा विशेष की ओर अपनी दृष्टि न डालकर सामान्य भाषा की ओर हम अपनी दृष्टि डालें तथा अपना अध्ययन भाषा विषयक सामान्य बातों तक ही सीमित रखें। जैसे सबसे पहले भाषाएँ कैसे जन्मी होंगी, भाषा में विकास या परिवर्तन कैसे-कैसे होता है और क्यों होता है, उन परिवर्तनों के पीछे निहित कारण क्या है आदि। भाषाओं से संबंधित इस प्रकार की अनेक बातों का अध्ययन सामान्य भाषाविज्ञान में किया जाता है।

स्मरणीय है कि भाषा संप्रेषण (Communication) का सशक्त साधन है। मानव सिर्फ अपने आप से बात करने या विचार करने के लिए भाषा अर्जित नहीं करता बल्कि अपने आपको समाज से जोड़ने के लिए तथा संप्रेषण के लिए अर्जित करता है। भाषा के माध्यम से ही मानव जैविक जंतु से समाज-सांस्कृतिक प्राणी के रूप में परिवर्तित होता है। इस प्रक्रिया को समाजीकरण (Socialization) कहा जाता है। भाषा समाज में व्यवहृत होती है। समाज के अभाव में भाषा का कोई अस्तित्व नहीं होता और भाषा के अभाव में समाज का विकास संभव नहीं। भाषा और समाज के बीच धुरी है मनुष्य। अनेक विद्वानों ने भाषा को परिभाषित करने का प्रयास किया है। सामान्य रूप से कहा जाए तो मानव द्वारा विचार करने और आपस में व्यवहार करने के लिए जिन ध्वनि प्रतीकों का प्रयोग किया जाता है वह 'भाषा' है। डेविड क्रिस्टल की मान्यता है कि भाषा परिवर्तन अपरिहार्य (inevitable), निरन्तर (continuous), सार्वभौमिक (universal) तथा बहुआयामी (multidirectional) है। (Language change is inevitable, continuous, universal and multidirectional. Languages do not get better or worse when they change. They just change. David Crystal)। जो शास्त्र भाषा के बारे में सैद्धान्तिक रूप से व्यवस्थित ढंग से विचार करता है वह 'सैद्धान्तिक भाषाविज्ञान' (Theoretical Linguistics) कहलाता है तथा इस सैद्धान्तिक भाषाविज्ञान का अनुप्रयोग करने वाले शास्त्र का नाम है 'अनुप्रयुक्त भाषाविज्ञान' (Applied Linguistics).

इस प्रकार भाषाविज्ञान वह विद्याशाखा है जो भाषा की व्युत्पत्ति, स्वरूप, विकास आदि का व्यापक ढंग से वैज्ञानिक एवं विश्लेषणात्मक अध्ययन करती है। भाषगविज्ञान वस्तुतः दो शब्दों के योग से बना है—भाषा और विज्ञान। यह पहले भी संकेत किया जा चुका है कि भाषा विचार-विनिमय का सशक्त साधन है। विज्ञान अर्थात विशिष्ट ज्ञान या अध्ययन। अनेक शब्दकोशों में भाषाविज्ञान का अर्थ इस प्रकार दिया गया है—

चेम्बर्स शब्दकोश के अनुसार 'The Science of language, the study of etymology, grammar, rhetoric and literary criticism is linguistics.'

वेबस्टर शब्दकोश के अनुसार 'The science dealing with the origin, structure, history, regional variations and phonetic attributes of language is linguistics.'

ऑक्सफोर्ड शब्दकोश के अनुसार 'The scientific study of language and its structure.'

भाषावैज्ञानिकों के लिए भाषा एक साथ साध्य और साधन दोनों है क्योंकि वे भाषा के माध्यम से भाषा का अध्ययन करते हैं। प्रो. रवीन्द्रनाथ श्रीवास्तव कहते हैं कि 'जिस वस्तु का वे अध्ययन-विश्लेषण करते हैं उसे 'वस्तु-भाषा' (Objective Language) कहा जाता है और जिसके माध्यम से वे 'वस्तु-भाषा' का अध्ययन विश्लेषण करते हैं उसे 'निरूपक-भाषा' (Meta Language) कहा जाता है। सैद्धान्तिक भाषाविज्ञान (Theoretical Linguistics) के केन्द्र में निरूपक भाषा (Meta Language) होती है। उसका मूलभूत उद्देश्य वस्तु-भाषा (Objective Language) से संबंधित सिद्धान्तों का प्रतिपादन करना और उन सिद्धान्तों के आधार पर विश्लेषण-विधि (Analytic Method) और प्रणाली तंत्र का विकास करना है। वास्तव में सैद्धान्तिक भाषाविज्ञान केवल उन्हीं भाषाओं की प्रकृति का पता नहीं लगाता जो आज व्यवहार में हैं, बल्कि वह अपने अध्ययन क्षेत्र के भीतर उन सभी भाषाओं को भी समेटता है जो कभी पहले थीं और जिनकी भविष्य में होने की संभावना है।

आधुनिक भाषाविज्ञान के प्रसिद्ध विद्वान चॉम्स्की के मतानुसार भाषाविज्ञान अपने सैद्धान्तिक लक्ष्य में सार्वभौमिक व्याकरण की खोज है जो किसी मनुष्य को मानव होने के नाते जन्म से ही उपलब्ध है। सैद्धान्तिक भाषाविज्ञान भाषा अध्ययन और विश्लेषण के लिए सिद्धान्त प्रदान करता है। इसमें दो चीजों पर विचार किया जाता है–भाषा की संरचना और भाषा की व्यवस्था। उसका मूल उद्देश्य यह स्पष्ट करना ही है कि भाषा क्या है और वह किन तत्वों से बना है। वस्तुतः भाषाविज्ञान का सिद्धान्त सार्वभौमिक (Universal) है जिसके माध्यम से किसी भी मानव भाषा का अध्ययन-विश्लेषण किया जा सकता है। सैद्धान्तिक भाषाविज्ञान के चार क्षेत्र हैं–ध्वनि विज्ञान (Phonetics), रूप विज्ञान (Morphology), वाक्य विज्ञान (Semantics) और अर्थ विज्ञान (Syntax)। किसी भी एक के आधार पर ही किसी भाषा का अध्ययन-विश्लेषण किया जा सकता है। यह अध्ययन भाषा के तत्वों का प्रामाणिक वैज्ञानिक विश्लेषण है। सैद्धान्तिक भाषाविज्ञान केवल उच्चरित भाषा पर ही विचार नहीं करता पर उसके साथ-साथ लिखित भाषा (वर्ण व्यवस्था और वर्तनी व्यवस्था) पर भी विचार करता है। इसके माध्यम से किसी भी भाषा के लेखन की चर्चा की जा सकती है और अध्ययन-विश्लेषण किया जा सकता है। अतः भाषा के उच्चरित एवं लिखित रूप को समझने के लिए सैद्धान्तिक भाषाविज्ञान आधार रूप होता है। भाषाविज्ञान की विभिन्न शाखाओं को निम्नलिखित आरेख के माध्यम से स्पष्ट किया जा सकता है–

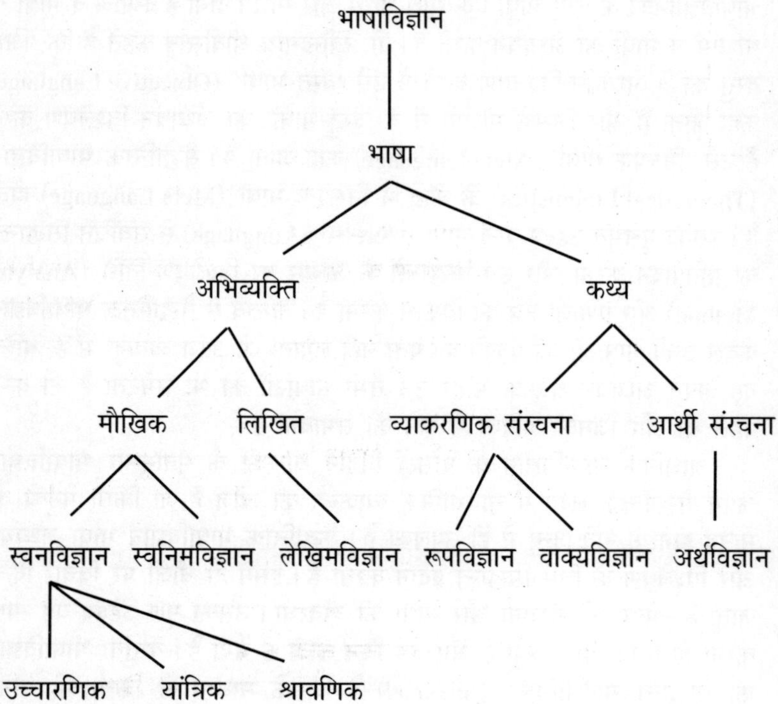

इन शाखाओं का संक्षित परिचय निम्नलिखित है–

स्वनविज्ञान (Phonetics)

आधुनिक भाषाविज्ञान में ध्वनिविज्ञान या स्वनविज्ञान महत्वपूर्ण शाखा है। भाषा की लघुतम इकाई ध्वनि है। ध्वनि वक्ता के वाग्यंत्र से उत्पन्न होती है और श्रोता की श्रवणेंद्रिय तक पहुँचती है। अतः ध्वनिवैज्ञानिक यह मानते हैं कि प्रत्येक ध्वनि के तीन अंग अत्यंत आवश्यक हैं–ध्वनि का उत्पादन (Production), वहन (Transmission) और ग्रहण (Reception)। अर्थात मानव मुख से ध्वनि उच्चरित होती है, कुछ समय तक वह वायु में संचरण करती है और फिर श्रोता उसे ग्रहण करता है। इन तीनों के विशेष अध्ययन के लिए ध्वनिविज्ञान को तीन शाखाओं में विकसित किया गया है–

1. उच्चारणात्मक ध्वनिविज्ञान (Articulatory Phonetics)
2. सांवहनिक या प्रसारणिक ध्वनिविज्ञान (Acoustic Phonetics)
3. श्रावणिक ध्वनिविज्ञान (Auditory Phonetics)

उच्चारणात्मक ध्वनिविज्ञान (Articulatory Phonetics)

इस शाखा में उच्चारण तथा उससे संबंधित बातों का अध्ययन किया जाता है। वस्तुतः ध्वनियों का उच्चारण वाग्यंत्र के माध्यम से किया जाता है। उच्चारण के 17 अंग (ओष्ठ, दंत, वर्त्स, मूर्धा, उत्कंठ, अलि जिह्वा, जिह्वा नोक, जिह्वा फलक, जिह्वाग्र, जिह्वा मध्य, जिह्वा पश्च, जिह्वा मूल, नासिका द्वार, नासिका मार्ग, अभिकाकल, स्वर यंत्र और स्वर तंत्रियाँ) हैं जो स्वर और व्यंजन ध्वनियों के उच्चारण में सहायक होते हैं। उच्चारणात्मक ध्वनिविज्ञान में इन अंगों से उच्चरित ध्वनियों का अध्ययन किया जाता है।

सांवहनिक या प्रसारणिक ध्वनिविज्ञान (Acoustic Phonetics)

इस शाखा में ध्वनि तरंगों का अध्ययन किया जाता है। अर्थात वक्ता (बोलने वाले) से श्रोता (सुनने वाले) के कानों तक तरंगों द्वारा ध्वनियाँ किस तरह पहुँचती हैं, इसका अध्ययन किया जाता है। इस अध्ययन में प्रायः कायमोग्राफ (Kymograph), स्पेक्ट्रोग्राफ (Spectrograph), ऑसिलोग्राफ (Oscillograph) आदि यंत्रों से सहायता ली जाती है।

श्रावणिक ध्वनिविज्ञान (Auditory Phonetics)

इस शाखा के अन्तर्गत इस बात पर ज्यादा ध्यान दिया जाता है कि हम ध्वनियों को कैसे सुनते हैं। इसके लिए पहले कान की बनावट के अध्ययन पर भी ध्यान दिया जाता है।

यह स्पष्ट है कि पहली शाखा अर्थात उच्चारणात्मक ध्वनिविज्ञान का सम्बन्ध बोलने वाले से है तो श्रावणिक ध्वनिविज्ञान का सम्बन्ध सुनने वाले से है तथा सांवहनिक या प्रसारणिक ध्वनिविज्ञान का सम्बन्ध इन दोनों के बीच की अर्थात ध्वनियों की तरंगों, उनके स्वरूप तथा गति आदि से है।

स्वनिमविज्ञान (Phonemics)

स्वनिमविज्ञान के अन्तर्गत भाषा की ध्वनियों, स्वनों से सम्बन्ध रखने वाले अवयवों (मुख-विवर, नासिका-विवर, स्वर-तंत्री तथा ध्वनि यंत्र आदि), स्वनिम और संस्वन, ध्वनि लहर, श्रवण, ध्वनि परिवर्तन के कारणों, व्यतिरेकी एवं परिपूरक वितरण, विभेदक लक्षण एवं स्वनिम प्रतिरूपण आदि पर विचार किया जाता है। स्वनों का अध्ययन एककालिक, ऐतिहासिक, तुलनात्मक तथा व्यतिरेकी होता है।

लेखिमविज्ञान (Graphemics)

जिन चित्रात्मक प्रतीकों की सहायता से भाषा के वाचिक रूप का अनुकरण किया

जाता है, उन्हें लेखीम कहते हैं। (A grapheme is the smallest semantically distinguishing unit in a written language, analogous to the phonemes of spoken languages)। लेखिमों के रूप में लेखन व्यवस्था का अध्ययन-विश्लेषण लेखि विज्ञान के अन्तर्गत किया जाता है।

रूपविज्ञान (Morphology)

रूप भाषा की लघुतम सार्थक इकाई है। रूपविज्ञान के अन्तर्गत रूपों की रचना, रूपों के प्रकार, रूपात्मक प्रक्रिया, अर्थ तत्व और सम्बन्ध तत्व आदि का विवेचन होता है। उपसर्ग और प्रत्यय लगाकर दूसरे शब्दों की निर्माण प्रक्रिया, शब्दों में रूपांतर आदि के द्वारा किसी शब्द के विभिन्न विकारी रूप बनाना एवं उनका विवेचन आदि रूपविज्ञान के अन्तर्गत किया जाता है। विभिन्न व्याकरणात्मक शब्दों का विवेचन भी रूपविज्ञान का कार्य है।

वाक्यविज्ञान (Syntax)

इस शाखा के अन्तर्गत वाक्य की रचना एवं उसके गठन का विवेचन-विश्लेषण होता है। वाक्य भाषा की प्रमुख और वृहत्तम इकाई मानी जाती है। वाक्यविज्ञान कई पक्षों पर विचार करता है। वह वाक्य की परिभाषा देता है, वाक्य गठन के तत्वों पर विचार करता है, वाक्यों में पदक्रम आदि की चर्चा करता है, पदबंध रचना, उपवाक्य रचना आदि पर विचार करता है, वाक्यों के प्रकारों को निर्धारित करता है, अर्थ के आधार पर उनका वर्गीकरण करता है। किसी भाषा की वाक्य व्यवस्था का अध्ययन वर्णनात्मक, संरचनात्मक, ऐतिहासिक और तुलनात्मक आधार पर किया जा सकता है।

अर्थविज्ञान (Semantics)

भाषा के सम्बन्ध में अर्थ प्राण है। इस शाखा के अन्तर्गत अर्थ निर्धारण, अर्थ परिवर्तन, पर्याय, विलोम, अर्थ में विकास और कारण, अर्थ का स्तर, अर्थ और ध्वनि का सम्बन्ध आदि पर विचार किया जाता है।

उपर्युक्त सभी क्षेत्र सैद्धान्तिक भाषाविज्ञान के आधार क्षेत्र हैं। किसी एक अंग के आधार पर किसी भी भाषा का अध्ययन किया जा सकता है। कई विद्वानों के अनुसार यह प्रक्रिया गणकीय (Mathematical) है। यह भाषा के तत्वों का प्रामाणिक वैज्ञानिक विश्लेषण है। जो ध्वनियाँ हम उच्चरित करते हैं, उनकी उच्चारण प्रक्रिया भी एक नियमित प्रकार से होती है अतः सूक्ष्मता और वैज्ञानिकता भाषावैज्ञानिक सिद्धान्तों के गुण हैं। सैद्धान्तिक भाषाविज्ञान केवल उच्चरित भाषा पर ही विचार नहीं करता बल्कि उसके साथ-साथ लिखित भाषा (वर्ण व्यवस्था, वर्तनी व्यवस्था आदि) पर भी विचार करता है। इसके माध्यम से हम किसी भी भाषा के लेखन

की चर्चा कर सकते हैं, अध्ययन-विश्लेषण कर सकते हैं। अतः भाषा की उच्चरित एवं लिखित व्यवस्थाओं को समझने के लिए सैद्धान्तिक भाषाविज्ञान उपयुक्त एवं अनिवार्य आधार प्रदान करता है। इस सन्दर्भ में प्रो. रवीन्द्रनाथ श्रीवास्तव का कथन उल्लेखनीय है कि "सैद्धान्तिक भाषाविज्ञान के अपने दो निश्चित सन्दर्भ हैं—शुद्ध सिद्धान्त और भाषा विवरण। शुद्ध सिद्धान्त के रूप में वह निरूपक भाषा को अपने केन्द्र में रखता है। इस दिशा में यह प्रयत्न किया जाता है कि निरूपक भाषा अपनी प्रकृति में 'व्यवस्थित' (सिस्टेमेटिक), सर्वांगीण (एक्जॉस्टिव) और निर्भ्रांत हो। भाषा-विवरण का सम्बन्ध सिद्धान्त प्रेरित प्रारूप पर आधारित भाषा-विशेष के विवरण (डिस्क्रिप्शन) से रहता है। यद्यपि शुद्ध सिद्धान्त और भाषा-विवरण की अपनी अलग भूमिकाएँ हैं, पर सैद्धान्तिक भाषाविज्ञान के सन्दर्भ में दोनों एक-दूसरे के पूरक माने जा सकते हैं।" (प्रो. रवेंद्रनाथ श्रीवास्तव, 'भाषाविज्ञान : सैद्धान्तिक एवं अनुप्रयोग', अनुप्रयुक्त भाषाविज्ञान : सिद्धान्त एवं अनुप्रयोग, पृ. 26)।

आधुनिक भाषाविज्ञान : अनुप्रयोग का क्षेत्र

आज के परिप्रेक्ष्य में भाषाविज्ञान का क्षेत्र बहुत विस्तृत है। आज यह सिर्फ सैद्धान्तिक तक सीमित नहीं है बल्कि इसका अनुप्रयोग (Application) अनेक क्षेत्रों में हो रहा है। वस्तुतः इसके दो कारण हैं—(1) जो भी भाषा में प्रयुक्त होता है उसे अभिव्यक्त किया जाता है। अतः अभिव्यक्ति के लिए दूसरा कोई माध्यम नहीं होता अर्थात जो भी ज्ञान या विचार है भाषा के माध्यम से और भाषा में ही अभिव्यक्त होता है। (By the Language, In the Language)। (2) केवल हम भाषा सीखते ही नहीं बल्कि भाषा से हम बहुत कुछ जान भी लेते हैं। इस सन्दर्भ में हम भाषा के उपभोक्ता (Consumer) हैं।

उल्लेखनीय है कि सैद्धान्तिक भाषाविज्ञान भाषा अध्ययन और विश्लेषण के लिए सिद्धान्त प्रदान करता है जो सार्वभौमिक (Universal) है। इन सिद्धान्तों का अनुप्रयोग कर भाषाई समस्याओं का पता लगाना और उनका समाधान ढूँढ़ना अनुप्रयुक्त भाषाविज्ञान का मुख्य लक्ष्य है। "अनुप्रयुक्त भाषाविज्ञान को आज आधुनिक भाषाविज्ञान का संक्रियात्मक क्षेत्र (Area of Operation) माना जाता है। भाषाविज्ञान का मूल कार्य है—भाषा की आन्तरिक प्रकृति पर प्रकाश डालना तथा भाषा सम्बन्धी तथ्यों का संकलन और विश्लेषण करना। इसके लिए भाषाविज्ञान अनेक सिद्धान्तों का प्रतिपादन करता है। भाषाविज्ञान द्वारा प्राप्त सिद्धान्तों का अनुप्रयोग भाषाविज्ञान भाषा-उपभोक्ता की आवश्यकताओं की पूर्ति के लिए करता है। इस प्रकार अनुप्रयुक्त भाषाविज्ञान के कई ऐसे क्षेत्र हमारे सामने आते हैं जो उपभोक्ता की आवश्यकताओं द्वारा नियंत्रित लक्ष्य का परिणाम होते हैं।" (सूरजभान सिंह, दिलीप सिंह, प्रस्तावना, अनुप्रयुक्त भाषाविज्ञान : सिद्धान्त एवं प्रयोग, (सं) रवीन्द्रनाथ श्रीवास्तव)। अनुप्रयुक्त भाषाविज्ञान का क्षेत्र बहुत विस्तृत और व्यापक है। प्रो. रवीन्द्रनाथ श्रीवास्तव ने अनुप्रयुक्त भाषाविज्ञान के महत्व को रेखांकित करते हुए यह स्पष्ट किया है कि "अनुप्रयुक्त भाषाविज्ञान अपने सिद्धान्त और प्रणाली के आधार पर भाषा से संबंधित ज्ञान के अन्य क्षेत्रों के अध्ययन-विश्लेषण के लिए संक्रियात्मक दक्षता का रास्ता खोलता है।" (वही)।

व्यवहार और प्रयोग की दृष्टि से प्रो. रवीन्द्रनाथ श्रीवास्तव अनुप्रयुक्त भाषाविज्ञान

को दो रूपों में वर्गीकृत करते हैं—सीमित और व्यापक। "सीमित रूप में अनुप्रयुक्त भाषाविज्ञान को भाषा शिक्षण का पर्याय माना जाता है। व्यापक रूप में इसकी सीमा का विस्तार करते हुए उसमें शैलीविज्ञान (Stylistics), कोशविज्ञान (Lexicography), भाषा नियोजन (Language Planning), वाक् चिकित्सा विज्ञान (Speech Therapy) आदि को भी अध्ययन का अपना विषय बनाता है।" (प्रो. रवीन्द्रनाथ श्रीवास्तव, 'भाषाविज्ञान सैद्धान्तिक एवं अनुप्रयुक्त', अनुप्रयुक्त भाषाविज्ञान : सिद्धान्त एवं प्रयोग, पृ. 26)।

सुविधा के लिए भाषावैज्ञानिक सिद्धान्तों के अनुप्रयोग के तीन सन्दर्भ निर्धारित किए जा सकते हैं—ज्ञान क्षेत्र का सन्दर्भ, विधा विशेष का सन्दर्भ और भाषा शिक्षण का सन्दर्भ।

ज्ञान क्षेत्र का सन्दर्भ

ज्ञान क्षेत्र के सन्दर्भ में भाषाविज्ञान और उसके सिद्धान्त का अनुप्रयोग ज्ञान के किसी अन्य क्षेत्र को स्पष्ट करने के लिए किया जाता है। समाजशास्त्र और मनोविज्ञान ज्ञान के ऐसे अन्य क्षेत्र हैं। जब भाषा की प्रकृति तथा भाषा और समाज के बीच सम्बन्धों का अध्ययन किया जाता है तब वह समाजभाषाविज्ञान (Sociolinguistics) कहलाता है। इसी प्रकार जब भाषा और समाज के अंतःसम्बन्धों का अध्ययन समाज के प्रकृति और उसके प्रकार्य को समझने के लिए किया जाता है तो वह भाषा का समाजशास्त्र कहलाता है। भाषाविज्ञान का सहारा लेकर जब संज्ञानात्मक (Cognitive) बोध और मन की प्रवृत्तियों का अध्ययन किया जाता है तब वह मनोभाषाविज्ञान (Psycholinguistics) कहलाता है।

विधा विशेष का सन्दर्भ

यह सन्दर्भ अनुप्रयुक्त भाषाविज्ञान को विशेष संदर्भों से जोड़ता है। इसके अन्तर्गत शैलीविज्ञान (Stylistics), अनुवादविज्ञान (Translational Studies), कोशविज्ञान (Lexicography), भाषा नियोजन (Language Planning), वाक् चिकित्सा विज्ञान (Speech therapy) आदि आते हैं। कहा जाय तो भाषावैज्ञानिक सिद्धान्त एवं प्रणाली का अनुप्रयोग इन विधाओं को निश्चित रूप से एक सैद्धान्तिक सन्दर्भ प्रदान करता है। साथ ही इनके अध्ययन-विश्लेषण हेतु तकनीक का भी विकास करता है ताकि नियमबद्ध ढंग से इन क्षेत्रों में कार्य कर पाना संभव हो सके।

भाषा शिक्षण का सन्दर्भ

अनुप्रयुक्त भाषाविज्ञान का तीसरा सन्दर्भ है भाषा शिक्षण (Language Teaching) जो सर्वाधिक प्रचलित है। इसके अन्तर्गत शैक्षिक व्याकरण (Educational Grammar),

शिक्षण सामग्री निर्माण (Development of Teaching Material), भाषा शिक्षण प्रणाली (Language Teaching Method) एवं तकनीक आदि का अध्ययन किया जाता है।

उपर्युक्त विवेचन से स्पष्ट है कि अनुप्रयुक्त भाषाविज्ञान के अनेक क्षेत्र संभव हैं। जैसे—समाजभाषाविज्ञान, भाषा का समाजशास्त्र, मनोभाषाविज्ञान, शैलीविज्ञान, अनुवाद विज्ञान, कोश विज्ञान, भाषा नियोजन, वाक् चिकित्सा विज्ञान, भाषा शिक्षण आदि। यहाँ इनमें से चार प्रमुख क्षेत्रों (समाजभाषाविज्ञान, शैलीविज्ञान, अनुवाद विज्ञान और भाषा शिक्षण) पर संक्षेप में विचार करना समीचीन होगा।

(क) भाषा शिक्षण (Language Teaching)

भाषा शिक्षण अनुप्रयुक्त भाषाविज्ञान का महत्वपूर्ण प्रयोग क्षेत्र है। भाषा शिक्षण का सम्बन्ध एक ओर भाषा से है तो दूसरी ओर मानव मन एवं मानवीय व्यवहार से। यहाँ सीखने और सिखाने वाली वस्तु भाषा है तथा सीखने और सिखाने वाला मनुष्य। "भाषा शिक्षण का लक्ष्य सीखने वाले को भाषा व्यवहार के सभी क्षेत्रों में भाषा का कुशलता के साथ प्रयोग करने में समर्थ बनाना है।" (विजयराघव रेड्डी, व्यतिरेकी भाषाविज्ञान, पृ. 68)। भाषा शिक्षण बहुआयामी भी है और अन्तर्विद्यावर्ती प्रक्रिया भी है। डॉ. शिवेन्द्र किशोर वर्मा के अनुसार "किसी भी भाषा का शिक्षण, सीखने वालों को अपनी अन्तर्निहित भाषा को व्यक्त करने की दिशा में और पर्याप्त संख्या में सन्दर्भ एवं भाषा से प्रतिबंधित विकल्पों के चुनने की तथा उन्हें वाक्य साँचों में संगठित करने की दिशा में सहायता करने वाली एक जटिल प्रक्रिया है।" (विजयराघव रेड्डी, व्यतिरेकी भाषाविज्ञान, पृ. 73)। कहा जा सकता है कि भाषा शिक्षण छात्र को कक्षा से बाहर अर्थात व्यावहारिक स्थितियों में अपने भावों को अभिव्यक्त करने योग्य बनाता है ताकि वह विभिन्न प्रकार के लोगों के साथ विभिन्न प्रकार की स्थितियों में विचारों का आदान-प्रदान कर सके। "भाषा शिक्षण एक उद्यम है जिसमें अध्यापक को अपने छात्रों की सहायता इस बात में करनी पड़ती है कि वे जिस भाषा को सीख रहे हैं उसकी व्यवस्था को आत्मसात कर लें।" (श्रीवास्तव, अनुप्रयुक्त भाषाविज्ञान, पृ. 12)।

भाषा शिक्षण के क्षेत्र में भाषावैज्ञानिक सिद्धान्तों का अनुप्रयोग अपरिहार्य है। मातृभाषा और अन्य भाषा शिक्षण, अन्य भाषा शिक्षण के रूप में द्वितीय भाषा और विदेशी भाषा शिक्षण, शैक्षिक व्याकरण, संप्रेषणात्मक व्याकरण, शिक्षण सामग्री, शिक्षण प्रणाली और तकनीक आदि क्षेत्रों में भाषावैज्ञानिक अन्तर्दृष्टि के अनुप्रयोग की अनिवार्यता सवतःसिद्ध है। भाषा शिक्षण व्यक्ति को अच्छा संप्रेषक और ग्रहीता बनाता है। साहित्य से लेकर विज्ञान तक विभिन्न ज्ञान शाखाओं और रसास्वाद मूलक विधाओं के संप्रेषण (Communication), ग्रहण (Assumption), बोधन (Comprehension), आस्वादन (Gustation) आदि के लिए भाषा में दक्ष होना अपेक्षित है।

(ख) अनुवाद विज्ञान (Translational Studies)

अनुवाद शास्त्र अथवा अनुवाद विज्ञान की संकल्पना अत्यंत व्यापक है। आज अनुवाद समीक्षा और अनुवाद मूल्यांकन जैसे क्षेत्रों का विस्तार हो रहा है। अतः अनुवाद विज्ञान को पाठ भाषाविज्ञान (Text Analysis) और संकेत विज्ञान (Semiotics) से जोड़कर दखा जाने लगा है। अनुवाद एक ऐसी प्रक्रिया है जिसमें एक भाषा (स्रोत भाषा, Source Language) के किसी पाठ को दूसरी भाषा (लक्ष्य भाषा, Target Language) के सहपाठ के रूप में अन्तरित किया जाता है। (दिलीप सिंह, 'समतुल्यता का सिद्धान्त और अनुवाद', अनुवाद : सिद्धान्त और समस्याएँ, (सं) रवीन्द्रनाथ श्रीवास्तव, पृ. 44)। स्मरणीय है कि अनुवाद कभी समान नहीं होता बल्कि वह समतुल्य (Equivalent) होता है अतः "अनुवाद करते समय स्रोत भाषा के पाठ के भाषिक उपादानों के समतुल्य लक्ष्य भाषा के भाषिक उपादान चुन लिए जाते हैं।" (वही, पृ. 45)।

अनुवाद की प्रक्रिया अनुवादक से दो भाषाओं के प्रति विशेष दक्षता तथा जागरूकता की अपेक्षा रखती है अतः "अनुवाद कार्य (ट्रांस्लेटिंग) को तुलनात्मक भाषाविज्ञान (Comparative Linguistics) की एक शाखा के रूप में भी देखा गया है जिसमें भाषाओं के गत्यात्मक आयामों और अर्थगत धरातलों को केन्द्र में रखे बिना सटीक और सफल अनुवाद की आकांक्षा भी नहीं की जा सकती।" (प्रो. दिलीप सिंह, 'अनुवाद की नई भूमिका' अनुवाद की व्यापक संकल्पना, पृ. 11)। अनुवाद विज्ञान के साथ व्यतिरेकी भाषाविज्ञान (Contrastive Linguistics), तुलनात्मक अध्ययन (Comparative Studies), समाजभाषाविज्ञान (Sociolinguistics), प्रतीक विज्ञान, शैलीविज्ञान (Stylistics) आदि अनेकानेक अनुप्रयुक्त भाषावैज्ञानिक विधाओं ने अनुवाद सिद्धान्त एवं व्यावहारिक पक्षों को व्यापकता प्रदान की है। प्रो. दिलीप सिंह की मान्यता है कि "अनुवाद के साथ 'सामाजिक उद्देश्य', 'उपभोक्ता सापेक्षता' और 'लक्ष्य भाषा केंद्रिकता' जैसी संकल्पनाओं के जुड़ाव ने उसे 'साहित्यिक पाठ' से भी अधिक 'साहित्येतर पाठ' से ला जोड़ा है। साहित्येतर विषयों के महत्व ने ही अनुवाद को 'विज्ञान' के रूप में स्वीकारने की दृष्टि दी। अब अनुवाद मात्र भावात्मक एकता का माध्यम और तुलनात्मक साहित्य के अध्ययन का आधार भर नहीं रह गया है। वह 'भावपरक पाठ' (Emotive Text) से 'तथ्यपरक पाठ' (Factual/Informative Text) की ओर उन्मुख हो चुका है और रूपवाद (Formalism) की जगह प्रयोजनवाद (Functionalism) उसकी मूल चिन्ता बन चुका है।" (वही, पृ. 17)।

अनुवाद किसी भी पाठ को क्षेत्रीयता के सीमित दायरे से निकालकर व्यापक वैश्विक स्तर पर संप्रेषणीय बनाता है। पीटर न्यूमार्क ने अपनी प्रसिद्ध पुस्तक 'ए टेक्स्टबुक ऑफ ट्रांसलेशन' (1988) में अनुवाद के बारे में समझाते हुए कहा है कि "Translation is rendering the meaning of a text into another language in the way that the author intended the text. "अर्थात एक भाषा पाठ को दूसरे भाषा पाठ में परिवर्तित करना या अन्तरित करना अनुवाद है। यह अन्तरण समतुल्य हो सकता, समान नहीं। लेखक होना आसान है पर अनुवादक होना अत्यंत कठिन है। अनुवाद एवं अनुवादक की महत्ता निर्विवाद है। मानव हमेशा कुछ नया करने के लिए सोचता रहता है और यही जिज्ञासा इस आवश्यकता का मूल हेतु है। अतः अनुवादक भी सर्जक है और इस दृष्टि से अनुवाद पुनःसृजन (Re-creation) है। मार्गरिट मंस्टरबर्ग की मान्यता है कि "The Peculiar genius of a language appears best in the process of translation." (उद्धृत—डॉ. सुरेश कुमार, अनुवाद सिद्धान्त की रूपरेखा)। प्रो. उमाशंकर उपाध्याय अनुवाद को संकेतांतरण की प्रक्रिया (Sign Oriented Process) मानते हैं। (प्रो. उमाशंकर उपाध्याय, अनुवाद समीक्षा के सैद्धान्तिक आधार, अनुवाद का सामयिक परिप्रेक्ष्य (स्मारिका), पृ. 69)।

आज अनुवाद का लक्षित पाठ सिर्फ साहित्यिक पाठ तक सीमित नहीं है बल्कि साहित्येतर भी है। इस सन्दर्भ में रॉबर्ट एडम्स का कथन द्रष्टव्य है—"अब अनुवाद जैसे ज्ञान-क्षेत्र को साहित्यिक सामग्री तक सीमित नहीं रखा जा सकता। साहित्येतर दिषयों के इतने क्षेत्र और विश्व संपर्क के इतने मार्ग आज खुल गए हैं कि नित नई संकल्पनाएँ, नए विचार, नया ज्ञान अलग-अलग भाषाओं में प्रवाहित होने लगा है। हमारी जरूरतें भी बदली हैं और बदला है हमारा समाज-आर्थिक ढाँचा। अतः आज अगर साहित्यिक अनुवाद की अपेक्षा साहित्येतर अनुवाद को महत्व मिल रहा है तो यह चिन्ता करने का नहीं, संतोष व्यक्त करने और प्रसन्न होने का समय है।" (उद्धृत—(सं) प्रो. दिलीप सिंह, प्रो. ऋषभ देव शर्मा, संपादकीय, अनुवाद का सामायिक परिप्रेक्ष्य (स्मारिका), पृ. 1)।

अनुवाद सम्बन्धी रूपावली (Paradigm) में जो उल्लेखनीय बदलाव परिलक्षित है उसमें भाषावैज्ञानिक अध्ययन के विकास की भूमिका प्रमुख है। "इस विकास ने अनुवाद को एक 'सिद्धान्त' और 'कार्य' दोनों स्तरों पर एकदम अलग स्वरूप देते हुए यह स्पष्ट कर दिया कि 'अनुवाद' सिर्फ बाह्य रूपों (Surface Forms) को अनुरूपता नियम (Correspondence) के आधार पर देखना ही नहीं है, यह कहीं अधिक जटिल प्रक्रिया है जिसमें विश्लेषण (Analysis), अन्तरण (Transfer), पुनः संरचना (Re-Structuring) और इकाई विश्लेषण (Componential Analysis) जैसी भाषावैज्ञानिक प्रणाली से उद्‌भूत प्रक्रियाएँ अत्यंत महत्वपूर्ण हैं। ये मिलकर अनुवाद-प्रक्रिया और अनूदित पाठ-समीक्षा को एक वैज्ञानिक रूपाकार प्रदान करते हैं, तथा मूल पाठ के धरातल पर अनुवादक और अनूदित पाठ से पाँच अपेक्षाएँ रखते हैं—पर्याप्तता (Adequacy), समानता (Similarity), सादृश्य (Analogy), निश्चरता (Invariance) और सर्वसमता/अन्विति (Congruence)।" (वही, पृ. 1-2)। प्रो. रवीन्द्रनाथ श्रीवास्तव का मत है कि "अनुवाद के लिए यह आवश्यक है कि

अनूदित पाठ, मूल पाठ का सह-पाठ (Co-Text) बनकर आए। न तो मूल पाठ की दूसरी भाषा में की गई व्याख्या को सही अर्थ में अनुवाद कहा जा सकता है और न ही किसी रचना से प्रभावित होकर दूसरी भाषा में एक नई रचना की सृष्टि को ही अनुवाद माना जा सकता है।" (प्रो.रवीन्द्रनाथ श्रीवास्तव, 'प्रतीक सिद्धान्त और अनुवाद,' अनुवाद विज्ञान : सिद्धान्त एवं अनुप्रयोग, (सं) डॉ. नगेंद्र, पृ. 113)।

रोजर टी. बेल ने अपनी पुस्तक (Translation and Translating : Theory and Practice, 1991, p. 18-19) में एकभाषी (मोनोलिंगुअल) और द्विभाषी (बाईलिंगुअल) अनुवाद प्रक्रिया को नौ चरणों में स्पष्ट किया है जो निम्नलिखित हैं (प्रो. दिलीप सिंह, प्रो. ऋषभ देव शर्मा, अपनी बात, अनुवाद का सामयिक परिप्रेक्ष्य, पृ. 11)

Monolingual Process (एकभाषी अनुवाद प्रक्रिया)	Bilingual Process (द्विभाषी अनुवाद प्रक्रिया)
1. The sender selects message and code—प्रेषक द्वारा सन्देश और उसके अनुरूप कोड का चयन 2. Encodes message—सन्देश का कोडीकरण 3. Selects channel—संप्रेषण सरणि का चयन 4. Transmits signal containing message—उस संकेत का प्रेषण जिसमें सन्देश निहित है 5. Receiver receives signal containing message—ग्रहीता द्वारा उस संकेत का ग्रहण जिसमें सन्देश है 6. Recognizes code—ग्रहीता द्वारा कोड की पहचान 7. Decodes signal—संकेत का विकोडीकरण 8. Retrieves message—सन्देश का प्रतिनयन 9. Comprehends message—सन्देश का बोध	1. Translator receives signal 1 containing message—अनुवादक द्वारा संकेत 1 में निहित सन्देश का ग्रहण 2. Recognizes code 1—कोड 1 की पहचान 3. Decodes signal 1—संकेत 1 का विकोडीकरण 4. Retrieves message—सन्देश का प्रतिनयन 5. Comprehends message—सन्देश का बोध 6. Translator selects code 2—कोड 2 का चयन 7. Encodes message by means of code 2—कोड 2 के माध्यम से सन्देश का कोडीकरण 8. Selects channel—संप्रेषण सरणि का चयन 9. Transmits signal 2 containing message—संकेत 2 में निहित सन्देश का प्रेषण

रोजर बेल ने अनुवादक की भूमिका को 'पाठविज्ञान' (Text Linguistics) और 'संकेतविज्ञान' (Semiotics) से जोड़ते हुए अनुवादक की बदलती भूमिका को स्पष्ट किया है। "पहली बार अनुवाद सिद्धान्त को हर प्रकार की द्विअर्थता से बचाते हुए तीन धरातलों पर देखा गया है–प्रक्रिया के रूप में अनुवाद सिद्धान्त, अनूदित पाठ के रूप में अनुवाद सिद्धान्त तथा प्रक्रिया और परिणाम दोनों के रूप में अनुवाद सिद्धान्त। पहले स्तर पर अनुवाद को 'सूचना संसाधन' से जोड़ा गया जिसके अन्तर्गत प्रत्यक्षण स्मृति तथा सन्देश के कोडीकरण (Codification) और विकोडीकरण (De-codification) को समाहित मानते हुए इसे मनोविज्ञान तथा मनोभाषाविज्ञान के क्षेत्र पर आश्रित स्वीकार किया गया है। दूसरे स्तर का सम्बन्ध अनूदित पाठ से है। इसीलिए इसे कई विद्वानों ने 'अनूदित पाठ का सिद्धान्त' भी कहा है। यह क्षेत्र पाठ अध्ययन से संबंधित है, लेकिन यह अध्ययन भाषाई विश्लेषण के परम्परागत स्तरों तक ही सीमित नहीं है जो वाक्य और अर्थ तक सिमटे होते हैं बल्कि इसकी दृष्टि शैलीवैज्ञानिक (Stylistics) और पिछले कुछ वर्षों से विकसित 'पाठभाषाविज्ञान' और 'प्रोक्ति विश्लेषण' (Discourse Analysis) तक विस्तृत है। तीसरा पक्ष अनूद्यता (Translatability) के प्रश्न से संबंधित है जो लक्ष्यभाषा पाठ को मूलभाषा पाठ से अभिन्न मानते हुए अनूदित पाठ की जाँच परख (समीक्षा, मूल्यांकन) को भी अपने भीतर समेटता है तथा अनुवाद के लिए सही तकनीक, प्रणाली और पद्धति को विकसित करने का प्रयत्न करता है ताकि अनुवाद कार्य अपनी वैज्ञानिक प्रक्रिया के सहारे आदर्श रूप ग्रहण कर सके।" (प्रो. दिलीप सिंह, अनुवाद की नई भूमिका, अनुवाद की व्यापक संकल्पना, पृ. 13)।

आज के परिप्रेक्ष्य में अनुवाद विज्ञान के साथ व्यतिरेकी विश्लेषण (Contrastive Analysis), तुलनात्मक भाषाविज्ञान (Comparative Linguistics), समाजभाषाविज्ञान (Sociolinguistics), शैलीविज्ञान (Stylistics), पाठ विश्लेषण (Text Analysis) जैसी भाषाविज्ञान की कई उपशाखाओं ने अनुवाद के सैद्धान्तिक एवं व्यावहारिक पक्षों को व्यापकता प्रदान की है और कर रही हैं।

पहले अनुवाद को निकृष्ट कार्य माना जाता था, अनुवाद की प्रामाणिकता पर अनेक सवाल उठाए जाते थे तथा अनुवादक को हेय दृष्टि से देखा जाता था। लेकिन आज स्थिति बदल चुकी है। आज अनेक साहित्यिक और साहित्येतर अनुवाद उपलब्ध हैं तथा उनकी समीक्षा और मूल्यांकन भी हो रहा है। अनुवाद समीक्षा अर्थात स्रोतभाषा पाठ की तुलना में लक्ष्यभाषा/अनूदित पाठ के गुण-दोष का विवेचन है। इसके आधार पर अनूदित पाठ की विशेषता और सीमा दोनों का पता चलता है। प्रो. सुरेश कुमार की मान्यता है कि अनुवाद समीक्षा अनुवाद कौशल का मूल्यांकन है। इसके द्वारा यह पता लगाया जा सकता है कि मूलभाषा पाठ के विभिन्न पक्षों की लक्ष्यभाषा में शुद्ध तथा उपयुक्त रीति से आवृत्ति हुई है या

नहीं। अतः अनुवाद समीक्षा में व्यक्तिपरक और निर्वैयक्तिक (भाषापरक) पक्षों के बीच सन्तुलन रहता है। (प्रो. सुरेश कुमार, अनुवाद समीक्षा और मूल्यांकन, अनुवाद सिद्धान्त की रूपरेखा, पृ. 125)।

(ग) शैलीविज्ञान (Stylistics)

शैलीविज्ञान किसी भी साहित्यिक कृति के भाषिक विश्लेषण का विज्ञान है। मनुष्य अपने को कई तरह से अभिव्यक्त करता है। अभिव्यक्ति का एक माध्यम है सृजनात्मक साहित्य (Creative Literature)। जैसे कविता, उपन्यास, कहानी, आत्मकथा, जीवनी, संस्मरण, नाटक आदि। इन विधाओं के माध्यम से वह अपने भावों को अभिव्यक्त करता है। साहित्य सबसे संवेदनात्मक (Sensory) भाषा रूप है जिसका सम्बन्ध सीधे हृदय से है अतः इसका ढाँचा विशिष्ट होता है। साहित्यकार विशिष्ट भाषिक उक्तियों का प्रयोग करता है। वह सामान्य से सामान्य शब्दों में गंभीर अर्थ भर देता है। अतः इन साहित्यिक कृतियों का अध्ययन करना, भाषा के माध्यम से उनके अर्थ एवं सौंदर्य तक पहुँचना शैलीविज्ञान है। इसे 'साहित्यिक पाठ विश्लेषण' भी कहा जाता है। इसमें मुख्यतः चयन (Selection) और विचलन (Deviation) का विश्लेषण किया जाता है। प्रो. रवीन्द्रनाथ श्रीवास्तव की मान्यता है कि "शैलीविज्ञान सौंदर्यतत्व को न तो अस्वीकारता है और न उसकी उपेक्षा ही करता है। पर काव्यकृति के सन्दर्भ में वह 'पहले सिग्नल' के स्तर की वस्तु (ऐंद्रिय संवेग) के स्थान पर उसे 'बोधात्मक संवेदना' के रूप में ग्रहण कर 'दूसरे सिग्नल' की वस्तु अर्थात भाषाबद्ध मानता है। भाषाबद्ध होकर यह 'बोधात्मक संवेदना' काव्यकृति के रूप में 'संवेदनात्मक बोध' बनती है। शैलीविज्ञान, अपनी संकल्पना–'शाब्दिक सौंदर्य' से एक तरफ कलात्मक संवेदना की बोधपरक परिणति और दूसरी तरफ अमूर्त कलात्मक बोध के सम्मूर्तन व्यापार की ओर संकेत देते हुए यह स्थापित करना चाहता है कि इन दोनों प्रक्रियाओं के बीच भाषिक प्रतीकीकरण की प्रक्रिया काम करती है।" (प्रो. रवीन्द्रनाथ श्रीवास्तव, 'शाब्दिक सौंदर्य, काव्य-वस्तु और शैलीविज्ञान', अनुप्रयुक्त भाषाविज्ञान : सिद्धान्त एवं प्रयोग, पृ. 232)।

"शैलीविज्ञान वस्तुतः अन्तर-क्षेत्रीय (Inter-Disciplinary) अध्ययन प्रणाली है। इसकी संक्रियात्मक (Operational) विशेषता, भाषा की विविध शैलियों तथा साहित्यिक रचनाओं के सुव्यवस्थित तथा परीक्षण सिद्ध अध्ययन को प्रोत्साहित करती है, जिसका भाषा तथा साहित्य के शिक्षण में विशेष महत्व है।" (सुरेश कुमार, रवीन्द्रनाथ श्रीवास्तव, 'प्राक्कथन', शैली और शैलीविज्ञान, पृ. 9)।

पं. विद्यानिवास मिश्र 'शैली' के स्थान पर 'रीति' तथा 'शैलीविज्ञान' के स्थान पर 'रीति विज्ञान' का प्रयोग करना पसन्द करते हैं। उनकी मान्यता है कि "शैली

का प्रयोग प्राचीन भारतीय वांङ्मय में साहित्येतर विधाओं के सन्दर्भ में प्रादेशिक विशेषताओं या कला संप्रदायगत विशेषताओं को जतलाने के लिए हुआ है या किसी व्यक्ति की साहित्यिक अभिव्यक्ति की विशेषताओं को जतलाने के लिए हुआ है। इस दृष्टि से इसके प्रयोग में उपयुक्त भाषागत सर्जनात्मक वैशिष्ट्य को बोधित करने के लिए 'शैली' का प्रयोग उतना संगत नहीं जान पड़ता। इस अर्थ में 'रीति' शब्द का प्रयोग ही अधिक उपयुक्त जान पड़ता है, क्योंकि कुछ रूप से सामान्य भाषा के विशेष गुणों के आधार के विभिन्न प्रकारों का वर्गीकरण करने के लिए ही 'रीति' शब्द प्रयुक्त हुआ है या साहित्य के बाहर सामाजिक व्यवहार की किसी व्यापक सामान्य विशेषता का बोधन कराने के लिए प्रयुक्त हुआ है।" (विद्यानिवास मिश्र, 'रीति विज्ञान की नई-पुरानी भूमिका', शैली और शैलीविज्ञान, (सं) सुरेश कुमार, रवीन्द्रनाथ श्रीवास्तव, पृ. 24-25)।

वि. कृष्णस्वामी अय्यंगार यह मानते हैं कि पहले भाषाविदों का विवेचन शब्द या रूप तक सीमित था जो बाद में अर्थ केन्द्रित हुआ। वे आगे यह भी कहते हैं कि काव्य भाषा पर विचार करने के कारण ही शैलीविज्ञान का जन्म हुआ। (वि. कृष्णस्वामी अय्यंगार, 'भारतीय शैलीविज्ञान', वही, पृ. 62)। साहित्य समीक्षा के लिए शैलीविज्ञान आवश्यक है। शैली वस्तुतः वहाँ प्रकट होती है जहाँ भाषा का प्रयोगकर्ता अनजाने में या जानते हुए चुनाव (Selection) करता है, या पहचानने योग्य प्रतिमानों से व्यतिक्रम (Deviation) करता है, या असाधारण प्रयोगों द्वारा विविधता (Variety) लाता है। जैसे पर्यायों का चुनाव, संदिग्धता युक्त शब्द एवं वाक्य प्रयोग (Ambiguity), बिंब सृष्टि (Imagery) तथा संकेतों (Gestures) का प्रयोग। सुरेश कुमार यह मानते हैं कि शैली का मुख्य आधार वाक्य रचना का प्रकार, विशेषण वाक्यांश, काल, अमूर्त शब्द, शब्द समूह के विशिष्ट स्तर तथा विशिष्ट अर्थगत सम्बन्ध हैं। (सुरेश कुमार, 'साहित्यिक शैलीविज्ञान : सिद्धान्त और प्रयोग', वही, पृ. 137)।

उल्लेखनीय है कि शैलीविज्ञान साहित्यिक पाठ का भाषा सापेक्ष अध्ययन है। शैलीविज्ञान को साहित्य समीक्षा से तथा साहित्य समीक्षा को शैलीविज्ञान से अलग करके देखा नहीं जा सकता है। वस्तुतः यह दोनों को जोड़ने वाली दृष्टि है। रवीन्द्रनाथ श्रीवास्तव इसीलिए यह मानते हैं कि शैलीवैज्ञानिक विश्लेषण के लिए सौंदर्यशास्त्र और काव्यशास्त्र के ज्ञान के साथ-साथ भाषाशास्त्र की जानकारी भी अपेक्षित है। शैलीवैज्ञानिक आलोचना दृष्टि को समझने के लिए रवीन्द्रनाथ श्रीवास्तव द्वारा 'संरचनात्मक शैलीविज्ञान' (1980) में प्रतिपादित कतिपय मान्यताओं को देखा जा सकता है—

1. "शैलीविज्ञान साहित्य को समझने-समझाने की एक दृष्टि है जो 'शैली' के साक्ष्य पर एक ओर साहित्यिक कृति की संरचना (स्ट्रक्चर) और गठन

(टेक्सचर) पर प्रकाश डालती है और दूसरी ओर कृति का विश्लेषण करते हुए उसमें अन्तर्निहित साहित्यिकता का उद्घाटन करती है।

2. शैलीवैज्ञानिक आलोचना का सन्दर्भ काव्येतर बाह्य संसार न होकर काव्यकृति और उसमें निहित संसार होता है।
3. शैलीविज्ञान का क्षेत्र कला (शास्त्र) और भाषा (विज्ञान) के उस अनुबंधन का क्षेत्र है जिसका एक छोर कला सिद्धान्त और सौंदर्यचेतना से नियंत्रित रहता है और दूसरा छोर भाषासिद्धान्त और भाषिक बोध से।
4. शाब्दिक कला के रूप में साहित्य के अध्ययन के दो प्रसंग हैं—कला (शास्त्र) का प्रसंग और भाषा (विज्ञान) का प्रसंग, पर अपनी सैद्धान्तिक मान्यताओं और प्रणालीगत आवश्यकताओं के सन्दर्भ में शैलीविज्ञान अपने को प्रतीक विज्ञान की उपशाखा मानता है।" (उद्धृत : आलोचना की दृष्टियाँ-सैद्धान्तिक पक्ष, (सं) दिलीप सिंह, ऋषभ देव शर्मा, पृ. 117)।

शैलीवैज्ञानिक आलोचना के प्रमुख आधार तत्वों के रूप में चयन (Selection—चाँद सा मुखड़ा, यह मुख नहीं है, यह तो पूर्णिमा का चन्द्र है।), विचलन (Deviation—ताप के ताये हुए दिन ये), आवृत्ति (Repetition—न कही जा सके, न नहीं कही जा सके, और हाँ कहना भी ठीक है एवं न कहना भी ठीक है), समानांतरता (Parallelism—लोभियो! तुम्हारा अक्रोध, तुम्हारा इंद्रिय निग्रह, तुम्हारी मानापमान समता, तुम्हारा ताप अनुकरणीय हैय तुम्हारी निष्ठुरता, तुम्हारी निलज्जता, तुम्हारा अविवेक, तुम्हारा अन्याय विग्रहणीय है। तुम धन्य हो! तुम्हें धिक्कार है!!), सर्जनात्मक उक्ति (Creative Utterance), सादृश्य (अप्रस्तुत) विधान, अग्रप्रस्तुति (Foregrounding) आदि उल्लेखनीय हैं।

(घ) समाजभाषाविज्ञान (Sociolinguistics)

समाजभाषाविज्ञान, भाषा और समाज के बीच पाए जाने वाले हर प्रकार के सम्बन्धों का अध्ययन क्षेत्र है। आधुनिक भाषाविज्ञान के जनक सस्यूर ने यह स्पष्ट किया है कि समाज के सन्दर्भ में भाषा एकरूपी न होकर विषमरूपी होती है। समाजभाषाविज्ञान यह मानता है कि भाषा सामाजिक वस्तु है और यह समाज एकरूप (Homogenous) नहीं होता अतः कोई भी भाषा एकरूप नहीं होती। स्मरणीय है कि समाज के कई वर्ग होते हैं अतः उन वर्गों की भाषा भी अलग-अलग होती है। इसे विद्वानों ने सामाजिक शैली कहा है। इसी तरह समाज में शिक्षा का विस्तार भी अलग अलग होता हैं—अशिक्षित, अर्द्धशिक्षित, शिक्षित आदि। इनके व्यवहार में भी भिन्नता होती है। समाज की अपनी एक संरचना होती है जो भाषा व्यवहार की ओर संकेत करती है। उदाहरण के लिए, आदर की भावना। अर्थात वक्ता-श्रोता के सम्बन्धों

के आधार पर भी भाषा में भेद आ जाता है। समाजभाषाविज्ञान इन तमाम समाज संदर्भित भाषा भेदों के अध्ययन को महत्व देता है। समाजभाषाविज्ञान यह देखता है कि कब, कौन, किससे, कहाँ, किस विषय पर कैसे बोल रहा है। इससे भाषा में अन्तर आ जाता है। समाजभाषाविज्ञान उन प्रक्रियाओं को भी देखता है जिनसे कि समाज में भाषा बनती है या विकसित होती है क्योंकि समाज ही भाषा का प्रयोग करता है और आवश्यकता पड़ने पर समाज ही उसका परिवर्तन भी करता है। भाषा निर्माण, विकास तथा परिवर्तन इन तीनों के आधार पर समाजभाषाविज्ञान पिजिन, क्रियोल, कोड मिश्रण, कोड परिवर्तन, भाषाद्वैत आदि संकल्पनाओं पर विचार करता है। समाजभाषाविज्ञान की दो पद्धतियाँ हैं—भाषा के अध्ययन के द्वारा समाज की संरचना को समझना और समाज की संरचना द्वारा भाषा की प्रकृति को समझना।

जे.बी. प्राइड का कथन है कि समाजभाषाविज्ञान केवल समाजशास्त्र और भाषाविज्ञान का मिश्रण नहीं है अपितु वह समाज-सांस्कृतिक अध्ययन है। "Sociolinguistics is not simply an amalgam of linguistics and sociology. The study of languages as part of culture and society has acquired the now commonly accepted label 'sociolinguistics…Sociolinguistics studies the varied linguistic realizations of socio-cultural meanings which in a sense are both familiar and unfamiliar, the currency of everyday social interactions which are nevertheless relative to particular cultures, societies, social groups, speech communities, languages, dialects, varieties, styles." (J.B.Pride, Sociolinguistics, New Horizons in Linguistics, pg. 287, 301).

पाश्चात्य समाजभाषाविद आर.ए. हडसन ने 'सोशियोलिंग्विस्टिक्स' में यह कहा है कि "We can define Sociolinguistics as the study of the language in relation to society implying (intentionally) that sociolinguistics is a part of the study of language. *** No two speakers will have the same language, because no two speakers have the same experience of the language. The difference between the speakers may vary from the very slight and trivial (in the case of twins brought up together, for instance) to total difference within whatever limits are set by universal characteristics of language." (वही)। अतः यह स्पष्ट है कि प्रत्येक व्यक्ति का भाषिक व्यवहार दूसरे व्यक्ति के भाषिक व्यवहार से किसी न किसी रूप में अलग होता है। इस तरह किसी बोली या भाषा के जितने बोलने वाले होते हैं, उसकी उतनी ही व्यक्तिबोलियाँ (Idiolects) भी होती हैं।

उल्लेखनीय है कि भाषिक विकल्पों को जब हम समाज के सन्दर्भ में रखकर देखते हैं तो भाषा की विषमरूपता भी सुव्यवस्थित और नियमबद्ध दिखाई देती है। उदाहरणार्थ मध्यम पुरुष एकवचन के लिए हिन्दी में कभी 'तू', कभी 'तुम' और कभी 'आप' शब्द का प्रयोग होता है। यदि उन संदर्भों को देखा जाए जिनमें इन विकल्पों

का प्रयोग होता है तो हम पाएँगे कि वक्ता-श्रोता की सामाजिक-आर्थिक स्थिति, आयु तथा उनके सम्बन्ध के आधार पर इन विकल्पों का प्रयोग किया जाता है जो महत्वपूर्ण हैं। इस भाषिक विकल्पन (तू/तुम/आप) को ही समाजभाषिक विकल्प कहा जाता है क्योंकि विकल्प समाज द्वारा नियंत्रित होते हैं।

जे. फिशमैन और डेल हाइम्स यह मानते हैं कि भाषा और समाज में निरन्तर घात-प्रतिघात या क्रिया-प्रतिक्रया होती रहती है जिसमें समाज और भाषा दोनों ही एक-दूसरे से प्रभावित होते रहते हैं। यही कारण है कि कौन, किससे, कब और कहाँ बोलता है—इन सामाजिक नियमों का ज्ञान आवश्यक है। समाजभाषाविज्ञान यह मानती है कि भाषा में केवल भाषिक संरचना ही नहीं, सामाजिक संरचना भी समाहित होती है। इसकी परिधि में वे सभी समाजभाषिक विषय आते हैं (जैसे भाषानियोजन, आधुनिकीकरण, मानकीकरण आदि) जो भाषा या भाषा के प्रयोग से संबद्ध हैं। सामाजिक आयाम के परिवर्तन के साथ भाषा व्यवहार का बदलना स्वाभाविक है। "जब 'पैराडाइम' बदलता है तब नए 'संसार' का जन्म होता है। नई चिन्तनधारा से संबद्ध नई दृष्टि हर तथ्य को नए कोण से देखने की ओर प्रवृत्त होती है। तथ्य और आँकड़े वही रहते हैं पर नया सन्दर्भ और नई परिभाषा मिलने के कारण उनका संयोजन और विन्यास बदल जाता है। इसीलिए हर बदला हुआ सिद्धान्त, इतिहास प्रदत्त इकाइयों की संकल्पना को अपने रूपरंग में ढालता है।" (रवीन्द्रनाथ श्रीवास्तव, भूमिका-'आधुनिक भाषाविज्ञान का सामाजिक सन्दर्भ : एक सर्वेक्षण', हिन्दी का सामाजिक सन्दर्भ, (सं) रवीन्द्रनाथ श्रीवास्तव, पृ. 3)।

भारत बहुभाषी देश है। भीरतीय संविधान की अष्टम अनुसूची में 22 भाषाओं का उल्लेख है। इन भाषाओं के बोलने वालों की संख्या इस तरह है—असमिया (13,168,484), बंगाली (83,369,769), बोडो (1,350,478), डोगरी (2,282,589), गुजराती (46,091,617), हिन्दी (422,048,642), कन्नड (37,924,011), कश्मीरी (5,527,698), कोंकणी (2,489,015), मैथिली (12,179,122), मलयालम (33,066,392), मणिपुरी (1,466,705), मराठी (71,936,894), नेपाली (2,871,749), ओड़िया (33,017,446), पंजाबी (29,102,477), संस्कृत (14,135), संताली (6,469,600), सिंधी (2,535,485), तमिल (60,793,814), तेलुगु (74,002,856) और उर्दू (51,536,111)। देखा जाय तो संसार के सभी प्रमुख नगरों में, सीमित परिमाण में हिन्दी भाषाभाषी समुदाय है। इसमें सन्देह नहीं कि "वर्तमान स्थिति में हिन्दी भाषी समुदाय का एक निश्चित भौगोलिक क्षेत्र है। यह एक बहुबोली समुदाय है जिसकी एक बोली सम्मानित बोली बनकर समुदाय की भाषा बनी है। यह भाषा अपने बोली के क्षेत्र की सीमाओं को तोड़कर अन्य बोली क्षेत्रों तक प्रसार पा चुकी है। हिन्दी भाषी समुदाय का निश्चित क्षेत्र होते हुए भी यह भाषा अपनी केन्द्रापसारी शक्ति से अपने भाषाक्षेत्र की सीमा का अतिक्रमण करके सारे भारत की भाषा बनी

है। इस दृष्टि से यह भाषा अक्षेत्रीय है। हिन्दी प्रसार पाकर अपने देश की सीमाओं का अतिक्रमण करके विश्व के अन्य देशों में भी पहुँची है।"

समाजभाषाविज्ञान का आधार यह मानता है की भाषा विषमरूपी होती है। एक भाषा समाज में अनेक बोली रूप विद्यमान होते हैं। यदि ऐसा न हों तो ये भिन्नताएँ ध्वनि रूपों, शब्द प्रयोगों और वाक्य रचना आदि में होती हैं। बोली समुदायों में भी ये भिन्नताएँ हो सकती हैं। "एकभाषा समुदाय में एक शब्द के बदले दूसरे शब्द का प्रयोग उसी प्रकार सामाजिक अर्थ संप्रेषित करता है जिस प्रकार अनेक बोली वाले भाषा समुदाय में एक बोली के बदले दूसरी बोली का प्रयोग।" (मोहनलाल सर, 'भाषासमुदाय के सन्दर्भ में हिन्दी', हिन्दी का सामाजिक सन्दर्भ, (सं) रवीन्द्रनाथ श्रीवास्तव, पृ. 3)।

भाषायी कोश : यह कहा जा सकता है कि भाषा समुदाय में एक से अधिक भाषायी कोड होते हैं जिनका प्रयोग सामाजिक संदर्भों से नियंत्रित होता है। इसे भाषा समुदाय का 'कोड मैट्रिक्स' कहा जाता है। प्रयोजनपरक दृष्टि से सभी कोड उस समुदाय के कोड मैट्रिक्स कहे जाते हैं। भाषासमुदाय के विभिन्न कोडों के बीच विभाजन रेखा खींचना कठिन है। वस्तुतः समुदायों के सदस्यों की संपत्ति भाषा नहीं बल्कि भाषायी कोश (Verbal Repertoire) है। अतः एक भाषाभाषी समुदाय द्वारा निरन्तर प्रयोग में लाई जाने वाली समस्त बोलियों और अन्य भाषायी विधाओं का समूह उस समुदाय का भाषायी कोश कहलाता है। यह जितना व्यापक होगा भाषा उतनी ही समृद्ध होगी। अर्थात भाषा के माध्यम से जितने अधिक सामाजिक प्रयोजन पूरे किए जाते हों भाषा उतनी ही विकसित होगी।

पिजिन और क्रियोल : व्यापक कोड मैट्रिक्स के फलस्वरूप समाजभाषाविज्ञान में 'पिजिन' और 'क्रियोल' की संकल्पनाएँ सामने आईं। कभी कभी ऐसा होता है कि दो भाषा भाषी समुदाय साथ-साथ रहने लगते हैं और दोनों भाषाओं का एक मिश्रित रूप विकसित हो जाता है। दोनों भाषाभाषी समुदाय अपनी भाषा की शुद्धता के प्रति आग्रही न होकर विचार-विनिमय की आवश्यकता की दृष्टि से मिश्रित भाषा का प्रयोग करने लगते हैं। उसमें एक भाषा प्रायः आधार भाषा (भाषा 1) का काम करती है तथा दूसरी प्रभावक भाषा (भाषा 2) का। जो भाषा इस प्रकार विकसित होती है वह न तो शुद्ध भाषा 1 होती है और न शुद्ध भाषा 2। वह वास्तव में भाषा 1 का भाषा 2 से प्रभावित रूप होती है। यह प्रभाव भी दो प्रकार का हो सकता है—आंशिक तथा पूर्ण। इस प्रकार से बनी भाषा 'पिजिन' (Pidgin) कहलाती है। 'पिजिन भाषा' कुछ सीमित प्रयोजनों की भाषा होती है अतः वह समृद्ध भाषा नहीं होती। कहा जाता है कि अंग्रेज व्यापार के लिए चीन पहुँचे तो अंग्रेजी-चीनी के मिश्रण (आधार भाषा– अंग्रेजी, प्रभावक भाषा–चीनी) से एक विशेष प्रकार की अंग्रेजी का विकास हुआ। यह भाषा मूलतः 'बिजनिस' अर्थात

व्यापार में प्रयुक्त होती थी, अतः 'बिजनिस इंग्लिश'/'पिजिन इंग्लिश' कहलाई। (Pidgins are auxiliary contact vernaculars which are no one's first language. They arise as medium of communication between speakers of different languages as a make-shift adaptation reduced in their grammatical structure and restricted in their language use (Hall 1966, Hymes 1971). — R.N. Srivastava, A Functional Perspective of the study of Pidgins)। बाद में इस प्रकार विकसित किसी भी भाषा को 'पिजिन' कहने लगे। इसे 'मिश्रित भाषा' नहीं कह सकते क्योंकि 'मिश्रण' (Mixing) में केवल मिलाने का भाव है, एक के आधार भाषा तथा दूसरी के प्रभावक भाषा होने का नहीं। 'पिजिन भाषा' के कुछ उदाहरणों के रूप में 'कलकतिया हिन्दी', 'बम्बइया हिन्दी' आदि को देखा जा सकता है। 'कलकतिया हिन्दी' में भाषा 1 हिन्दी है और भाषा 2 बंगला। इसी तरह 'बम्बइया हिन्दी' में भाषा 1 हिन्दी है और भाषा 2 मराठी। 'बम्बइया हिन्दी' में लिखित जगदंबा प्रसाद दीक्षित का उपन्यास 'मुरदा घर' अत्यंत चर्चित रहा है। ("कितना टैम बोला.. .धंदा का टैम इदर नहीं आना बोलके। अभी क्या मँगता तेरे कू? एक नौटाक दिया ना ! नईं...दूसरा नहीं देगा हम। उधारी का धन्धा नई माँगता मेरे कू। पीछे का पइसा लेके आ....तब बात करना मेरे से...।"–मुरदा घर)। हिन्दी फिल्मों में भी 'बम्बइया हिन्दी' का प्रचलन है।

पिजिन के सम्बन्ध में रोनाल्ड वॉरडॉफ (Ronald Wardhaugh, 1986, An Introduction to Sociolinguistics) ने कहा है कि "A Pidgin is a language with no native speakers; it is no one's first language, but is a contact language. That is, it is the product of a multilingual situation." (पृ. 57)। "तूं भी उसे याद कर। आशिक है, तो उसे बिसर नको। में इता तेरे नजदीक हूं और तू मुझे नहीं देखता।" (मीराँ जी के गद्य का नमूना, दक्खिनी हिन्दी काव्य-धारा, पं. राहुल सांकृत्यायन, पृ. 6)। हैदराबादी हिन्दी में तेरेको, कैकू, नको, इता, सोब आदि शब्दों का मिश्रण स्वतः ही पाया जाता है। समाज में इस प्रकार की भाषा का प्रयोग तो रहता है पर वह तभी तक किसी की 'पिजिन भाषा' कहलाती है जब तक वह किसी की मातृभाषा न बने। लेकिन यदि वह किसी क्षेत्र की मातृभाषा के रूप में स्वीकृत हो जाए, बच्चे उसे मातृभाषा के रूप में ग्रहण करने लगें तो उसे 'क्रियोल' (Creole) कहते हैं। (Creole/Creolized language is a Pidgin language which has become the mother tongue of community)। अर्थात प्रभावी मिश्रण से बनी या बनाई गई भाषा 'क्रियोल' है। (A creole is a pidgin turned into mother tongue of atleast one speech community. In its linguistic organization it begins to show the tendency of expansion and complication (rather than reduction and simplification) and in its scope of use, it becomes relatively extensive as compared to the restricted use of the corresponding pidgin

–R.N. Srivastava, A Functional Perspective of the study of Pidgins)। मॉरिशस में विकसित क्रियोल इसका उत्तम उदाहरण है जो आधार भाषा फ्रेंच पर अन्य भाषाओं मुख्यतः भोजपुरी के दबाव से विकसित हुई है और मातृभाषा के रूप में प्रतिष्ठित हो चुकी है। (The Mauritian Creole, derived mainly from French (a French based Creole) which influences from other dialects, is spoken by the majority of the population and is the country's native language)।

कोड मिश्रण : 'पिजिन' और 'क्रियोल' की ही भाँति समाजभाषाविज्ञान में 'कोड मिश्रण' (Code Mixing) की संकल्पना भी पाई जाती है। 'कोड मिश्रण' का अर्थ है एक भाषा में दूसरी भाषा के तत्व मिला देना। अर्थात बोलने या लिखने में दो या दो से अधिक भाषाओं को मिला देना भाषा मिश्रण या कोड मिश्रण कहलाता है। हिन्दी+अंग्रेजी कोड मिश्रण के कुछ उदाहरण–'क्यों, सरप्राइज्ड हो गया न!/अच्छा, फर्स्ट आया है, वेरी गुड!'

कोड मिश्रण की भाँति 'कोड परिवर्तन' (Code switching) की संकल्पना भी समाजभाषाविज्ञान में प्रचलित है। 'कोड परिवर्तन' का अर्थ है–एक भाषा में बोलते समय बीच बीच में दूसरी भाषा के पूरे के पूरे वाक्य या वाक्यबंधों का प्रयोग करना। उदाहरण के लिए–'तो कल ही लौटने के लिए तुम कह रहे हो। इट इज वेरी डिफिकल्ट। आइ हैव लॉट ऑफ वर्क ओवर देयर। कल नहीं परसों आऊँगा.'

प्रो. दिलीप सिंह की मान्यता है कि "दो या दो से अधिक भाषाओं के प्रयोग की क्षमता रखने वाला भाषा समाज अपने भाषा व्यवहार में इनका मिला-जुला रूप प्रयोग करने लगता है। इस प्रकार वह अपनी भाषा में दो या दो से अधिक 'कोड' के घटक मिश्रित करके बोलता है अथवा एक भाषा बोलते बोलते अनायास दूसरी भाषा का कोड उसमें जोड़कर अपनी बात पूरी करता है।" कोड मिश्रित या कोड परिवर्तित भाषा रूप भाषा व्यवहार के समय वक्ता के मस्तिष्क से सांदर्भिक (Contextual) रूप में निकलते हैं। कोड परिवर्तन का मुख्य प्रकार्य यह होता है कि द्विभाषिक या बहुभाषिक व्यक्ति जो भाषाएँ जानता-समझता है, वे भाषा प्रयोग के विशेष सन्दर्भ (Context) और स्थिति (Situation) के अनुरूप बोलते समय ही परस्पर परिवर्तित होती रहती हैं।" (दिलीप सिंह, 'भाषा प्रयोग की दिशा दो', हिन्दी भाषा चिन्तन, पृ. 109)।

भाषाद्वैत (Diglossia) : जब किसी भाषायी समाज में एक ही भाषा के दो या दो से अधिक रूपों का प्रयोग विभिन्न परिस्थितियों में होता है तो ऐसी स्थिति को भाषाद्वैत (Diglossia) कहा जाता है। एक भाषा रूप का प्रयोग शिक्षा, धर्म, राजनैतिक और साहित्यिक परिचर्चा जैसी औपचारिक परिस्थितियों में होता है तो अन्य भाषा रूपों का प्रयोग मित्रों, घर के सदस्यों के साथ बातचीत में तथा दूसरे रोजमर्रा के अनौपचारिक कामों में होता है। प्रयोग और समाज के आधार पर इसमें एक भाषा

रूप को प्रतिष्ठित, उत्कृष्ट या उच्च (High Code/Variety) माना जाता है तो अन्य रूपों को अपेक्षाकृत अप्रतिष्ठित या निम्न (Low Code/Variety) माना जाता है।

भाषाद्वैत की संकल्पना को प्रस्तुत करने का श्रेय फर्ग्यूसन (Ferguson, 1959) को है। उन्होंने भाषाद्वैत को परिभाषित करते हुए कहा कि "DIGLOSSIA is a relatively stable language situation in which [in addition to the primary dialects of the language (which may include a standard or regional standards), there is a very divergent, highly codified (often grammatically more complex) superposed variety, the vehicle of a large and respected body of written literature] either of an earlier period or in another speech community, which is learned largely by formal education and is used for most written and formal spoken purposes but is not used by any section of the community for ordinary conversation." अर्थात भाषाद्वैत की स्थिति एक स्थिर भाषा स्थिति है। बाद में फिशमैन, गंपर्ज आदि भाषाविदों ने इस परिभाषा को विस्तृत करके यह बताया कि उन सभी भाषायी समाजों में भाषाद्वैत की स्थिति को स्वीकारा जाता है जिनमें न केवल एक से अधिक भाषाएँ प्रयोग की दृष्टि से परिपूरक हों, बल्कि एक ही भाषा की विभिन्न शैलियों और प्रयुक्तियों का भी प्रयोग अपनी अपनी परिधि में ही होता हो। उदाहरणार्थ भारतीय साहित्य में चार ऐसी भाषाएँ हैं जिनमें भाषाद्वैत उपलब्ध है—हिन्दी, तमिल, तेलुगु और बांग्ला।

हिन्दी : संस्कृतनिष्ठ, अरबी-फारसी, बोलचाल
तमिल : चेंतमिल (परिष्कृत रूप), पच्चु तमिल (सामान्य बोलचाल की भाषा)
तेलुगु : ग्रंथिक तेलुगु, व्यावहारिक तेलुगु
बांग्ला : साधु बांग्ला, चालित बांग्ला

साहित्य में भाषा का परिष्कृत रूप प्रयुक्त होता है तथा दूसरा रूप सामान्य बोलचाल के लिए प्रयुक्त होता है। वस्तुतः भाषाद्वैत की स्थिति मानकीकरण की प्रक्रिया से जुड़ी हुई है अतः इसे किसी भौगोलिक क्षेत्र या भाषा परिवार तक ही सीमित नहीं किया जा सकता। फर्ग्यूसन के अनुसार भाषाद्वैत किसी भी ऐसे भाषा समुदाय में विकसित हो सकता है जिसमें निम्नलिखित तीन बातें हों—

1. सामान्य बोलचाल की भाषा में पर्याप्त साहित्य लिखा गया हो और वह समाज के मूल्यों तथा मान्यताओं का प्रतिनिधित्व करता हो।
2. शिक्षा का प्रसार केवल अभिजात्य वर्ग तक ही सीमित हो।
3. (1) और (2) को स्थापित हुए एक अरसा बीत गया हो।

भाषाद्वैत की स्थिति उत्पन्न करने वाले आधार : उच्च भाषा (High Variety) तथा निम्न भाषा (Low Variety) में भेद करते हुए भाषाद्वैत की स्थिति उत्पन्न करने

वाले तत्व निम्नलिखित हैं–

अ. **प्रकार्य** (Functions) : प्रकार्य के स्तर पर उच्च (H Domain) और निम्न कोड (L domain) का अलग अलग परिस्थितियों में विभाजन होता है। ये प्रकार्य अन्तरपरिवर्तनीय (Interchangeable) हैं। अर्थात उच्च प्रकार्य के प्रयोग क्षेत्र में निम्न प्रकार्य का प्रयोग हास्यास्पद होता है तथा निम्न प्रकार्य के क्षेत्र में उच्च प्रकार्य का प्रयोग। (The functional differentiation of discrepant varieties in a diglossia is fundamental, thus distinguishing it from bilingualism. H and L are used for different purposes, and native speakers of the community would find it odd (even ludicrous, outrageous) if anyone used H in an L domain, or L in an H domain. –Ferguson)। फर्ग्यूसन ने उच्च कोड के चार प्रकार्य निर्धारित किए जो इस प्रकार हैं–

i. साहित्य की भाषा (Language of Literature)
ii. शिक्षा की माध्यम भाषा (Language of instruction)
iii. संचार माध्यमों की भाषा (Language of Mass-Media)
iv. औपचारिक बातचीत (Language of Formal Communication)

तथा निम्न कोड के तीन प्रकार्य–

i. सामान्य वार्तालाप (General Communication)
ii. मौखिक वार्तालाप (Oral Conversation)
iii. स्थानीय प्रयोग (Local Usage)

आ. **प्रतिष्ठा** (Prestige) : भाषा समुदाय के सदस्य उच्च कोड को प्रतिष्ठा का प्रतीक मानते हैं क्योंकि इसका प्रयोग औपचारिक और गम्भीर स्थितियों में होता है जबकि निम्न कोड का प्रयोग हल्के-फुल्के अनौपचारिक संदर्भों में होता है। (In most diglossias examined, H was more highly valued (had greater prestige) than was L. The H variety is that of `great' literature, canonical religious texts, ancient poetry, of public speaking, of pomp and circumstance. The L-variety is felt to be less worthy, corrupt, `broken', vulgar, undignified, etc.)

उच्च कोड : प्रतिष्ठा (+)

निम्न कोड : प्रतिष्ठा (-)

कई बार तो निम्न कोड का महत्व समाज के सदस्यों के लिए इतना नगण्य होता है कि उच्च कोड को ही 'वास्तविक' भाषा माना जाता है और निम्न कोड के अस्तित्व को बिलकुल नकार दिया जाता है।

इ. **साहित्यिक परम्परा** (Literary Heritage) : उच्च कोड की लंबी साहित्यिक

परम्परा होती है और उच्च कोड में लिखे गए इस साहित्य को समाज की स्वीकृति और सम्मान भी प्राप्त होता है। (In most diglossic languages, the literature is all in H-variety; no written uses of L exist, except for 'dialect' poetry, advertising, or 'low' restricted genres.)। यही कारण है कि तत्कालीन साहित्य भी उच्च कोड में लिखा जाता है या परम्परागत शब्दभंडार का लिखित साहित्य में भरपूर प्रयोग होता है।

ई. **मानकीकरण** (Standardization) : उच्च कोड को ही वास्तविक भाषा माना जाता है। मानकीकरण की प्रक्रिया भी उच्च कोड में ही होती है। उच्च कोड का अपना सर्वस्वीकृत तथा सुनिश्चित व्याकरण होता है। इसके अतिरिक्त उच्च कोड का मानक उच्चारण भी होता है और उसकी मानक लिपि भी होती है। (H is strictly standardized; grammars, dictionaries, canonical texts, etc exists for it, written by native grammarians. L is rarely standardized in the traditional sense, or if grammars exist, is written by outsiders)। पर निम्न कोड में ऐसी परम्परा और ऐसे मानकीकरण का अभाव होता है।

उ. **भाषार्जन** (Language Acquisition) : यद्यपि लोगों का दृष्टिकोण उच्च कोड के प्रति अधिक सकारात्मक होता है किन्तु जब भाषार्जन का प्रश्न उठता है तो इस तथ्य को नकारा नहीं जा सकता कि निम्न कोड का अर्जन पहले होता है और उच्च कोड का बाद में। (L-variety is the variety learned first; it is the mother tongue, the language of the home. H-variety is acquired through schooling. Where linguists would therefore insist that the L-variety is primary, native scholars see only the H-variety as the language)। निम्न कोड का अर्जन बच्चा सहज ही, स्वतः ही कर लेता है तथा उच्च कोड का अर्जन औपचारिक ढंग से करता है।

ऊ. **व्याकरण** (Grammar) : उच्च कोड का व्याकरण निम्न कोड की तुलना में अधिक जटिल होता है। (The grammars of H are more complex than the grammars of L-variety. They have more complex tense systems, gender systems, agreement and syntax than L-variety.) शब्द भंडार की दृष्टि से भी उच्च कोड अधिक संपन्न होता है क्योंकि उच्च कोड में विज्ञान, शिक्षा, साहित्य आदि से संबद्ध तकनीकी और साहित्यिक शब्द भी होते हैं। अन्यथा दोनों कोड का शब्द भंडार लगभग एक-सा होता है। यही बात उच्चारण को लेकर भी कही जा सकती है।

ऋ. **स्थायित्व** (Stability) : भाषाद्वैत की स्थिति बहुत स्थाई होती है और शताब्दियों तक यह स्थिति बनी रहती है। उदाहरणार्थ तेलुगु में सातवीं शताब्दी में भी भाषाद्वैत के प्रमाण प्राप्त होते हैं।

इन सबके अतिरिक्त सामाजिक शैलियाँ, टैबू प्रयोग, नाते-रिश्ते की आधारभूत शब्दावली, रंग शब्दावली, सम्बोधन आदि भी समाजभाषिकी के अभिन्न अंग हैं।

भाषा शिक्षण

शिक्षा में भाषा और भाषा में शिक्षा

संप्रेषण की बहुमुखी व्यवस्था का नाम है भाषा। वह सोचने-विचारने का माध्यम है और सामाजिक संस्था भी है। साहित्यिक साधन के साथ-साथ वह शिक्षा का भी साधन और साध्य दोनों है। उसमें जहाँ सम्पूर्ण देश को एक सूत्र में बाँधने की शक्ति है वहीं देश को टुकड़ों में, खेमों में तोड़ने की शक्ति भी है। इस सन्दर्भ में सर्वप्रथम स्मरणीय तथ्य यह है कि भाषा हमारी धरोहर है। हर व्यक्ति सहज रूप से दैनंदिन जीवन में पल पल भाषा का प्रयोग करता है। मातृभाषा के रूप में हो या प्रथम भाषा के रूप में, द्वितीय भाषा के रूप में हो या विदेशी भाषा के रूप में। मनुष्य को जैविक जंतु से सामाजिक-सांस्कृतिक प्राणी बनाने का माध्यम वस्तुतः भाषा ही है। भाषा के बिना मानव अस्तित्व की कल्पना करना भी असंभव है। अतः किसी भी सभ्य-संस्कृत समाज में भाषा के प्रति व्यापक दृष्टिकोण अपनाना अपरिहार्य होता है।

यह सर्वविदित है कि भाषा एकरूपी न होकर विषमरूपी है। समाज में अनेक भाषाएँ तो हैं ही, एक भाषा भी अनेक रूपों में प्रचलित होती है। लचीलापन उसका एक प्रमुख गुण है। भाषा के बारे में अनेक विचार प्रचलित हैं। मानव शिशु सहज रूप से भाषा अर्जित करता है। इसी प्रवृत्ति के आधार पर उसे 'इन्नेट टेंडेंसी' कहा गया है। भाषा वस्तुतः समाज की संस्कृतिवाहिनी है।

सस्यूर ने अपने भाषा चिन्तन में कई मूलभूत प्रश्न उठाए थे। उनकी मान्यता थी कि 'भाषा प्रतीकों की व्यवस्था है अतः उसको समझने के लिए प्रतीकों से संबंधित विज्ञान के अध्ययन का रास्ता अपनाना होगा.' सस्यूर का दृष्टिकोण भाषा को 'मानवीय व्यवहार' के रूप में देख सका। चॉम्स्की ने भाषा और उसके अध्ययन को संज्ञानवाद (Cognitism) अर्थात मनुष्य की ज्ञान अर्जन की प्रकृति से जोड़ा। उनके अनुसार भाषा अपनी आतंरिक प्रवृत्ति में मानव मन का दर्पण है और सार्वभौमिक व्याकरण का अध्ययन इसीलिए मानव मन की बोधात्मक क्षमता का अध्ययन है। उन्होंने भाषा व्यवस्था (Language Competence, Lang) को भाषा व्यवहार (Language Performance, Parole) से अधिक महत्व दिया है।

लेबॉव ने भाषा को शुद्ध भाषिक प्रतीकों की व्यवस्था न मानकर, सामाजिक प्रतीकों की एक उपव्यवस्था के रूप में परिभाषित किया। उन्होंने भाषिक विकल्पन

(Language Variation) की संकल्पना को समझाया। हैलिडे ने वाक् भेद (Speech Variety) का व्यापक अध्ययन किया। उन्होंने इसके कुछ प्रकार भी निर्धारित किए– सामाजिक वाक् भेद (Social Dialect or Sociolect), क्षेत्रीय वाक् भेद (Regional Dialect or Regional Style), प्रयोजनमूलक वाक् भेद (Functional Styles–Domains; Registers)। डेल हाइम्स ने 'भाषा में संस्कृति का सिद्धान्त' प्रतिपादित करते हुए यह स्थापित किया कि 'भाषा का सम्बन्ध भाषा समाज के मनोविज्ञान से भी होता है अतः भाषा व्यवहार तो सांस्कृतिक होता ही है, भाषा द्वारा संपन्न सांस्कृतिक व्यवहार का भी मनोविज्ञान होता है।' उन्होंने भाषा में संस्कृति की संकल्पना को सुदृढ़ करने के लिए 'होम मेड मॅडल' (लोक संस्कृति) को महत्व दिया।

कहने का मतलब है कि भाषा समाज और संस्कृति से जुड़ी है, इसमें दो राय नहीं। शिक्षा और भाषा की बात करते समय याद रखने की बात यह भी है कि भारत बहुभाषिक और बहुसांस्कृतिक देश है। इस देश में लंबी अवधि से हिन्दू और मुस्लिम संस्कृतियाँ भाषा संपर्क से जुड़ी हैं। इन दोनों संस्कृतियों के समन्वय का परिणाम ही हिन्दी भाषा की हिन्दुस्तानी शैली में देखा जा सकता है। भाषा पढ़ते-पढ़ाते समय यदि साहित्य भाषा के सांस्कृतिक शैली भेदों पर भी ध्यान दिया जाय तो यह पद्धति सांस्कृतिक एकता के बोध का आधार बन सकती है।

इस सम्बन्ध में प्रो.दिलीप सिंह की मान्यता है कि 'किसी भी मनुष्य के लिए दर्शन, समाजशास्त्र, मनोविज्ञान आवश्यक होता है। किसी समाज में जन्म लेते ही वह इनसे स्वतः बंध जाता है। भाषा क्योंकि मानव समाज की संपत्ति है अतः उसमें भी ये तीनों अन्तर्भुक्त होते हैं–भाषा दर्शन, भाषा का समाजशास्त्र और भाषा समाज का मनोविज्ञान भाषा के व्यावहारिक विकल्पों में गुंथे होते हैं। इसलिए भाषा एक बहुआयामी यथार्थ है, एक सामाजिक यथार्थ। साहित्य भी क्योंकि भाषाबद्ध होता है, इसलिए उसमें भी ये तीनों घुले-मिले रहते हैं। रचनाकार सामान्य भाषा को हीरे की तरह तराश कर एक ऐसा बहुकोणीय आकार देता है कि भाषा में निहित ये तीनों पक्ष प्रकाशित होने लगते हैं। हम एक शिक्षक के रूप में भाषा संरचना और भाषा सिद्धान्त की जानकारी रख सकते हैं या साहित्यिक पाठ की विषयवस्तु जान सकते हैं। पर उद्देश्य बाधित भाषा-2 शिक्षण की मूलचिन्ता यह है कि हम शिक्षार्थी को यह सब पूर्णता में कैसे दें। कोई भी भाषा कभी न तो निःसंगता (Isolation) में पैदा होती है और न ही निःसंगता में हम उसका प्रयोग करते हैं। अतः साहित्यिक भाषा को निःसंगता में डाल कर प्रस्तुत करना शिक्षार्थी की दक्षता को अधूरा और सीमित बनाना है। भाषा महत्वपूर्ण है, पर भाषा शिक्षण में ज्यादा महत्वपूर्ण यह है कि हम भाषा को पढ़ाएँ कैसे? इसी तरह साहित्य की विषयवस्तु महत्वपूर्ण है पर साहित्य शिक्षण की दृष्टि से ज्यादा महत्वपूर्ण यह है कि हम यह कैसे दिखाएँ कि वह गठित कैसे हुआ तथा उसमें कौन कौन से समाज-सांस्कृतिक तत्व मथे हुए हैं।

साहित्य शिक्षण प्रक्रिया में भी अनुदेश (Instruction), संज्ञान (Cognition) और आभ्यंतरीकरण (Internalization), ये तीनों चरण महत्वपूर्ण होने चाहिए। भाषा शिक्षण के अधुनातन चिन्तन में क्या, कैसे और कब पढ़ाया जाए, इस बात को पाठ्य सामग्री और शिक्षण गतिविधि में अपनाने की अच्छी स्थिति आज बन चुकी है, पर साहित्य शिक्षण में हम आज भी 'क्या' पर तो जोर देते हैं (वह भी लेखक के नाम, पाठ की विषयवस्तु और विधागत प्रतिनिधित्व के आधार पर ही ज्यादा, पाठों के अनुस्तरण और शिक्षण बिन्दु के आधार पर कम) लेकिन 'कैसे और कब' पर लगभग नहीं के बराबर। शिक्षक की सजगता का अर्थ है यह जानना कि प्रत्येक भाषा अपने अनुभव संसार को ढंग से संयोजित और व्यक्त करती है। भौतिक धरातल पर ये तथ्य भले ही एक हों किन्तु बोधन के धरातल पर किसी भाषा समाज द्वारा अपनी विशिष्ट सामाजिक एवं सांस्कृतिक दृष्टि के कारण ये नए सन्दर्भ में ग्रहण किए जाते हैं। अर्थात संसार को देखने की प्रत्येक भाषा समाज की जीवन जगत से प्रेरित दृष्टि एवं उसकी समग्र जीवन पद्धति की जानकारी के अभाव में प्रायः असंभव है।'

स्वभाषा की शिक्षा के साथ ही स्वभाषा के माध्यम से शिक्षा हमारे व्यक्तित्व के सर्वतोमुखी विकास के लिए परम आवश्यक है। अतः फिर से ऐसा आंदोलन छेड़ा जाना चाहिए जिसका लक्ष्य शिक्षा के माध्यम के रूप में मातृभाषाओं को प्रतिष्ठित करना हो। साथ ही द्वितीय भाषा के रूप में हिन्दी भाषी छात्रों को दक्षिण या पूर्वोत्तर की भाषाएँ पढ़ाई जाएँ ताकि सांस्कृतिक ऐक्य की लक्ष्य-सिद्धि हो सके। तीसरी भाषा के रूप में अंग्रेजी अथवा अन्य विदेशी भाषाएँ पढ़ी-पढ़ाई जा सकती हैं।

व्यतिरेकी भाषाविज्ञान के आधार एवं उपयोगिता

व्यतिरेकी विश्लेषण अंग्रेजी के 'कॉन्ट्रास्टिव एनालिसिस' शब्द का हिन्दी पर्याय है। वूर्फ नामक विद्वान ने भाषाओं की भिन्नताओं पर प्रकाश डालने वाले तुलनात्मक अध्ययन के लिए 'व्यतिरेकी विश्लेषण' (कॉन्ट्रास्टिव एनालिसिस) शब्द का प्रयोग किया है। इसे कभी कभी 'डिफरेंशियल लिंग्विस्टिक्स' भी कहा जाता है। व्यतिरेकी भाषाविज्ञान अनुप्रयुक्त भाषाविज्ञान की शाखा है। प्रत्येक भाषा किसी न किसी अन्य भाषा से जहाँ कुछ बिन्दुओं पर समानता रखती है वहीं उनमें कुछ संरचनात्मक असमानताएँ भी अवश्य प्राप्त होती हैं। दो भाषाओं की संरचनात्मक व्यवस्था के मध्य प्राप्त असमान बिन्दुओं को उद्घाटित करने के लिए व्यतिरेकी विश्लेषण का प्रयोग किया जाता है। व्यतिरेकी भाषाविज्ञान भाषा शिक्षण की व्यावहारिक पद्धति है। इसमें किसी भाषा युग्म की समानताओं और व्यतिरेकों के बारे में विश्लेषण करके भाषा अधिगम को सुगम बनाने पर जोर दिया जाता है।

व्यतिरेकी भाषाविज्ञान का उदय द्वितीय विश्वयुद्ध के समय सैनिकों को उन देशों की भाषाएँ सिखाने के उद्देश्य से हुआ जहाँ वे लड़ने जा रहे थे। अन्य भाषा शिक्षण की बढ़ती माँग ने ही व्यतिरेकी भाषाविज्ञान को जन्म दिया है। इसको एक व्यवस्थित ज्ञानशाखा के रूप में विकसित करने का श्रेय अमेरिकी भाषाविज्ञानियों—चार्ल्स सी. फ्रीज और राबर्ट लेडो को जाता है। 1957 में प्रकाशित राबर्ट लेडो (31 मई, 1915—11 दिसंबर, 1995) की पुस्तक 'लिंग्विस्टिक्स एक्रास कल्चर्स' को व्यतिरेकी भाषाविज्ञान का आकर ग्रंथ माना जाता है। व्यतिरेकी भाषाविज्ञान की सहायता से पाठ्यक्रम के निर्माता तथा शिक्षक अपने कार्यों को नियोजित कर सकते हैं और सुनिश्चित पाठ्य सामग्री तैयार कर सकते हैं, पाठ्य बिन्दुओं का चयन कर सकते है, शिक्षार्थी की कठिनाइयों को जान सकते हैं और त्रुटियों को दूर कर सकते हैं।

व्यतिरेकी विश्लेषण : परिभाषाएँ

- किन्हीं दो चीजों की तुलना करते हुए उनमें विषमता का विश्लेषण करना व्यतिरेकी विश्लेषण कहलाता है।

- भाषा अध्येता की प्रथम भाषा की व्याकरण, ध्वनि व्यवस्था और अर्थ के स्तर पर द्वितीय भाषा (सीखी जाने वाली भाषा) से व्यवस्थित तुलना (व्यतिरेकी विश्लेषण) के आधार पर द्वितीय भाषा अधिगम के मार्ग में संभावित कठिनाइयों का अनुमान लगाया जा सकता है। (Difficulties in learning a language can be predicted on the basis of a systematic comparison of the system of the learner's First Language (its grammar, phonology and lexicon) with the system of a second language.)– राबर्ट लेडो, चार्ल्स सी. फ्रीज

- Contrastive Analysis is an inductive investigative approach based on the distinctive elements in the language.

- Contrastive Analysis is a linguistic enterprise aimed at producing inverted (i.e. contrastive, not comparative) two-valued typologies (a C.A. is always concerned with a pair of languages), and founded on the assumption that languages can be compared. –Carl James

- In the study of foreign language learning, the identification of points of structural similarity and difference between two languages is defined as Contrastive Analysis. –Crystal

- Contrastive Analysis is a device or predicting points of difficulty and some of the errors that learners will make. –Otler

- Contrastive Analysis is a branch of applied linguistics devoted to the investigation of the 'gravitational pull of mother tongue' as a factor in second language learning. –N. Krishnaswamy

- Contrastive Analysis is a method of analyzing the structure of any two languages with a view to estimate the differential aspects of their systems, irrespective of their genetic affinity of level of development. –Dr. V. Geetha Kumari

- ध्वनि, लिपि, व्याकरण, शब्द, अर्थ, वाक्य और संस्कृति जैसे विभिन्न स्तरों पर दो भाषाओं की संरचनाओं की परस्पर तुलना कर उनमें समान और असमान तत्वों का विश्लेषण करना व्यतिरेकी विश्लेषण कहलाता है। –प्रो. सूरजभान सिंह

- दो या दो से अधिक भाषाओं के सभी स्तरों पर तुलनात्मक अध्ययन द्वारा समानताओं और असमानताओं के निकालने को व्यतिरेकी विश्लेषण कहते हैं। –डॉ. भोलानाथ तिवारी

➢ भाषा विश्लेषण की यह तकनीक, जिसके द्वारा भाषाओं में व्यतिरेक इंगित किया जाता है, व्यतिरेकी विश्लेषण कहलाती है।—डॉ. ललित मोहन बहुगुणा

➢ भाषा विश्लेषण में जहाँ दो भाषाओं में व्यतिरेक/असमानताएँ सूचित की जाती हैं, यह व्यतिरेकी विश्लेषण कहलाता है। —डॉ. शंकर बुंदेले

व्यतिरेकी विश्लेषण : उपयोगिता

- अन्य भाषा शिक्षण के लिए पाठ्य सामग्री निर्माण करना।
- स्रोत भाषा और लक्ष्य भाषा में निहित समानताओं और असमानताओं की तुलना करके पाठ्य बिन्दुओं का चयन करना।
- शिक्षार्थी की शिक्षण समस्याओं को समझना।
- शिक्षण विधियों का आविष्कार करना।
- त्रुटियों का निदान करना।

व्यतिरेकी विश्लेषण : उद्देश्य

व्यतिरेकी विश्लेषण के मुख्य उद्देश्य को स्पष्ट करते हुए डॉ. सूरजभान सिंह ने अपनी पुस्तक 'अंग्रेजी-हिन्दी अनुवाद व्याकरण' में निम्नलिखित तथ्यों को स्पष्ट किया है—

- दो भाषाओं के बीच असमान और अर्धसमान तत्वों का पता लगाना, जिससे भाषा सीखने या अनुवाद करने में उन स्थलों पर खास ध्यान दिया जा सकता है जहाँ असमान संरचनाओं के कारण त्रुटि या मातृभाषा व्याघात की संभावना अधिक होती है।

- व्यतिरेकी विश्लेषण के परिणामों से अनुवादक स्रोत भाषा और लक्ष्य भाषा के उन संवेदनशील स्थलों का पहले से अनुमान कर सकता है जहाँ असमान संरचनाओं तथा नियमों के कारण अनुवादक मातृभाषा व्याघात या अन्य कारणों से गलती कर सकता है। इस प्रकार वह लक्ष्य भाषा की संरचना और शैली की स्वाभाविक प्रकृति को पहचान कर कृत्रिम और असहज अनुवाद से बच सकता है।

- व्यतिरेकी विश्लेषण के फलस्वरूप उसे एक से अधिक समानार्थी अभिव्यक्तियाँ उपलब्ध होती हैं, जिससे वह सन्दर्भ के अनुसार उपयुक्त विकल्प का चयन कर सकता है और अनुवाद में मूल पाठ की सूक्ष्म अर्थ छटाओं को सुरक्षित रख सकता है।

- एम.जी.चतुर्वेदी के अनुसार व्यतिरेकी विश्लेषण निम्नलिखित स्थितियों में

उपयोगी होता है—(1) मातृभाषा अथवा लक्ष्यभाषा व्याघात के विश्लेषण के लिए, (2) दो भाषाओं के, उनकी संरचनाओं के सभी स्तरों पर तुलनात्मक अध्ययन के लिए, (3) दो भाषाओं के समान, अर्धसमान तथा असमान प्रयोगों को पहचानने के लिए, (4) पाठ्यक्रम निर्माण के लिए, (5) त्रुटि विश्लेषण के लिए और (6) लक्ष्य भाषा शिक्षण के लिए।

व्यतिरेकी भाषाविज्ञान की मूल स्थापनाएँ

- अन्य भाषा शिक्षण के लिए सबसे अधिक प्रभावी सामग्री वही है जो भाषा सीखने वाले की स्रोत भाषा और लक्ष्य भाषा का व्यतिरेकी विश्लेषण समान रूप से वैज्ञानिक पद्धति से करने में सक्षम हो तथा सही पाठ्य बिन्दुओं का चयन कर सके।
- जो शिक्षक शिक्षार्थी की स्रोत भाषा तथा लक्ष्य भाषा की वैज्ञानिक पद्धति से तुलना करने की क्षमता रखता है, वह शिक्षार्थी की शिक्षण समस्याओं को बेहतर ढंग से समझ सकता है और समस्याओं का समाधान कर सकता है।
- वस्तुतः विविध प्रमुख भाषाओं की संरचनाओं का व्यतिरेकी विश्लेषण किया जाता है। यह विश्लेषण अनेक स्तरों पर कर सकते हैं। जैसे—दोनों भाषाओं की ध्वनि व्यवस्था, व्याकरण, शब्दावली एवं लेखन व्यवस्थाओं की तुलना प्रस्तुत करना। इस तुलना का मुख्य उद्देश्य दोनों भाषाओं में निहित ऐसी समानताओं और असमानताओं पर प्रकाश डालना और दोनों भाषाओं को सीखने वालों में पैदा होने वाली मनोवैज्ञानिक उलझनों को दूर करना।

व्यतिरेकी विश्लेषण : अनुप्रयोग का क्षेत्र

(1) भाषा शिक्षण

वस्तुतः व्यतिरेकी विश्लेषण का जन्म भाषा शिक्षण के सन्दर्भ में हुआ। डॉ. भोलानाथ तिवारी का कथन है कि "प्रायः यह समझा जाता है कि व्यतिरेकी विश्लेषण से अन्य भाषा शिक्षण में ही सहायता मिलती है, किन्तु मातृभाषा शिक्षण में भी यह उपयोगी है क्योंकि कक्षा में भाषा का मानक स्वरूप ही सिखाया जाता है। इस सन्दर्भ में ध्यान देना चाहिए कि जिन उपभाषाओं/बोलियों के क्षेत्रों से विद्यार्थी आ रहे हैं, उनमें क्या समानताएँ/असमानताएँ हैं। उसे भाषा के शुद्ध प्रयोगों से परिचित कराना है, स्वीकृत वाक्य रचना का प्रयोग करना सिखाना है।" अतः व्यतिरेकी विश्लेषण अन्य भाषा शिक्षण में ही नहीं, मातृभाषा शिक्षण में भी उपयोगी सिद्ध होता है।

(2) अनुवाद

व्यतिरेकी विश्लेषण और अनुवाद दोनों का ही सम्बन्ध दो भाषाओं से होता है—एक स्रोत भाषा और दूसरी लक्ष्य भाषा। अनुवाद में स्रोत भाषा पाठ को लक्ष्य भाषा में रूपांतरित किया जाता है जबकि व्यतिरेकी विश्लेषण में स्रोत भाषा की संरचना का लक्ष्य भाषा की संरचना के साथ तुलनात्मक अध्ययन किया जाता है। इसके बाद दोनों भाषाओं के व्यतिरेकों/भिन्नताओं को स्पष्ट किया जाता है। स्रोत भाषा के किसी कथन के लिए लक्ष्य भाषा में जब एकाधिक समानार्थक विकल्प सामने आते हैं, तब अनुवादक उपयुक्तता के आधार पर किसी एक विकल्प का चयन करता है।

राबर्ट लेडो द्वारा प्रतिपादित छह मानदंड

विकल्प चयन की प्रक्रिया में व्यतिरेकी विश्लेषण का ही आश्रय लिया जाता है। अतः व्यतिरेकी विश्लेषण को अनुवाद का साधन माना जाता है। भाषाविद् राबर्ट लेडो द्वारा प्रतिपादित छह मानदंड निम्नलिखित हैं—

(1) रूप और अर्थ में समानता
(2) रूपगत समानता और अर्थगत भिन्नता
(3) रूपगत भिन्नता और अर्थगत समानता
(4) रूप और अर्थ में भिन्नता
(5) समान रूप और भिन्न रूपरचना एवं सहप्रयोग वाले शब्द
(6) समान कोशीय और भिन्न लक्ष्यार्थ वाले शब्द

रूप और अर्थ में समानता

इस वर्ग में उन शब्दों को रखा जाता है जो स्रोत भाषा एवं लक्ष्य भाषा में ध्वनि अथवा लिपि तथा अर्थ के स्तर पर समान होते हैं। इस वर्ग में आने वाले शब्द समान अथवा भिन्न मूल के हो सकते हैं। जैसे—आकाश (आकासमु), भक्ति, गौरव (गौरवमु), लग्न (लग्नमु) आदि शब्द हिन्दी और तेलुगु दोनों में रूप और अर्थ की दृष्टि से समान हैं।

रूपगत समानता और अर्थगत भिन्नता

दो भाषाओं में प्राप्त समतुल्य शब्दों के मध्य कभी-कभी सूक्ष्म अर्थ समानता होती है तो कभी सूक्ष्म भिन्नता दृष्टिगत होती है। अनेक शब्दों में पूर्ण अर्थगत भिन्नता भी दिखाई देती है। जैसे—

शब्द	हिन्दी में अर्थ	तेलुगु में अर्थ
शिक्षा	विद्या	दंड

उपन्यास	गद्य विधा	भाषण/व्याख्यान
आग्रह	अनुरोध	क्रोध
आलोचना	विमर्श/टीका-टिप्पणी	सोचना
कृषि	खेतीबाड़ी	मेहनत/श्रम
दाह	जलन	प्यास
विचार	भावना	चिन्ता/दुःख
धर्म	मजहब	न्याय
चरित्र	चालचलन	इतिहास
बाधा	अड़चन	दर्द

रूपगत भिन्नता और अर्थगत समानता

दो भाषाओं के मध्य पाए जाने वाले ऐसे शब्द जिनमें रूपगत भिन्नता एवं अर्थगत समानता होती है, इस वर्ग में रखे जाते हैं। एक ही भाषा के इस प्रकार के शब्दों को पर्यायवाची की संज्ञा दी जाती है।

हिन्दी	**तेलुगु**
घाव	घायमु
पूनम	पुन्नमि
रात	रेयि/रेतिरी
विनती	विन्नपमु
चूना	सुन्नमु

भिन्न रूप एवं भिन्न अर्थ वाले शब्द

प्रत्येक भाषा के शब्द-समूह का एक बड़ा भाग उस भाषिक समुदाय की संस्कृति का प्रतिनिधित्व करता है। प्रत्येक भाषा-भाषी के खान-पान, वेश-भूषा, विचार, रीति-रिवाज, मान्यता तथा धार्मिक सोच से जुड़े ये शब्द हर भाषा के अपने होते हैं। 'भिन्न रूप एंव भिन्न अर्थ' वर्ग के शब्द सांस्कृतिक परिस्थिति से ही सम्बन्ध रखते हैं। इन शब्दों को लक्ष्य भाषा का बोलने वाला पूर्ण रूप से समझने में असमर्थ होता है। इस वर्ग में आने वाले शब्दों के मध्य हिन्दी-उर्दू-अंग्रेजी में समानता नहीं है। इन शब्दों का यथावत प्रयोग किया जाता है चूँकि इन भाषाओं में सांस्कृतिक भिन्नता है इसलिए उनकी सांस्कृतिक शब्दावली में भी भिन्नता मिलती है।

'मुहावरे' प्रत्येक भाषा का एक अभिन्न अंग हैं। रूढ़िगत सहप्रयोग से मुहावरे विशेष अर्थ को प्रस्तुत करते हैं। मुहावरों का अनुवाद करना एक जटिल कार्य है। हिन्दी के मुहावरे पेट में चूहे कूदना, अपनी खिचड़ी अलग पकाना आदि का अनुवाद

करना संभव नहीं है। इसी प्रकार उर्दू के मुहावरों का अनुवाद भी कठिन है, जैसे– बुत बन जाना, हलफ उठाना, ज़ख्म पर नमक छिड़कना, ईद का चाँद होना, आदि। अंग्रेजी भाषा की प्रकृति इन दोनों भाषाओं से भिन्न है। अतः अंग्रेजी मुहावारों और लोकोक्तियों को भी लक्ष्य भाषा में अनूदित करना कठिन कार्य है। जैसे Adam's Apple, Herculean Task। इसी प्रकार तेलुगु के कुछ विशिष्ट लोकोक्तियाँ इस प्रकार हैं–'चिलिकि चिलिकि गालिवान अव्वडम' (झगड़ा बढ़ जाना), 'कोर्टुकु पोयेवाल्लू, काशी कि पोयेवाल्लू तिरिगि रारू' (कोर्ट को जाने वाले और काशी को जाने वाले लोग लौटाकर नहीं आते हैं)।

सहप्रयोग के उपवर्ग में पुनरुक्ति का महत्वपूर्ण योगदान होता है। किसी शाब्दिक इकाई का पुनः पूर्ण या आंशिक प्रयोग जो कि नए अर्थ का बोध कराए उसे पुनरुक्ति की संज्ञा दी जाती है।

1. पूर्ण पुनरुक्ति

इस वर्ग में दो समान शब्दों का प्रयोग किया जाता है और पूरी रचना से एक नया अर्थ दिखाई देता है, जैसे–

हिन्दी	**तेलुगु**
कभी-कभी	अप्पुडप्पुडु
धीरे-धीरे	मेल्लमेल्लगा
जल्दी से जल्दी	त्वरत्वरगा

2. आंशिक पुनरुक्ति

जब शब्द के किसी भाग को पुनः प्रयोग में लाया जाए तो यह प्रक्रिया आंशिक पुनरुक्ति कहलाती है, उदाहरणार्थ–

हिन्दी	**तेलुगु**
अपने-आप	तनकु तानुगा

समान कोशीय एवं भिन्न लक्ष्यार्थ वाले शब्द

प्रायः भाषाओं में अनेक ऐसे शब्द पाए जाते हैं जो अपने मूल अर्थ से भिन्न या अधिक अर्थ का बोध कराते हैं। इस प्रकार के कई उदाहरण दृष्टिगत होते हैं जो अपने मूल अर्थ से भिन्न या अधिक अर्थ का बोध कराते हैं।

'मामू' शब्द नाते-रिश्ते की शब्दावली में माँ के भाई के लिए प्रयोग में आता है जब कि मुम्बइया हिन्दी में या बोलचाल की हिन्दी में पुलिस वालों को 'मामू' कहा जाता है। तेलुगु भाषा समाज में भी इस तरह का प्रयोग पाया जाता है। 'अत्तगारु इल्लु' का अर्थ है 'ससुराल' लेकिन इसका व्यंग्यार्थ है 'जेल'।

'हफ्ता' शब्द का अर्थ सप्ताह होता है किन्तु अपराध जगत में 'अवैधानिक रूप

से लिए गए कर' को हफ्ता कहते हैं।

हिन्दी धातु 'फेंक' का बोलचाल की भाषा में भिन्न लक्ष्यार्थ में प्रयोग मिलता है, यथा—वह फेंक रहा है। यहाँ 'फेंक' का अर्थ 'गप मारना' है।

उपर्युक्त उदाहरणों से ज्ञात होता है कि समान कोशीय एवं भिन्न लक्ष्यार्थ वाले शब्दों के स्तर पर हिन्दी-उर्दू-तेलुगु में समानता एवं असमानता विद्यमान है। इस वर्ग में आने वाले शब्दों का अनुवाद करना एक जटिल कार्य है क्योंकि ऐसे शब्द अपने मूल अर्थ से भिन्न लक्ष्यार्थ का बोध कराते हैं।

दो बोलियों के प्रयोगकर्ता जब परस्पर वार्तालाप करते समय एक दूसरे का आशय समझने के साथ-साथ उन बोलियों का साधिकार प्रयोग करने में समर्थ होते हैं तो यह स्थिति 'पारस्परिक बोधगम्यता' (Mutual Intelligibility) के नाम से जानी जाती है। दो बोलियों के मध्य यह स्थिति मिलती है किन्तु दो भाषाओं के बीच 'पारस्परिक बोधगम्यता' नहीं होती। वास्तव में 'पारस्परिक बोधगम्यता' का अभाव ही दो भाषाओं की स्वतंत्र अस्मिता का परिचायक कहा जाता है।

अतः यह कहा जा सकता है कि व्यतिरेकी विश्लेषण वह आधार है जिसके माध्यम से दो भाषाओं की संरचनाओं को इस तरह आमने-सामने रखा जा सकता है कि उनमें निहित व्यतिरेकों का शिक्षार्थी आसानी से समझ सकें ताकि अन्य भाषा सीखते समय मातृभाषा के कारण उत्पन्न होने वाले व्याघात को दूर किया जा सके।

मातृभाषा एवं द्वितीय भाषा शिक्षण
(हिन्दी शिक्षण का परिप्रेक्ष्य)

भाषा शिक्षण का सन्दर्भ अनुप्रयुक्त भाषाविज्ञान का सर्वाधिक प्रचलित सन्दर्भ है। इस क्षेत्र में भाषा ही साध्य और साधन दोनों है। अर्थात भाषा शिक्षण में सीखने और सिखाने की वस्तु भाषा ही है। मातृभाषा, द्वितीय भाषा और अन्य भाषा शिक्षण, शैक्षिक व्याकरण, शिक्षण सामग्री, शिक्षण प्रणाली, शिक्षण तकनीक आदि क्षेत्रों में भाषा शिक्षण ने अपनी अनिवार्यता सिद्ध कर ली है। आज भाषा को सामाजिक संस्था के रूप में देखा जा रहा है और इस दृष्टि से उसका अध्ययन भी किया जा रहा है क्योंकि भाषा और मनुष्य का अटूट सम्बन्ध है। भाषा शिक्षण के क्षेत्र में भी भाषा सीखने तथा सिखाने वाला दोनों मनुष्य ही है।

वस्तुतः भाषा किसी न किसी उद्देश्य या प्रयोजन के सन्दर्भ में सीखी या सिखाई जाती है। जब तक भाषा शिक्षण का उद्देश्य एवं प्रयोजन निर्धारित नहीं किया जाता तब तक उसकी स्वीकार्यता का मूल्यांकन भी संभव नहीं है। प्रायः हिन्दी भाषा शिक्षण के सन्दर्भ में यह कहा जाता है कि उसके एक छोर पर ऐसे व्यक्तियों का समुदाय है जो न हिन्दी भाषा जानते हैं और न ही सामाजिक तथा वैयक्तिक आवश्यकताओं के लिए उनका हिन्दी भाषा जानना जरूरी है और दूसरे छोर पर ऐसे व्यक्तियों का समुदाय है जो न केवल हिन्दी भाषा का कामचलाऊ ज्ञान ग्रहण करते हैं बल्कि उसके मानक रूप के प्रयोग में दक्ष भी हैं।

भाषा शिक्षण के सन्दर्भ में पहला वर्गीकरण/विभाजन मातृभाषा और अन्य भाषा शिक्षण के रूप में उभरता है। मातृभाषा शिक्षण के रूप में हिन्दी शिक्षण तथा अन्य भाषा शिक्षण के रूप में हिन्दी शिक्षण की प्रकृति, प्रणाली, प्रयोक्ता की आवश्यकता, प्रयोजन एवं अभिप्रेरणा (Motivation) के कारण भिन्न हो जाते हैं। भाषा शिक्षण के प्रकारों को निम्नलिखित आरेख के माध्यम से स्पष्ट किया जा सकता है—

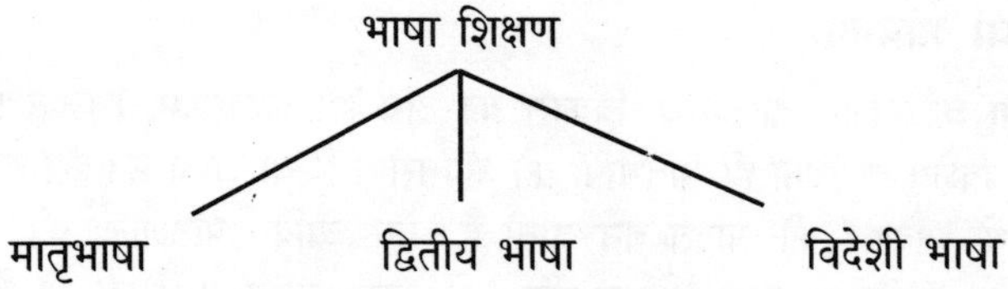

मातृभाषा शिक्षण :

सामन्यतः मातृभाषा का शाब्दिक अर्थ उस भाषा से है जो किसी बालक को अपनी माता से प्राप्त होती है। मातृभाषा व्यक्ति के लिए अपने समाज और संस्कृति के भीतर अपना स्थान ढूँढ़ने तथा पाने का मुख्य साधन है। साथ ही उसके बौद्धिक व्यापार का आधार भी है। यदि रवीन्द्रनाथ श्रीवास्तव के शब्दों में कहें तो "मातृभाषा वास्तव में एक सामाजिक यथार्थ है जो व्यक्ति को अपने भाषायी समाज के व्यापक सामाजिक संदर्भों से जोड़ती है और उसकी सामाजिक अस्मिता का निर्धारण करती है। इसी के आधार पर वह अपने समाज और संस्कृति के भीतर रहता है और इसी से बौद्धिक विकास के साथ-साथ उसकी संवेदनाओं और अनुभूतियों की अभिव्यक्ति होती है। इसीलिए उसकी बौद्धिक चेतना में वृद्धि के लिए मातृभाषा को पढ़ने और लिखने के कौशल सिखाए जाते हैं। इस प्रकार यह सर्वमान्य सिद्धान्त है कि बालक के बौद्धिक एवं भावात्मक विकास में मातृभाषा जितनी उपयोगी एवं सफल सिद्ध होती है उतनी अन्य कोई भाषा नहीं।" (रवीन्द्रनाथ श्रीवास्तव, 'मातृभाषा शिक्षण', अनुप्रयुक्त भाषाविज्ञान : सिद्धान्त एवं प्रयोग, पृ. 128)।

यह भी कहा जाता है कि मातृभाषा संस्थागत (Institutional) यथार्थता है। स्मरणीय है कि मातृभाषा के सहारे ही व्यक्ति अपनी सामाजिक अस्मिता निर्धारित करता है। मातृभाषा को यदि शिक्षा के साथ जोड़कर देखने की बात की जाती है तो उसे व्यक्ति और समाज से भी जोड़कर देखने की आवश्यकता पड़ती है। मातृभाषा पर पड़ने वाले इस त्रिमुखी दबाव को निम्नलिखित त्रिकोण के सहारे व्यक्त किया जा सकता है–

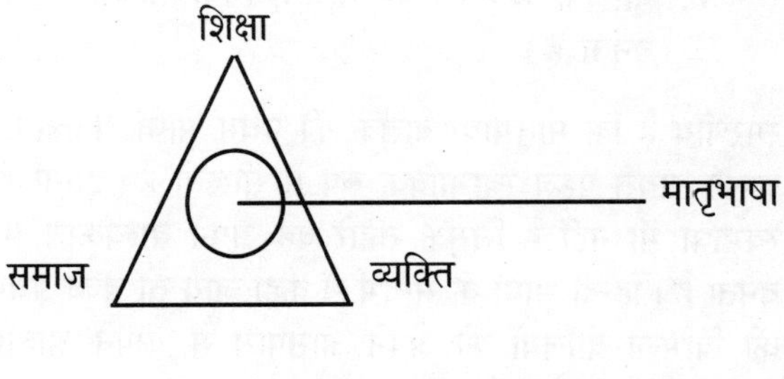

मातृभाषा अधिगम

मातृभाषा का अर्जन बालक के विकास का अंग है। पाठ्यक्रम, शिक्षक प्रेरणा और प्रयोजन विशेष के बिना ही मातृभाषा को आत्मसात किया जाता है। इस रूप में भाषा बालक के व्यवहार की आदत बन जाती है। एक व्यक्ति पाठशाला की औपचारिक शिक्षा के अतिरिक्त अपने दैनंदिन जीवन में अनौपचारिक स्तर पर भी शिक्षा प्राप्त करता है। अनौपचारिक स्तर पर पाई जाने वाली शिक्षा में समाज ही उसका शिक्षक होता है। अतः कहा जा सकता है कि मातृभाषा व्यक्ति के आत्मीय व्यवहार क्षेत्रों को भाषाई समाज के बृहत्तर सामाजिक संदर्भों से जोड़ने वाली संकल्पना है। इसीलिए कहा गया है कि मातृभाषा व्यक्ति की सामाजिक अस्मिता (Social Identity) को निर्धारित करती है। यह अस्मिता भी व्यक्ति की किसी भाषायी समुदाय की एक निश्चित सामाजिक (Social) परम्परा एवं सांस्कृतिक (Cultural) दृष्टिकोण से संबद्ध रहती है। इस प्रकार व्यक्ति के समाजीकरण (Socialization) के रूप में मातृभाषा की अहम भूमिका होती है। मातृभाषा अर्जन (Mother Tongue Acquisition) एक अनिवार्य प्रक्रिया है जिसे बालक स्वतः ही सीखता है। मातृभाषा शिक्षण का मुख्य उद्देश्य बालक को पढ़ने और लिखने का कौशल प्रदान करना है ताकि वह समाज में उपयोगी बन सके। वास्तव में व्यक्ति मातृभाषा अधिगम (Mother Tongue Learning) द्वारा कई क्षमताएँ अर्जित करता है। उपर्युक्त विवेचन के आधार पर यह कहा जा सकता है कि मातृभाषा के माध्यम से व्यक्ति–

1. साक्षर बनता है।
2. ज्ञान (Knowledge) को अनुभव सिद्ध करने की क्षमता अर्जित करता है।
3. बोधन क्षमता (Comprehensive Competence) को विकसित कर पाता है।
4. अनुभूतियों और संवेदनाओं को बहुविध ढंग से व्यक्त कर पाने में सक्षम बनता है।
5. समाज और संस्कृति में अपना स्थान ढूँढ़ने और निर्धारित करने में समर्थ होता है।
6. बौद्धिक व्यवहारों को साधने, नियंत्रित करने तथा संपन्न करने में सक्षम बनता है।

स्मरणीय है कि मातृभाषा बालक की प्रथम भाषा (First Language) नहीं है जिसे बालक सबसे पहले स्वाभाविक रूप में सीखता है। इतना ही नहीं मातृभाषा उसकी स्वभाषा भी नहीं है जिसके सहारे वह अपने बाल्यकाल में सबसे पहले सामाजिक बनता है। हिन्दी भाषा के सन्दर्भ में कहा जाय तो बच्चे प्रथम भाषा के रूप में हिन्दी की विभिन्न बोलियों को अपने आसपास से, अपने आत्मीय परिवेश से अनायास

ही अर्जित कर लेते हैं। वास्तव में बालक इन बोलियाँ को ही प्रथम भाषा के रूप में अर्जित करता है। जैसे ब्रज, मैथिली, अवधी, भोजपुरी आदि। यह भी कहा जा सकता है कि हिन्दी भाषा समुदाय का बालक बोली को ही माँ की गोद में पलते हुए प्रथम भाषा के रूप में अर्जित करता है। प्रथम भाषा वह है जिसे व्यक्ति बाल्यकाल में अनायास (Spontaneously) ही सीखता है और यह नहीं कहा जा सकता कि इसे कैसे सीखा गया। इसीलिए कई विद्वानों ने प्रथम भाषा को 'मातृबोली' (तिवारी और भाटिया, 1980) कहना उचित समझा है क्योंकि ये बोलियाँ ही हिन्दी भाषियों की प्रथम भाषाएँ हैं जो बालक के परिवार तथा अन्य आत्मीय क्षेत्रों में प्रयुक्त होती हैं। कुछ विद्वानों ने मातृभाषा और प्रथम भाषा को भावात्मक तथा परिस्थितिजन्य लक्षणों के आधार पर अलग करने का प्रयास किया है। उन्होंने भाषा1 और भाषा 2 की संकल्पना रखी। भाषा1 से तात्पर्य प्रारम्भिक भाषा से है। यह बोलने वालों के दिन-प्रतिदिन के व्यवहार की भाषा है। यह भी आवश्यक नहीं कि यह भाषा प्रथम भाषा से मिलती-जुलती हो। हैलिडे, मेकिंतोश तथा स्ट्रीवेंस (1964) को भाषा1 और भाषा 2 के अन्तर को समझ पाना कठिन प्रतीत हुआ क्योंकि इनके लिए कोई निश्चित आधार नहीं मिला। यह भी कहा जा सकता है कि स्कूल जाने से पहले बच्चा माता-पिता या अन्य व्यक्तियों से जो भाषा सीखता है वह भाषा1 है। कैटफोर्ड (1959) ने भाषा1 और भाषा2 की संकल्पना पर विचार करते हुए प्रथम भाषा को वक्ता के व्यक्तिगत दैनिक जीवन की भाषा माना है। (गोपाल शर्मा, 'भाषा शिक्षण में भाषा की संकल्पना', संप्रेषणपरक हिन्दी भाषा शिक्षण, पृ. 21)। बालक धीरे धीरे बोली से मातृभाषा की और बढ़ता है। उसके लिए ब्रज और अवधी में रचित साहित्य एक ही साहित्यिक-सांस्कृतिक धारा की दो भिन्न प्रकार की अभिव्यक्तियाँ दिखाई पड़ती है और खड़ीबोली में आज रचा जाने वाला साहित्य भी उसी का एक उप-अंग बन जाता है। इस सन्दर्भ में रवीन्द्रनाथ श्रीवास्तव कहते हैं कि "हिन्दी भाषा के सन्दर्भ में मातृभाषा का प्रश्न क्षेत्रीय बोली के स्तर पर उठ सकता है। ब्रज, अवधी, भोजपुरी आदि क्षेत्रीय बोलियों को बोलने वाले लोगों के लिए ये बोलियाँ मातृभाषा के रूप में होंगी और सामान्य व्यवहार की भाषा के रूप में हिन्दी उनके लिए 'सह मातृभाषा' के रूप में होगी (श्रीवास्तव 1977) क्योंकि बोली से हिन्दी में जो भाषायी परिवर्तन होगा, वह उस प्रकार का होगा जिस प्रकार एक भाषा भाषी अनौपचारिक शैली से औपचारिक शैली में बात करने लगता है।" (रवीन्द्रनाथ श्रीवास्तव, 'मातृभाषा शिक्षण', अनुप्रयुक्त भाषाविज्ञान : सिद्धान्त और प्रयोग, पृ. 129)।

भाषा शिक्षण के सन्दर्भ में मातृभाषा के मूलतः दो प्रकार देखने को मिलते हैं—स्वभाषिक भाषा और स्वभाषिकेतर भाषा। 'स्वभाषिक' का अर्थ हिन्दी भाषा की बोलियाँ—भोजपुरी, अवधी, ब्रज आदि से है। इन बोलियों के बीच जनसंपर्क स्थापित करने वाली 'वर्नाक्यूलर' (Vernacular) के रूप में सिद्ध भाषा को 'स्वभाषिक

भाषा'/'स्वभाषा' (Native Language) कहा जा सकता है। भाषा का यह प्रयोजन सामाजिक व्यवहार के एक व्यापक सन्दर्भ की अपेक्षा रखता है। इसके विपरीत स्वभाषिकेतर भाषा की संकल्पना बोली निरपेक्ष होती है तथा इसका सन्दर्भ व्यवहार के परिप्रेक्ष्य में सीमित होता है। यह वर्नाक्यूलर के रूप में किसी संपर्क भाषा की तरह स्थित नहीं होती। यह वस्तुतः विशिष्ट प्रयोजनों को सिद्ध करने वाली भाषा है। शिक्षा, कानून, व्यापार आदि विभिन्न व्यवहार क्षेत्रों में प्रयुक्त होने वाली भाषा यही है। अतः शिक्षण के सन्दर्भ में इसे विशिष्ट प्रयोजनों के लिए सिद्ध भाषा के रूप में अपनाना पड़ता है।

मातृभाषा शिक्षण का मूल उद्देश्य बालक को पढ़ने तथा लिखने में दक्ष बनाना है ताकि वह समाज में उपयोगी बन सके। स्कूल आने से पहले ही बालक में भाषिक क्षमता होती है तथा वह सांस्कृतिक पहलुओं से भी परिचित होता है। लेकिन औपचारिक शिक्षा के माध्यम से उसकी भाषिक दक्षता एवं व्यावहारिक क्षमता को अधिक विस्तृत किया जाता है। शिक्षा के स्तर पर मानकीकरण (Standardization) की आवश्यकता रहती है। लेकिन मातृभाषा शिक्षण में भाषा के जीवन्त प्रयोग पर भी ध्यान देना अनिवार्य है। इस दृष्टि से मातृभाषा शिक्षण की प्रक्रिया तीन स्तरों से गुजरती है–1. निर्देशात्मक (Referential), 2. विवरणात्मक (Descriptive) और 3. सर्जनात्मक (Creative)। निर्देशात्मक स्तर पर मानक और अमानक प्रयोग के आधार पर भाषा को शुद्धता और अशुद्धता की दृष्टि से देखा जाता है। इसमें यह भी ध्यान रखने की बता है कि इसमें भाषा के मौखिक पक्ष की उपेक्षा होती है जिससे भाषा की शक्ति का ह्रास होता है और बालक की सर्जनात्मक शक्ति का विकास नहीं हो पाता। विवरणात्मक स्तर पर भाषा को भाषा और उसके प्रयोगों के सन्दर्भ में देखा जाता है। इसमें यह देखा जाता है कि विभिन्न परिस्थितियों में भाषा किस प्रकार कार्य करती है। सर्जनात्मकता के स्तर पर बालक के व्यक्तित्व (Personality) के विकास सामाजिक (Social) एवं भावात्मक (Emotive) विकास पर ध्यान दिया है। इन तीनों स्तरों का समावेश मातृभाषा शिक्षण को बहुआयामी बना सकता है। स्पष्ट है कि मातृभाषा शिक्षण में विद्यार्थी और उसके अनुभव जगत को केन्द्र में रखा जाता है।

अन्य भाषा शिक्षण (द्वितीय भाषा शिक्षण एवं विदेशी भाषा शिक्षण)

मातृभाषा से इतर किसी भी दूसरी भाषा का शिक्षण अन्य भाषा शिक्षण के अन्तर्गत रखा जाता है। भाषा शिक्षण में मातृभाषा शिक्षण और अन्य भाषा शिक्षण को अलग अलग रखकर देखा जाता है। इसकी आवश्यकता भिन्न वैयक्तिक, सामाजिक एवं सांस्कृतिक संदर्भों में पड़ती है। अन्य भाषा शिक्षण को दो वर्गों में विभाजित किया जाता है–द्वितीय भाषा शिक्षण और विदेशी भाषा शिक्षण।

द्वितीय भाषा शिक्षण

द्वितीय भाषा मातृभाषा के साथ सहयोजित भाषा होती है जिसे भाषायी समुदाय का सदस्य होने के नाते सीखना पड़ता है। ये भाषाएँ एक ही राष्ट्र की हो सकती हैं और इनका सामाजिक-ऐतिहासिक विकास क्रम भी समान हो सकता है। अर्थात मातृभाषा और द्वितीय भाषा का परिवेश कई स्थितियों में समान होता है। यदि कहा जाय कि हिन्दी किसी की मातृभाषा है तो अन्य भारतीय भाषाएँ जैसे तेलुगु, तमिल, मलयालम, कन्नड़, गुजराती, मराठी, कोंकणी आदि उसके लिए द्वितीय भाषा होंगी। देखा जाय तो इन भाषाओं में सामाजिक-सांस्कृतिक दृष्टि से बहुत दूरी नहीं है। अतः इन भाषाओं को 'सजातीय द्वितीय भाषाएँ' भी कहा जा सकता है।

उल्लेखनीय है कि विदेशी भाषा होने के बावजूद परस्पर संपर्क और लंबे समय तक भारतीय भाषाओं के बीच संपर्क में रहने के कारण अंग्रेजी भाषा को भारतीय सन्दर्भ में द्वितीय भाषा का स्थान प्राप्त हुआ है। यह भाषा सामाजिक-सांस्कृतिक दृष्टि से भारतीय भाषाओं से बहुत भिन्न है। लेकिन परस्पर संपर्क के कारण भारतीय अंग्रेजी का एक ऐसा रूप विकसित हुआ है जिसके कारण इस भाषा ने द्वितीय भाषा के लक्षणों को प्राप्त कर लिया है। भारतीय संघ ने भी राजभाषा के रूप में अंग्रेजी को सहयोजित भाषा का स्थान दिया है। स्मरणीय है कि कुछ उत्तरपूर्व राज्यों में—जैसे नागालैंड, मेघालय और अरुणाचल प्रदेश में अंग्रेजी को राजभाषा का दर्जा प्राप्त है। "अंग्रेजी का स्थान द्वितीय भाषा का होने पर भी इसकी सांस्कृतिक एवं सामाजिक नींव अन्यत्र होने पर भावनात्मक एकता में समय लगता है इसीलिए श्रीवास्तव (1992) ने यह सुझाव दिया है कि द्वितीय भाषा के दो उपवर्ग बनाए जाएँ—स्वजातीय द्वितीय भाषा और विजातीय द्वितीय भाषा।" (गोपाल शर्मा, 'भाषा शिक्षण में भाषा की संकल्पना,' संप्रेषणपरक हिन्दी भाषा शिक्षण, पृ. 26)। अतः भारतीय सन्दर्भ में अंग्रेजी विजातीय द्वितीय भाषा है। जिस प्रकार हिन्दी भाषियों के लिए अंग्रेजी द्वितीय भाषा है उसी प्रकार भारत के अन्य भाषायी समुदायों के लिए हिन्दी द्वितीय भाषा है। हिन्दी भारत की राजभाषा है, अतः हिन्दीतर प्रदेशों में द्वितीय भाषा के रूप में हिन्दी का प्रचलन बढ़ा है। हिन्दीतर प्रदेशों में प्रान्तीय राजभाषाओं के साथ-साथ हिन्दी और अंग्रेजी में पत्राचार होता है। हिन्दी के माध्यम से आज रोजगार के अवसर सामने आए हैं इसलिए "द्वितीय भाषा के रूप में हिन्दी ने संपर्क भाषा का अपना स्वरूप विस्तृत किया है। भारत की दो भिन्न भाषाओं को बोलने वाले परस्पर संपर्क के लिए हिन्दी का प्रयोग करते हैं। रेलवे प्लेटफॉर्म, बस अड्डों आदि पर प्रमुख संपर्क भाषा का कार्य हिन्दी ही करने लगी है।" (सं, दिलीप सिंह, 'भाषाशिक्षण सन्दर्भ 1', शिक्षण और भाषा शिक्षण, पृ. 72)।

यूनेस्को ने द्वितीय भाषा के सम्बन्ध में कहा है कि मातृभाषा के अतिरिक्त सीखी गई कोई भी भाषा द्वितीय भाषा है। (गोपाल शर्मा, 'भाषा शिक्षण में भाषा की संकल्पना,' संप्रेषणपरक हिन्दी भाषा शिक्षण, पृ. 26)। द्वितीय भाषा के कुछ लक्षण निम्नवत हैं—

1. "द्वितीय भाषा, प्रयोक्ता की अपनी संस्कृति की अभिव्यक्ति का विकल्पवत दूसरा माध्यम होती है।
2. द्वितीय भाषा मातृभाषा के निकट होती है। परस्पर संपर्क और परिवेशगत समानता के कारण द्वितीय भाषा मातृभाषा से प्रभावित होती है और उसे प्रभावित करती है।
3. मातृभाषा के समान द्वितीय भाषा अनिवार्य नहीं होती लेकिन सामाजिक दबाव के कारण उसे सीखना पड़ता है।
4. कई संदर्भों में प्रयोक्ता के मानसिक विकास में द्वितीय भाषा सहायक होती है। कई बार यदि द्वितीय भाषा का ज्ञान न हो तो प्रयोक्ता को कई व्यावहारिक कठिनाइयों का सामना करना पड़ सकता है।
5. द्वितीय भाषा, प्रयोक्ता की अपनी भाषा के समानांतर होती है। इसीलिए व्यक्ति मातृभाषा के समान द्वितीय भाषा में भी वैचारिक और सर्जनात्मक लेखन करने में सक्षम बन जाता है।
6. द्वितीय भाषा का ज्ञान अपने देश की सभ्यता और संस्कृति को समझने में बड़ी सहायता पहुँचाता है।
7. द्वितीय भाषा के प्रति प्रयोक्ता में आत्मीयता का भाव होता है। अभिप्रेरणा के स्तर पर वह उसे उतने ही मनोयोग से सीखने का प्रयत्न करता है जितने मनोयोग से वह अपनी मातृभाषा सीखता है।
8. द्वितीय भाषा के रूप में अपनाई जाने वाली भाषा अपने अलग मानक रूप का निर्माण करती है जैसा कि अंग्रेजी भाषा के साथ हुआ है।
9. द्वितीय भाषा मातृभाषा की स्थानापन्न बनने का प्रयत्न नहीं करती। उसे सह-अस्तित्व की भावना से मातृभाषा के साथ सहयोजित भाषा के रूप में स्वीकार किया जाता है।" (सं, दिलीप सिंह, 'भाषा शिक्षण-सन्दर्भ 1', शिक्षण और भाषा शिक्षण, पृ. 72-73)।

जब कोई हिन्दी भाषी अन्य भारतीय भाषाएँ जैसे पंजाबी, मराठी, तेलुगु, तमिल, मलयालम या कन्नड़ आदि सीखता है, तो ये भाषाएँ द्वितीय भाषाएँ मानी जाती हैं। इसी प्रकार जब हिन्दीतर भाषा भाषी हिन्दी भाषा सीखता है तो उसके लिए हिन्दी द्वितीय भाषा है। द्वितीय भाषा सीखने से व्यक्ति द्विभाषिक बनता है।

विदेशी भाषा शिक्षण

विदेशी भाषा न ही प्रयोक्ता के भाषायी समुदाय की भाषा होती है और न ही वह मातृभाषा के निकट होती है। विदेशी भाषा एक व्यक्ति के भाषायी समाज अथवा देश से भिन्न किसी अन्य भाषा समाज अथवा देश की संस्कृति को समझने का माध्यम होती है। विदेशी भाषा सीखने के पीछे कोई सामाजिक दबाव नहीं होता। विदेशी भाषा शिक्षण में दो भाषाएँ दो भिन्न परिवेशों की होती हैं। भाषा 1 तथा भाषा 2 के भाषिक, सामाजिक-सांस्कृतिक परिवेश भिन्न होते हैं। भाषा शिक्षण में सबसे बड़ी चुनौती विदेशी भाषा शिक्षण की ही है क्योंकि हर स्तर पर संरचना के भेद मिलते हैं। अतः हर एक स्तर पर अन्तर समझाना अनिवार्य है तथा उसीके अनुरूप पाठ सामग्री तैयार करनी पड़ती है।

विदेशी भाषा शिक्षण पद्धति को व्यतिरेकी भाषाविज्ञान की सहायता से गति प्रदान की जा सकती है। अतः यह कहा जा सकता है कि विदेशी भाषा शिक्षण में व्यतिरेकी विश्लेषण और तुलनात्मक अध्ययन का विशेष महत्व है। आज के परिप्रेक्ष्य में अन्य भाषा शिक्षण का उद्देश्य मात्र भाषा2 के अध्येता को द्विभाषिक (Bilingual) बनाना नहीं है बल्कि उसे द्वि-सांस्कृतिक (Bi-Cultural) बनाना है। भाषा2 या लक्ष्य भाषा के व्यावहारिक प्रयोगों का प्रशिक्षण देना है। अतः विदेशी भाषा शिक्षण में निम्नलिखित बिन्दुओं पर ध्यान देना अनिवार्य है—

1. भाषा संरचना का व्यतिरेक
2. भाषा प्रयोग का व्यतिरेक
   (i) औपचारिक
   (ii) अनौपचारिक
3. भाषा प्रयोजन का व्यतिरेक
   (i) सामान्य प्रयोजन
   (ii) विशिष्ट प्रयोजन
4. भाषा संप्रेषण का व्यतिरेक
   (i) सर्वनाम
   (ii) विशेषण
   (iii) सम्बोधन
   (iv) नाते-रिश्ते की शब्दावली
5. भाषा शैली का व्यतिरेक
6. सांस्कृतिक तथ्यों का व्यतिरेक
7. मूल्यों, विश्वासों, संस्कारों, रीति-रिवाजों का व्यतिरेक

मातृभाषा शिक्षण में उपर्युक्त व्यतिरेकों में से 1, 2, 3 और 4 से किसी भी स्थिति में बचा नहीं जा सकता। कभी कभी 5 से भी बच नहीं सकते। स्वजातीय द्वितीय भाषा शिक्षण में 6 और 7 से किसी सीमा तक बचा जा सकता है, लेकिन विजातीय द्वितीय भाषा शिक्षण और विदेशी भाषा शिक्षण में उपर्युक्त सभी व्यतिरेकों की पहचान और तदनुरूप भाषा व्यवहार का अभ्यास अनिवार्य है। भाषा शिक्षण के विभिन्न स्तरों पर, विभिन्न समय पर किस व्यतिरेक को पहले रखा जाएगा, किस व्यतिरेक को किसके बाद रखा जाएगा तथा किसके साथ रखा जाएगा आदि बातें स्पष्ट रूप से निर्धारित होती हैं।

इस प्रकार भाषा शिक्षण की दृष्टि से भाषा को मातृभाषा और अन्य भाषा शिक्षण के रूप में वर्गीकृत किया गया है। प्रमुख विद्वान मैके (Sandra Lee McKay) ने भाषा शिक्षण की पंद्रह विधियों का उल्लेख किया है जो निम्नलिखित हैं–

1. प्रत्यक्ष विधि (Direct Approach)
2. स्वाभाविक विधि (Natural Approach)
3. मनोवैज्ञानिक विधि (Psychological Approach)
4. ध्वनि वैज्ञानिक विधि (Phonetic Approach)
5. वाचन विधि (Reading Approach)
6. व्याकरण विधि (Grammar Approach)
7. संकलन विधि (Electic Approach)
8 इकाई विधि (Unit Approach)
9. भाषा नियंत्रण विधि (Language Control Approach)
10. अनुकरणात्मक विधि (Mimicry Memorization Approach)
11. अभ्यास सिद्धान्त विधि (Practice Theory Approach)
12. सजातीय विधि (Cognate Approach)
13. द्विभाषिक विधि (Dual Language Approach)
14. अनुवाद विधि (Translation Approach)
15. व्याकरण अनुवाद विधि (Grammar Translation Approach)

उपर्युक्त विधियों के अतिरिक्त भाषा शिक्षण की अन्य भी कई विधियाँ हैं। जैसे श्रवण-भाषण विधि (Audio-Lingual Approach), संरचनात्मक विधि (Structural Approach), नियोजित भाषा विधि (Language Immersion Approach) आदि। यहाँ कतिपय प्रमुख शिक्षण विधियों पर चर्चा समीचीन होगी।

व्याकरण अनुवाद विधि (Grammar Translation Approach)

व्याकरण अनुवाद विधि अन्य भाषा शिक्षण एवं आधुनिक भाषा शिक्षण की सबसे प्रचलित विधि है। इस विधि का उद्देश्य यही है कि व्याकरण शिक्षण के केन्द्र में

रहे। “राउज (1969) ने कहा था कि ‘इस विधि का लक्ष्य है किसी वस्तु के बारे में सब कुछ जानने का प्रयत्न करना, न कि स्वयं उस वस्तु को जानने का।’ (To know everything about something rather than the thing itself.)” (दिलीप सिंह, ‘भाषा शिक्षण’, भाषा, साहित्य और संस्कृति शिक्षण, पृ. 52)। इस विधि में व्याकरण और अनुवाद की पद्धति अपनाई जाती है। अर्थात अन्य भाषा को मातृभाषा में अनुवाद करके पढ़ाया जाता है। इस विधि में शिक्षार्थियों को लक्ष्य भाषा (अन्य भाषा) का व्याकरण रटाए जाने पर बल दिया जाता है तथा अनुवाद कराया जाता है। इस विधि के समर्थक हॉवेट (1984) ने कुछ लक्षण, प्रकार्य एवं लक्ष्य निर्धारित किए हैं जिन्हें यहाँ उद्धृत किया जाता है–

1. “इस विधि की सैद्धान्तिक पीठिका के अनुसार विदेशी भाषा शिक्षण के शिक्षार्थी का लक्ष्य भाषा 2 के साहित्य को पढ़ना, उस भाषा के माध्यम से भाषा-अनुशासन सीखना, मानसिक स्तर पर अनुशासित होना और बौद्धिक बनना है। इन उद्देश्यों की प्राप्ति के लिए इस विधि को सर्वाधिक उपयुक्त माना गया क्योंकि यह भाषा अध्ययन-अध्यापन की वह विधि है जिसमें भाषा-व्याकरण के विस्तृत विश्लेषण द्वारा ‘भाषा’ तक पहुँचने का यत्न किया जाता है। नियमों की इस जानकारी के बाद इनका उपयोग भाषा2 के वाक्यों और पाठों का अनुवाद भाषा1 में करने के लिए किया जाता है। इस प्रकार इस विधि का परम लक्ष्य भाषा नियमों और तथ्यों को याद करने, इन्हें समझने तथा भाषा2 की रूप संरचना और वाक्यावली को अपनी मातृभाषा में अनूदित करने की क्षमता पैदा करना है। इस विधि की भाषा1 और भाषा2 के साथ गहरी संबद्धता को एक गुण मानते हुए इसके समर्थक स्टर्न (1983) ने यह कहा था कि ‘यह विधि द्वितीय भाषा अधिगम में प्रथम भाषा को सन्दर्भ-व्यवस्था के रूप में देखती और रखती है।’
2. “यह विधि चारों भाषा कौशलों में वाचन और लेखन पर सर्वाधिक तथा उच्चारण और श्रवण पर बहुत कम या नहीं के बराबर बल देती है।
3. “इस विधि में पढ़े-पढ़ाए जाने वाले पाठ के आधार पर ही शब्दावली चयन किया जाता है और शब्द-शिक्षण द्विभाषिक शब्द-सूची के माध्यम से किया जाता है। यह विधि कोश देखने तथा शब्दों को याद रखने को शिक्षार्थी के लिए जरूरी मानती है। यही वजह है कि व्याकरण-अनुवाद विधि से संबद्ध पाठों में व्याकरण के नियमों को प्रस्तुत किया जाता है, उनकी व्याख्या मिलती है, शब्दों की सूची दी जाती है, शब्दों के अनुवाद समतुल्य दिए जाते हैं तथा व्याकरण और शब्द दोनों के अनुवाद-अभ्यास दिए जाते हैं।

4. "वाक्य, इस विधि की महत्तम और मूलभूत इकाई है। इन्हें यह विधि भाषा-अभ्यास में भी पर्याप्त स्थान देती है। अधिकांश पाठों (Lessons) में आए वाक्यों के अनुवाद (भाषा$_2$ → भाषा$_1$, भाषा$_1$ → भाषा$_2$) को इस विधि में प्राथमिकता दी जाती है। वाक्यों की केन्द्रीयता इस विधि का मूल लक्षण है क्योंकि इसका लक्ष्य है—व्याकरण के सहारे अन्य भाषा-पाठ का अधिगम। हॉवेट की यह भी मान्यता है कि वाक्य पर बल देने से भाषा-अधिगम सहज हो जाता है (Focus on sentence makes language learning easier)।
5. "यह विधि भाषा-परिशुद्धता पर बल देती है और शिक्षार्थी से यह अपेक्षा रखती है कि वह अनुवाद में उच्च मानक दक्षता प्राप्त करने का प्रयास करे।
6. "इस विधि में व्याकरण निगमन पद्धति से पढ़ाया जाता है, अर्थात व्याकरणिक नियमों को प्रस्तुत करके उनका अभ्यास अनुवाद-कार्य के माध्यम से कराया जाता है। अधिकांश पाठों में व्याकरण सामग्री को क्रम से देने की परम्परा इस विधि में रही है। व्याकरण को नियोजित और व्यवस्थित ढंग से पढ़ाना इस विधि की विशेषता है।
7. "इस विधि में भाषा अध्येता की मातृभाषा को माध्यम भाषा रखा जाता है। इसी का प्रयोग व्याख्या तथा नई भाषिक मदों का परिचय देने के लिए किया जाता है। इस विधि का अधिगम सम्बन्धी लक्ष्य है भाषा अध्येता में मातृभाषा और अन्य भाषा के बीच तुलना कर पाने की दक्षता पैदा करना।" (वही, पृ. 53-54)।

व्याकरण-अनुवाद विधि की सीमाएँ

इस विधि की अनेक सीमाएँ उभरकर सामने आईं। जैसे—

1. यहाँ सीखी जाने वाली भाषा गौण बन गई तथा मातृभाषा मुख्य। इसके विपरीत होना यह चाहिए था कि जो भाषा सिखाई जा रही है वह मुख्य हो। इससे सीखी जाने वाली भाषा में जितनी दक्षता अध्येता को प्राप्त होनी चाहिए थी वह बहुत कम हो गई।
2. बिना मातृभाषा की सहायता से सीखी जाने वाली भाषा का स्वतंत्र प्रयोग कर पाना शिक्षार्थी को संभव नहीं। इस विधि के माध्यम से हमेशा किसी विषय को समझने के लिए अध्येता मातृभाषा की अपेक्षा करता रहता है।
3. व्याकरण-अनुवाद विधि शिक्षक केन्द्रित है जबकि शिक्षण विधियों को शिक्षार्थी केन्द्रित होना चाहिए।

4. इस विधि की एक सीमा यह भी है कि शिक्षार्थी का भाषा सम्बन्धी ज्ञान उसके सैद्धान्तिक पक्ष तक ही सीमित रह जाता है। बोलने तथा वार्तालाप के समय समझने के पक्ष का विकास इस विधि के द्वारा संभव नहीं है।
5. यह विधि भाषा के लिखित और मानक रूप को ही आधार बनाती है। व्याकरण को रूपात्मक स्तर पर ग्रहण करने के कारण भाषा भेद के रूप में उसकी जीवन्तता को एक प्रकार से नकारती है।
6. यह विधि भाषा सीखने की स्वाभाविक पद्धति के विरोध में पहले भाषा का व्याकरण सीखने का आग्रह करती है।
7. यदि भाषा को व्यावहारिक रूप में तथा शिक्षार्थी के भाषाई कौशल के सन्दर्भ में देखा जाय तो भाषाई दक्षता का अर्थ होता है वास्तविक सामाजिक संदर्भों में विभिन्न स्थितियों को भाषा के सहारे समझना। लेकिन यह विधि भाषा को अनुवाद के कृत्रिम प्रसंगों से बाँधती है।

प्रत्यक्ष विधि (Direct Approach)

व्याकरण-अनुवाद विधि की सीमाओं को दूर करने तथा भाषा शिक्षण को व्यावहारिक बनाने के उद्देश्य से प्रत्यक्ष विधि सामने आई। इस विधि में अन्य भाषा को उसी प्रकार सिखाया जाता है जैसे बालक मातृभाषा सीखता है। उसे परिचित वस्तु और क्रियाकलाप की सहायता से अन्य भाषा के शब्द और वाक्य सिखाए जाते हैं। इस विधि में अध्यापक अभिनय और अन्य सहायक सामग्री का प्रयोग कर शिक्षार्थी के सम्मुख ऐसा वातावरण प्रस्तुत करते हैं जिससे अन्य भाषा की संरचना सीखने में शिक्षार्थी को कठिनाई न हो। इसमें उच्चारण, पढ़ने और हस्तलेख पर बल दिया जाता है। इस विधि के तीन चरण हैं–चयन (Selection), विश्लेषण (Analysis) और प्रस्तुतीकरण (Presentation)। चयन के बाद श्रेणीबद्ध (Graded) किया जाता है कि किसे पहले पढ़ना चाहिए। जो तत्व मातृभाषा में नहीं हैं उनको ही पहले व्यतिरेकों के माध्यम से सिखाया जाता है। चयन के बाद का चरण है विश्लेषण–व्यतिरेकी विश्लेषण। इसमें मातृभाषा के साथ तुलना करते हुए व्यतिरेकों को स्पष्ट किया जाता है। इसके बाद कक्षा में प्रस्तुतीकरण होता है जिसे ही 'वास्तविक शिक्षण' (Actual teaching) कहते हैं। यह प्रणाली प्रमुख रूप से चार सिद्धान्तों पर आधारित है–

1. अन्य भाषा शिक्षण में पूर्ण रूप से अन्य भाषा का ही प्रयोग हो जिससे अन्य भाषा का व्यवहार छात्र की आदत बन सके।
2. भाषा का अधुनातन रूप ही व्यवहृत हो जिससे भाषा की जीवन्तता की अभिव्यंजना हो सके।
3. चयनित गद्य पाठों में ऐसे विषयों का प्रतिपादन हो जिनमें भाषा की संस्कृति

निहित है।

4. व्याकरण का शिक्षण अनुगमन की पद्धति से हो। व्याकरण के नियम सिखाना अन्य भाषा शिक्षण का उद्देश्य नहीं है। (सं, दिलीप सिंह, शिक्षण और भाषा शिक्षण)

प्रत्यक्ष विधि की सीमाएँ

इस विधि में जहाँ अनेक गुण हैं वहाँ कुछ सीमाएँ भी हैं।

1. मातृभाषा का प्रयोग पूर्णतः बन्द हो जाना एक प्रकार से अस्वाभाविक बात है क्योंकि अन्य भाषा के अधिगम से भी बहुत से तथ्यों के स्पष्टीकरण में मातृभाषा का सहारा लेना अनिवार्य है।
2. इस विधि में मौखिक भाषा पर अधिक बल दिया जाता है, लेखन और व्याकरण की उपेक्षा की जाती है। भाषा में दक्षता और सर्जनात्मकता की उपलब्धि हेतु सभी भाषा कौशलों पर उचित बल देना आवश्यक है।

मौखिक वार्तालाप विधि (Oral Utterance Approach)

इस विधि ने अनुवाद की आवश्यकता को निरर्थक बताया और व्याकरणिक नियमों को, स्मृति में अंकित करने की प्रकृति को अव्यावहारिक एवं असंगत माना। इस विधि में दुहराने, अभ्यास करने आदि क्रियाओं को आवश्यक माना गया। यह भी माना गया कि भाषा एक कौशल है अतः इसे सीखने के लिए अभ्यास या ड्रिल की आवश्यकता है। रवीन्द्रनाथ श्रीवास्तव की मान्यता है कि "मौखिक वार्तालाप विधि जिस भाषावैज्ञानिक, मनोवैज्ञानिक और शैक्षिक अन्तर्दृष्टि पर आधारित थी, उसको भाषाविज्ञान की संरचनात्मक (संघटनात्मक) धारा से बल मिला। मनोविज्ञान के क्षेत्र में प्रचलित व्यवहारवाद (Behaviorism) ने इस विधि की शैक्षिक आधार शिक्षा को यथाशक्ति पुष्ट किया।" (गोपाल शर्मा, 'अन्य भाषा शिक्षण की वैचारिक पृष्ठभूमि', संप्रेषणपरक हिन्दी भाषा शिक्षण, पृ. 41)। इस विधि की निम्नलिखित विशेषताएँ द्रष्टव्य हैं–

1. भाषा से सीधा संपर्क : जिस तरह मातृभाषा सीखते समय बच्चा भाषा के सीधे संपर्क में आता है उसी तरह इस विधि के माध्यम से अन्य भाषा को सीखते हैं। इसके लिए महत्वपूर्ण है कि हम अन्य भाषा के वाक्यों को सीधे सुनें और ग्रहण करें। इसलिए इसे ध्वन्यात्मक विधि भी कहते हैं।
2. जीवन्त भाषा और स्वाभाविक सन्दर्भ : मौखिक वार्तालाप विधि यह स्वीकार करके चलती है कि भाषा को जीवन्त होना चाहिए। अर्थात भाषा को मौखिक स्तर पर पहले वार्तालाप तकनीक के सहारे सीखना उचित है

क्योंकि भाषा की जीवन्तता उसके मौखिक पक्ष में निहित है तथा प्रयोग की स्वाभाविकता वार्तालाप में।

3. आदत निर्माण और अभ्यास : इस विधि के अनुसार भाषा एक आदत (Habit) है और अभ्यास (Drill) सीखने का कार्य व्यापार है।

मौखिक वार्तालाप विधि संरचनात्मक भाषाविज्ञान की देन है, जिसके विरोध में संप्रेषणपरक भाषा शिक्षण के सिद्धान्त ने जन्म लिया। इस सम्बन्ध में रवीन्द्रनाथ श्रीवास्तव का कथन उल्लेखनीय है–"समसामयिक भाषा शिक्षण विधियाँ भाषा अधिगम के उस उद्दीपन अनुक्रिया मॉडल का विरोध करती हैं जो भाषा को आदत (Habit) निर्माण का परिणाम मानता है। मानव मन के संज्ञानात्मक पक्ष (Cognitive Aspect) पर बल देते हुए वह भाषा अर्जन (Acquisition) और भाषा अधिगम (Learning) में अन्तर करता है और मानव मन की उस अन्तर्जात (Innate) वृत्ति के साथ रहता है जिसको लेकर व्यक्ति पैदा होता है और जो भाषा अर्जन की प्रक्रिया में सार्वभौम रूप में काम करती रहती है और आंशिक रूप में उस शिक्षण प्रशिक्षण से रहता है जिसे हम भाषा अधिगम कहते हैं।" (गोपाल शर्मा, 'अन्य भाषा शिक्षण की वैचारिक पृष्ठभूमि', संप्रेषणपरक हिन्दी शिक्षण, पृ. 41)।

संप्रेषणपरक भाषा शिक्षण (Communicative Language Teaching - CLT)

प्रत्यक्ष विधि में भाषा सीखने से संबंधित व्यावहारिक पक्ष पर बल दिया गया। इसी पक्ष को और प्रबल बनाने के लिए संप्रेषणपरक भाषा शिक्षण विधि (Communicative Language Teaching) सामने आई जिसने भाषा शिक्षण को निम्नलिखित लक्ष्यों से जोड़ा–

1. भाषा सीखने का तात्पर्य है–भाषा प्रयोग को सीखना। अर्थात भाषा की संरचना को सीखना।
2. भाषा को सामाजिक संप्रेषण की वस्तु के रूप में सीखना।
3. सीखी जाने वाली भाषा के सामाजिक-सांस्कृतिक नियमों को सीखना।
4. लक्ष्य भाषा की प्रोक्ति संरचना को सीखना।
5. विशिष्ट भाषिक संदर्भों तथा उपयुक्त ढंग से उनके व्यवहार को सीखना।
6. भाषा की संप्रेषणपरक युक्तियों को सीखना।

इस विधि में कौंसिलिंग तकनीक अपनाई जाती है। अध्येता शिक्षार्थी न होकर क्लाइंट होता है। भाषा कौशलों में दक्ष प्रशिक्षकों की सहायता ली जाती है। इस विधि ने भाषा शिक्षण को एक ऐसा आधार प्रदान किया है जिसमें भाषा के मौखिक रूप और उसकी समाज-सांस्कृतिक विशेषताओं को प्रमुखता प्रदान की जाती है।

इस विधि के कारण भाषा शिक्षण के क्षेत्र में समाजभाषाविज्ञान और शैली विज्ञान की सहगामिता बढ़ी है। शिक्षण शिक्षार्थी केन्द्रित हुआ है। Task-based language teaching (TBLT) अथवा task-based language learning (TBLL) की प्रमुखता बढ़ रही है। इतना ही नहीं भाषा शिक्षण के क्षेत्र में Learning By Teaching तकनीक को भी अपनाया जा रहा है। इस तकनीक में शिक्षार्थी शिक्षक की भूमिका निभाता है और अपने सहपाठियों को सिखाते वह खुद सीखता है। कहना न होगा कि भाषा शिक्षण के क्षेत्र में नई नई तकनीकों का यह प्रयोग नवाचारमूलक एवं संप्रेषणधर्मी है।

हिन्दी शिक्षण : तेलुगु मातृभाषा भाषियों के समस्या क्षेत्र

शिक्षण एक जटिल प्रक्रिया है। भाषा शिक्षण वस्तुतः कौशलात्मक (Skilled) होता है। भाषा शिक्षण का लक्ष्य होता है—अध्येता (सीखने वाले) को भाषा व्यवहार के सभी क्षेत्रों में सक्षम बनाना है अर्थात विचारों के आदान-प्रदान में भाषा को कुशलता के साथ प्रयोग करने में समर्थ बनाना। इस दृष्टि से देखा जाय तो शिक्षण का एकमात्र उद्देश्य है अधिगम (Learning) का विकास करना।

किसी भी अन्य भाषा को सीखने में अध्येता को काफी कठिनाइयों का सामना करना पड़ता है। यहाँ प्रमुख रूप से तेलुगु मातृभाषा भाषियों के समस्या क्षेत्र पर दृष्टि केन्द्रित करेंगे।

तेलुगु भाषा-भाषी हिन्दी को अन्य भाषा के रूप में सीखते हैं। हिन्दी भाषा में व्यावहारिक दक्षता प्राप्त करने के लिए उन्हें काफी कठिनाइयों का सामना करना पड़ता है। विभक्तियों के प्रयोग, लिंग निर्धारण, वर्तनी, उच्चारण, शब्दों के प्रयोग आदि कुछ ऐसे क्षेत्र हैं जिनमें उन्हें काफी कठिनाइयों का सामना करना पड़ता है। ये समस्या क्षेत्र सिर्फ तेलुगु भाषा-भाषी या अन्य हिन्दीतर भाषियों तक ही सीमित नहीं है बल्कि बहुत बार अनेक हिन्दी भाषी भी इनके प्रयोग में भूल करते देखे जा सकते हैं। तेलुगु और हिन्दी भाषा में भाषावैज्ञानिक एवं व्याकरणिक अन्तर के कारण अध्येता को हिन्दी भाषा शिक्षण में अनेक समस्याओं का सामना करना पड़ता है।

1. ध्वनि स्तरीय व्यतिरेक :

हिन्दी के विपरीत तेलुगु भाषा में 16 स्वर हैं तथा 38 व्यंजन। तेलुगु तथा हिन्दी में समान स्वर स्वन हैं—अ, आ, इ, ई, उ, ऊ, ऋ, ए, ऐ, ओ, औ। तेलुगु में कुछ विशिष्ट दीर्घ स्वर भी पाए जाते हैं जिनका अभाव हिन्दी भाषा में हैं। वे हैं—दीर्घ ऋ, ह्रस्व ए, ह्रस्व ओ। इतना ही नहीं तेलुगु भाषा में कुछ विशेष व्यंजन ध्वनियाँ हैं—ळ; तेलुगु में 'र' स्वन के संस्वनों की संख्या 3 हैं तथा हिन्दी में 4। वस्तुतः इन सभी वर्णों का स्थान निर्धारित होता है। अतः हिन्दी सीखते समय मातृभाषा के कारण व्यवधान होना स्वाभाविक है। उदाहरण के तौर पर देखें—

तेलुगु भाषा में 'ल' दो प्रकार के पाए जाते हैं। एक दंतव्य 'ल' और दूसरा मूर्धन्य 'ल'। हिन्दी में 'कला' art का द्योतक है। जबकि तेलुगु में 'कला' स्वप्न/Dream का द्योतक है। यहाँ 'ल' ध्वनि दंतव्य है। 'कला' Art का द्योतक है। यहाँ 'ळ' मूर्धन्य है।

हिन्दी /ए/ - एक, मेल
तेलुगु /ऍ/ - मेड (गर्दन)
/ए/ - मेड (भवन)

2. वर्तनी/ उच्चारण के नियमों में व्यतिरेक :

हर भाषा में वर्तनी के अपने नियम निर्धारित होते हैं। स्रोत भाषा और लक्ष्य भाषा में जहाँ समान नियमों का अभाव है वहाँ भाषा सीखने में समस्या होती है। उदाहरण के लिए भाषा$_2$ (सीखी जाने वाली भाषा) हिन्दी की वर्तनी में अनुस्वार (ं) और अनुनासिकता (ँ), अनुस्वार और पंचमाक्षर तथा ड-ड़/ढ-ढ़ के वितरण के निश्चित नियम हैं। भाषा1 (मातृभाषा तेलुगु) में इन नियमों का अभाव है। तेलुगु भाषा में यह नियम है कि वर्तनी में शब्द के मध्य तथा अन्त में स्वर वर्णों का प्रयोग निषिद्ध है (चारों दक्षिण भारत की भाषाओं–अतः तेलुगु, तमिल, मलयालम और कन्नड़ में यही नियम है)। तेलुगु तथा हिन्दी में व्यक्ति और स्थानवाचक शब्दों के उच्चारण में प्रायः अन्तर पाया जाता है। कुछ उदाहरण देखें–

तेलुगु	**हिन्दी**
रुतु	ऋतु
रुषि	ऋषि
क्रुपा	कृपा
पोलीसु	पुलिस
पिस्टलु	पिस्तौल

3. शब्द स्तरीय व्यतिरेक :

अन्य भाषा शिक्षण में शब्दावली का महत्वपूर्ण स्थान है। स्रोत तथा लक्ष्य भाषा में यदि समान अर्थ वाली शब्दावली हो तो वहाँ कोई कठिनाई नहीं होती लेकिन समान वर्तनी वाली भिन्नार्थक शब्दावली सीखने में समस्या उत्पन्न होती है क्योंकि मातृभाषा का ज्ञान व्यवधान पहुँचाता है। समानता और भिन्नता के प्रमुख रूप से पाँच आधार माने जाते हैं–स्रोत, उच्चारण, वर्तनी, अर्थ और संयोग/समास क्रिया। (विजयराघव रेड्डी, व्यतिरेकी भाषाविज्ञान, पृ. 147)।

समान रूप और अर्थ वाले शब्द

तेलुगु	हिन्दी
स्त्री	स्त्री
अनुवादमु	अनुवाद
आसरा	आसरा
किटिकी	खिड़की
जगडमु	झगड़ा
ताटि	ताड़
बट्वाडा	बँटवारा

समान रूप भिन्नार्थक शब्द

शब्द	तेलुगु	हिन्दी
चरित्र	इतिहास	आचरण
अवसर	जरूरत	मौका
व्याख्यान	टीका	भाषण
संसार	परिवार	दुनिया
शिक्षा	दंड	विद्या
बाधा	दर्द/कष्ट	विघ्न/अड़चन
व्यवसाय	खेतीबाड़ी	धन्धा/व्यापार
कृषि	मेहनत	खेतीबाड़ी
दाह	प्यास	जलन
आलोचना	सोचना	विमर्श

कभी कभी एक ही अर्थ को द्योतित करने वाले अनेक पर्यायवाची शब्द भी उपलब्ध होते हैं तो अन्य भाषा के अध्येता के समक्ष यह समस्या उत्पन्न होना स्वाभविक है कि किस पर्याय को किस सन्दर्भ में प्रयुक्त किया जाय।

अनुकरणात्मक/ध्वन्यात्मक शब्द

प्रायः अलग अलग भाषा समाजों में अनुकरणात्मक/ध्वन्यात्मक शब्दों में अन्तर पाया जाता है। तमिल भाषा में नदी 'चल-चल' ध्वनि करती है तो हिन्दी भाषा में 'कल-कल' और तेलुगु भाषा में 'गल-गल'। तेलगु और हिन्दी के सन्दर्भ में कुछ उदाहरण द्रष्टव्य हैं–

भाव	तेलुगु	हिन्दी
बन्दूक के चलने की ध्वनि	डाम-डाम	धाँय- धाँय

घंटी की ध्वनि	गण-गण	टन-टन
मेंढक की ध्वनि	बेक-बेक	टर्र-टर्र
शोक सूचक ध्वनि	अय्यो-अय्यो	हाय-हाय
बारिश की ध्वनि	दन-दन	टप-टप

4. विभक्तियों का प्रयोग :

(अ) 'ने' का प्रयोग :

अक्सर यह पाया जाता है कि तेलुगु भाषी 'ने' (कर्ता कारक) विभक्ति के प्रयोग में काफी गलतियाँ करते हैं। 'ने' चिह्न का प्रयोग वर्तमानकाल और भविष्यकाल में नहीं होता। इसका प्रयोग प्रायः भूतकाल में ही होता है। जब सकर्मक क्रिया भूतकाल में रहती है तब कर्ता के साथ 'ने' लगाने का नियम है। इस नियम के कुछ अपवाद भी हैं। कभी कभी कर्ता के साथ 'को' तथा 'से' का प्रयोग भी किया जाता है। जैसे—बालक को सो जाना चाहिए, रोगी से चला भी नहीं जाता, उससे लिखा नहीं गया। तेलुगु भाषियों के लिए 'ने' विभक्ति नई चीज है क्योंकि तेलुगु भाषा में इसका अभाव है। अतः वे प्रायः हिन्दी सीखते समय इसके प्रयोग में गलती करते हैं।

(आ) द्विकारकीय विभक्तियों का प्रयोग :

प्रत्येक भाषा की अपनी निजी विशिष्टताएँ होती हैं। उदाहरण के लिए हिन्दी में 'को' कर्म कारक तथा संप्रदान कारक दोनों का विभक्ति चिह्न है। इसी प्रकार 'से' करण तथा अपादान कारकों की विभक्ति है। अतः कभी कभी वाक्यों का अर्थ समझने तथा इन विभक्तियों के प्रयोग में भी गलती करने की संभावना है। हिन्दी में प्रायः दो-दो विभक्तियों का एक साथ प्रयोग भी मिलता है। उदाहरण के लिए—उनमें से मेरा कोई मित्र नहीं है। तेलुगु भाषी विद्यार्थी ऐसे अवसरों पर भ्रमित हो सकता है। इसके अतिरिक्त संज्ञा के साथ विभक्तियों का प्रयोग करने से कभी संज्ञा का रूप बदल जाता है तो कुछ स्थितियों में नहीं बदलता। कुछ स्थितियों में विभक्ति संज्ञा से मिलाकर लिखी जाती है तो कुछ स्थितियों में अलग। इस प्रकार की विशेषताएँ तेलुगु भाषा में न होने के कारण तेलुगु मातृभाषा भाषी द्वारा हिन्दी सीखते समय त्रुटियाँ करना सहज संभाव्य है।

5. लिंग भेद :

हिन्दी में लिंग दो प्रकार के हैं—पुल्लिंग और स्त्री लिंग जबकि तेलुगु में संस्कृत की भाँति तीन लिंग हैं—पुल्लिंग, स्त्रीलिंग और नपुंसक लिंग। हिन्दी भाषियों के समक्ष

भी लिंग निर्धारण में समस्या उत्पन्न होती है। ऐसे में जिस भाषा में तीन लिंग हो उन भाषा भाषियों को इसमें कठिनाई हो तो आश्चर्य की बात नहीं है। लिंग निर्धारण के सामान्य नियम हैं—पुरुषसूचक शब्द/अकारांत शब्द पुल्लिंग हैं तथा स्त्रीसूचक/ईकारांत शब्द स्त्री लिंग। इनके कुछ अपवाद भी हैं। जैसे पक्षी पुल्लिंग है तथा चिड़िया स्त्रीलिंग। किताब, पुस्तक स्त्रीलिंग हैं। दही, आत्मा आदि कुछ ऐसे शब्द हैं जो कुछ क्षेत्रों में पुल्लिंग के रूप में प्रयुक्त होते हैं तो कुछ क्षेत्रों में स्त्रीलिंग के रूप में। तेलुगु भाषियों के लिए इनके प्रयोग में समस्या उत्पन्न होना सहज स्वाभाविक है। हिन्दी में लिंग के अनुसार क्रिया के रूप में परिवर्तन होता है, और आकारांत विशेषण का रूप संज्ञा के अनुसार बदलता है। जैसे—अच्छा लड़का, अच्छी लड़की, अच्छे लड़के। लेकिन तेलुगु भाषा में ऐसा कोई नियम नहीं है। वस्तुतः इसमें विशेषण अविकारी होते हैं।

हिन्दी	**तेलुगु**
अच्छा लड़का	मंचि बालुडु
अच्छी लड़की	मंचि बालिका

तेलुगु भाषा में सभी निर्जीव वस्तुओं को नपुंसक लिंग में रखा जाता है। पर उन्हें वाक्यों में प्रयोग करते समय स्त्रीलिंग के रूप में प्रयोग किया जाता है। तेलुगु में सभी निर्जीव वस्तुओं को स्त्री लिंग के रूप में प्रयोग करने से तेलुगु भाषा में लिंग दोष उत्पन्न नहीं होता। इसे इस भाषा की विशेषता कहा जा सकता है। इसके विपरीत यदि हिन्दी में ऐसा किया जाय तो यह त्रुटि मानी जाएगी। उदाहरणार्थ—

हिन्दी	**तेलुगु**
1. लड़का खड़ा है	पिल्ल्वाडु निलबडि उन्नाडु
2. लड़की खड़ी है	पिल्ला निलबडि उन्नदि
3. वृक्ष खड़ा है	वृक्षमु निलबडि उन्नदि
4. लता खड़ी है	लता निलबडि उन्नदि

उपर्युक्त वाक्य 1 और 3 में 'लड़का' और 'वृक्ष' पुल्लिंग हैं परन्तु इनके तेलुगु रूपांतर में 'पिल्लवाडु' पुल्लिंग और 'वृक्षमु' नपुंसकलिंग है। वाक्य 2 और 4 में 'लड़की' और 'लता' स्त्रीलिंग हैं परन्तु इनके तेलुगु रूपांतर में 'पिल्ला' स्त्रीलिंग है और 'लता' नपुंसकलिंग है। यह भी देखा जा सकता है कि तेलुगु में पुल्लिंग और स्त्रीलिंग कर्ता के लिए क्रिया प्रयोग भिन्न भिन्न है, परन्तु नपुंसकलिंग कर्ता का वाक्य में प्रयोग करते समय स्त्रीलिंग क्रिया का प्रयोग किया गया है। अर्थात तेलुगु में अप्राणिवाचक संज्ञाओं को नपुंसकलिंग माना जाता है और उसके साथ स्त्रीलिंग क्रिया का व्यवहार किया जाता है। इस कारण तेलुगु भाषा शिक्षार्थी हिन्दी सीखते

समय प्रायः मातृभाषा के प्रभाव के कारण अप्राणिवाचक संज्ञाओं के साथ स्त्रीलिंग क्रिया का प्रयोग कर बैठता है। अर्थात 'लाता खड़ी है' की तरह ही वह 'वृक्ष खड़ी है' का प्रयोग कर सकता है' क्योंकि उसके स्वभाव संस्कार के कारण वह नपुंसकलिंग कर्ता के साथ स्त्रीलिंग क्रिया का प्रयोग करने का अभ्यस्त है।

ये तो हुईं भाषाविज्ञान और व्याकरण के स्तर पर समस्याएँ। वस्तुतः भाषा सीखकर उसका प्रयोग समाज में करते हैं। भाषा शिक्षण का उद्देश्य भी यही है कि 'भाषा नियम' के साथ 'भाषा प्रयोग' भी सिखाया जाए। लेकिन इस बात को भी नकारा नहीं जा सकता कि भाषा नियम को जाने बिना भाषा प्रयोग के भेदों की परख तथा उनकी व्याख्या संभव नहीं है। "यदि भाषा अध्येता यह नहीं जानता कि किसी व्याकरणिक संरचना का उपयोग किसी वास्तविक संप्रेषण परिस्थिति में किस (किस-किस) तरह करते हुए किसी सन्देश को संप्रेषित किया जाना चाहिए, तो यह माना जाएगा कि वह भाषा एकदम नहीं जानता अथवा व्यावहारिक भाषा प्रयोग की युक्तियों (Devices) से वह अनभिज्ञ है।" (दिलीप सिंह, 'अन्य भाषा शिक्षण के समाजभाषिक पक्ष', अन्य भाषा शिक्षण के बृहत सन्दर्भ, पृ. 131)। प्रो. दिलीप सिंह यह मानते हैं कि भाषा शिक्षण/ भाषा अधिगम का पूरा परिदृश्य समाजभाषा वैज्ञानिक अवधारणाओं के इर्द-गिर्द घूमने लगा है। अतः आज संप्रेषणपरक भाषा शिक्षण की महत्ता स्वतःसिद्ध है। भाषा अध्येता को इन समाजभाषिक पक्षों का ज्ञान न हो तो भाषा का प्रयोग करते समय काफी समस्याओं का सामना करना पड़ेगा।

6. समाज-सांस्कृतिक स्तर पर व्यतिरेक

भाषा शिक्षण में समाज-सांस्कृतिक पक्ष का अत्यधिक महत्वपूर्ण स्थान है क्योंकि समाज शब्दों के अर्थ को निर्धारित करता है। सन्दर्भ तथा परिस्थिति के अनुरूप भाषा का प्रयोग करना पड़ता है। उदाहरण के लिए यदि किसी की मृत्यु हो गई तो हिन्दी में यह नहीं कहा जाता कि '...मर गया/गए' बल्कि '...स्वर्गवासी हो गए', या 'दिवंगत हुए' का प्रयोग किया जाता है। इसी प्रकार तेलुगु में 'कीर्तिशेषुलु' या 'दिवंगतुलु' का प्रयोग किया जाता है। अलग अलग भाषिक समाजों में ऐसे अनेक प्रयोग पाए जाते हैं।

सांस्कृतिक भिन्नता नाते-रिश्ते की शब्दावली में स्पष्ट रूप से परिलक्षित होती है। तेलुगु भाषा समाज में रक्तसम्बन्ध विवाह (Consanguineous Marriages) की संकल्पना है। यहाँ मामा (माँ के भाई) तथा बुआ के बच्चों के बीच आपस में शादी करने का रिवाज है। कभी कभी तो मामा से भी शादी करते हैं। लेकिन हिन्दी भाषा समाज में यह वर्जित है क्योंकि मामा और बुआ के बच्चों को सगे भाई-बहन के समान ही माना जाता है। तेलुगु भाषा समाज में माँ के भाई को भी 'मामा'

कहते हैं और ससुर को भा 'मामा' कहकर संबोधित करते हैं। बुआ को भी 'अत्ता' कहकर संबोधित करते हैं तथा सास को भी 'अत्ता' कहकर संबोधित किया जाता है।

अतः अन्य भाषा के रूप में हिन्दी सिखाते समय मातृभाषा के प्रभाव से उत्पन्न त्रुटियों को दूर करने के लिए भाषा शिक्षक को प्रयास करना चाहिए। प्रमुख रूप से 'ग' क्षेत्र के विद्यार्थियों के लिए हिन्दी लगभग विदेशी भाषा ही है। इसीलिए भाषा शिक्षकों को "वह पद्धति अपनानी चाहिए जो विदेशी भाषा के रूप में हिन्दी पढ़ाने के लिए जरूरी है। पाठ्यपुस्तकों और आलोचना ग्रंथों के अलावा इन छात्रों को छोटी-छोटी रुचिकर पुस्तकों और पत्रिकाओं को पढ़ने के लिए प्रेरित किया जाना चाहिए।" (प्रो. ऋषभ देव शर्मा, 'दक्षिण भारत में उच्च स्तर पर हिन्दी के अध्ययन-अध्यापन की समस्याएँ', दक्षिण भारत में हिन्दी का अध्ययन-अध्यापन : विविध आयाम, (सं) प्रो. आलोक पांडेय, पृ. 25)। ये विद्यार्थी वस्तुतः हिन्दी परिवेश से अपरिचित होते हैं अतः ऐसे विद्यार्थियों को हिन्दी परिवेश से रू-ब-रू कराना होगा तथा जहाँ तक संभव हो उन्हें सांस्कृतिक पक्षों के बारे में बताते समय वीडियो क्लिपिंगस् की सहायता से, सिनेमा या नाटक के अंश दिखाकर, वार्तालाप, प्रश्न मंच, परस्पर चर्चा-परिचर्चा आदि का प्रयोग करते हुए हिन्दी भाषा के प्रयोग को सिखाया जा सकता है। हिन्दी भाषा समाज में निहित वक्ता-श्रोता के सम्बन्ध, रंग, रिश्ते-नाते, सम्बोधन और अभिवादन, टैबू प्रयोग आदि से परिचित कराना और बार-बार अभ्यास कराना आवश्यक है। ऐसा करने से मातृभाषा प्रभाव के कारण होने वाली त्रुटियों को दूर किया जा सकता है।

अनुप्रयुक्त भाषाविज्ञान के क्षेत्र में दक्षिण भारत हिन्दी प्रचार सभा का योगदान

हिन्दी को भारत संघ की राजभाषा का संवैधानिक दर्जा पाने के लिए काफी संघर्षों के दौर से गुजरना पड़ा है। यह ऐतिहासिक तथ्य है कि 19वीं शताब्दी में ब्रिटिश शासन काल में अंग्रेजी भाषा में ही भारत के सभी शासकीय कार्य होते थे। भारत जैसे सुदृढ़ सांस्कृतिक आधार वाले देश को गुलाम बनाए रखने के लिए अंग्रेजों ने इसकी अपनी भाषा में निर्मित सांस्कृतिक रीढ़ को तोड़ने का षड्यन्त्र रचा था। उन्होंने हिन्दी सहित सभी भारतीय भाषाओं को गँवारों की भाषा (वर्नाक्यूलर) कहकर तिरस्कृत किया और राजकाज सहित शिक्षा, न्याय और प्रशासन के सभी क्षेत्रों में अंग्रेजी को सथापित कर दिया। उनका उद्देश्य भारत में स्वतंत्रचेता नागरिकों की संभावना को समाप्त करना तथा अंग्रेजी पढ़े-लिखे मध्यम श्रेणी के क्लर्क तैयार करना था। उन्होंने भारतीय भाषाओं को कमजोर बनाया और संपर्क भाषा हिन्दी को पीछे धकेलने का प्रयास किया। भारत में अपने शासन को सुस्थिर बनाए रखने के लिए अंग्रेजों ने अंग्रेजी भाषा ही नहीं, उसके साथ अपने आचार-विचार और पहनावे का प्रचार किया ताकि भारतीय रंग-रूप से तो भारतीय ही रहें परन्तु रुचि, विचार, नैतिक दृष्टि तथा बुद्धि में पूरे अंग्रेज हो जाएँ। इस प्रकार भारतीयों से मातृभाषाओं तथा संपर्क भाषा को छीनकर उन्हें अंग्रेजी थमा दी गई। इतिहास गवाह है कि 1857 का प्रथम स्वाधीनता संग्राम असफल होने का एक प्रमुख कारण विभिन्न भारतीय भाषा भाषियों के मध्य संपर्क के लिए समर्थ भाषा का अभाव भी था। यहाँ यह प्रश्न उठना स्वाभाविक है कि भारत जैसे बहुलतावादी और बहुभाषिक देश में क्या किसी संपर्क भाषा की परम्परा विद्यमान नहीं थी। ऐतिहासिक अध्ययनों से यह ज्ञात होता है कि शताब्दियों पूर्व भारत में ही नहीं, बल्कि देश-देशांतर में विभिन्न भाषा भाषियों के मध्य संपर्क भाषा के रूप में संस्कृत भाषा व्यावहारिक रूप में प्रतिष्ठित थी। कालांतर में जब दसवीं शताब्दी के आसपास आधुनिक भारतीय भाषाओं का स्वरूप बनना शुरू हुआ तब से संपर्क भाषा का यह दायित्व हिन्दी निभाती आई। देशव्यापी भक्ति आंदोलन ने इसे इस रूप में और भी दृढ़ता प्रदान की। इस प्रकार

धार्मिक, सांस्कृतिक, व्यापारिक और शैक्षणिक स्तर पर देश की एकता का सांस्कृतिक आधार हिन्दी ही थी। परन्तु अंग्रेजों के शासनकाल में हिन्दी के अध्ययन-अध्यापन की उपेक्षा हुई और एक भाषाई रिक्तता की स्थिति पैदा हो गई। भारतीय पुनर्जागरण के नेताओं और समाज सुधारकों ने इस रिक्तता को पहचाना तथा केशवचन्द्र सेन और महर्षि दयानंद जैसे महापुरुषों के प्रयास से हिन्दी को संपर्क भाषा और राष्ट्रभाषा का पहले जैसा गौरव प्रदान करने का अभियान चल पड़ा। इसी क्रम में स्वतंत्रता आंदोलन के दौरान महात्मा गाँधी ने यह अनुभव किया कि यदि इस आंदोलन को तीव्र गति से भारत भर में गाँव गाँव तक पहुँचाना है तो एक समर्थ राष्ट्रभाषा की आवश्यकता है।

उन्नीसवीं शती के अंतिम वर्षों में काशी नागरी प्रचारिणी सभा और हिन्दी साहित्य सम्मलेन की स्थापना के बाद से उत्तर भारत में हिन्दी का प्रचार चल रहा था। किन्तु हिन्दी एक अखिल भारतीय अन्तर-प्रान्तीय व्यवहार की भाषा बन सकती है—यह नई दृष्टि महात्मा गाँधी जी ने ही दी। (श्री सत्यनारायण अभिनंदन ग्रंथ, हिन्दी प्रचार का इतिहास, पृ. 4)। गाँधी जी ने हिन्दी को राष्ट्रभाषा बनाने का तथा उसका प्रचार-प्रसार करने का अनुरोध करते हुए दक्षिण भारत में हिन्दी भाषा के प्रचार पर बल दिया। साथ ही भारतीयों से यह अपील की कि वे इसमें आर्थिक रूप से 'नागरी प्रचारिणी सभा' तथा 'हिन्दी साहित्य सम्मेलन' की मदद करें। यह तथ्य हिन्दी प्रचार आंदोलन ही नहीं बल्कि स्वतंत्रता आंदोलन के इतिहास में भी अत्यंत महत्वपूर्ण है। हिन्दी साहित्य सम्मलेन (1917) के भरूच अधिवेशन में गाँधी जी के इस प्रस्ताव के अनुरूप यह निश्चय किया गया कि हिन्दीतर प्रान्तों में हिन्दी के प्रचार को स्वतंत्रता आंदोलन के रचनात्मक कार्यक्रम के रूप में चलाया जाए। उनके इस निर्णय का ही परिणाम है—'दक्षिण भारत हिन्दी प्रचार सभा'।

1918 में महात्मा गाँधी की प्रेरणा से मद्रास में दक्षिण भारत हिन्दी प्रचार सभा का बीजारोपण हुआ और हिन्दी को अखिल भारतीय अन्तर-प्रान्तीय व्यवहार की भाषा के रूप में विकसित करने के लिए प्रथम प्रचारक के रूप में देवदास गाँधी चेन्नै आए—उन्हें 'आदिप्रचारक' के रूप में जाना जाता है। 1919 में हरिहर शर्मा के नेतृत्व में मद्रास में 'दक्षिण भारत हिन्दुस्तानी प्रचार सभा' की विधिवत स्थापना हुई। तब से 1927 (लगभग 9 वर्षों) तक सभा का संचालन 'हिन्दी साहित्य सम्मलेन, प्रयाग' के द्वारा ही होता रहा। हरिहर शर्मा सभा के मंत्री थे। कार्य बढ़ने से अन्ततः 1927 में इसे 'दक्षिण भारत हिन्दी प्रचार सभा' नाम से व्यवस्थित रूप से पंजीकृत किया गया। दक्षिण के राज्यों में तब से लेकर आज तक सभा हिन्दी के प्रचार का कार्य कर रही है। अब तो इसका कार्य क्षेत्र देशांतर तक फैल गया है। जिस समय दक्षिण भारत हिन्दी प्रचार सभा की स्थापना हुई वह समय स्वतंत्रता आंदोलन का उत्कर्ष काल था। "निश्चित रूप से स्वातंत्र्य संघर्ष में हिन्दी की भूमिका एक राष्ट्रीय

प्रतीक के रूप में उभरी, जैसे राष्ट्रीय ध्वज, राष्ट्रीय गीत वैसे ही राष्ट्रभाषा। तभी तो दक्षिण भारत हिन्दी प्रचार सभा का प्रतीक चिह्न हृदयों को जोड़ता हुआ घोषित करता है—एक राष्ट्रभाषा हिन्दी हो, एक हृदय हो भारत जननी।" (प्रो. दिलीप सिंह, हिन्दी भाषा चिन्तन, पृ. 265)। 1927 के बाद सभा द्वारा हिन्दी के विकास की गति और तेज हो गई। अनेक प्रतिभाशाली व्यक्ति इस संस्था से संबंधित रहे हैं। उन्होंने हिन्दी उत्थान के लिए अथक परिश्रम किया। कुछ तो ऐसे भी थे जिन्होंने अपना सम्पूर्ण जीवन ही सभा तथा हिन्दी भाषा पर न्योछावर कर दिया। इनमें मोटूरि सत्यनारायण का नाम प्रमुख है। "सभा का सौभाग्य रहा कि इसकी गतिविधियों से समर्पित और राष्ट्रहित में सोचने वाले विद्वान और राष्ट्रनेता निरन्तर जुड़ते रहे और राष्ट्रभाषा के उत्थान में अपना योगदान देकर 'राष्ट्रीय' कार्य करने का गौरव महसूस करते रहे।" (प्रो. दिलीप सिंह, हिन्दी भाषा चिन्तन, पृ. 262)। सभा ने अथक प्रयास करके दक्षिण भारत की जनता को हिन्दी भाषा में शिक्षित किया तथा अपनी राष्ट्रभाषा हिन्दी के महत्व को भी समझाया।

सभा के कार्यों के सुचारू रूप से संपन्न होने के साथ ही अन्य राज्यों में भी मद्रास सभा की तरह ही सभा की आवश्यकता महसूस होने लगी। इसलिए 1932 में दक्षिण भारत के चारों प्रान्तों में प्रान्तीय कार्यालय खोले गए— तमिलनाडु (तिरुच्चिरापल्ली), आंध्रप्रदेश (विजयवाडा, बाद में हैदराबाद), कर्नाटक (धारवाड़) और केरल (एरणाकुलम)। इन प्रान्तीय कार्यालयों में क्रमशः रघुवर दयालु मिश्र, पीसपाटि वेंकट सुब्बाराव, जमुना प्रसाद और देवदत्त विद्यार्थी संचालक नियुक्त हुए। जब इन कार्यालयों में भी कार्य बढ़ने लगा तब इन प्रान्तों में विधिवत दक्षिण भारत हिन्दी प्रचार सभाएँ सथापित की गईं। इस हिन्दी आंदोलन के परिणामस्वरूप धीरे धीरे दक्षिण के सभी प्रान्तों में हिन्दी की लोकप्रियता बढ़ने लगी। जगह जगह विद्यालयों में हिन्दी अध्ययन-अध्यापन का कार्य चल निकला जिससे अध्यापकों की कमी पड़ने लगी। इसके लिए कई प्रतिष्ठित शिक्षक भी तैयार किए गए। सभा को शिक्षा सम्बन्धी बातों में सलाह देने के लिए एक शिक्षा परिषद का निर्माण किया गया। इसके साथ-साथ परीक्षा समिति तथा साहित्य समिति भी बनाई गई जो परीक्षा सम्बन्धी और साहित्य सम्बन्धी बातों में सलाह दे। 1946 में 'दक्षिण भारत हिन्दी प्रचार सभा' की रजत जयंती बड़ी धूमधाम से मनाई गई जिसके अध्यक्ष महात्मा गाँधी थे। इसके बाद सभा से दक्षिण भारत की संस्कृति, कला और साहित्य का हिन्दी माध्यम द्वारा परिचय करानेवाली 'दक्षिण भारत' नामक एक पत्रिका भी निकलने लगी। पंचभाषा कोश तैयार करने की भी योजना बनी। 'भारतीय हिन्दी कोश' का संपादन और प्रकाशन हुआ। 'बाल साहित्य माला' नामक एक पुस्तक सीरीज निकालने की व्यवस्था की गई। (श्री सत्यनारायण अभिनंदन ग्रंथ, हिन्दी प्रचार का इतिहास, पृ. 17)। सभा द्वारा संचालित स्कूल-कॉलेजों में परीक्षार्थियों की संख्या बढ़ने लगी। यहाँ नीचे एक

तालिका प्रस्तुत की जा रही है जो यह साबित करती है कि आजादी के बाद किस तरह सभा में परीक्षार्थियों की संख्या में तेजी से वृद्धि हुई थी—

वर्ष	केन्द्र	प्राथमिक	मध्यमा	राष्ट्रभाषा	प्रवेशिका	विशारद	प्रवीण	कुल
1952	859	31333	32007	15887	8866	4843	2162	95098
1953	832	29356	30692	15806	6961	3480	2741	89036
1954	973	29673	26252	15863	8025	5387	2426	87402
1955	1064	35125	30213	16436	8709	6062	2183	98728
1956	1223	42802	37071	18626	8151	6587	2131	115368
कुल		168289	156235	82394	40712	26359	11643	485632

स्मरणीय है कि महात्मा गाँधी दक्षिण भारत हिन्दी प्रचार सभा के आजीवन अध्यक्ष रहे। उन्होंने तत्कालीन प्रमुख राष्ट्रीय नेताओं के साथ दक्षिण भारत हिन्दी प्रचार सभा के त्यागराय नगर, मद्रास स्थित परिसर में कुछ समय के लिए निवास भी किया। महात्मा गाँधी के निधन के बाद डॉ. राजेन्द्र प्रसाद ने सभा का अध्यक्ष पद संभाला। उन्होंने बड़ी निष्ठा से सभा के कार्य को आगे बढ़ाया। सभा को आरम्भ से ही यह बोध रहा कि उसका कार्य इस दृष्टि से विशेष प्रकृति का है कि उसे दक्षिण भारतीय भाषाभाषियों के मध्य हिन्दी भाषा का प्रचार करना है। इसके लिए उन पाठ्य पुस्तकों से काम नहीं चल सकता था जो हिन्दी भाषियों या अन्य आधुनिक आर्य भाषाभाषियों को हिन्दी सिखाने के लिए तैयार की गई थी। अतः सभा ने दक्षिण भारत के शिक्षार्थियों को ध्यान में रखते हुए हिन्दी शिक्षण हेतु पाठ्य पुस्तकें तैयार कीं। आगे प्रारंभिक दिनों की कुछ प्रसिद्ध पाठ्य पुस्तकों में 'सप्तरत्न', 'निबन्ध प्रवेशिका', 'आदर्श हिन्दी रीडर', 'गल्प संचयन', हिन्दी प्रयोग संबोधिनी', 'अभिनव पत्र लेखन', 'अनुवाद अभ्यास' आदि के नाम सम्मिलित हैं।

सभा से प्रकाशित 'सप्तरत्न' में ईश्वरचन्द्र विद्यासागर, रवीन्द्रनाथ ठाकुर, चक्रवर्ती राजगोपालाचारी, सरोजिनी नायडू, राजेन्द्र प्रसाद, पंडित मदन मोहन मालवीय जैसे मनीषियों के व्यक्तित्व और कृतित्व का परिचय सरल हिन्दी में उपलब्ध करवाया गया है। 'निबन्ध प्रवेशिका' में भारतीय समाज के विविध पहलुओं को उद्‌घाटित किया गया है। इसके निबन्धों में नाटक और समाज, सिनेमा, समाचार पत्र, सुर लहरी जैसे निबन्ध हमारे सांस्कृतिक विकास का परिचय कराते हैं। उगादि, होली, पोंगल, क्रिसमस, ईद, ओणम पर निबन्ध धार्मिक, साम्प्रदायिक और क्षेत्रीय सीमाओं से विद्यार्थी को मुक्त करके उसे भारतीय जन जीवन की समानता के दर्शन कराते हैं। उल्लेखनीय है कि ये सभी निबन्ध द्वितीय भाषा के रूप में हिन्दी अध्येता की क्षमता को दृष्टि में रखकर सरल-सहज रूप में लिखवाए गए थे। 'आदर्श हिन्दी रीडर' और

'गल्प संचयन' नामक पुस्तकें भी दक्षिण भारतीय हिन्दी अध्येता को दृष्टि में रखकर तैयार की गईं। प्रथम में देश-दुनिया से संबंधित पुराने-नए विषयों पर लेख सम्मिलित हैं जबकि द्वितीय में आधुनिक तथा प्राचीन कथाकारों की कहानियाँ संकलित की गई हैं। इसके अलावा 'हिन्दी प्रयोग' पुस्तिका के माध्यम से हिन्दी भाषा का प्रयोग सिखाने की दृष्टि से हिन्दी और दक्षिण की भाषाओं के व्याकरणों की तुलना करते हुए हिन्दी शिक्षण सामग्री प्रस्तुत की गई है। यही नहीं हिन्दी-तेलुगु, हिन्दी-कन्नड़, हिन्दी-मलयालम, हिन्दी-तमिल की 'संबोधिनी' नामक पुस्तकें भी सभा ने प्रकाशित कीं। ये पुस्तकें हिन्दी माध्यम से दक्षिण भारतीय भाषा सीखने वालों के लिए अत्यंत उपयोगी सिद्ध हुईं। इन प्रयासों का सुफल यह हुआ कि दक्षिण भारतीय छात्रों ने हिन्दी सीखी और इस दृष्टिकोण को आत्मसात किया कि दक्षिण के रीति-रिवाजों को तथा दक्षिण के साहित्य के मूल को सम्पूर्ण भारत में हिन्दी के माध्यम से फैलाया जा सकता है। दक्षिण भारत हिन्दी प्रचार सभा ने आरम्भ से ही यह भी ध्यान रखा कि हिन्दी को साहित्य भर नहीं बल्कि रोजगार की भाषा बनाना होगा। इसलिए सभा ने हिन्दी के प्रयोजनमूलक स्वरूप को अपनाया। इसी विचार के अनुरूप सभा ने 'अभिनव पत्र लेखन' और 'अनुवाद अभ्यास' जैसी पुस्तकों का सृजन किया। सभा द्वारा सृजित ये सभी पुस्तकें हिन्दी को अखिल भारतीय स्तर पर एक सांस्कृतिक कड़ी के रूप में स्थापित करती हैं। इन पाठ्य पुस्तकों की सामग्री इस प्रकार तैयार की गई है कि उत्तर भारत की प्रथम भाषा की पुस्तकों जैसी जटिलता से बचा जा सके। इनके माध्यम से हिन्दी के सहज स्वाभाविक रूप को छात्रों तक पहुँचाया गया। इस सम्बन्ध में दक्षिण भारत हिन्दी प्रचार सभा के पूर्व अध्यक्ष और भारत के पूर्व प्रधानमंत्री पी.वी.नरसिम्हाराव का यह कथन मार्गदर्शक सिद्धान्त के समान है—"हिन्दी के लिए उसकी शुद्धता पर अधिक ध्यान न देकर उसे निर्बाध गति से बहने दिया जाय। जो कुछ हिन्दीतर क्षेत्र के लोग लिखना चाहते हैं, पाठ्य पुस्तकों के रूप में अपने छात्रों को देना चाहते हैं, वे बेझिझक लिख दें, इसके लिए उन्हें हिन्दी प्रदेशों की ओर देखने की जरूरत नहीं है। अपने-अपने प्रान्तों की संस्कृति और भाषा को जब हिन्दी में लाया जाएगा तब हिन्दी का अखिल भारतीय स्वरूप निखरेगा।" (प्रो. दिलीप सिंह, हिन्दी भाषा चिन्तन, पृ. 269 पर उद्धृत)। साथ ही यह भी ध्यान रखा गया कि छात्र हिन्दी भाषा के कृत्रिम और बनावटी रूप से भ्रमित न हो जाएँ। दक्षिण भारत में हिन्दी के प्रचार-प्रसार का कार्य इसी दृष्टि के अनुसार आगे बढ़ता रहा है। वस्तुतः सभा ने हिन्दी प्रचार के माध्यम से भारत की राष्ट्रीय-सांस्कृतिक एकता को सुदृढ़ करने का कार्य किया है। इस देश सेवा के परिणामस्वरूप दक्षिण भारत हिन्दी प्रचार सभा को भारत की संसद द्वारा पारित अधिनियम संख्या 14, सन 1964 के माध्यम से 'राष्ट्रीय महत्व की संस्था' घोषित किया गया।

1964 में सभा के 'राष्ट्रीय महत्व की संस्था' घोषित होने के बाद इस के

दायित्व और कार्यक्षेत्र का विस्तार होना स्वाभाविक था। सभा के कंधों पर हिन्दी के प्रचार-प्रसार के साथ ही अनुसंधान का भी दायित्व आ गया। अतः 1964 में ही हिन्दी के उच्चस्तरीय अध्ययन-अध्यापन के लिए मद्रास में विश्वविद्यालय विभाग खोला गया जिसका नाम 'उच्च शिक्षा और शोध संस्थान' रखा गया। इसके बाद 1978 ई. में हैदराबाद में इसके एक केन्द्र का उद्घाटन हुआ। हैदराबाद केन्द्र का उद्घाटन पी.वी.नरसिम्हाराव ने किया था। इसी प्रकार केरल के एरणाकुलम और कर्नाटक के धारवाड़ में भी उच्च शिक्षा और शोध संस्थान के केन्द्र (परिसर) आरम्भ हुए। उच्च शिक्षा और शोध संस्थान ने व्यावहारिक हिन्दी के पाठ्यक्रमों को पूरे दक्षिण भारत में लोकप्रिय बनाया। उसके सामने यह लक्ष्य आरम्भ से ही विद्यमान रहा है कि "हिन्दी को साहित्यिक रूप के साथ-साथ व्यावहारिक रूप में भी ढालना है। ऐसे लोगों को तैयार करना है जो हिन्दी को व्यावहारिक रूप में ला सके। हिन्दी का जो व्यावहारिक रूप निखरना है, उसके लिए अनुच्छेद 351 के अनुसार प्रयत्न होना है।" (प्रो. दिलीप सिंह, हिन्दी भाषा चिन्तन, पृ. 270)।

उच्च शिक्षा और शोध संस्थान के चारों परिसरों ने हिन्दी पाठ्यक्रमों को मात्र साहित्य या भाषा की पढ़ाई तक सीमित न रखकर उन्हें समय के साथ बदलती आवश्यकताओं के सन्दर्भ में 'जॉब-ओरिएंटेड कोर्स' बनाया जिससे हिन्दी भाषा के विद्यार्थियों को वर्तमान समय में किन्हीं दूसरे विषयों के विद्यार्थियों की तुलना में कम नौकरियाँ न मिलें और अधिक से अधिक लोगों को हिन्दी को सीखने-पढ़ने के लिए प्रोत्साहित किया जा सके। इसीलिए एम.ए. के पाठ्यक्रम में प्रयोजनमूलक हिन्दी, कार्यालयीन हिन्दी, अनुवाद : सिद्धान्त और व्यवहार, द्वितीय भाषा के रूप में हिन्दी शिक्षण, व्यतिरेकी विश्लेषण और समाजभाषाविज्ञान जैसे विषय रखे गए। सभा ने समयानुसार नए पाठ्यक्रम चलाए। इन पाठ्यक्रमों के लिए नई पुस्तकें भी छपवाई गईं। उच्च अध्ययन हेतु प्रकाशित इन पुस्तकों की शृंखला के संपादक थे–प्रो.रवीन्द्रनाथ श्रीवास्तव। इनमें हिन्दी भाषा की सामाजिक भूमिका, व्यावसायिक हिन्दी, तुलनात्मक साहित्य की भूमिका और कोश विज्ञान जैसी पुस्तकें शामिल हैं। इन पुस्तकों से छात्रों को बहुत लाभ हुआ। केवल दक्षिण भारत में ही नहीं बल्कि सम्पूर्ण भारत में इन पुस्तकों की सराहना हुई। दिन प्रतिदिन उच्च शिक्षा और शोध संस्थान अपनी ऊँचाइयों को छूता जा रहा है। लाल बहादुर शास्त्री, इंदिरा गाँधी, पी.वी.नरसिम्हा राव, राजीव गाँधी और रंगनाथ मिश्र आदि माननीय विभूतियों ने इसके कुलपति पद को सुशोभित किया है। स्मरणीय है कि लाल बहादुर शास्त्री ने ही सभा को 'राष्ट्रीय महत्व की संस्था' के सम्मान से सम्मानित किया। इंदिरा गाँधी ने मानव संसाधन विकास मंत्रालय द्वारा वित्तीय सहायता उपलब्ध कराई। राजीव गाँधी के सभापतित्व में सभा के केन्द्रों के भवन निर्माण तथा कम्प्यूटर केन्द्र स्थापित करने के कार्य को आगे बढ़ाया गया। वर्तमान में जस्टिस के.एस. मकिमठ संस्थान

के कुलपति हैं जो आधुनिकतम अनुसंधान की शाखाओं को उद्‌घाटित करने में संस्थान की और भी उपादेय भूमिका हामी हैं।

दक्षिण भारत हिन्दी प्रचार सभा के इतिहास की प्रमुख घटनाएँ :

- 1918–सभा की स्थापना व प्रथम प्रचारक देवदास गाँधी द्वारा हिन्दी वर्ग का प्रारम्भ।
- 1920–प्रान्तीय भाषाओं में हिन्दी स्वबोधिनी का प्रकाशन।
- 1922–हिन्दी प्रचार प्रेस की स्थापना।
- 1922–हिन्दी प्रचारक प्रशिक्षण महाविद्यालय का प्रारम्भ।
- 1923–'हिन्दी प्रचारक' पत्रिका का प्रकाशन–जो अब 'हिन्दी प्रचार समाचार' के नाम से प्रकाशित हो रही है।
- 1931–काका कालेलकर की अध्यक्षता में सभा का प्रथम दीक्षांत समारोह।
- 1936–प्रान्तीय शाखाओं की स्थापना।
- 1936–सभा भवन का उद्‌घाटन–पं. जवाहरलाल नेहरु।
- 1936–रंगस्वामी अय्यंगार हॉल का उद्‌घाटन–सरदार वल्लभ भाई पटेल द्वारा।
- 1937–प्रचारक विद्यालय भवन–चक्रवर्ती राजगोपालाचारी, तमिलनाडु के तत्कालीन मुख्यमंत्री द्वारा उद्‌घाटित।
- 1938–'दक्षिण भारत' साहित्यिक त्रैमासिक पत्रिका का प्रकाशन।
- 1946–गाँधी जी की अध्यक्षता में रजत जयंती समारोह संपन्न।
- 1964–भारत सरकार की संसद द्वारा 'राष्ट्रीय महत्व की संस्था' घोषित।
- 1964–उच्च शिक्षा और शोध संस्थान की स्थापना।
- 1971–स्वर्ण जयंती समारोह।
- 1979–हीरक जयंती समारोह।
- 1984–बी.एड. कॉलेजों का शुभारम्भ।
- 1985–महात्मा गाँधी पदवीदान मंडप का निर्माण।
- 1986–हिन्दी प्रचार प्रेस में ऑफसेट डिविजन का शुभारम्भ।
- 1991–राष्ट्रीय अनुसंधान ग्रंथालय भवन का निर्माण।
- 1993–अमृतोत्सव समारोह।
- 1994–अमृतोत्सव भवन का निर्माण।
- 1995–महिला छात्रावास भवन का निर्माण।
- 1999–माननीय पूर्व राष्ट्रपति एवं सभा के तत्कालीन अध्यक्ष आर वेंकटकटरामन द्वारा 'त्रिभाषा शब्दकोश' का लोकार्पण।
- 2001–महात्मा गाँधी विद्यालय (स्कूल) का शुभारम्भ।

- 2002—एम.ए. पाठ्यक्रम—दूरस्थ शिक्षा निदेशालय का शुभारम्भ।
- 2003—हिन्दी माध्यम बी.एड. दूरस्थ पाठ्यक्रम का शुभारम्भ।
- 2004—न्यायमूर्ति रंगनाथ मिश्र हिन्दी प्रचार प्रेस भवन की भूमि पूजा।
- 2004—हिन्दी-अंग्रेजी-तमिल बृहत त्रिभाषा शब्दकोश के प्रथम भाग का लोकार्पण।
- 2005—न्यायमूर्ति रंगनाथ मिश्र हिन्दी प्रचार प्रेस भवन का शिलान्यास।
- 2005—व्याख्यानमाला सहित पाठ्य पुस्तकों के प्रकाशन का शुभारम्भ।
- 2006—सभा को मध्यप्रदेश हिन्दी प्रचार समिति, भोपाल द्वारा दीर्घकालीन हिन्दी सेवी संस्था का सम्मान प्राप्त।
- 2008—न्यायमूर्ति रंगनाथ मिश्र हिन्दी प्रचार प्रेस भवन का उद्घाटन।
- 2009—कार्यकलापों की अभिवृद्धि ऑनलाइन की सुविधा सभा को दी गई।
- 2011—तमिलनाडु सरकार से प्राप्त निर्देशानुसार नए स्कूली पाठ्यक्रम का निर्माण और पहली कक्षा से दसवीं कक्षा तक की हिन्दी पाठ्यपुस्तकों का प्रकाशन।
- 2012—सभा का 75वाँ पदवीदान समारोह।
- 2013—अर्धवार्षिक शोध पत्रिका 'बहुब्रीहि' का प्रकाशन।

उल्लेखनीय है कि सभा ने हिन्दी ही नहीं बल्कि हिन्दी के साथ-साथ अन्य प्रान्तीय भाषाओं को भी बढ़ावा दिया है। सभा हिन्दी की सखी के रूप में अन्य भारतीय भाषाओं को साथ लेकर चली है। इसलिए सभा ने अनेक बार घोषणा भी की है कि "संघ की भाषा हिन्दी प्रान्तीय भाषाओं को साथ लेकर ही आगे बढ़ेगी। हिन्दी के विकास में प्रान्तीय भाषाओं का महत्वपूर्ण योगदान होगा तभी हिन्दी स्वाभाविक बनेगी।" (प्रो. दिलीप सिंह, हिन्दी भाषा चिन्तन, पृ. 272)। इस कथन की स्वीकार्यता का एक उदाहरण यह है कि उच्च शिक्षा और शोध संस्थान ने हिन्दी के साहित्य और अन्य दक्षिण भारतीय भाषाओं के साहित्य पर अनेक तुलनात्मक शोधकार्य एम.फिल. तथा पीएच.डी. के शोधार्थियों से करवाए हैं। शोधार्थियों ने इसे रुचि से किया भी है और आगे करते भी रहेंगे।

इसके साथ ही, जैसा कि पहले भी संकेत किया गया, संस्थान की दृष्टि हिन्दी के रोजगार अभिमूलक विकास पर केन्द्रित रही है। आरम्भ से ही, इसी कारण, संस्थान में अनुप्रयुक्त भाषाविज्ञान के विविध पक्षों पर शोधकार्य पर बल दिया गया। संस्थान की शोध परम्परा में व्यतिरेकी भाषाविज्ञान, तुलनात्मक साहित्य, प्रयोजनमूलक हिन्दी, साहित्यिक कृतियों के शैलीवैज्ञानिक तथा समाजभाषावैज्ञानिक विश्लेषण जैसे शोध विषयों को प्राथमिकता दी जाती है। ये सारे नए विषय शोधार्थी को आधुनिक भाषा और साहित्य के चिन्तन से जोड़ते हैं तथा शोध के मौलिकता प्रदान करते हैं।

संस्थान के सभी चारों केन्द्र (चेन्नै, हैदराबाद, एरणाकुलम और धारवाड़) उच्च कोटि के शोधकार्य के लिए समर्पित केन्द्र हैं। इन केन्द्रों में रेगुलर पाठ्यक्रमों में संपन्न शोधकार्यों की एक सूची 'शोध सन्दर्भ सूची' के नाम से वर्ष 2006 में प्रकाशित की गई थी। इसकी भूमिका में संस्थान की शोध नीति को सूत्र रूप में प्रस्तुत किया गया है जिसमें कहा गया है कि एम.ए. में जो छात्र भाषा संरचना, समाजभाषाविज्ञान, शैलीविज्ञान, अन्य भाषा शिक्षण, प्रयोजनमूलक हिन्दी, अनुवाद विज्ञान तथा भारतीय और तुलनात्मक साहित्य जैसे विषय पढ़ते हैं, उनकी रुचि स्वतः इन विषय क्षेत्रों में शोधकार्य करने की जागृत हो जाती है। फिर यह क्रम पीएचडी में भी बना रहता है। यह तो ज्ञात ही है कि आज के युग में भारतीय भाषाओं के अध्ययन को प्रयोजनमूलकता की ओर मोड़ने की अनिवार्यता को विश्वविद्यालय अनुदान आयोग तथा अन्य महत्वपूर्ण शैक्षिक संस्थाएँ भी स्वीकार कर चुकी हैं। भाषा शिक्षण को रोजी-रोटी से संबद्ध करने के प्रयास भी अब तेज हुए हैं। राजभाषा के रूप में हिन्दी का जो अखिल भारतीय विस्तार केन्द्र सरकार के कार्यालयों और उपक्रमों में हुआ है, उसके लिए प्रशिक्षित हिन्दी कर्मचारियों की आवश्यकता बढ़ती जा रही है। पारिभाषिक शब्दावली, अनुवाद तथा प्रशासन, व्यवसाय, विज्ञान के क्षेत्र का आज व्यापक प्रसार हो चुका है। इन क्षेत्रों में हिन्दी अनुवादकों और राजभाषा अधिकारियों के रूप में जिन लोगों की नियुक्तियाँ की जाती हैं उनका 'विशिष्ट प्रयोजनों की भाषा हिन्दी' में पारंगत होना अनिवार्य और अपेक्षित है। दक्षिण भारत की इस राष्ट्रीय महत्व की संस्था में दूसरी भाषा के रूप में हिन्दी भाषा और साहित्य का उच्च स्तरीय अध्ययन और शोध करने वाले छात्रों को हिन्दी भाषा के व्यावहारिक, उपयोगी और रोजगारोन्मुख अध्ययनों से पर्याप्त लाभ मिलता है। भारत सरकार और राज्य सरकार के कार्यालयों में इन्हें नौकरियाँ मिली हैं तथा हिन्दी भाषा को मात्र 'साहित्य' न मानकर ये छात्र उसकी व्यापकता और उपादेयता को समझने लगे हैं। हिन्दी साहित्य सम्बन्धी शोध में भी उच्च शिक्षा और शोध संस्थान ने नई नई शोध दिशाएँ खोलने और खोजने का मार्ग प्रशस्त किया है। हिन्दी की नई और चर्चित कृतियों पर शोध के लिए शोध छात्रों को प्रोत्साहित किया गया है। शैलीवैज्ञानिक, पाठ विश्लेषणात्मक तथा तुलनात्मक साहित्यिक शोध में भी संस्थान के शोध छात्रों ने स्तरीय और उल्लेखनीय शोधप्रबंध प्रस्तुत किए हैं। 'साहित्य की भाषा' के विवेचन से संबंधित विषयों पर भी संस्थान में शोध किए गए हैं। अन्य भाषा के रूप में हिन्दी शिक्षण की समस्याओं, हिन्दी तथा किसी एक भारतीय भाषा के व्यतिरेकी विश्लेषण, अनूदित पाठ की समीक्षा और मूल्यांकन तथा साहित्यिक पाठों में निहित भाषिक प्रयुक्तियाँ, जैसे नए नए विषयों पर भी शोधकार्य संस्थान में संपन्न हुए हैं। उच्च शिक्षा और शोध संस्थान में शोध की निरन्तरता वर्षों से बनी हुई है। खेद का विषय है कि भारतीय विश्वविद्यालयों के हिन्दी विभागों, हिन्दी पाठ्यक्रम चलाने

वाले महाविद्यालयों तथा हिन्दी के साहित्यकारों, अध्यापकों और पुस्तकालयों में से अधिकांश को इस बात की जानकारी नहीं है कि सुदूर दक्षिण के चारों प्रान्तों में दक्षिण भारत हिन्दी प्रचार सभा द्वारा संचालित उच्च शिक्षा और शोध संस्थान में शोध की दशा और दिशा क्या और कैसी है। इसीलिए संस्थान के शोधकार्यों को हिन्दी भाषी और हिन्दीतर भाषाभाषी क्षेत्र के हिन्दी जगत तक पहुँचाने के लिए संस्थान ने 'शोध सन्दर्भ सूची' का भी प्रकाशन किया। यहाँ संस्थान के तत्वावधान में समय-समय पर संपन्न कुछ प्रमुख अनुप्रयुक्त भाषाविज्ञान केन्द्रित शोधकार्यों का अवलोकन किया जा सकता है—

पीएच.डी.

भाषा, भाषाविज्ञान और शैलीविज्ञान

- 1992—दक्खिनी हिन्दी का भाषावैज्ञानिक विश्लेषण (मुहम्मद सादिक)
- 1996—रेणु के 'मैला आंचल' तथा 'परती : परिकथा' का भाषिक विश्लेषण (जी. प्रवीणा बाई)
- 2001—सैद्धान्तिक-अनुप्रयुक्त भाषाविज्ञान और हिन्दी भाषा : प्रो. रवीन्द्रनाथ श्रीवास्तव का लेखन सन्दर्भ (गोपाल शर्मा)

भाषा शिक्षण

- 2000—अन्य भाषा शिक्षण में साहित्य शिक्षण की प्रणालियाँ और पद्धतियाँ (एम. लक्ष्मीकांतम)

अनुवाद विज्ञान

- 1985—अनुवाद के सिद्धान्त, समस्याएँ एवं समाधान (मीता कुंजितपादम)
- 1987—प्रयुक्तिपरक अनुवाद : एक विश्लेषण
- 1995—सजातीय और विजातीय भाषाओं के बीच अनुवाद की समस्याएँ : 'कामायनी' के तेलुगु और अंग्रेजी अनुवाद के विशेष सन्दर्भ में (सी. अन्नपूर्णा)
- 2006—श्रवणकुमार कृत उपन्यास' 'प्रेत' : अंग्रेजी अनुवाद का सन्दर्भ (जी. नीरजा)
- 2007—प्रेमचन्द के प्रमुख कथा साहित्य के अंग्रेजी अनुवाद की समीक्षा और मूल्यांकन

समाजभाषाविज्ञान

- 1993—हैदराबाद जिले में पटकरी समुदाय का भाषा अनुरक्षण और विस्थापन (सुनील कुमार लोका)

- 1998–भारतीय बहुभाषिकता के सन्दर्भ में गुंटूर में मारवाड़ी समुदाय का भाषा व्यवहार (दुर्गा नागवेणी अन्नप्रगडा)
- 1998–समाज संदर्भित भाषा अध्ययन : विचार और अवधारणाएँ
- 2002–हिन्दी और तेलुगु के समाजभाषावैज्ञानिक पक्ष की तुलना (बोडेपूडी वेंकटेश्वर राव)
- 2002–स्त्री भाषा का सामाजिक सन्दर्भ और हिन्दी उपन्यास (मनीषा गोपीचन्द)

प्रयोजनमूलक हिन्दी

- 1989–प्रशासनिक हिन्दी : प्रयोग और संभावनाएँ (पी.पी. आंडाल)
- 1993–जनसंचार माध्यम में हिन्दी समाचारों का भाषिक विश्लेषण (वेंकटेश्वरलु)
- 1994–वैज्ञानिक और तकनीकी हिन्दी के क्षेत्र, प्रकृति और स्वरूप का विश्लेषणात्मक अध्ययन (किडांबि वेंकटरंगा)
- 2002–हिन्दी विज्ञापन : भाषिक और शैलीगत विश्लेषण (कौशल्या)
- 2008–केन्द्रीय बारानी कृषि अनुसंधान संस्थान में राजभाषा कार्यान्वयन : स्थिति और संभावनाएँ (संतराम यादव)
- 2011–हैदराबाद से प्रकाशित हिन्दी और तेलुगु समाचार पत्रों (2006 से 2013 तक) की भाषा का विश्लेषणात्मक अध्ययन (एस. राधा)
- 2013–परमाणु ऊर्जा विभाग की वैज्ञानिक प्रयुक्ति का विश्लेषणात्मक अध्ययन (सैयद मासूम रज़ा)

एम.फिल.

भाषा और भाषाविज्ञान

- 1989–धारवाड़ जिले की हिन्दी का रूपिमिक अध्ययन (शिवबसय्या सी. हिरेमठ)
- 1990–बेलगाँव जिले की हिन्दी का रूपिम अध्ययन (ईश्वर कृ. जाधव)
- 1991–जिला बेलगाँव के स्थान नामों का भाषावैज्ञानिक अध्ययन (शोभना ल. पालदे)
- 1992–ख्वाजा बन्देनवाज गेसुदराज का मेराजुल आशिकीन और उसकी भाषा (एस. रहमतुल्ला)
- 1992–जिला कारवार के स्थान नामों का भाषावैज्ञानिक अध्ययन (वासुदेव जी. शेट्टी)
- 1992–जिला सोलापुर की हिन्दी का रूपिमिक भूगोल (तनवीक अ.

जहागीरदार)

- 1992–हिन्दी और तेलुगु प्रत्यय विधान : व्यतिरेकी अध्ययन (वहीदाबानु एस.)
- 1992–जिला धारवाड़ के स्थान नामों का भाषावैज्ञानिक अध्ययन (हसनखान कुलकर्णी)
- 1993–अनुप्रयुक्त भाषाविज्ञान और भाषावैज्ञानिक प्रो. रवीन्द्रनाथ श्रीवास्तव की हिन्दी पुस्तकें : एक विवेचन (मल्लादी राज्यलक्ष्मी)
- 1994–कोंकणी लोकोक्तियों का भाषावैज्ञानिक अध्ययन (चेतनकुमार एस. नायक)
- 1996–हिन्दी-तेलुगु की वाक्य संरचना : व्यतिरेकी विश्लेषण (डी. विजयलक्ष्मी)
- 1998–हिन्दी और कोंकणी : रूपस्तरीय विश्लेषण (संगीता रत्नाकर नाइक)
- 2000–भाषावैज्ञानिक अध्ययन में सन्दर्भ ग्रंथ सूची का उपयोग : एक अवलोकन (बी. तिरुमला देवी)
- 2006–कबीर और नानक की रचनाओं का भाषिक विश्लेषण (प्रीतपाल सिंह)
- 2007–पत्रकार रघुवीर सहाय : भाषा चिन्तन (कमला जोशी)

भाषा शिक्षण

- 1985–द्वितीय भाषा शिक्षण के रूप में हिन्दी अध्यापन में अध्यापकों की समस्याएँ (आंध्र प्रदेश के सन्दर्भ में) (देसु भद्रय्या)
- 1986–द्वितीय भाषा हिन्दी शिक्षण के सन्दर्भ में हिन्दी-तेलुगु सर्वनामों का व्यतिरेकी विश्लेषण (सरला कुमारी)
- 1993–हिन्दी और तेलुगु प्रत्यय विधान : व्यतिरेकी अध्ययन (एस. वहीदा बानु)
- 1995–द्वितीय भाषा हिन्दी शिक्षण में तेलुगु छात्रों की त्रुटियों का विश्लेषण (एम. लक्ष्मीकांतम)
- 1996–अन्य भाषा शिक्षण की सहायक सामग्री : प्रयोग एवं उपादेयता (ममता आर.)
- 1997–द्वितीय भाषा अधिगम : संप्रेषणपरक मूल्यांकन (तेलुगु भाषी हिन्दी शिक्षार्थी के सन्दर्भ में) (श्रीवल्ली पी.वी.)
- 1998–संप्रेषणपरक भाषा शिक्षण : सैद्धान्तिक एवं व्यावहारिक विवेचन (गोपाल शर्मा)
- 2000–अन्य भाषा शिक्षण की विधियाँ (हिन्दी भाषा के विशेष सन्दर्भ में)

(मंजु शर्मा)

- 2001—मलयाली छत्रों का हिन्दी भाषा अधिगम : संप्रेषणपरक मूल्यांकन (जोली एम.पी.)

अनुवाद विज्ञान

- 1985— अनुवाद : सिद्धान्त एवं व्यवहार का परिप्रेक्ष्य (नवीन कुमार)
- 1989—जनसंचार की भाषा : अनुवाद की समस्याएँ (अज्मतुल्ला)
- 1990—शेक्सपीयर के मर्चेंट ऑफ वेनिस का भारतेंदु कृत हिन्दी अनुवाद : एक समीक्षा (नुने श्रीदेवी)
- 1990—अक्कमहादेवी के हिन्दी में अनूदित वचन साहित्य का मूल्यांकन (जयलक्ष्मी कट्टीमठ)
- 1990—बसवेश्वरजी के हिन्दी में अनूदित साहित्य का मूल्यांकन (अक्कमहादेवी एम. नाडगौड़)
- 1991—नारायण रेड्डी का 'विश्वंभरा' काव्य और उसका हिन्दी अनुवाद : एक मूल्यांकन (चर्ल अन्नपूर्णा)
- 1992—पत्रकारिता में व्यावसायिक प्रयुक्ति का प्रयोग : अनुवाद के सन्दर्भ में (जे. श्रीनिवास राव)
- 1992—'सत्यार्थ प्रकाश' का अंग्रेजी अनुवाद : एक मूल्यांकन (अशोक कुमार)
- 1992— बैंकिंग साहित्य का अनुवाद : एक मूल्यांकन (ठाकुर संजय सिंह)
- 1992—इलेक्ट्रॉनिकी शब्दावली का हिन्दी अनुवाद : मूल्यांकन एवं विश्लेषण (एम.ए. खादर)
- 1995—अनुवाद समीक्षा : 'गोदान' का अंग्रेजी अनुवाद (कविता शर्मा)
- 1995—'गोदान' उपन्यास का मलयालम अनुवाद : अनुवादगत समस्याएँ (सुरेश के.आर.)
- 1998—भारतीय जीवन बीमा निगम की शब्दावली (हिन्दी-अंग्रेजी) का अनुवादपरक विश्लेषण (शब्बीर अहमद अब्दुस्समार मोमिन)
- 2000—'कन्याशुल्कम' का हिन्दी अनुवाद : समीक्षा (डी. उमा देवी)
- 2001—बसवेश्वर के वचनों के विविध हिन्दी अनुवादों का मूल्यांकन (सुमंगला पी. हिरेमठ)
- 2001—'चिवरकु मिगिलेदी' का मनोवैज्ञानिक विश्लेषण और अनुवाद समीक्षा (एम. मंजुला)
- 2001—'मिट्टी, मनुष्य और आकाश' का अनुवाद : समीक्षात्मक अध्ययन (सी.एच. लीना सुधा)

- 2002—'कुरुक्षेत्र' : अंग्रेजी अनुवाद की समीक्षा (जी.नीरजा)
- 2002—'तमस' उपन्यास के अंग्रेजी अनुवाद की समीक्षा (असरद एस. सिद्दीकी)
- 2002—'मेरुपुलु मरकलु' की अनुवाद समीक्षा (डी. वेंकटेश्वरलु)
- 2002—हिन्दी के सांस्कृतिक शब्दों के अंग्रेजी अनुवाद की समीक्षा (शकीला एम. मुस्तफा)
- 2003—प्रेमचन्द कृत 'निर्मला' का अंग्रेजी अनुवाद : अनुवादपरक मूल्यांकन (लौली एम.ए.)
- 2004—जैनेंद्र कुमार के 'त्यागपत्र' का अंग्रेजी अनुवाद 'द रेजिगनेशन' : अनुवादपरक मूल्यांकन (नादिया सी. राघ)
- 2004—'नागमंडल' का हिन्दी अनुवाद : समीक्षात्मक अध्ययन (सुनीता गि. चक्कलगौडर)
- 2009—मराठी नाटक 'अखेरचा सवाल' का हिन्दी अनुवाद (वंदना पाटील)
- 2010—एन. गोपि कृत तेलुगु काव्य 'कालान्नि निद्रपोनिव्वनु' का हिन्दी अनुवाद : तुलनात्मक अध्ययन (डी. शांता कुमारी)
- 2010—माधवीकुट्टी के मलयालम उपन्यास 'वंडिक्कालकल' का हिन्दी अनुवाद (सिस्ना सी.एस.)
- 2014—मुदिगोंडा शिवप्रसाद के तेलुगु उपन्यास 'रेजिडेंसी' का हिन्दी अनुवाद मूल्यांकन (टी. उमा दुर्गा देवी)

शैली विज्ञान

- 1982—'गोदान' में प्रयुक्त मुहावरों का शैलीपक्षीय अध्ययन (गोरिजाल बेबी सुजाता)
- 1986—तार सप्तक की प्रमुख रचनाओं में प्रयुक्त विशेषणों का शैलीतात्विक अध्ययन (शेक अताउल्ला)
- 1991—'झीनी झीनी बीनी चदरिया' का शैलीवैज्ञानिक विश्लेषण (वी. सुभद्रा देवी)
- 1994—'दशद्वार से सोपान तक' का शैलीपरक विवेचन (बी.जगदीश सिंह)
- 1995—अमृतलाल नागर के उपन्यास 'सेठ बांकेमल' का शैलीवैज्ञानिक विश्लेषण (ओम प्रकाश यादव)
- 1996—प्रेमचन्द की कहानियों का शिल्प-शैलीपरक अध्ययन (सुनीता उनियाल)
- 1999—'गंगामैया' का शिल्प और भाषागत विवेचन (निरूपा श्रीवास्तव)
- 2000—'मादा कैक्टस' का शैलीवैज्ञानिक विश्लेषण (जी. राजराजेश्वरी)

- 2001—सदाशिव 'कौतुक' कृत हाइकु छंद संग्रह 'आर पार' का शैलीगत विश्लेषण (सुनील पाटिल)
- 2001—'बलचनमा' का शैलीवैज्ञानिक विश्लेषण (सुधीर कुमार)
- 2003—निर्मल वर्मा की कहानियाँ : शिल्प एवं शैलीपरक विवेचन (श्रीगिरी नरसिंह राव)
- 2007—जयनंदन कृत 'कस्तूरी पहचानो वत्स' : शैलीवैज्ञानिक अध्ययन (पांडे आशा गोकुल प्रसाद)
- 2012—चन्द्रकांता के उपन्यास 'यहाँ वितस्ता बहती है' का शैलीवैज्ञानिक अध्ययन (संगीता जी.)

समाजभाषाविज्ञान

- 1983—हैदराबादी हिन्दी और पिजिन (समाजशास्त्रीय भाषावैज्ञानिक दृष्टि) (हिमकुंतला विश्वनाथ राव)
- 1985—हिन्दी तथा तेलुगु लोकगीतों में नारी (जी.वी. कामेश्वरी)
- 1988—हिन्दी सर्वनामों का समाजभाषावैज्ञानिक अध्ययन (सुनीलकुमार लोका)
- 1989—गुंटूर क्षेत्र के तेलुगु भाषियों की हिन्दी प्रयोग क्षमता : एक सर्वेक्षण (के. वी. कृष्णमोहन)
- 1989—धारवाड़ के मुस्लिम महिला समाज का भाषिक सर्वेक्षण (जुबेदा नूरमोहम्मद शेख)
- 1993—हिन्दी भाषा प्रयोग और सामाजिक सम्बन्ध (दुर्गा नागवेणी अन्नाप्रगडा)
- 1996—'आधा गाँव' : समाजभाषिक विश्लेषण (आयशा सुल्ताना)
- 1996— 'कसप' में कुमाऊँनी जीवन और भाषा : विवेचनात्मक अध्ययन (उमाशंकर सिंह)
- 1998—आबिद सुरती के उपन्यास 'टूटे हुए फरिश्ते' में कोड मिश्रण एवं कोड परिवर्तन (सुधा गुप्ता)
- 2001—निराला के काव्य में रंग शब्दावली : एक समाजभाषावैज्ञानिक अध्ययन (कविता वाचक्नवी)
- 2001—हिन्दी तथा मलयालम के समाजभाषिक संदर्भों की तुलना (जोली जॉन)
- 2002—समाज संदर्भित भाषा अध्ययन : प्रो. रवीन्द्रनाथ श्रीवास्तव की अवधारणाएँ (एच. डी. कलकेरी)
- 2013—कुसुम खेमानी कृत 'सच कहती कहानियाँ' में भाषा मिश्रण और

भाषा परिवर्तन (नागेश दुबे)

- 2014—राही मासूम रज़ा के उपन्यास 'टोपी शुक्ला' और 'ओस की बूँद' का समाजभाषिक विश्लेषण (हरिचरण दास)

प्रयोजनमूलक हिन्दी

- 1983—सेना में हिन्दी का प्रयोग : विवेचनात्मक अध्ययन (एम. शांतय्या)
- 1985—राजभाषा हिन्दी : अनुवाद का स्वरूप और समस्याएँ (एम.वी.एस. रामकृष्ण शास्त्री)
- 1985—राजभाषा का स्वरूप : एक सर्वेक्षण (प्रताप सिंह)
- 1985—राजभाषा के विकास में भारतीय स्टेट बैंक एवं भारतीय रिजर्व बैंक का योगदान (बी.बी. सुब्बाराव)
- 1986—रेडियो के विविध हिन्दी-कार्यक्रम तथा उनमें प्रयुक्त हिन्दी : एक समीक्षात्मक अध्ययन (भवानी अश्विनीकुमार)
- 1987—बैंकिंग हिन्दी के विकास में अनुवाद की भूमिका (आराधना)
- 1988—ग्रामीण विकास विभाग में हिन्दी (बी.बी. सरोजिनी)
- 1990—बैंकों में प्रयुक्त शब्दावली और अभिव्यक्तियों का भाषिक विश्लेषण (सविता कपूर)
- 1990—राजभाषा हिन्दी : दूरसंचार के सन्दर्भ में (के. वेंकटरंगा)
- 1990—बैंकों में प्रयुक्त हिन्दी का अध्ययन (सुजाता फातरपेकर)
- 1990—राजभाषा हिन्दी : अवधारणा, स्वरूप एवं कार्यान्वयन के सोपान (कमरुन्निसा एरीमनी)
- 1992— इलेक्ट्रॉनिक शब्दावली का हिन्दी अनुवाद : मूल्यांकन एवं विश्लेषण (एम.ए.खादर)
- 1993—भारतीय कृषि अनुसंधान परिषद और राष्ट्रीय कृषि अनुसंधान प्रबंध अकादमी में राजभाषा हिन्दी (एस. प्रदीप सिंह)
- 1993—हुबली-धारवाड़ में केन्द्र सरकार के कार्यालयों में हिन्दी का प्रयोग : एक अध्ययन (एम.ए. हुडेकार)
- 1994—बैंकों में राजभाषा प्रयोग : स्वरूप और विश्लेषण (ओम प्रकाश)
- 1994—राजभाषा की सामाजिक भूमिकाओं का विकास (राकेश कुमार)
- 1994—हिन्दी पत्रकारिता की व्यावसायिक भाषा (ए. निर्मला)
- 1994—राजभाषा हिन्दी की सामाजिक भूमिकाओं का विकास (राकेश कुमार)
- 1995—हिन्दी पत्रकारिता की शब्दावली का स्रोतगत विवेचन (ममता रानी)
- 1995—दूरदर्शन पर प्रसारित हिन्दी-अंग्रेजी विज्ञापनों का भाषिक विश्लेषण

: एवं मूल्यांकन (जगदीश प्रसाद)

- 1995—राजभाषा के सन्दर्भ में नारियल शब्दावली निर्माण (कनकलता वी.के.)
- 1996—दूरसंचार विभाग के सन्देशों का भाषिक विश्लेषण (एन. कुंतीदेवी)
- 1997—राजभाषा विभाग की प्रशिक्षण सामग्री का विवेचनात्मक अध्ययन (कौशल्या)
- 1998—रेल में राजभाषा प्रयोग : स्वरूप और विश्लेषण (दक्षिण मध्य रेलवे के विशेष सन्दर्भ में) (मारुति महादेव पुजार)
- 1998—राजभाषा पत्रकारिता : स्वरूप एवं समस्याएँ (अफरोज बेगम अमीन साब डोनूर)
- 1998—'क्रमशः' की कहानियाँ : प्रकार्यात्मक पाठ विश्लेषण (मनीषा गोपीचन्द)
- 1998—राष्ट्रीय भू-भौतिकीय अनुसंधान संस्थान में राजभाषा हिन्दी का कार्यान्वयन (डी. माधवी)
- 2000—सरलीकरण के सन्दर्भ में हिन्दी की प्रशासनिक शब्दावली : एक विवेचन (एसुरी सुनीता)
- 2000—संचार माध्यमों में भाषागत वैविध्य (सी. हेमलता)
- 2001—राजभाषा हिन्दी की संप्रेषणीयता : बैंकिंग हिन्दी का सन्दर्भ (महेश कुमार)
- 2002—हिन्दी विज्ञापन की प्रयुक्ति का भाषिक विश्लेषण (मनोज कुमार के. एम.)
- 2002—भारतीय नौसेना में राजभाषा हिन्दी का प्रयोग (लिस ट्रीसा ए.जे.)
- 2003—हिन्दी और पत्रकारिता (विद्यालक्ष्मी ह.)
- 2003—बैंकिंग शब्दावली के विकास में भाषा आधुनिकीकरण की भूमिका (माधुरी केल्कर)
- 2004—समाचार की भाषा का विश्लेषण : समाचार पत्र एवं दूरदर्शन के सन्दर्भ में (संध्या ओ.के.)
- 2005—हिन्दी और तेलुगु प्रशासनिक शब्दावली का तुलनात्मक अध्ययन (एस. राधा)
- 2005—विज्ञापन की अनुवाद समीक्षा : हिन्दी, अंग्रेजी और मलयालम के सन्दर्भ में (मेघा राजन)
- 2005—वैज्ञानिक पत्रकारिता का भाषिक वैशिष्ट्य (रीतू जाक्युलीन)
- 2009—समसामयिक टीवी विज्ञापनों का प्रयुक्तिपरक वैशिष्ट्य (श्रद्धा तिवारी)

* 2012—हिन्दी ब्लॉगिंग में महिला ब्लॉगरों का योगदान (राधाकृष्ण मिरियाला)
* 2014—'पद्मावत' और 'रामचरित मानस' में पाकशाला की भाषिक प्रयुक्ति (शुभदा भास्कर उमरीकर)

निष्कर्षतः, इसमें सन्देह नहीं कि लगभग एक शताब्दी की अपनी यात्रा के दौरान दक्षिण भारत हिन्दी प्रचार सभा, मद्रास ने सम्पूर्ण दक्षिण भारत में हिन्दी को घर-घर पहुँचाने का जो अभियान चलाया है वह अपनी तरह का अनोखा भाषा अभियान है। इस अभियान के अन्तर्गत एक स्तर को पार कर लेने वाला हिन्दी अध्येता जब अगले स्तर पर पहुँचता है तो पिछले स्तर के लिए हिन्दी स्वयंसेवक, कार्यकर्ता अथवा प्रचारक की भूमिका में आ जाता है। 1964 से 'राष्ट्रीय महत्व की संस्था' का दर्जा मिलने पर सभा ने उच्च शिक्षा और शोध संस्थान खड़ा किया जिसने आधी शताब्दी के अपने समर्पित कार्य द्वारा भारत में भाषाई सौमनस्य बढ़ाने, रोजगारोन्मुख हिन्दी के पाठ्यक्रम चलाने, विभिन्न स्तरों के लिए हिन्दी माध्यम के विषयाध्यापक तैयार करने और उच्चस्तरीय शोध के क्षेत्र में अपनी पहचान बनाई है। संस्थान के विभिन्न केन्द्रों में इस अवधि में जो भी अनुसंधान कार्य संपन्न हुए हैं उनमें ऐसे कार्यों की प्रधानता परिलक्षित की जा सकती है जिनका उद्देश्य दक्षिण भारत में हिन्दी भाषा और साहित्य की समझ को विकसित करने के साथ-साथ हिन्दी शोधकार्य को देश के इस भू-भाग के भाषिक यथार्थ के अनुरूप नई दिशा प्रदान करना रहा है तथा इसका विशेष बल अनुप्रयुक्त भाषाविज्ञान की व्यावहारिक परख पर रहा है।

अनुवाद विमर्श

अनुवाद विज्ञान के अध्ययन-अध्यापन की समस्याएँ

भारतीय भाषाओं में अनुवाद का इतिहास बहुत पुराना है। आज साहित्य के अलावा विज्ञान और तकनीकी क्षेत्र, पत्रकारिता, खेलकूद, कार्यालय, वाणिज्य, बैंकिंग, प्रशासन, विधि और प्रौद्योगिकी आदि अनेकानेक क्षेत्रों में अनुवाद की भूमिका निर्विवाद है। इन सभी क्षेत्रों में कार्यरत अनुवादकों के समक्ष अनुवाद करते समय विषय से संबंधित, पारिभाषिक शब्दावली से संबंधित आदि अनेक समस्याएँ उत्पन्न हो सकती हैं। यहाँ अकादमिक स्तर पर (दक्षिण भारत हिन्दी प्रचार सभा में) अनुवाद विज्ञान के अध्ययन-अध्यापन की समस्याओं पर विचार किया जा रहा है।

अकादमिक स्तर पर दक्षिण भारत हिन्दी प्रचार सभा में अनुवाद का अध्ययन-अध्यापन तीन स्तरों पर होता है—स्नातकोत्तर अनुवाद डिप्लोमा, एम.ए. और शोध। अनुवाद दो भाषाओं (लक्ष्य और स्रोत) के मध्य संपन्न होने वाली प्रक्रिया है। अक्सर यह पाया जाता है कि इन पाठ्यक्रमों में प्रवेश लेने वाले छात्रों की मातृभाषा अलग अलग होती है अतः इस समस्या के निराकरण हेतु इन दो अध्येय भाषाओं के रूप में अनुवाद पाठ्यक्रमों में हिन्दी और अंग्रेजी को चुना गया है। फिर भी छात्रों के समक्ष कठिनाइयाँ उत्पन्न हो जाती हैं चूँकि अंग्रेजी किसी की भी मातृभाषा नहीं है और मूलतः यह विदेशी भाषा है। कुछ छात्रों के लिए हिन्दी भी सीखी हुई भाषा है।

अनुवाद विज्ञान के अध्ययन-अध्यापन की मूलभूत समस्याओं पर ध्यान केन्द्रित करने से पहले अनुवाद पर चर्चा करना समीचीन होगा। यह सर्वविदित तथ्य है कि अनुवाद विज्ञान अनुप्रयुक्त भाषाविज्ञान की शाखा है। इसमें व्यतिरेकी विश्लेषण और तुलनात्मक अध्ययन दोनों सहायक शाखाएँ हैं। एक तरह से देखा जाए तो अनुवाद भाषिक व्यापार है। आज यह व्यापार हर क्षेत्र के लिए अनिवार्य हो चुका है। मूलतः एक भाषा अर्थात स्रोत भाषा में निहित तथ्यों को दूसरी भाषा अर्थात लक्ष्य भाषा की प्रकृति के अनुसार फिर से प्रस्तुत करना अनुवाद है। इस कार्य में सिर्फ भाषा का आदान-प्रदान नहीं होता बल्कि सांस्कृतिक विरासत का आदान-प्रदान होता है। इसलिए अनुवाद को सांस्कृतिक सेतु कहा जाता है।

अनुवाद करने के लिए अनुवादक भी एक सहायक साधन (संसाधन) है। इस कार्य को संपन्न करने के लिए प्रमुख रूप से अनुवादक को द्विभाषिक होना चाहिए।

स्रोत भाषा और लक्ष्य भाषा ज्ञान के साथ-साथ अनुवादक को विषय का ज्ञान, दोनों भाषाओं पर विशेष अधिकार और पारिभाषिक शब्दावली का ज्ञान होना आवाश्यक है। इन सबसे अधिक महत्वपूर्ण घटक है दोनों भाषिक परिवेशों से संबंधित संस्कृति का ज्ञान। इसके अभाव में सफल अनुवाद संभव नहीं है।

प्रशिक्षण के माध्यम से अनुवाद सीखा जा सकता है और सिखाया भी जा सकता है। अनुवाद करने के लिए स्रोत भाषा की भाषिक अभिव्यक्तियों को समझना चाहिए और मूल भाषा के अर्थ को नष्ट किए बिना उन भाषिक अभिव्यक्तियों को लक्ष्य भाषा में प्रस्तुत करना चाहिए। अनुवादक से अपेक्षा की जाती है कि वह मूल लेखक के बराबर योग्य हो, परन्तु प्रायः ऐसा नहीं होता। अनुवादक को दोनों भाषाओं के व्याकरण, शब्द ज्ञान, भाषा प्रकृति, स्वनिक एवं स्वनिमिक व्यवस्था की दृष्टि से स्रोत एवं लक्ष्य भाषा का सम्यक ज्ञान होना चाहिए। इतना ही नहीं प्राकृतिक प्रतिभा भी होना आवश्यक है क्योंकि अक्सर यह पाया गया है कि स्रोत एवं लक्ष्य भाषा का ज्ञान तथा विषय की अच्छी जानकारी होने पर भी हर कोई व्यक्ति सफल अनुवाद कार्य नहीं कर सकता। अनुवाद को पुनःसृजन (Re-creation) कहा जाता है इसलिए अनुवादक के पास नैसर्गिक प्रतिभा के साथ-साथ अनुवाद कार्य के प्रति रुचि और दोनों भाषाओं की सांस्कृतिक पृष्ठभूमि का ज्ञान होना नितांत आवश्यक है– विशेष रूप से साहित्यिक अनुवादक के लिए। इसके अभाव में अनुवाद प्रायः सफल नहीं हो सकता। भाषाई और सांस्कृतिक ज्ञान की अपर्याप्तता से अनुवाद में होने वाली त्रुटियाँ इस प्रकार हैं–

स्रोत भाषा अंग्रेजी की कम जानकारी के कारण नए अनुवादक प्रायः इस प्रकार की त्रुटियाँ करते हैं–

- 'What is your Christen name?' इस वाक्य का अनुवाद प्रायः विद्यार्थी इस तरह करते हैं–'आपका ईसाई नाम क्या है?' यह गलत अनुवाद है। 'Christen' का अर्थ 'ईसाई' नहीं है बल्कि इसका अर्थ है 'जन्म लेना'। अतः इस वाक्य का सही अनुवाद होगा–'आपका जन्म नाम क्या है?'
- इसी प्रकार एक और उदाहरण देखें–'He hardly works.' कुछ छात्र इस वाक्य का अनुवाद यूँ करते हैं–'वह कठोर परिश्रम करता है।' जब कि इसका आशय यह है कि अमुक व्यक्ति कामचोर है।

लक्ष्य भाषा हिन्दी की कम जानकारी के कारण इस प्रकार की त्रुटियाँ होती हैं–

- 'द्वार पर पहरा बैठा दो.' छात्र इसका अनुवाद सामान्य रूप से इस तरह करते हैं–'Make the guard sit at the gate.' पर इसका सही और सटीक अनुवाद है–'Deploy a guard at the door.'

- 'ऊँट के मुँह में जीरा' का अनुवाद 'Jeera in a camel's mouth' के रूप में करते हैं। जबकि इसका सटीक अनुवाद है—'A Drop in the Ocean.'

इस प्रकार स्रोत और लक्ष्य भाषाओं की कम जानकारी के कारण अक्सर छात्र अर्थ का अनर्थ कर बैठते हैं। कुछ और उदाहरण देखें—

- Well equipped hospitals—कुओं से सुसज्जित अस्पताल। (साधनयुक्त अस्पताल)
- Foreign elements in the blood—खून में विदेशी तत्व। (खून में बाहरी तत्व)
- Railway sleepers washed away—सोने वाले रेलवे कर्मचारी बह गए। (रेल की पटरियाँ बह गईं)
- I am feeling chilly—मुझे मिर्ची लग रही है। (मरी तो कुल्फी जमी जा रही है या मुझे ठंड लग रही है।)

इसी तरह पारिभाषिक शब्दावली की कम जानकारी के कारण भी छात्र गलत अनुवाद करते हैं। कुछ उदाहरण देखें—

- The judgement is reserved—सुनवाई सुरक्षित है। (सुनवाई स्थगित किया गया है)
- Labour Pain—श्रम पीड़ा (प्रसव पीड़ा)
- Labour Room—श्रमिक कक्ष (प्रसूति गृह)
- The tonsils are the body's own professional vaccinators—टॉनसिल शरीर के अपने व्यावसायिक टीका लगाने वाले हैं। (टॉनसिल शरीर में स्थित प्राकृतिक रोग निरोधक का कार्य करते हैं।)

विषय की जानकारी के अभाव में संक्षिप्तियों का भी गलत अनुवाद कर बैठते हैं। देखिए—

- SALT—एस ए एल टी का अनुवाद 'साल्ट' (नमक) करते हैं जबकि यह 'Strategic Arms Limitation Treaty' का संक्षिप्त रूप है।
- PRINCE—पी आर आई एन सी ई का अनुवाद प्रायः छात्र 'राजकुमार' करते हैं लेकिन यह 'Programmed International Computer Environment' का संक्षिप्त रूप है।

अनुवाद दो भाषाओं के बीच सांस्कृतिक सेतु का कार्य करता है। अतः अनुवाद करने के लिए दोनों भाषाओं की संस्कृति का ज्ञान भी अनिवार्य है। इसके अभाव में अर्थ

का अनर्थ तो होगा ही, साथ ही सांस्कृतिक पतन भी होगा। सांस्कृतिक प्रभाव के कारण एक भाषा दूसरी भाषा से कुछ न कुछ शब्द ग्रहण कर लेती है। हर भाषा के शब्द संस्कृति के वाहक होते हैं। हिन्दी भाषा में उपलब्ध कुछ मिठाइयों या खाद्य पदार्थों के नाम—जलेबी, रबड़ी, रायता का अंग्रेजी में अनुवाद करना कठिन है। इसी तरह भारतीय भाषाओं में उपलब्ध कुछ खाद्य पदार्थों के नाम—इडियप्म, वडा, अदिरसम, अरिसेलु, बोब्बट्लू आदि का अनुवाद करना भी कठिन है। इसी प्रकार अंग्रेजी के सेंडविच, बर्गर आदि का। वस्तुतः अनुवाद समतुल्य होता है समान नहीं,

प्रत्येक भाषा समाज में प्रायः बहुत सी निजी मिथकीय अभिव्यक्तियों, मुहावरे और लोकोक्तियाँ पाई जाती हैं जिनका सम्बन्ध उस भाषा समाज की ऐतिहासिक-सांस्कृतिक पृष्ठभूमि से होता है। इस पृष्ठभूमि के प्रामाणिक ज्ञान के अभाव में प्रायः अनुवाद भ्रामक हो जाता है। ऐसी स्थिति में समतुल्य मिथकीय संदर्भों, मुहावरों और लोकोक्तियों की खोज की चुनौती का सामना अनुवादक को करना पड़ता है। उदाहरण के लिए 'Herculean task' का अनुवाद करना हो तो 'Hercules' का सांस्कृतिक महत्व जानना होगा और साथ ही यह भी जानना होगा कि भारतीय परम्परा में उसके जैसे असंभव कार्य को संभव कर दिखाने वाले व्यक्ति के लिए 'भागीरथ' का दृष्टांत दिया जाता है। अब यदि छात्र/अनुवादक इन संदर्भों को न जानते हों तो सटीक अनुवाद भला कैसे हो सकता है।

एक और उदाहरण देखें—

"I saw a black crow
Sitting on a Hemlock tree
Showering dew drops upon me."

इस कविता में प्रयुक्त सभी शब्द परिचित शब्द हैं। अतः इसका सामान्य अनुवाद इस तरह किया जा सकता है—

"मैंने देखा एक काला कौआ
हेमलोक पेड़ पर बैठा हुआ
मुझ पर छिड़क रहा है ओस की बूँदें।"

पर इस कविता में निहित प्रतीकार्थ को समझना होगा। इसके लिए पहले स्रोत भाषा की संस्कृति को समझना आवश्यक है। वास्तव में यह शोक गीत है। 'Hemlock Tree' एक विषैला वृक्ष है। कविता में यह शब्द 'मृत्यु' के प्रतीकार्थ में प्रयुक्त है। 'Black Crow' उस 'Priest' का प्रतीक है जो मृतक के शरीर पर 'पवित्र जल' छिड़क रहा है।

जब तक हम किसी भाषिक परिवेश और उसकी संस्कृति को नहीं जानेंगे तब

तक साहित्यिक अनुवाद नहीं कर सकते हैं। यह समस्या शोध छात्रों के समक्ष भी उपस्थित होती है। अनुवाद मूल्यांकन और परीक्षण करने के लिए शोधार्थियों को भी भाषिक परिवेशों और संस्कृतियों का समुचित ज्ञान अनिवार्य है। इसीलिए अनुवाद विज्ञान को पढ़ते और पढ़ाते समय छात्रों एवं अध्यापकों के समक्ष अनेक कठिनाइयाँ उत्पन्न हो जाती हैं।

अनुवाद सिद्धान्त और सांस्कृतिक पाठ : शब्द चयन का सन्दर्भ

अनुवाद कार्य, अनूदित पाठ एवं समतुल्यता के रूप में अनुवाद को समझने के लिए 'अनुवाद सिद्धान्त' एक महत्वपूर्ण सहायक बिन्दु है। इसे 'अनुवाद विद्या', 'अनुवाद विज्ञान' और 'अनुवादिकी' भी कहा जाता है। 'अनुवाद सिद्धान्त' का उद्‌भव मूल रूप से अनुप्रयुक्त तुलनात्मक पाठ संकेत विज्ञान से माना जाता है। यहाँ 'तुलनात्मक' शब्द से स्पष्ट है कि अनुवाद का सम्बन्ध दो भाषाओं से है। दोनों भाषाओं की अपनी अपनी प्रवृत्ति होती है। दोनों की तुलना अर्थ, वाक्य एवं सन्दर्भ के अनुसार करनी पड़ती है। अतः अर्थ, वाक्य एवं सन्दर्भ मीमांसा अनुवाद सिद्धान्त के प्रासंगिक तत्व हैं। फिर भी इसमें सन्देह नहीं कि अनुवाद की सर्वप्रथम आवश्यकता अर्थ बोध है। अतः अर्थ (भाषिक अर्थ और भाषा के बाहर स्थित अर्थ) को खोजना अनुवाद की मुख्य चुनौती है।

मूल पाठ अनुवाद कार्य का मेरुदंड है। मूल पाठ की संरचना, प्रारूप, उसका स्वरूप निर्धारण, शब्दार्थ व्यवस्था आदि की सैद्धान्तिक चर्चा अनुवादिकी के मुख्य प्रारंभिक बिन्दु हैं। अनुवादक को सामाजिक–सांस्कृतिक पर्यायों का चुनाव, लिप्यंतरण, शब्द-प्रति-शब्द अनुवाद, आगत शब्दों का अनुवाद, विस्तार, संक्षेप आदि का काम अकेले ही करना पड़ता है। इस काम को सफलतापूर्वक करने के लिए अनुवादक से मुख्य अपेक्षाएँ हैं– भाषा का ज्ञान, विषय का ज्ञान, अभिव्यक्ति कौशल।

यह आवश्यक नहीं है कि अनुवादक अनुवाद सिद्धान्त की जानकारी प्राप्त करने के बाद ही अनुवाद करे। रुचि से अनुवाद करनेवाले सफल अनुवादक तो कभी कभी अनुवाद सिद्धान्त की दृष्टि से उतने सक्षम नहीं होते। कुछ लोग सफल अनुवादक होने के साथ-साथ सिद्धान्त से भी भलीभाँति परिचित होते हैं। बीसवीं शती के पूर्वार्ध में आधुनिक भाषाविज्ञान का विकास हुआ तो भाषाविज्ञान से परिचित अनुवादकों एवं भाषावैज्ञानिकों का ध्यान विशेष रूप से अनुवाद सिद्धान्त की ओर आकृष्ट हुआ।

अनुवाद समीक्षा अनुवाद सिद्धान्त का अनुप्रयोगात्मक पक्ष है। मूल पाठ की तुलना में अनूदित पाठ के गुण-दोषों का विवेचन करना ही अनुवाद समीक्षा है।

यह समीक्षा अनुवाद सिद्धान्त पर ही आधारित होती है। जिस तरह एक साहित्य समीक्षक के लिए सर्जक होना अनिवार्य नहीं है उसी तरह अनुवाद समीक्षक के लिए अनुवादक होना अनिवार्य नहीं है। अतः अनुवादक और अनुवाद समीक्षक अलग अलग व्यक्ति होते हैं। डॉ. सुरेश कुमार की मान्यता है कि "अनुवाद समीक्षा जहाँ एक ओर अनुवादक के कौशल का मूल्यांकन है वहाँ लक्ष्य भाषा के अभिव्यक्ति संसाधनों का भी उस सीमा तक मूल्यांकन है, जिस सीमा तक उनके द्वारा मूलभाषा पाठ के विभिन्न पक्षों की लक्ष्य भाषा में शुद्ध तथा उपयुक्त रीति से आवृत्ति हुई है। इस प्रकार अनुवाद समीक्षा में अनुवाद के व्यक्तिपरक और निर्वैयक्तिक (भाषापरक) पक्षों के बीच सन्तुलन रहता है।" (डॉ. सुरेश कुमार, अनुवाद सिद्धान्त की रूपरेखा, पृ. 124-125)। उन्होंने अनुवाद समीक्षा के निम्नलिखित सोपान निर्धारित किए हैं–

1. "अनुवाद समीक्षा के लिए पाठयुगल–मूल भाषा पाठ तथा उसका अनुवाद–का चयन।
2. मूल भाषा पाठ का विश्लेषण–मूल अभिप्राय, प्रमुख भाषा प्रकार्य, अर्थ व्यंजना, प्रतिपाद्य, प्रयुक्ति या भाषा शैली (वाक्य रचना और शब्दकोश पर आधारित), साहित्यिक गुण, सांस्कृतिक विशेषताएँ, उद्दिष्ट पाठक वर्ग तथा सामान्य परिवेश।
3. मूल पाठ तथा अनुवाद की विस्तृत तुलना–असमान बिन्दुओं पर विशेष बल देते हुए।
4. (क) दोनों पाठों के समग्र प्रभावों के बीच अन्तर का आकलन, तथा
   (ख) अनुवादक द्वारा प्रयुक्त अनुवाद प्रणाली का संकेत करते हुए अनुवाद का मूल्यांकन। 'अन्तर का आकलन' की प्रक्रिया में ही अनुवाद के दोषों और सीमाओं का भी विवेचन किया जाएगा।" (वही, पृ. 126)।

यहाँ यह प्रश्न भी सामायिक है कि आखिर अनुवाद समीक्षा का प्रयोजन क्या है। इस प्रश्न पर प्रो. सुरेश कुमार ने विस्तार से चर्चा की है। उनके अनुसार अनुवाद समीक्षा के अनेक प्रयोजन संभव हैं। यथा–

1. "इससे अनुवाद कार्य के स्तर को ऊँचा उठाने में सहायता मिलती है। अनूदित पाठ के गुण दोषों के विवेचन से अनुवाद कार्य की त्रुटियों का ज्ञान होता है जिन्हें दूर करने का प्रयत्न किया जाता है। इसके फलस्वरूप अनुवाद कार्य के स्तर में सुधार होता है।
2. इससे अनुवादकों के सामने श्रेष्ठ अनुवाद का मानक रूप उपस्थित होता है। गुण-दोष विवेचन के उपरांत सुधारे हुए अनुवाद को अनुवादक अपना आदर्श मानकर अपने कार्य में प्रवृत्त होता है।

3. अनुवाद समीक्षा से विशिष्ट कालखण्ड में और विशिष्ट ज्ञान क्षेत्र में अनुवाद सम्बन्धी विचारों पर प्रकाश पड़ता है। शाब्दिक तथा प्रकार्यात्मकता के आधार पर भी समीक्षा के कुछ बिन्दु निर्धारित होंगे।
4. अनुवाद समीक्षा के द्वारा महत्वपूर्ण लेखकों की रचनाओं तथा महत्वपूर्ण अनुवादकों के अनुवाद कार्य के विवेचन और मूल्यांकन में सहायता मिलती है।
5. अनुवाद समीक्षा के द्वारा मूल भाषा और लक्ष्य भाषा के शब्दकोश एवं व्याकरण की तथा भाषा शैली एवं पाठ प्रारूप सम्बन्धी असमानताओं का समीक्षात्मक विवेचन कर सकते हैं। इस प्रकार दोनों भाषाओं के व्यतिरेकी सम्बन्धों के विषय में जानकारी बढ़ा सकते हैं।
6. अनुवाद समीक्षा का शिक्षणात्मक आयाम भी है। अनुवाद समीक्षा को सिखाकर अनुवादक–शिक्षार्थी की अनुवाद सिद्धान्त चेतना को व्यावहारिक स्तर पर पुष्ट करते हैं।" (वही, पृ. 125-126)।

भाषा एक कल्पवृक्ष है जो सामाजिक मान्यताओं के अनुरूप विकसित है तथा अनुवाद एक श्रेष्ठ कार्य है चूँकि वह दो सभ्यताओं, संस्कृतियों, कालखण्डों, भावों अथवा विचारों के बीच का सेतु है। अनुवाद का स्वरूप पुनःसृजन जैसा होने के कारण मौलिक कृति और अनूदित कृति में अन्तर अवश्य रहेगा। प्रो.दिलीप सिंह इस बात पर बल देते हैं कि "अनुवाद की दृष्टि से भाषा की अर्थगत संरचना को समझने से पहले यह निर्धारित करना भी अनुवादक के लिए आवश्यक होता है कि रूपात्मक संरचना (formal structure) और अर्थगत संरचना (semantic structure) एक दूसरे से भिन्न होते हैं।" (प्रो.दिलीप सिंह, अनुवाद की व्यापक संकल्पना, पृ. 46)। उनकी मान्यता है कि "अर्थगत संरचना के विश्लेषण के समय प्रतीक के सामाजिक-सांस्कृतिक संदर्भों का विश्लेषण अनिवार्य है। अर्थात इकाई के समाज स्वीकृत एवं समाज प्रयुक्त अर्थ प्रतीक से संबद्ध होने की संभावना बराबर रहती है। अतः अनुवाद में इकाई की बहुव्याप्ति और चयनगतता (substitutability) पर भी अपनी दृष्टि रखनी पड़ती है।" (वही)।

अभिप्राय यह है कि अनुवाद करते समय अनुवादक के समक्ष अनेक प्रकार की समस्याएँ उपस्थित होती हैं, यथा–भाषावैज्ञानिक समस्याएँ, संरचना के अर्थ पक्ष की समस्याएँ, भाषेतर सन्दर्भ की समस्याएँ, विशिष्ट प्रयोग क्षेत्र की समस्याएँ, अनुवाद के आधार क्षेत्र की समस्याएँ, क्षेत्र रूपांतरण की समस्याएँ और समाज-सांस्कृतिक समस्याएँ। यहाँ हम इनमें से समाज-सांस्कृतिक समस्याओं पर विचार करेंगे।

किसी साहित्यिक कृति का अनुवाद करना अनुवादक के लिए साहित्येतर पाठ की अपेक्षा अधिक चुनौतीपूर्ण है। कठिनाई तब और बढ़ जाती है जब पाठ

में भिन्न सामाजिक और सांस्कृतिक पक्ष हों। मूलतः भारतीय संस्कृति सामासिक संस्कृति है अतः किसी भी भारतीय भाषा से हिन्दी में या हिन्दी से अन्य भारतीय भाषाओं में अनुवाद करते समय अनुवादक के लिए चुनौतियाँ उतनी नहीं होतीं जितनी अंग्रेजी में या अंग्रेजी से अनुवाद करते समय होती हैं। अनुवाद में प्रमुख रूप से सामाजिक-सांस्कृतिक शब्दावली के पर्याय खोजने, मुहावरों और लोकोक्तियों तथा लोक जीवन से लिए गए बिंबों, अलंकारों और मिथकों के लिए लक्ष्य भाषा में समतुल्य शब्द चयन करते समय सावधान रहना पड़ता है।

आगे राष्ट्रकवि डॉ. रामधारी सिंह 'दिनकर' के प्रसिद्ध खण्डकाव्य 'कुरुक्षेत्र' को सामाजिक-सांस्कृतिक पाठ के रूप में ग्रहण करके उसके अंग्रेजी अनुवाद (अनुवादक : डॉ. पी. आदेश्वर राव तथा डॉ यिनांद एम. कल्वाट) की समीक्षा शब्द चयन के स्तर पर की जी जा रही है।

1. मूल : महासंगर (पृ. 37)
   अंग्रेजी अनुवाद : a deadly large scale of war (पृ. 34)

समीक्षा : पांडवों और कौरवों के बीच उत्पन्न कलह कुरुक्षेत्र में परिणत हुआ। मूल में इसी भीषण युद्ध की ओर संकेत करते हुए 'महासंगर' शब्द का प्रयोग किया गया है। अंग्रेजी अनुवाद में 'a deadly large scale of war' का प्रयोग हुआ है जो वस्तुतः भावानुवाद है। इससे मूल में निहित समाज सांस्कृतिक पक्ष स्पष्ट नहीं हो रहा है।

2. मूल : कर-कंकण (पृ. 60)
   अंग्रेजी अनुवाद : Bangles (पृ. 58)

समीक्षा : कर-कंकण भारतीय संस्कृति में सौभाग्य का प्रतीक है। जब कोई स्त्री विधवा हो जाती है तब उसके हाथों के कंगन को तोड़ दिया जाता है। मूल में इसी की ओर संकेत किया गया है। अंग्रेजी अनुवाद में प्रयुक्त 'bangle' शब्द से मूल में निहित प्रतीकार्थ स्पष्ट नहीं हो रहा है।

3. मूल : यजन (पृ. 71)
   अंग्रेजी अनुवाद : The burning fire of penance (पृ. 70)

समीक्षा : 'यजन' का अर्थ है यज्ञ करना। किसी प्रकार की कार्य सिद्धि के लिए यज्ञ किया जाता है। भारतीय संस्कृति में यही माना जाता है कि मनुष्यों की महत्ता प्रबल साधना में ही निहित है। इसी तथ्य को उजागर करने के लिए मूल में 'यजन' शब्द का प्रयोग किया गया है। अंग्रेजी अनुवाद में भावानुवाद का सहारा लेते हुए 'the burning fire of penance' का चयन किया गया है क्योंकि पाश्चात्य संस्कृति में इस तरह की (यज्ञ की) संकल्पना नहीं है।

4. मूल : पंचाग्नि (पृ. 73)
   अंग्रेजी अनुवाद : five fold fires (पृ. 73)

समीक्षा : भारतीय दर्शन के अनुसार पंचाग्नि अर्थात पाँच अग्नियाँ, जिनके मध्य में योगी कठिन तपस्या करते हैं, पंचेंद्रियों से प्राप्त पाँच प्रकार की विषय वासनाओं (शब्द, रूप, रस, गंध तथा स्पर्श) का प्रतीक है। अंग्रजी अनुवाद में 'five fold fires' का प्रयोग किया गया है जिससे मूल में निहित दार्शनिक अर्थ स्पष्ट नहीं हो रहा है। अनुवादक ने व्याख्या का सहारा लेते हुए मूल में निहित भाव को स्पष्ट करने का प्रयास किया है।

5. मूल : त्रिविध ताप (पृ. 90)
   अंग्रेजी अनुवाद : triple heat (पृ. 90)

समीक्षा : भारतीय दर्शन के अनुसार 'त्रिविध ताप' से आशय है–आधि दैहिक, आधि दैविक और आधि भौतिक ताप। इसी संकल्पना की ओर संकेत करते हुए मूल में 'त्रिविध ताप' शब्द का प्रयोग किया गया है। अनुवाद में प्रयुक्त शब्द 'triple heat' से मूल से भिन्न अर्थ ध्वनित होता है। अनुवादक मूल की संकल्पना को स्पष्ट करने में इसलिए असफल है क्योंकि पाश्चात्य संस्कृति में इस तरह की संकल्पना नहीं है तथा अंग्रेजी में 'त्रिविध ताप' के समतुल्य अभिव्यक्ति अनुवादक को उपलब्ध नहीं हुई।

6. मूल : हठयोगी (पृ. 102)
   अंग्रेजी अनुवाद : The Saint (पृ. 101)

समीक्षा : हठयोग अर्थात वह योग जिसमें शरीर को साधने के लिए बड़ी कठिन मुद्राओं और आसनों आदि का विधान है। हठयोग का प्रयोजन विविध आसनों द्वारा उन पाँच प्रकार के प्राणों (प्राण, अपान, व्यान, समान तथा उदान) को नियंत्रित करना है जो आत्मा को घेरे हुए हैं। यह योग किसी भौतिक लाभ के लिए नहीं अपितु भौतिक बंधन से आत्मा की मुक्ति के लिए किया जाता है। हठयोग वस्तुतः चित्तवृत्तियों के प्रवाह को संसार की ओर जाने से रोककर अन्तर्मुखी करने की एक प्राचीन भारतीय साधना पद्धति है जिसमें प्रसुप्त कुंडलिनी को जाग्रत कर नाड़ी मार्ग से ऊपर उठाने का प्रयास किया जाता है। इस योग का आचरण करने वाला हठयोगी कहलाता है। अनुवाद में 'The Saint' का सामान्य प्रयोग किया गया है जिससे मूल में निहित आध्यात्मिक और सांस्कृतिक भाव स्पष्ट नहीं हो सका है। इससे अच्छा यह होता कि लिप्यंतरण का सहारा लेकर पाद टिप्पणी में इसकी व्याख्या कर दी जाती।

7. मूल : मोक्ष मंत्र (पृ. 103)
   अंग्रेजी अनुवाद : the magical hymns (पृ. 102)

समीक्षा : शास्त्रों के अनुसार जीव का जन्म और मरण के बंधन से छूट जाना ही मोक्ष है। उसके लिए जिन मंत्रों का उच्चारण किया जाता है उन्हें मोक्ष मंत्र कहते हैं। इसी अर्थ की ओर संकेत करते हुए मूल में इस पद का प्रयोग किया गया है। अनुवाद में 'magical hymns' का प्रयोग किया गया है। 'Magical' शब्द से 'जादूई' का अर्थ प्रतीत होता है। वस्तुतः मोक्ष का अर्थ है 'Salvation'। अतः मोक्ष मंत्र के लिए यदि 'Hymns of Salvation' का प्रयोग किया होता तो बेहतर होता।

इसी प्रकार जयशंकर प्रसाद के काव्य 'कामायनी' के अंग्रेजी में अनूदित पाठ (बी.एल. साहनी) की भी सासंकृतिक शब्द चयन के सन्दर्भ में की जा रही है। यथा—

1. मूल : रुद्र (पृ. 112)
   अंग्रेजी अनुवाद : Rudra (पृ. 189)

समीक्षा : यह शब्द शैव दर्शन में संहारकारी परमशिव के अर्थ में प्रयुक्त होता है। मूल में इसी अर्थ में इस शब्द का प्रयोग किया गया है। इड़ा अपने अपराध के लिए जब श्रद्धा से क्षमा याचना करती है तो अपने अपराध की तीव्रता को व्यक्त करने के लिए रुद्र शब्द का प्रयोग करती है। अंग्रेजी भाषा में इस दार्शनिक शब्द को अभिव्यक्त करने के लिए समतुल्य शब्द का अभाव है। अनुवाद में लिप्यंतरण किया गया है। लेकिन लिप्यंतरण से 'रुद्र' शब्द का अर्थ स्पष्ट नहीं होता अतः पाद टिप्पणी के माध्यम से अर्थ को स्पष्ट करना चाहिए लेकिन अनुवादक ने पाद टिप्पणी अथवा व्याख्या के द्वारा इस अर्थ को स्पष्ट करने का प्रयास नहीं किया है।

2. मूल : पंचभूत (पृ. 11)
   अंग्रेजी अनुवाद : Five Elements (पृ. 54)

समीक्षा : भारतीय दर्शन में पृथ्वी, जल, वायु, अग्नि तथा आकाश नामक पाँच तत्वों को 'पंचभूत' कहा जाता है। मूल में जयशंकर प्रसाद ने इन पंचभूतों के तांडव नृत्य के फलस्वरूप विकल सृष्टि का वर्णन किया है। अंग्रेजी पाठ में शाब्दिक अनुवाद करते हुए 'Five Elements' का प्रयोग किया गया है जिससे मूल में निहित दार्शनिक अर्थ स्पष्ट नहीं हो रहा है। यहाँ भी पाद टिप्पणी की आवश्यकता है।

3. मूल : तांडव (पृ. 94)
   अंग्रेजी अनुवाद : Dance of Death (पृ. 171)

समीक्षा : शैव दर्शन के अनुसार तांडव शिव का सृष्टि, स्थिति, तिरोभाव, अनुग्रह तथा संहारकारी नृत्य है। मूल में सृजन तथा संहारकारी नृत्य के अर्थ में इसका प्रयोग किया गया है। अंग्रेजी पाठ में भावानुवाद का सहारा लेकर 'Dance of Death' का प्रयोग किया गया है जो मूल भाव को आंशिक रूप से स्पष्ट करता है। तांडव

सिर्फ 'मृत्यु' या 'संहार' से संबद्ध नहीं है बल्कि वह जड़ चेतन के संहार या सृष्टि की व्यापक नश्वरता से संबद्ध है। ऐसी स्थिति में अनुवाद में पाद टिप्पणी/ व्याख्या की जरूरत पड़ती है।

4. मूल : नटराज (पृ. 121)
   अंग्रेजी अनुवाद : King Of Dancers (पृ. 193)

समीक्षा : नटराज शिवजी का ही नाम है उस रूप में जिस रूप में वह सबसे अच्छे नर्तक हैं। नटराज के रूप में शिव कलाओं के आधार हैं। नटराज की चार भुजाएँ हैं। उनके चारों और अग्नि के घेरे हैं। उनका एक पाँव दानव को दबाता है तथा दूसरा पाँव नृत्य मुद्रा में ऊपर की ओर उठा हुआ होता है। दाहिने हाथ में डमरू तथा बाएँ हाथ में अग्नि। दूसरा दाहिना हाथ अभय या आश्वस्ति की मुद्रा में है तो दूसरा बायाँ हाथ उनके पाँव की ओर संकेत करता है। शैव दर्शन के अनुसार चारों ओर उठ रही आग की लपटें ब्रहमांड का प्रतीक है। शरीर पर जो साँप है वह कुंडलीनी शक्ति का प्रतीक है। डमरू की आवाज सृजन का प्रतीक है। अग्नि विनाश का प्रतीक है। अभय या आश्वस्ति की मुद्रा बुराइयों से रक्षा का प्रतीक है। उठा हुआ पाँव मोक्ष का प्रतीक है। कुचला हुआ दानव अज्ञान का प्रतीक है। नटराज के रूप में शिव अज्ञान का विनाश करते हैं। मूल में शिव के तांडव नृत्य के दृश्य का वर्णन करते हुए 'नटराज' शब्द का प्रयोग किया गया है। अंग्रेजी अनुवादक ने 'King Of Dancers' का प्रयोग किया है जो मूल का शाब्दिक अनुवाद है। अनुवाद से यह स्पष्ट नहीं हो रहा है कि यह शब्द शिव के पर्याय के रूप में प्रयुक्त है। 'कामायनी' में एक जगह नटेश (पृ. 120) शब्द का प्रयोग किया गया है जिसका अंग्रेजी में अनुवाद 'Dancing Deity' (पृ. 194) किया गया है।

इस प्रकार 'कुरुक्षेत्र' और 'कामायनी' में प्राप्त कतिपय सांस्कृतिक अभिव्यक्तियों और उनके अंग्रेजी अनुवाद के तुलनात्मक अनुशीलन से यह स्पष्ट है कि इस काव्य का मूल पाठ सांस्कृतिक होने के कारण इनका अनुवाद करना अत्यंत चुनौतीपूर्ण कार्य रहा होगा। अंग्रेजी अनुवाद में शब्दानुवाद, शाब्दिक अनुवाद, भावानुवाद, लिप्यंतरण और ग्रहण की नीति को अपनाया गया है। दिनकर और प्रसाद वस्तुतः सांस्कृतिक चेतना से ओतप्रोत रचनाकार हैं जिनके काव्य का विजातीय भाषा में अनुवाद करना कठिन होते हुए भी लक्ष्य भाषा पाठ में समतुल्य अभिव्यक्तियों, व्याख्यात्मक अनुवाद तथा पाद टिप्पणी की तकनीक द्वारा मूल सन्देश के अधिकतम संप्रेषण को सार्थक बनाया गया है।

‘कुरुक्षेत्र’ का अनुवाद : सांस्कृतिक अभिव्यक्तियाँ (अनुवाद समीक्षा)

डॉ. रामधारी सिंह ‘दिनकर’ का सारा साहित्य भारतीय संस्कृति और जन जीवन के विविध प्रसंगों से भरा पड़ा है। उनका प्रसिद्ध खण्डकाव्य ‘कुरुक्षेत्र’ भी इसका अपवाद नहीं है। उल्लेखनीय है कि अनुवाद की दृष्टि से ऐसी रचनाएँ अत्यंत चुनौतीपूर्ण मानी जाती हैं क्योंकि इनका अनुवाद करते समय अनुवादक को स्रोत भाषा और लक्ष्य भाषा– दोनों ही– के समाजों की सांस्कृतिक पृष्ठभूमि को समझना पड़ता है तथा तदनुरूप अनुवाद करना होता है। यही कारण है कि अनुवाद को सांस्कृतिक सेतु कहा जाता है। इस सन्दर्भ में यदि ‘दिनकर’ के ‘कुरुक्षेत्र’ (1946) के डॉ. पी. आदेश्वर राव तथा डॉ. यिनांद एम. कल्वार्ट कृत अंग्रेजी अनुवाद ‘KURUKSHETRA’ (1995, हेरिटेज पब्लिकेशन डिविजन, विशाखपट्णम्) का तुलनात्मक अध्ययन करने से अत्यंत रोचक परिणाम प्राप्त हुए हैं जो अनुवाद समीक्षा के अध्येताओं के लिए पर्याप्त उपयोगी हो सकते हैं।

भारत एक विशाल एवं समृद्ध देश है। इसमें विविध जातीय पृष्ठभूमि वाले, भिन्न भिन्न भाषा भाषी नागरिक निवास करते हैं। यही कारण है कि भारत के जाति, भाषा, रहन-सहन, खान-पान, वेश-भूषा, रीति-रिवाज आदि की विविधता के साथ धार्मिक व सांस्कृतिक मान्यताओं में भी विविधता देखने को मिलती हैं। वस्तुतः इनके समीकरण से ही भारत की सामासिक संस्कृति का निर्माण हुआ है। ‘कुरुक्षेत्र’ के मूल हिन्दी पाठ में उपलब्ध कतिपय सांस्कृतिक और रीति रिवाजों से संबंधित उक्तियों के अंग्रेजी अनुवाद की समीक्षा करते समय इस विविधता का स्मरण तो रखना ही होगा, साथ ही यह भी न भूलना होगा कि ये दोनों भाषाएँ विजातीय हैं तथा दोनों के भाषा समाजों की संस्कृतियाँ अलग अलग हैं। कतिपय उदाहरण देखें–

1. मूल : जय-सुरा की सनसनी से चेतना निस्पंद है। (पृ. 7)
   अं.अ : Semi-conscious with the excitement of the wine of victory (pg. 3)

मूल में प्रयुक्त 'सुरा' शब्द मदिरा का द्योतक है। पांडव सेना विजयोल्लास में इस प्रकार मग्न थी मानो सुरा पान किया हो। इसकी ओर संकेत करते हुए मूल में 'जय-सुरा' शब्द का प्रयोग किया गया है। अंग्रेजी अनुवाद में 'the wine of victory' का प्रयोग किया गया है जो मूलतः शाब्दिक अनुवाद है। मूल में विवेक के शिथिल होने की ओर संकेत करते हुए 'चेतना निस्पंद' का प्रयोग किया गया है। लेकिन अंग्रेजी अनुवाद में प्रयुक्त 'Semi-Conscious' शब्द दूसरा ही अर्थ प्रकट कर रहा है।

2. मूल : द्रौपदी हो दिव्य-वस्त्रालंकृता (पृ. 9)
   अं.अ. : Draupadi now wears her heavenly attire (pg. 5)

महाभारत संग्राम के मुख्य कारण की ओर इंगित करते हुए कवि ने 'दिव्य वस्त्रालंकृता' का प्रयोग किया है। भारतीय रीति रिवाज के अनुसार रानियाँ-महारानियाँ अपने सौभाग्य और वैभव के चिह्नों के रूप में कैसे दिव्य-वस्त्रालंकृता होती हैं, इसकी ओर यहाँ कवि ने संकेत किया है। अंग्रेजी अनुवाद में 'now wears her heavenly attire' का प्रयोग किया गया है। अंग्रेजी अनुवाद में मूल से भिन्न अर्थ द्योतित हो रहा है।

3. मूल : करते प्रणाम, छूते सिर से पवित्र पद,
   ऊँगली को धोते हुए लोचनों के नीर से, (पृ. 10)
   अं.अ. : He saluted Bhishma,
   touching the feet with his head,
   washing the toes with his tears (pg. 7)

पैरों पर झुककर प्रणाम करना, सिर से चरण छूना, आँसुओं से उँगलियों को धोना आदि क्रियाएँ भारतीय सभ्यता एवं संस्कार को व्यक्त करती हैं। मूल में कवि ने वर्तमान काल का प्रयोग करते हुए 'करते प्रणाम' का जो प्रयोग किया है, वह वर्तमान सूचक है, जब कि अंग्रेजी अनुवाद में प्रयुक्त 'saluted' शब्द 'प्रणाम' के भाव को व्यक्त करने के लिए अपर्याप्त है। 'पवित्र पद' में 'पवित्र' विशेषण को अनुवाद में छोड़ दिया गया है। इससे मूल के उदात्त भाव की क्षति हुई है। 'लोचनों के नीर' का अनुवाद 'tears' किया गया है जिसमें मूल जैसा काव्य सौंदर्य नहीं है। कवि ने यदि 'आँसू' के स्थान पर 'लोचनों के नीर' का प्रयोग किया है तो यह निष्प्रयोजन नहीं है क्योंकि पादप्रक्षालन के लिए नीर (जल) चाहिए। 'आँसुओं का जल' प्रस्तुत सन्दर्भ में जल का स्थानापन्न है।

4. मूल : क्लीव-सा देखा लज्जा-हरण निज नारी का (पृ. 18)
   अं.अ. : Like a eunuch, allowed your wife to be insulted (pg. 14)

द्रौपदी के लज्जा-हरण के कुकृत्य को धर्म के भय से युधिष्ठिर ने सहा। इसकी

ओर संकेत करते हुए मूल में 'क्लीव-सा' (उपमा अलंकार) का प्रयोग किया गया है। भारतीय समाज में कायर लोगों को नपुंसक या क्लीव कहने का जो रिवाज है वह यहाँ मूल कृति में दर्शाया गया है। अंग्रेजी में प्रयुक्त् 'like a eunuch' उसका शाब्दिक अनुवाद है। 'लज्जा-हरण' का अनुवाद 'insulted' अपरियाप्त है। इससे मूल भाव स्पष्ट नहीं हो रहा है।

5. मूल : शिव-शांति की मूर्ति नहीं
बनती कुलाल के गृह में;
सदा जन्म लेती वह नर के
मनःप्रान्त निस्पृह में (पृ. 30)

अंअ. : Like the idol of Parvati, peace
is not made in the house of a potter;
It always takes birth in the dispassionate mind of man.
(pg. 26)

मूल पाठ में मनुष्य के निष्काम मन में लोक कल्याणमय शांति के साकार होने की ओर संकेत करते हुए यहाँ कहा गया है कि उस (शिव-शांति की) मूर्ति किसी मूर्तिकार कुम्हार के घर में नहीं बनती। अनुवादक ने 'शिव-शांति' को 'Parvati-peace' कर दिया है जिससे 'शिव' (=कल्याण, मंगल) का अर्थ व्यक्त नहीं होता।

6. मूल : ब्रह्मचर्य के व्रती, धर्म के
महास्तम्भ, बल के आगार,
परम विरागी पुरुष, जिन्हें
पाकर भी पा न सका संसार। (पृ. 32)

अं.अ. : Bhishma, a Celibate by vow, a pillar of Dharma,
embodiment of strength,
a most detached man,
living in the world, but not of the world. (pg. 29)

मूल में ब्रह्मचर्य आश्रम की ओर संकेत किया गया है तथा वीरता और विवेक के साक्षात् प्रतिरूप भीष्म की महानता के प्रति कवि ने अपना श्रद्धाभाव व्यक्त किया है। भारतीय संस्कृति में ब्रह्मचर्य आश्रम का जो निर्दिष्टव महत्व है इसकी ओर यहाँ संकेत किया गया है। अंग्रेजी अनुवाद में भी मूल के भाव को सशक्त एवं सुचारू रूप से अभिव्यक्त करते हुए 'a Celibate' का प्रयोग किया गया है। 'धर्म' शब्द का अंग्रेजी अनुवाद में लिप्यंतरण किया गया है।

7. मूल : निर्दोषा, कुलवधू, एकवस्त्रा। (पृ. 40)

अं.अ. : Wrapped in a saree the innocent princess (pg. 37)

मूल में नारी की दयनीय स्थिति की ओर संकेत किया गया है। प्राचीन भारतीय समाज में नारी के वस्त्र धारण सम्बन्धी रिवाज की ओर यहाँ कवि ने संकेत किया है। 'एकवस्त्रा' पर विशेष बल दिया गया है। अंग्रेजी अनुवाद में 'a saree' का प्रयोग किया गया है जिसमें विशेष रूप से बल नहीं है और 'एकवस्त्रा' में निहित यह भाव स्पष्ट रूप से अंकित नहीं हो पाया है कि उस समय द्रौपदी रजस्वला थी। यहाँ टिप्पणी देकर यह स्पष्ट किया जाना चाहिए था कि भारत में रजस्वला स्त्रियों को किस प्रकार का आचरण करना होता था तथा उनके साथ किस प्रकार का आचरण अपेक्षित था। इससे इस प्रयोग की सांस्कृतिक पीठिका स्पष्ट हो सकती थी।

8. मूल : सम्राट-भाल पर चढ़ी लाल जो टीका,
चन्दन है या लोहित प्रतिशोध किसी का? (पृ. 53)

अं.अ. : The red mark shining on the forehead of the king–
is it sacred paste or someone's bloody revenge? (pg. 50)

यज्ञ की दीक्षा में सम्मिलित हुए नरेशों के मस्तक पर भारतीय संस्कृति के अनुसार लाल टीका (तिलक) लगाया जाता है। मूल में इसी की ओर संकेत किया गया है। अंग्रेजी अनुवाद में 'लाल टीका' के लिए 'The red mark' का प्रयोग किया गया है। 'Mark' शब्द से 'टीका' (तिलक) का आशय प्रकट नहीं हो रहा है क्योंकि यह एक विशेष सांस्कृतिक कृत्य है जो पाश्चात्य संस्कृति में दुर्लभ है। 'चन्दन' शब्द के लिए 'Sacred paste' का प्रयोग किया गया है। इससे यह स्पष्ट नहीं हो पा रहा है कि चन्दन (sandal) का प्रयोग किस तरह से किया जाता है। ये सारे शब्द अपने आप में विशिष्ट प्रयुक्तिगत शब्द हैं। अतः पाद टिप्पणियों के द्वारा इनका आशय स्पष्ट किया जाना चाहिए था।

9. मूल : दौड़ी नीराजन-थाल लिए निज कर में,
पढ़ती स्वागत के श्लोक मनोरम स्वर में।
आरती सजा फिर लगी नाचने-गाने,
संहार-देवता पर प्रसून छितराने। (पृ. 53)

अं.अ. : Holding the plate of homage in her hand,
reciting welcome songs in her melodious voice
She began to sing and dance for arti,
showering flowers on the God of Destruction. (pg. 50)

मूल में भारतीय सभ्यता में विजेताओं के स्वागत करने की संस्कृति की ओर संकेत किया गया है। विजेताओं का स्वागत नीराजन-थाल के साथ किया जाता है तथा

मधुर स्वर में स्वागत के श्लोक पढ़ते हुए आरती उतारी जाती है। मूल में निहित भाव को अंग्रेजी अनुवाद में उतारने का प्रयास किया गया है। 'आरती' शब्द का अंग्रेजी अनुवाद में लिप्यंतरण किया गया है। पाश्चात्य सभ्यता में ऐसी सांस्कृतिक संकल्पना न होने के कारण शब्दानुवाद मात्र करना पड़ा है। श्लोक, नीराजन, आरती, संहार-देवता आदि दार्शनिक शब्दों को टिप्पणी के माध्यम से स्पष्ट किया जाना चाहिए था।

इस प्रकार 'कुरुक्षेत्र' के कुछ सांस्कृतिक संदर्भों के अंग्रेजी अनुवाद के अनुशीलन से स्पष्ट होता है कि इस काव्य का मूल पाठ संस्कृति गर्भित है जिसका अनुवाद करने के लिए अनुवादक द्वय ने यथास्थान शब्दानुवाद, भावानुवाद और ग्रहण की नीति अपनाई है। परन्तु ध्यान रखने की बात यह है कि हिन्दी और अंग्रेजी सांस्कृतिक दृष्टि से विजातीय भाषाएँ हैं। इसीलिए अनूदित पाठ की संप्रेषणीयता बढ़ाने और हिन्दी भाषा समाज की सांस्कृतिक विशेषताओं से अंग्रेजी पाठक को परिचित कराने के लिए यह आवश्यक था कि भारतीय संस्कृति और प्रथाओं से सम्बन्धित शब्दों और अभिव्यक्तियों को स्पष्ट करने के लिए—(1) या तो पाद टिप्पणियाँ दी जाती, (2) या परिशिष्ट दिया जाता (3) अथवा व्याख्यात्मक अनुवाद किया जाता।

साहित्येतर अनुवाद की समस्याएँ : मनोविज्ञान का सन्दर्भ

साहित्येतर पाठ का अनुवाद करते समय अनुवादक को जिन समस्याओं का सामना करना पड़ता है वे साहित्यिक पाठ के अनुवाद की समस्याओं से कई अर्थों में भिन्न होती हैं। हम जानते हैं कि साहित्यिक पाठ में अनेक प्रकार की समाज-सांस्कृतिक अर्थ छवियाँ और शैलीगत विशेषताएँ निहित होती हैं जिनसे जूझे बिना उसका अनुवाद नहीं हो सकता। साहित्येतर पाठ के अनुवादक के समक्ष ये चुनौतियाँ तो नहीं होती परन्तु इससे इनकार नहीं किया जा सकता कि उसे सबसे पहले विषय के ज्ञान की चुनौती का सामना करना पड़ता है। इसके अतिरिक्त साहित्येतर पाठ का स्वरूप तकनीकी भाषा से निर्मित होता है, अतः स्रोत भाषा की प्रयुक्ति के समकक्ष लक्ष्य भाषा में प्रयुक्ति की तलाश साहित्येतर पाठ के अनुवाद की मुख्य चिन्ता होती है। यदि मनोवैज्ञानिक पाठ के सन्दर्भ में बात करें तो कहना होगा कि (1) अनुवादक को मनोविज्ञान विषय की सामान्य जानकारी होनी चाहिए तथा (2) मनोविज्ञान की भाषा (प्रयुक्ति) पर आधिकार तो अनिवार्य है ही।

वस्तुतः अनुवाद दो भाषाओं के मध्य घटित होनेवाला संप्रेषण व्यापार है। आज अनेक क्षेत्रों में यह व्यापार अनिवार्य हो गया है। यह भी कहा जा सकता है कि जहाँ भाषा है वहाँ अनुवाद भी स्वतः निहित है। अनुवाद 'अनुप्रयुक्त भाषाविज्ञान' (Applied Linguistics) का एक अंग है। अतः मनोभाषाविज्ञान (Psycholinguistics) के क्षेत्र में भी अनुवाद का महत्वपूर्ण योगदान है। सामान्यतः अनुवाद में स्रोत भाषा की सम्पूर्ण सामग्री का लक्ष्य भाषा के समतुल्य शब्दों में प्रतिस्थापन नहीं हो पाता। 'समतुल्य शब्दों को खोज निकालना' ही अनुवाद कार्य की प्रमुख समस्या है।

मनोविज्ञान एक विशिष्ट प्रयुक्ति क्षेत्र है। भाषाविज्ञान और मनोविज्ञान का बहुत गहरा सम्बन्ध है। विचारों का सीधा सम्बन्ध मस्तिष्क तथा मनोविज्ञान से है। मानसिक गुत्थियों एवं ग्रंथियों का पता लगाने व उन्हें सुलझाने तथा मानसिक रोगियों के उपचार में उनके द्वारा कही गई ऊलजलूल बातों का विश्लेषण करने आदि में भाषाविज्ञान की क्षेत्र में प्रयुक्त पारिभाषिक शब्दावली और अभिव्यक्तियों का अनुवाद करते समय अनुवादक के सामने समस्या उत्पन्न हो सकती है।

मनोवैज्ञानिक क्षेत्र में भाषा का विशिष्ट प्रयोग

मनोवैज्ञानिक क्षेत्र की विशिष्टता यह है कि उसमें जो प्रचलित तकनीकी शब्द और अभिव्यक्तियाँ हैं उन्हीं का प्रयोग किया जाता है। अतः अनुवादक के लिए यह अनिवार्य है कि वह इस विशिष्ट भाषा-प्रयोग की जानकारी रखता हो, अन्यथा उसके लिए इसे समझना दुष्कर हो जाएगा।

नवनिर्मित तथा अनूदित शब्द

अंग्रेजी पारिभाषिक शब्दों का अनुवाद भारतीय भाषा या हिन्दी में करना वांछनीय है क्योंकि अंग्रेजी में प्रयुक्त शब्दों का अर्थ सामान्य भारतीय भाषा भाषियों के लिए पारदर्शी नहीं होते। यह भी कहा जा सकता है कि उनमें पारदर्शिता का अभाव रहता है। किन्तु हिन्दी में गढ़े जाने वाले शब्दों का पारदर्शी होना उनकी संप्रेषणीयता के लिए आवश्यक है। इस कारण पारिभाषिक शब्दावली का निर्माण करते समय संस्कृत का सहारा लेना उपयुक्त है क्योंकि एक तो संस्कृत की शब्दावली प्रजनन शक्ति से संपन्न है तथा दूसरी ओर विभिन्न भारतीय भाषाओं में संस्कृत की बड़ी सीमा तक उभयनिष्ठता के कारण परस्पर बोधगम्यता विद्यमान है। संस्कृत धातुओं में उचित उपसर्ग और प्रत्यय जोड़कर हजारों पारिभाषिक शब्दों का निर्माण किया जा सकता है—

Mind—मन/मनस
Conscious—चेतन
Subconscious—अवचेतन/अर्धचेतन
Unconscious—अचेतन
Psychology—मनोविज्ञान
Psychoanalysis—मनोविश्लेषण
Psychiatry—मनोचिकित्सा
Psychiatrist—मनोचिकित्सक
Abnormal Psychology—असामान्य मनोविज्ञान
Individual Psychology—वैयक्तिक मनोविज्ञान
Sex—यौन
Libido—कामवृत्ति
Ego—अहम्
Super Ego—पराहम्
Complex—कुंठा/ग्रंथि/मनोग्रंथि
Inferiority Complex—हीनताग्रन्थि

Superiority Complex–उच्चताग्रंथि

ग्रहीत शब्द

Eros–एरोज
Thenetos–थेनेटोस
Oedipus–इडीपस
Electra–इलेक्ट्रा
Sex–सेक्स
Libidc–लिबिडो
Histeria–हिस्टीरिया
Psychoneurotic–साइकोन्यूरोटिक
Death Instinct–डेथ इंसटिंक्ट

अनुकूलित शब्द

Id–इद/इदम्

संकर शब्द

Super Ego–सुपराहम्

अर्थ आधारित अनुवाद

अर्थ या भाव को ध्यान में रखकर निर्मित शब्द–
Oedipus–मातृरति
Electra–पितृरति
Eros–जीवनवृत्ति
Thenetos–मृत्युवृत्ति
Libido–कामवृत्ति
Histeria–मनोरोग
Histeric Patient–मनोरोगी

इस प्रकार स्पष्ट है कि तकनीकी क्षेत्र होने के कारण मनोवैज्ञानिक पाठ का अनुवाद करने के लिए पारिभाषिक शब्दावली और अभिव्यक्तियों के ज्ञान की विशेष अपेक्षा होती हैं। यह भी ध्यान रखने की बात है कि यथासम्भव इन पाठों के अनुवाद का पाठधर्मी होना श्रेयस्कर है।

बच्चन की अनुवाद विषयक मान्यताएँ

"नाश के दुख से कभी
दबता नहीं निर्माण का सुख;
प्रलय की निःस्तब्धता से
सृष्टि का नवगान फिर फिर
नीड़ का निर्माण फिर फिर।" (हरिवंशराय बच्चन)

आधुनिक हिन्दी साहित्य में हालावाद के प्रवर्तक और उन्नायक हरिवंशराय बच्चन का शीर्ष स्थान है। सत्याग्रह आंदोलन, असहयोग आंदोलन और भारतीय स्वतंत्रता संग्राम ने बच्चन को एक नवीन दृष्टि प्रदान की। उनकी कृतियों में वस्तुतः जीवन के संघर्ष, राष्ट्रीय आंदोलन, सांस्कृतिक पृष्ठभूमि, क्रांति का स्वर और परम्परा का विरोध मुखरित होता है। हिन्दी जगत एक सफल कवि और गद्यकार के रूप में हरिवंशराय बच्चन से भलीभाँति परिचित हैं लेकिन कवि और गद्यकार के साथ-साथ वे एक सफल अनुवादक भी हैं।

अनुवाद वस्तुतः एक सांस्कृतिक सेतु है जिसके माध्यम से क्षेत्रवाद के सीमित एवं संकुचित दायरे से निकलकर विश्वमानवता तक पहुँचा जा सकता है। भारत जैसे बहुभाषिक देश में अनुवाद की नितांत आवश्यकता है। इस सन्दर्भ में बच्चन का मत द्रष्टव्य है—"विविधताओं से भरे इस देश में केवल भाषा ही ऐसा माध्यम है जो हमें एकसूत्र में बाँध सकता है और अगर भाषा में भी हम एकमत हो सुसंगठित न हो सके तो हमारे बिखराव को कोई रोक नहीं सकता।" (दशद्वार से सोपान तक, पृ. 46)

यह सर्वविदित है कि भाषा विचार-विनिमय का सशक्त साधन है और साथ ही संस्कृति का संवाहक भी है। वह संस्कृति के अनुरूप ही बनती-संवरती है। अतः बच्चन कहते हैं कि "भाषा वह बैल है, जिस पर जितना अधिक बोझ लादा जाए वह उतना ही मजबूत होता जाता है। भाषा की शक्ति उसकी सम्भावना से आँकी जानी चाहिए न कि उसकी अविकसित स्थिति से।" (वही)

भाषाओं की भिन्नता एवं विविधता के कारण ही अनुवाद का जन्म हुआ है।

भारत में बहुभाषिक स्थिति के कारण परस्पर संप्रेषणीयता में व्यवधान पड़ना स्वाभाविक है। ऐसी स्थिति में देश की एकता को कायम रखने के लिए एक संपर्क भाषा की नितांत आवश्यकता है और वह है हिन्दी। डॉ. हरिवंशराय बच्चन ने इस आवश्यकता को समझते हुए हिन्दी को स्थानीयता से मुक्त करके अखिल भारतीय दृष्टिकोण के विकास पर जोर दिया और कहा कि "हिन्दी को राष्ट्रभाषा की अधिकारिणी बनने के लिए उसे अपना मानसिक संवेदना क्षेत्र हिन्दी भाषा प्रदेश से आगे बढ़कर राष्ट्र व्यापी बनना पड़ेगा।" (बंगाल का काल, भूमिका, पृ. 17)

प्रायः हिन्दीतर भाषी प्रयोक्ताओं की हिन्दी पर उनकी मातृभाषाओं के प्रभाव की बात कही जाती है। इस सन्दर्भ में बच्चन जी ने माना है कि क्षेत्रीय भाषा की बोली-भाषा को राष्ट्रभाषा का गौरव पाने के लिए इस प्रकार के प्रभाव को ग्रहण करना ही चाहिए। बच्चन का मत है कि "हिन्दी को अगर सच्चे अर्थों में राष्ट्रहभाषा बनना है तो उसे भारत के अन्य भाषा प्रदेशों की गंध ध्वनि देनी होगी।" (वही, पृ. 18)। इतना ही नहीं उन्होंने यह भी कहा है कि "हिन्दी की ध्वनि-धारा के साथ-साथ अन्य भाषाओं के शब्दों को खपाना साधारण कला नहीं है। यह कंठ और कानों की बड़ी बारीक परख-शक्ति माँगती है।" (दशद्वार से सोपान तक, पृ. 79)। उन्होंने अपने अनुवादों में इस स्थिति को साधने का प्रयास किया है।

अनुवाद की महत्ता और आवश्यकता निर्विवाद है। हमेशा कुछ नया कर दिखाने की तत्परता व मानव की जिज्ञासा ही इस आवश्यकता का मूल हेतु है। इस अर्थ में अनुवादक भी सृजक होता है। उसे अनुवाद द्वारा सृजन सुख मिलता है। अतः बच्चन कहते हैं कि "सृजन का सुख, सृजन का सुकून, सृजन की शांति सृजक ही जान सकता है।" (वही, पृ. 112)

देखा जाय तो अनुवाद की प्रक्रिया शिशु के मुख से उच्चरित ध्वनियों के साथ ही प्रारम्भ हो जाती है। शिशु भिन्न भिन्न प्रकार की ध्वनियाँ निकालकार अपने मनोभावों को प्रकट करता है और माँ शिशु के भावों को समझकर दूसरों के लिए बोधगम्य बना देती है। इस दृष्टि से भाषा भावों और विचारों का अनुवाद है। अनुवादक भी यही तो करता है; दूसरों के भावों और विचारों को अपनी भाषा का कलेवर प्रदान करता है। सफल अनुवाद के सम्बन्ध में बच्चन की मान्यता है कि "किसी बड़ी रचना का सफल अनुवाद करना किसी उच्च कोटि के मौलिक सृजन से न कम महत्व का काम है, न कम श्रम-साधना-साध्य।" (वही, पृ. 111)। उदाहरण के लिए बच्चन द्वारा अनूदित 'ओथेलो' के कुछ अंश देखें–

मूल : Iago – Must be be-leed and calmed
By debitor and creditor, this counter caster
He, is good time, must his lieutenanat be

अनुवाद : इयागो – इस पार काट-सियो के
दर्जी को तरजीह दी गई टुकड़ जोड़ यह,
टुकड़खोर यह, मौका पाकर सहसेनापति बन बैठा है।

उपर्युक्त अनुवाद में बच्चन ने केसियो (cassio) के लिए 'काट-सियो' का रोचक, सर्जनात्मक प्रयोग किया है क्योंकि केसियो लेनदार (ऋणदाता) है जो सिर्फ जोड़ना व घटाना जानता है। अनुवाद में 'काट-सियो', 'दर्जी', 'टुकड़ जोड़, 'टुकड़खोर' का प्रयोग कर बच्चन ने अपनी रचनाधर्मिता का परिचय दिया है। स्पष्ट है कि बच्चन साहित्यिक पाठ के अनुवाद के सन्दर्भ में अनुवादक की सृजनात्मकता के समर्थक हैं।

एक भाषा समुदाय में निहित भाषा ज्ञान को दूसरे भाषा समुदाय तक पहुँचाने में अनुवादक की भूमिका महत्वपूर्ण होती है। अतः बच्चन सफल अनुवादक के बारे में विचार व्यक्त करते हैं कि "मेरी हमेशा यही धारणा रही है कि अच्छा अनुवादक वही हो सकता है जो अच्छा मौलिक लेखक भी हो।" (दशद्वार से सोपान तक, पृ. 88)। वह यह भी मानते हैं कि "ऐसा देखा गया है कि सफल अनुवादक वे ही हुए हैं जिनका मौलिक सृजन पर भी कुछ अधिकार है। दूसरे शब्दों में, अनुवाद भी मौलिक सृजन की ही एक प्रक्रिया है। नहीं तो आज संसार के बड़े बड़े सर्जक अनुवाद की ओर झुके न दिखाई देते।" (चौंसठ रूसी कविताएँ, भूमिका, पृ. 14)। निम्न लिखित उदाहरण से भी यह स्पष्ट होता है कि बच्चन एक सर्जक अनुवादक हैं जहाँ उन्होंने औरस और दत्तक संतति के भेद को 'तन से जन्मी' और 'मुँहबोली' द्वारा व्यक्त किया है–

मूल : Brabantio – I had rather to adopt a child than got it
(Othello)

अनुवाद : ब्रेबैंशियो – काश कि मेरे तन से जन्मी
हुई न होकर तू मेरी मुँहबोली होती
जिससे ऐसी बात न कहती

इससे यह स्पष्ट होता है कि साहित्यिक पाठ के अनुवादक को अपने भावों के संप्रेषण पर अधिक ध्यान देना पड़ता है। बच्चन की दृष्टि में "सफल अनुवादक भी वही होता है जो अपनी दृष्टि भावों पर रखता है। शाब्दिक अनुवाद न शुद्ध होता है न सुंदर। भाव जब एक भाषा माध्यम को छोड़कर दूसरे भाषा माध्यम से मूर्त होना चाहेगा तो उसे अपने अनुरूप उद्बोधक और अभिव्यंजित शब्द राशि संजोने की स्वतंत्रता देनी होगी। यहीं पर अनुवाद मौलिक सृजन हो जाता है। या मौलिक सृजन की कोटि में आ जाता है।" (चौंसठ रूसी कविताएँ, भूमिका, पृ. 13-14)

मूल पाठ के भावों की रक्षा करते हुए दूसरी भाषा में अन्तरण करना ही

अनुवाद है। इस बारे में बच्चन का मत है कि "सफल अनुवादक के लिए आवश्यक है कि वह जिस भाषा से अनुवाद करे, जिस भाषा में करें, दोनों पर उसका समान अधिकार हो, अनुवादक का रागात्मक सम्बन्ध हो। सृजन में शब्द के स्थान को सूक्ष्मता से समझ लिया जाय। शब्द के स्थूल और उसके कोष पर्याय को अंतिम सत्य मान लेने वाला सफल अनुवादक नहीं हो सकता। जब हम साहित्यिक ग्रंथों के अनुवाद की बात सोचते हैं तब भाव, विचार और भाषा को अलग नहीं देख सकते। यहाँ भाव-विचारों का सम्बन्ध शरीर और वस्त्रों का नहीं बल्कि, शरीर के मांस और त्वचा का है। शब्द साधन है, साध्य नहीं। साध्य तो वह भावना या विचार है, जो उसके पीछे है।" (अनुवाद की समस्या, बच्चन)

अनुवाद में जीवन्तता बनाए रखने के लिए सफल अनुवादक को मूल लेखक की भाँति लक्ष्य भाषा में नूतन प्रयोग भी करने पड़ते हैं। एक सफल अनुवादक का स्रोत भाषा एवं लक्ष्य भाषा दोनों पर समान अधिकार होना चाहिए, लेकिन इतना ही काफी नहीं। उसका भाषा से रागात्मक सम्बन्ध भी अनिवार्य है। बच्चन ने इसे 'रचनानुराग' कहा है और माना है कि "अनुवादक का रचनानुराग अनुवाद की सफलता की सबसे पहली आवश्यकता है; अपनी भाषा पर अधिकार।" (बंगाल का काल, भूमिका, पृ. 14)। यहाँ 'मैकबेथ' के उनके अनुवाद का एक अंश देखा जा सकता है–

मूल : My mind she has mated and amazed my sight
I think but dare not speak.

अनुवाद : कानों ने जो सुना, उन्हें है उस पर गैरत,
आँखों ने जो देखा, उनको उस पर हैरत,
जो दिमाग में, उसे नहीं कहने की जुर्रत।

यहाँ अनुवादक ने मूल का शाब्दिक अनुवाद करके हिन्दी की प्रकृति के अनुरूप उसकी मौलिक ढलाई की है। इससे यह स्पष्ट होता है कि उन्हें स्रोत और लक्ष्य भाषाओं पर समान अधिकार है और साथ ही समाज-सांस्कृतिक पृष्ठभूमि की पहचान भी। अनुवाद मूल से भी रोचक है। 'गैरत', 'हैरत', 'जुर्रत' शब्दों का तुक जोड़कर अनुवाद में सौंदर्य पैदा किया गया है।

अनुवादों के बारे में बच्चन का दृष्टिकोण सुपारिभाषित है। वे मानते हैं कि साहित्यिक पाठों के अपनी भाषा में किए गए अनुवाद ही स्वीकार्य होते हैं। "अनुवादों के बारे में मेरा एक सिद्धान्त है। अनुवाद के लिए मैं अनुमति तभी देना चाहता हूँ जब किसी भाषा में अनुवादक पुस्तक का अनुवाद करना चाहता है वह उसकी अपनी भाषा हो और वह अपनी इच्छा से अनुवाद करना चाहे।" (बंगाल का काल, भूमिका, पृ. 14)। इसका कारण शब्दार्थ की संस्कृति में निहित है। इसमें सन्देह नहीं कि अनुवाद एक श्रम साध्य कार्य है तथा गद्यानुवाद की अपेक्षा काव्यानुवाद अधिक

चुनौतीपूर्ण कार्य है। "कविता में शब्द और अर्थ इतने संपृक्त होते हैं—'गिरा अर्थ जल बीच सम' कि उसके अर्थ को अलग कर उसे दूसरे शब्दों, दूसरी भाषा के शब्दों, का बाना पहनाना बहुत कठिन है। कुछ लोग तो यहाँ तक कहते हैं कि कविता का अनुवाद हो ही नहीं सकता। पर असंभव मनुष्य के लिए बहुत बड़ी चुनौती और बहुत बड़ा आकर्षण है - जो असंभव है उसी पर आँख मेरी/चाहती होना अमर मृत राख मेरी। (मिलन यामिनी)।" (चौंसठ रूसी कविताएँ, भूमिका, पृ. 12)। इस चुनौती का सामना बच्चन अपनी रचनाधर्मिता के सहारे करते हैं। यहाँ 'किंग लियर' के एक अंश का अनुवाद देखा जा सकता है—

मूल : Father's that wear rags
Do make their children blind,
But father's that bear bags
Shall see their children kind
Fortune, that arrant whore,
Ne'er turns the keep to the poor.

अनुवाद : जिन बापों के तन के ऊपर चिथड़े होते
उनके बच्चे अपने प्रति अंधे हो जाते,
जिन बापों के हाथों मोटी थैली होती
उनके बच्चे उनके प्रति आदर दिखलाते।
सभी जानते किस्मत ऐसी रंडी गुंडी
वह गरीब के लिए खोलती कभी न कुंडी।

यहाँ बच्चन ने मूल में निहित अर्थ को सुरक्षित रखने के लिए भावानुवाद का सहारा लिया है। घृणा एवं धिक्कार को सूचित करनेवाले शब्दों का प्रयोग लक्ष्य भाषा के अनुरूप किया गया है ताकि मूल में निहित हास्यपूर्ण अभिव्यक्तियाँ अनुवाद में भी संप्रेषित हो सकें।

वास्तव में डॉ. हरिवंशराय बच्चन एक सफल अनुवादक तथा गम्भीर अनुवादशास्त्री थे। उन्होंने अनेक कृतियों का हिन्दी में अनुवाद करके राष्ट्रीय और अन्तरराष्ट्रीय साहित्य से हिन्दी भाषा समाज को परिचित कराया। इन कृतियों में सम्मिलित हैं—'हेमलेट'(1969), 'नागर गीता' (1966), 'मरकत द्वीप का स्वर' (ईट्स की कविताएँ (1965), 'चौंसठ रूसी कविताएँ' (1964), 'ओथेलो' (1959), 'मैकबेथ' (1957), 'जनगीता' (1958), 'उमर खयाम की रुबाइयाँ' (1959), 'नेहरु : सामाजिक जीवन-चरित (1961), 'लिरिका' (1965), 'द हाउस आफ वाइन' (1950), 'कालेर कबले बांग्ला' (1948) तथा 'भाषा अपनी भाव पराए' (1970)।

इनमें से 'भाषा अपनी भाव पराए' में दस विदेशी और देशी भाषाओं से

काव्यानुवाद प्रस्तुत किए गए हैं। यहाँ कृति की भूमिका में कही गई बात का उल्लेख करना समीचीन होगा क्योंकि यह अनुवाद चिन्तन को एक दिशा प्रदान करती है और बच्चन की अनुवाद विषयक मान्यताओं को समझने में सहायक है। इस संकलन में कुल पच्चीस अनूदित कविताएँ सम्मिलित हैं। इनके चयन और अनुवाद प्रक्रिया के बारे में चर्चा करते हुए बच्चन जी कहते हैं कि "अच्छी कविता मैं हर भाषा की कुछ-न-कुछ समझता हूँ, क्योंकि अच्छी कविता, हर भाषा की, बहुत कुछ ध्वनि के माध्यम से कहती है, और यह विचित्र है कि ध्वनि संकेत प्रायः सभी भाषाओं का एक-सा होता है। ***जाहिर है कि ये कविताएँ अपनी अपनी भाषा-लिपि में मेरे सामने रख दी जाते तो मैं उन्हें अनूदित नहीं कर सकता था। ***मूल कविता नागरीलिपि में दी जाती थी जिसे पढ़कर, बहुत-से शब्दों और ध्वनियों से, मैं कविता की मुख्य दिशा टटोल सकता था। मुझे कविता का अंग्रेजी अथवा हिन्दी अनुवाद दिया जाता था जिससे मुझे कविता के भाव-विचार को समझने में आसानी होती थी। ***स्पेनी कविता का अनुवाद उसके अंग्रेजी रूपांतर के आधार पर किया गया था। कुछ लोग ऐसा सोच सकते हैं कि यह अनुवाद की सीधी प्रक्रिया नहीं है। पर शायद अधिक वैज्ञानिक प्रक्रिया यही है। यह मैंने बहुत बाद में जाना कि रूस में कविता के अनुवाद की कुछ ऐसी ही प्रक्रिया का अनुसरण होता है। मान लीजिए कि किसी कविता का रूसी में अनुवाद करना है तो कोई दुभाषिया मूल कविता का शाब्दिक अनुवाद कर देता है - शाब्दिक अनुवाद से कविता नहीं बन जाती। फिर यह शाब्दिक अनुवाद किसी कवि के पास भेजा जाता है। वह उन शब्दों के पीछे छिपे भावों को पकड़ता है और उद्‌बोधक शब्दों और रूपकों की सहायता से—आवश्यकता हुई तो रूपकों को बदलकर—ऐसे रूपकों में जो रूसी भाषा के लिए अभिव्यंजक हो सके—कविता बनाता है। इस तरह कविता के अनुवाद के रूप में एक कविता रची जाती है।"

निष्कर्षतः हरिवंशराय बच्चन के अनुवाद सम्बन्धी चिन्तन के कुछ सूत्रवाक्य द्रष्टव्य हैं—

- "उच्च कोटि का कलाकार कला के माध्यम से जीवन की जो व्याख्या देता है वह एक प्रकार से उसका जीवन-दर्शन ही होता है।" (दशद्वार से सोपान तक, पृ. 41)
- "जब अनुवादक शब्दों के आवरण को भेदकर सूक्ष्म भावनाओं के स्तर पर पहुँचता है और वहाँ से अपनी भाषा में अभिव्यक्त होने का प्रयत्न करता है तब अनुवाद मौलिक लगता है। यह गिरा-अर्थ, जल-वीचि को अलग करना है, पर अनुवाद को सरल काम किसने समझ रखा है?" (अनुवाद की समस्या)
- "हर अनुवाद अनुवादक की योग्यता, पैठ, सृजनशीलता और सीमाओं से

प्रभावित होता है।” (‘चौंसठ रूसी कविताएँ’, भूमिका, पृ. 12)

- “एक यूरोपीय भाषा से दूसरी यूरोपीय भाषा में छंद को एक ही रखने की संभावना हो सकती है, पर हिन्दी के लिए यह अकल्पनीय है। छंद भी कविता के अविभाज्य अंग हैं।” (वही)
- “छंदबद्ध कविता का अनुवाद एक भाषा से दूसरी भाषा में करना बहुत कठिन है। यदि मुक्त छंद का माध्यम समुचित रीति से विकसित एवं परिष्कृत हो जाए तो भाषाओं के बीच काव्य सम्बन्धी आदान-प्रदान अधिक साध्य और सुगम हो जाएगा।” (‘बंगाल का काल’, पृ. 18)
- “छंद और तुक जहाँ भाषा के अलंकार हैं वहीं भाषा की स्वच्छंद गति में बाधाएँ भी हैं। जहाँ भाषा-भाव एकात्मक होकर चलते हैं, वहाँ शायद यह बात कम अनुभव की जाए, पर अनुवादों में छंद और तुक सबसे बड़ी बाधाएँ उपस्थित करते हैं।” (‘चौंसठ रूसी कविताएँ’, भूमिका, पृ. 13)
- “मेरी अनुवाद सम्बन्धी नीति यह रही - भाषा सरल-सुबोध होगी, बोलचाल के स्तर पर गिरकर नहीं लिखित भाषा के स्तर पर उठकर, अगर अनुवाद को सही भी होना है।” (दशद्वार से सोपान तक, पृ. 79)
- “क्रोध की अभिव्यक्ति करने में अंग्रेजी बड़ी समर्थ भाषा मालूम होती है।” (वही, पृ. 109)
- “आजकल एक भाषा से दूसरी भाषा में अनुवाद बहुत कुछ राजनीतिक कारणों से किया-कराया जा रहा है। साहित्य की दृष्टि से यह अस्वस्थ है और उच्च कोटि का नहीं हो सकता।” (वही, पृ. 18)

साहित्य पाठ विमर्श (शैलीवैज्ञानिक विश्लेषण)

पं. प्रताप नारायण मिश्र का निबन्ध 'शिवमूर्ति'

भारतेंदु मंडल के साहित्यकारों में पं. प्रताप नारायण मिश्र (24 सितंबर, 1856 - 6 जुलाई, 1894) का स्थान उल्लेखनीय है। वे उत्तर प्रदेश के उन्नाव जिले के बेल्थर गाँव के रहने वाले थे। बाद में कानपुर आए। उनके वहाँ कई मकान थे और वहीं 'सतघरा' मुहल्ले में रहते थे। वे बचपन से ही भावुक और सीधेसादे व्यक्ति थे। खद्दर का बहुत लंबा कुरता और धोती पहने, कंधों पर तेल चुचुआते लंबे बाल लहराते, झूमते हुए वे किसी देवता के समान दिखाई देते थे और देखने वाला एक बार को उनकी चाल, उनकी लंबी-ऊँची नाक, उनका उज्ज्वल रूप देखकर धक् से रह जाता था। (बाबू गोपाल राम गहमरी, स्व. पंडित प्रताप नारायण मिश्र)।

प्रताप नारायण मिश्र में कई अनोखे गुण विद्यमान थे। वे मनमौजी थे - इतने मनमौजी कि आधुनिक सभ्यता और शिष्टता की कम परवा करते थे। कभी लावनीबाजों में जाकर शामिल हो जाते तो कभी मेलों और तमाशों में बन्द इक्के पर बैठ कर जाते दिखाई पड़ते। (रामचन्द्र शुक्ल, हिन्दी साहित्य का इतिहास, पृ. 318-319)। इसके साथ ही वे बड़े निर्भीक तथा विनोदप्रिय भी थे। हिन्दी का 'एडीसन' कहे जाने वाले प्रताप नारायण मिश्र के व्यक्तिव के बारे में जानने के लिए बाबू गोपाल राम गहमरी लिखित संस्मरण पढ़ा जा सकता है। जरा देखें उनका शब्द-चित्र–"कविता उनकी बहुत ऊँचे दर्जे की होती थी। भारतेंदु ने भी उनके काव्य की बड़ाई की थी। नाटक और रूपक भी बड़ी ओजस्विनी भाषा में लिखते थे। अपने लेख में जहाँ जिसका वर्णन करते थे, उसको मानो मूर्तिमान वहाँ खड़ा कर देते थे। बंकिम बाबू के उपन्यासों के अनुवाद उन्होंने हिन्दी में किए थे। वे सत्यभाषी थे। उनके मुँह से भूलकर भी असत्य कभी सुनने को नहीं मिला। हँसी-दिल्लगी में भी कभी झूठ नहीं बोलते थे। वे निर्भीक और बड़े हाजिरजवाब थे। पंडित जी अपने कान हिलाया करते थे। जब दो-चार मित्र इकट्ठे होते तब कहने पर पशुओं की तरह कान हिलाने लगते थे। वे बड़े हंसोड़ थे। कविता तो चलते-चलते करते थे। मिश्र जी नास बहुत सूँघते थे। सुंघनी भरा बेल सदा अपने अंदर खद्दर के कुर्ते वाले पाकेट में रखते थे और जब चाहा बेल निकालकर हथेली पर नास उड़ेलते और सीधे नाक में सुटक जाते थे। पंडित जी कभी स्नान नहीं करते थे। मित्रों के आग्रह करने पर टाल जाते

थे। जब कभी कोई त्यौहार या बड़ा पर्व आता, बहुत उद्योग करने पर कभी-कभी स्नान कर लेते थे। पंडित जी कविता में अपना उपनाम 'बरहमन' रखते थे, इसी से उन्होंने अपने मासिक पत्र का नाम 'ब्राह्मण' रखा था। उर्दू शायरी भी उनकी बड़ी चुटीली होती थी।" (बाबू गोपाल राम गहमरी, स्व. पंडित प्रताप नारायण मिश्र)।

प्रताप नारायण मिश्र का लेखन क्रम लावनी से शुरू हुआ। साहित्यिक क्षेत्र में उनकी सृजनात्मक प्रतिभा काव्य, नाटक, उपन्यास आदि अनेक रूपों में विकसित हुई। विभिन्न क्षेत्रों में उनकी प्रमुख कृतियाँ इस प्रकार हैं–कविता : प्रेम पुष्पावली, मन की लहर, दंगल खण्ड, लोकोक्ति शतक, ब्रैडला स्वागत, मानस विनोद, प्रताप संग्रह आदि। कलिकौतुक (रूपक), कलिप्रभाव, हठी हमीर, गौ संकट, भारत दुर्दशा (नाटक), जुआरी-खुआरी (प्रहसन) तथा संगीत शाकुंतल लावनियों में लिखा गया उनका पद्य नाटक है। रसखान शतक, तृष्यन्नाम्, शैव सर्वस्व, वर्णमाला, शिशु विज्ञान, स्वास्थ्य रक्षा जैसे विविध विषयों पर भी उन्होंने लेखनी चलाई। निबन्ध के क्षेत्र में उन्हें आत्मव्यंजक निबन्धों के जन्मदाता माना जाता है। वे दाँत, भौं, आप, बात, धोखा, रिश्वत, बेगार, होली जैसे विषयों पर मनोरंजक निबन्ध लिखते हैं तो शिवमूर्ति, कांग्रेस की जय, मित्र कपटी भी बुरा नहीं होता आदि गंभीर निबन्धों से पाठकों को सोचने के लिए बाध्य करते हैं। उनके निबन्धों में सहज, उन्मुक्त, मनमौजी, भोला व्यक्तित्व बोल उठता है। उन्होंने बहुत सी रचनाओं का बंगला से अनुवाद भी किया–राजसिंह, इंदिरा, युगालांगुलीय, सेनवंश व सूबे बंगाल का इतिहास, नीतिरत्नावली, शाकुंतल, वर्ण परिचय, कथावल संगीत, चरिताष्टक, पंचामृत।

शैलीविज्ञान यह मानता है कि यदि कोई भी कृति कलात्मक बनती है या फिर कोई भी साहित्यकार अपनी कृति को अधिकाधिक कलात्मक बनाना चाहता है तो यह शैली संघटना की विशेष तकनीक से ही संभव हो सकता है। "श्क्लोवस्की ने 'ऑन द थियोरी ऑफ प्रोज' में कहा था कि 'लेखक आलंकारिक भाषा (फिगरेटिव लैंग्वेज) का प्रयोग करता है जिसमें वह रूपक या लक्षणा (मेटाफर), प्रतीक (सिंबल) और चित्रात्मकता (विजुअल पिक्चर्स) के सहारे अपनी रचना या विशिष्ट भाषा को तोड़कर उसे सर्जनात्मकता प्रदान कर पाता है, और अपने पाठक के भीतर एक नई दृष्टि पैदा कर पाता है; दुनिया को देखने की दृष्टि उस तरह और वैसी, जिस तरह और जैसी उसने पहले कभी नहीं देखी थी।" (दिलीप सिंह, 'रामवृक्ष बेनीपुरी : यथार्थ की रंगीनियों को पहचानने वाले निबन्धकार', पाठ विश्लेषण, पृ. 211)। शैली संघटना की यह विशेष तकनीक प्रताप नारायण मिश्र के निबन्धों में जगह-जगह देखी जा सकती है। इसी आधार पर पाठक उनका आज के परिप्रेक्ष्य में 'पुनर्पाठ' रच सकता है। उनके निबन्धों में विस्मयकारी वैविध्य मिलता है जो उनकी अप्रतिहत गद्य क्षमता का प्रतीक है।

आज जब हम पं. प्रताप नारायण मिश्र के गंभीर सांस्कृतिक निबन्ध 'शिवमूर्ति'

को एक बार फिर पढ़ने चलते हैं तो बाबू गुलाबराय का यह मत महत्वपूर्ण प्रतीत होता है कि "प्रताप नारायण मिश्र की शैली में संस्कृत शब्दों का प्राचुर्य-सा प्रतीत होता है, परन्तु हरिश्चन्द्र की भाँति इन्होंने भी उर्दू के उन्हीं शब्दों को लिया है जिनका चलन हिन्दी में बहुत काल से था। इनकी भाषा में विशेष सजीवता और बोलचाल का चलतापन है। इनमें विनोद-प्रियता अधिक है। इसी विनोद-प्रियता के कारण ये पूर्वीपन की परवाह न करके बैसवारे की ग्रामीण कहावतों और शब्दों का भी प्रयोग निःसंकोच करते थे।" (गुलाबराय, हिन्दी साहित्य का सुबोध इतिहास, पृ. 137)। कहा जाता है कि सहज, सामान्य और सरल विषय पर सहज भाषा में लिखना कठिन है। ऐसे ही अवसर पर प्रायः साहित्यकार को अपनी भाषिक तथा अभिव्यंजना क्षमताओं का विस्तार करना होता है। प्रताप नारायण मिश्र ने इसे बहुत ही सहज और सरल शैली द्वारा संभव करके दिखलाया है। उनके निबन्धों में व्यक्तिगत विशेषताओं के साथ-साथ शैलीय भेद भी लक्षित होते हैं। यह भी कहा जा सकता है कि सरलता, हास्य-व्यंग्यात्मकता, गंभीरता और सूक्ष्मता से विषय वस्तु की विवेचना करना, जनता को जाग्रत करना, सुधार एवं नवनिर्माण की प्रेरणा देना आदि उनके निबन्धों की प्रमुख विशेषताएँ हैं। "पं. प्रताप नारायण मिश्र की प्रकृति विनोदशील थी अतः उनकी भाषा बहुत ही स्वच्छंद गति से बोलचाल की चपलता और भावभंगी लिए चलती है। हास्य विनोद की उमंग में वह कभी-कभी मर्यादा का अतिक्रमण करती, पूरबी कहावतों और मुहावरों की बौछार भी छोड़ती चलती है।" (रामचन्द्र शुक्ल, हिन्दी साहित्य का इतिहास, पृ. 309)। इस प्रकार प्रताप नारायण मिश्र की साहित्य-भाषा में सोंधापन, चपलता, भावभंगिमा, हास्य-विनोद, व्यंग्यात्मकता को सहज ही लक्षित किया जा सकता है। यह उनके गंवईपन/ देसीपन का प्रतिफलन है। इसी देसीपन के फलस्वरूप उनके निबन्धों में शैलीगत विशेषताएँ, प्रोक्ति विन्यास की विलक्षणता, प्रतीकीकरण की प्रक्रिया और सांस्कृतिक उप-पाठ की विद्यमानता परिलक्षित हैं।

रामस्वरूप चतुर्वेदी की मान्यता है कि प्रताप नारायण मिश्र की भाषा शैली में अनौपचारिक भाषा विधान, विषय चयन और गद्य प्रवाह का रूप द्रष्टव्य है। 'भाषा में स्खलन, शैली में घरूपन और ग्रामीणता, चंचलता और उछल-कूद' उनकी विशेषता है। स्मरणीय है कि प्रताप नारयण मिश्र 'हिन्दोस्थान' पत्र के काव्य भाग के संपादक थे। गोपाल राम गहमरी कहते हैं कि "वे फसली लेखक थे। जब कोई फसल जैसे जन्माष्टमी, पितृपक्ष, दशहरा, दीपावली, होली आते तब इन अवसरों पर वे संभवतः कविता रचा करते थे।" उनका यह कवि मन उनके निबन्धों में भी दिखाई देता है।

इसी पीठिका के बाद आइए अब पं. प्रताप नारायण मिश्र के निबन्ध 'शिवमूर्ति' को एक बार और पढ़ा जाए। स्मरणीय है कि निबन्ध भारतेंदु युग का प्रतिनिधि गद्य रूप है। इस विधा में भारतेंदु मंडल की जिंदादिली और पुनर्जागरण चेतना की बुद्धि

जीविता का सही समागम मिलता है। गद्य प्रसंगों को स्वच्छंद भाव से प्रस्तुत करने का भी निबन्ध (विधा) में पूरा अवसर है। (रामस्वरूप चतुर्वेदी, हिन्दी गद्य : विन्यास और विकास, पृ. 86)। उल्लेखनीय है कि प्रताप नारायण मिश्र की भाषा-शैली में खास तरह का लोच दिखाई पड़ता है। उनके निबन्धों को पढ़ते समय मानो ऐसा प्रतीत होता है कि वह सामने बैठकर बात कर रहे हों। पाठक को साथ लिए चलने की सहज वार्तालाप की सी शैली उल्लेखनीय को विशिष्ट और निजी बनाती है। इसके लिए वे प्रश्नवाचक वाक्य संरचना के साथ आधारभूत संस्कृत शब्दावली, ग्रामीण बोली की शब्दावली, उर्दू शब्दावली, मुहावरे, काव्यात्मकता, विस्मय बोधक चिह्न, अल्प विराम, अर्ध विराम आदि का सटीक प्रयोग करते हैं।

विवेच्य निबन्ध 'शिवमूर्ति' पुनर्पाठ के लिए अत्यंत सटीक और प्रासंगिक है। 19वीं शताब्दी के अंतिम वर्षों में लिखे गए इस निबन्ध में संस्कृति का उप-पाठ निहित है। साथ ही यह कला का पाठ भी। इसमें भारतीय मनीषा का जागरण निहित है तथा प्रतीकों के माध्यम से बड़े सरल और सहज ढंग से इस बात को रेखांकित किया गया है कि भारत का शिक्षित वर्ग भारतीयता, भारतीय संस्कृति और भारतीय प्रतीकों के प्रति कितना उदासीन है। नवजागरण और स्वतंत्रता का आंदोलन भारत की खोज का आंदोलन था। इस निबन्ध में गुँथा 'भारत की खोज' का पाठ इसे उस काल और इस काल दोनों में प्रासंगिक बनाता है। इस निबन्ध में लक्षणा और व्यंजना के माध्यम से मिश्र जी ने उन सबकी खबर ली है जो अपनी संस्कृति के प्रति उदासीन हैं और उनकी भी खबर ली है जिन्होंने यह दुष्प्रचार किया कि भारत बर्बर और असभ्य राष्ट्र है तथा भारत के लोग मूर्ख तथा बन्दर और साँप नचाने वाले हैं।

शिवमूर्ति कलाकृति अर्थात प्रतीक है। शिवमूर्ति के माध्यम से लेखक ने यह स्पष्ट किया है कि मनुष्यों के बीच वैर नहीं होना चाहिए। इतना ही नहीं इस निबन्ध में आस्तिकता का पाठ भी द्रष्टव्य है। वे कहते हैं कि "हमारा मुख्य विषय शिवमूर्ति है और वह विशेषतः शैवों के धर्म का आधार है।" इससे जुड़े अप्रतर्क्य विषयों का दिग्दर्शनमात्र कथन करके लेखक ने अपने शैव भाइयों से पूछा है कि आप भगवान गंगाधर के पूजक होके वैष्णवों से किस बिरते पर द्वेष रख सकते हैं? यह प्रश्न आज भी प्रासंगिक है क्योंकि धर्म और ईश्वर के नाम पर आज भी उन्माद और अराजकता का बोलबाला है—तब बात शैव/ शाक्त/ वैष्णव की थी तो अब बात हिन्दू/ मुस्लिम/ ईसाई/ सिख की है। इसी द्वेष भाव से उत्पन्न आतंकवाद और साम्प्रदायिकता की लपटों में आदमीयत स्वाहा होती जा रही है। प्रताप नारायण मिश्र समन्वय के पक्षधर हैं। वे अंधी आस्था के स्थान पर तर्क का पाठ प्रस्तुत करते हैं—"यदि धर्म से अधिक मतवालेपन पर श्रद्धा हो तो अपने प्रेमाधार भगवान भोलानाथ को परमवैष्णव एवं गंगाधर कहना छोड़ दीजिए। नहीं तो सच्चा शैव वही हो सकता है जो वैष्णव मात्र को अपना देवता समझे। ... इससे शैवों का शाक्तों के साथ विरोध अयोग्य है। हमारी समझ में

तो आस्तिक मात्र को किसी से द्वेष बुद्धि रखना पाप है, क्योंकि सब हमारे जगदीश जी की ही प्रजा हैं, सब हमारे खुदा ही के बन्दे हैं। इस नाते सभी हमारे आत्मीय बंधु हैं।" विश्वबंधुत्व का यह दर्शन लोकतांत्रिक और सह अस्तित्व का दर्शन है–जिसकी आज की दुनिया को सबसे जरूरत है। अपनी बात को सहज सुग्राह्य बनाने के लिए कहानी के भीतर कहानी को गूँथना प्राचीन भारतीय कथाशैली है। इस निबन्ध में अन्तर्कथा की तकनीक का भी सुंदर प्रयोग मिलता है। देखिए–"पुराणों में गंगा की विष्णु के चरण से उत्पत्ति मानी गई है और शिवजी को परमवैष्णव कहा गया है। उस पर वैष्णवता की पुष्टि इससे उत्तम और क्या हो सकती है कि उनके चरण निर्गत जल को सिर पर धारण करें। ऐसे विष्णु भगवान को परमशैव लिखा है कि विष्णु भगवान नित्य सहस्र कमल पुष्पों से सदाशिव की पूजा करते थे। एक दिन एक कमल घट गया तो उन्होंने यह विचार करके कि हमारा नाम कमलनयन है अपना नेत्र-कमल शिव जी के चरण कमल को अर्पण कर दिया।" (इस अंश को पढ़ते समय स्वतः ही निराला की प्रसिद्ध लंबी कविता 'राम की शक्ति पूजा' की याद हो आना स्वाभाविक है। राम शक्ति की मौलिक संकल्पना करते हैं।) वस्तुतः शिव और विष्णु की परस्पर आराधना के उल्लेख द्वारा लेखक ने भारतीयों को परस्पर सम्मान की सीख दी है जो हमें आज भी चाहिए!

इस निबन्ध में मिश्र जी ने पहले मूर्तियों की चर्चा की, बाद में धातुओं की चर्चा जिनसे मूर्तियों का निर्माण किया जाता है। फिर मूर्तियों के रंगों की चर्चा और फिर मूर्तियों के आकार की चर्चा। पूरा निबन्ध अपने आप में एक सुगठित प्रोक्ति का नमूना है। प्रोक्ति गठन की दृष्टि से इसमें अनेक डिस्कोर्स स्ट्रेटजीज भी रेखांकित की जा सकती हैं। जैसे–

प्रश्न चिह्न (नोट ऑफ इंटेरोगेशन)–

- फिर अनुरागदेव का रंग और क्या होगा?
- ऐसे ही प्रेमदेव सबसे पक्के हैं, उन पर और का रंग क्या चढ़ेगा?
- फिर हम क्यों कहे कि यदि ईश्वर का अस्तित्व है तो इसी रंग ढंग का है?
- आनंद की कैसी मूर्ति? दुःख की कैसी मूर्ति?
- ऐसा कौन कह सकता है, कि संसार भर का ऐश्वर्य किसी और का है?
- हमारे हृदय-मंदिर को भी कभी कैलास बनाओगे?
- पाषाण, धातु, मृत्तिका का कहना ही क्या है?
- वह दिन दिखाओगे कि भारतवासी मात्र केवल तुम्हारे हो जाँय और इस भूमि पर फिर कैलास हो जाय?

अल्पविराम (कॉमा)–

- उसकी सभी बातें अनंत हैं, तो मूर्तियाँ भी अनंत प्रकार से बन सकती हैं।

- सब मूर्तिपूजक कह देंगे कि हम तो साक्षात ईश्वर नहीं मानते, न उसकी यथातथ्य प्रतिकृति मानें।
- प्रेम के बिना वेद झगड़े की जड़, धर्म बेसिर पैर के काम, स्वर्ग शेखचिल्ली का महल, मुक्ति प्रेम ही बहन है।

विस्मय बोधक चिह्न (नोट ऑफ एक्सक्लेमेनेशन)–

- विश्वास के आगे मनःशांतिकारक सत्य है!!!
- आप लाभकारक बातों को समझ के दूसरों को समझाते हैं!
- केवल चित्तवृत्ति! केवल उसके गुणों का कुछ द्योतन!!

अर्थ पर बल–

- हो चाहे जैसा, पर हम यदि ईश्वर को अपना आत्मीय मानेंगे तो अवश्य ऐसा ही मान सकते हैं, जैसों से हमारा प्रत्यक्ष सम्बन्ध है।
- बस! ठीक शिवमूर्ति यही है।
- बस इसी मत पर सावयव सब मूर्ति मनुष्य के ऐसी मूर्ति बनाई जाती है।

काव्यात्मक प्रयोग–

- वास्तविक प्रेममूर्ति मनोमंदिर में विराजमान है।
- ईश्वर आत्मिक रोगों का नाशक है, हृदयमंदिर की कुवासनारूपी दुर्गंध को हरता है।

संबोध्यता–

- प्रिय पाठक! उसकी सभी बातें अनंत हैं, तो मूर्तियाँ भी अनंत प्रकार से बन सकती हैं।
- फिर कहिये जिससे भीतर-बाहर दोनों प्रकाशित होते हैं, जो प्रेमियों को आँख की ज्योति से भी प्रियतर है, जो अनंत विद्यमान है उसका फिर और क्या रंग हम मानें?
- और लीजिए, कविता के आचार्यों ने अनुराग का रंग लाल कहा है।
- फिर कहिये तो....।
- अब आकारों पर ध्यान दीजिये।

पुनरावृत्ति–

- न कही जा सके, न नहीं कही जा सके, और हाँ कहना भी ठीक है। एवं न कहना भी ठीक है।

- ➢ उसकी सब बातें अनंत हैं, तो मूर्तियाँ भी अनंत प्रकार से बन सकती हैं और एक-एक स्वरूप में अनंत उपदेश प्राप्त हो सकते हैं, पर हमारी बुद्धि अनंत नहीं है, इससे कुछ प्रकार की मूर्तियों का कुछ-कुछ अर्थ लिखते हैं। (इस वाक्य को 'तार्किक अन्विति' का अच्छा उदाहरण मन जा सकता है।)
- ➢ जिससे भीतर-बाहर दोनों प्रकाशित होते हैं, जो प्रेमियों को आँख की ज्योति से भी प्रियतर है, जो अनंत विद्यमान है उसका फिर और क्या रंग हम मानें? (इसमें समानांतरता तो है, साथ ही प्रश्नवाची वाक्य रचना का प्रयोग हुआ है।)

भाषा का प्रयोग कैसे करना चाहिए, इसका सशक्त उदाहरण हैं प्रताप नारायण मिश्र के निबन्ध। रामस्वरूप चतुर्वेदी ने कहा है कि भाषा केवल संप्रेषण का साधन नहीं है, वह हमारा व्यक्तित्व है। मिश्र जी की भाषा में उनका व्यक्तित्व झलकता है। वे परिहास करते समय भी चूकते नहीं। देखिए—"जितनी देर पूजा-पाठ करते हैं, जितनी देर माला सरकाते हैं उतनी देर कमाने, खाने, पढ़ने, गुनने में ध्यान दें तो भला है! और जो केवल शास्त्रार्थ आस्तिक हैं वे भी व्यर्थ ईश्वर को अपना पिता बना के निज माता को कलंक लगाते हैं। माता कहके बेचारे जनक को दोषी ठहराते हैं, साकार संकल्पना करके व्यापकता का और निराकार कहके अस्तित्व का लोप करते हैं।"

नवजागरण काल के अन्य सजग समशील लेखकों की भाँति प्रताप नारायण मिश्र सोई हुई भारतीय जनता को चेताते हैं। भारतीयता उनका मुख्य स्वर है। भारतीयों को चेतावनी देने की शैली देखिए—"यह संसार का जातीय धर्म है कि जो वस्तु हमारे आसपास है उन्हीं पर हमारी बुद्धि दौड़ती है। फारस, अरब और इंग्लिश देश के कवि जब संसार की अनित्यता वर्णन करेंगे तो कबरिस्तान का नक्शा खींचेंगे, क्योंकि उनके यहाँ श्मसान होते ही नहीं हैं। वे यह न कहें तो क्या, कहें कि बड़े-बड़े बादशाह खाक में दबे हुए सोते हैं।" वे आगे लोकजनित अन्दाज में चुटकी लेते हैं—"यदि कबर का तख्ता उठाकर देखा जाय तो शायद दो चार हड्डियाँ निकलेंगी, जिन पर यह नहीं लिखा कि यह सिकंदर की हड्डी है, या दारा की।" यह पुनर्जागरण चेतना नहीं तो और क्या है?

जीवन्तता भाषा का प्रमुख लक्षण है। और यह जीवन्तता लौकिकीकरण के माध्यम से विशेषतया उभरती है। खड़ीबोली का लौकिकीकरण भारतेंदु मंडल के गद्यकारों की विशेषता है। यहाँ प्रताप नारायण मिश्र के निबन्ध 'शिवमूर्ति' में प्रयुक्त लोक शब्दावली, उर्दू शब्दावली, मुहावरों को सूचीबद्ध किया जा रहा है ताकि यह सपष्ट हो सके कि मिश्र जी की भाषा शैली जीवन्त है—

लोक प्रयोग—

- शास्त्रार्थ के आगे निरी बकबक
- अंधों के आगे हाथी आवे
- उनकी ओर से बिलकुल फेर लें
- माला सरकाते हैं,
- बनवा के रख ली,
- बड़ा सुभीता,
- हम सब ठौर कर सकते हैं,
- सब ठौर की गई है।
- पुस्तकें काली मसि में लिखी जाती हैं
- किस बिरते पर द्वेष रख सकते हैं?
- मतवालेपन,
- भैयाचारे,
- हमारी दशा के अनुसार बर्तेंगे,
- आवें,
- धधकी,
- बका करेंगे।

उर्दू शब्द–

- बेअदबी, हुनरमंद, खाक

सूक्तियों/मुहावरों/लोकोक्तियों से भाषिक अभिव्यंजना–

- बेसिर पैर के काम
- आँखें मूँद कर अंधे की नकल कर देखो
- घर की चक्की से भी गये बीते
- ईश्वर यावत् संसार का उत्पादक है
- मन और वचन को उनकी ओर से बिलकुल फेर लें
- हुनरमंदों से पूछे जाते हैं बाबे हुनर पहिले
- सहज में और का और हो जाये
- मोटी बुद्धिवाला
- यह संसार भर का ऐश्वर्य किसी और का है
- हम चाहें मरें या जियें
- एक गृहस्थी भर का धन लगाए नहीं आती
- वह निर्धन के धन हैं
- उलट फेर की बातें

- लिंग शब्द का अर्थ ही चिह्न है
- श्री गनेशाय नमः हुआ है
- हृदय-मंदिर में प्रेम का प्रकाश है तो संसार शिवमय है
- प्रेम ही वास्तविक शिवमूर्ति अर्थात कल्याण का रूप है।

प्रताप नारायण मिश्र के इस निबन्ध में सांस्कृतिक सन्दर्भ की अभिव्यक्ति कई स्थलों पर संस्कृतनिष्ठ शब्दावली के प्रयोग से सहजता से हुई है–

- प्रेमदेव हमारे पुष्टिकारक सुगंध पुष्टिवर्द्धनं (महामृत्युंजय मंत्र का द्योतक)
- भूतनाथ अकथ्य, अप्रतर्क्य एवं अचिन्त्य हैं।
- अशरीरी आकारहीन
- शिवमूर्ति लिंगाकार होती हैं
- सृष्टिकर्तृत्व, अचिन्त्यत्व, अप्रतिमत्व कई बातें लिंगाकार मूर्ति से ज्ञात होती हैं।
- हस्तपादादि से निकले हुए हैं
- शिरस्थानी कहा जा सकता है
- सतोगुण का सूचक
- न तस्य प्रतिमास्ति

'शिवमूर्ति' शीर्षक निबन्ध में सन्दर्भ और भाव के अनुसार वाक्य रचना का प्रयोग किया गया है। वाक्य इस तरह गुँथे हुए हैं कि भाव सहज ही संप्रेषित हो जाता है। किसी बात पर बल देना हो या किसी बात को स्पष्ट करना हो या फिर तर्क प्रस्तुत करना हो या किसी को संबोधित करते हुए व्यंग्य करना हो, जागृत करना हो तो मिश्र जी छोटे-छोटे वाक्यों का बेजोड़ प्रयोग करते हैं। अर्थ की अमिट छाप बिखेरते हैं, सम्बोधन और क्रियाओं का चयन करते हैं–

- पर वास्तव में यह विषय ऐसा है कि मन, बुद्धि और वाणी से जितना सोचा, समझा और कहा जाय उतना ही बढ़ता जाएगा और हम जन्म भर बका करेंगे पर आपको यही जान पड़ेगा कि अभी श्री गणेशाय नमः हुआ है। (इस वाक्य में सोचना, समझना, कहना, बढ़ना, बकना, जानना आदि क्रियाओं का समागम है।)
- यदि कोई बड़ा मैदान हो लाखों कोस का और रात को उसका अन्त लिया चाहो तो सौ दो सौ दीपक जलाओगे। पर क्या उनसे उसका छोर देख लोगे? ('नापना चाहो' के लिए यहाँ पर बोलीगत अभिव्यक्ति 'अन्त लिया चाहो' का प्रयोग किया गया है।)
- अब आकारों पर ध्यान दीजिए। अधिकतर शिवमूर्ति लिंगाकार होती है

जिसमें हाथ, पाँव, मुख कुछ नहीं होते। (इसमें पाठक को ध्यान में रखकर बात को स्पष्ट करते हैं।)

- यहाँ तक कि जिनके असली तिल नहीं होता उन्हें सुंदरता बढ़ाने को कृत्रिम तिल बनाना पड़ता है। फिर कहिये तो, सर्वशोभामय परमसुंदर का कौन रंग कल्पना करोगे? (सर्वशोभामय परमसुंदर का कौन रंग कल्पना करोगे - यहाँ तर्क वाली वाक्य रचना है।)

साहित्यकार किसी बात पर बल देने के लिए ध्वनियों, शब्दों आदि की आवृत्ति करता है तो कभी भावों के सम्यक संप्रेषण, पाठक के हृदय तक पहुँचने और रचना को पठनीय बनाने के लिए पर्यायों का प्रयोग करता है। इस निबन्ध में ईश्वर के लिए प्रयुक्त कुछ पर्याय देखें—

भगवान, भूतनाथ, अशरीरी आकारहीन, ईश्वर, निराकार, प्रेममूर्ति, प्रेममय, परमात्मा, प्रभु, अनुरागदेव, प्रेमदेव, सर्वशोभामय, परमसुंदर, देवाधिदेव, शिवमूर्ति, लिंगाकार, खुदा, विष्णुदेव, विश्वव्यापी, परमशैव, भोलानाथ, कैलाशवासी, विश्वनाथ, हृदयेश्वर, मंगलेश्वर, भारतेश्वर।

रंग समाजभाषा का अनन्य अंश है। रंगों के माध्यम से बहुत कुछ अभिव्यक्त किया जा सकता है। 'शिवमूर्ति' में प्रयुक्त रंग शब्दावली है—

- श्वेत जिसका अर्थ है कि परमात्मा शुद्ध है, स्वच्छ है
- श्वेत रंग सतोगुण का सूचक
- उसके उजले रंग
- लाल रंग जो रजोगुण का सूचक है
- अनुराग का रंग लाल है। फिर अनुरागदेव का रंग और क्या होगा?
- काला सबेसे पक्का यही रंग है, इस पर दूसरा रंग नहीं चढ़ता।
- पुतली काली होती है, भीतर का प्रकाश ज्ञान है
- पुस्तकें काली मसि से लिखी जाती हैं
- यूरोप में खूबसूरती के बयान में अलकावली का रंग काला कभी न कहेंगे।
- यहाँ ताम्रवर्ण सौंदर्य का रंग न समझा जाएगा।

यह कहा जा सकता है कि प्रताप नारायण मिश्र के निबन्धों में नवनिर्माण, भारतीयता, जागरण, संस्कृति, आस्तिकता, प्रतीकीकरण, सौमनस्य और बंधुता आदि परिलक्षित हैं। उन्होंने सहृदयता और प्रेम की जो व्याख्या की है उसी के साथ अपनी बात का समाहार करती हूँ—"हृदय-मन्दिर में प्रेम का प्रकाश है तो संसार शिवमय है क्योंकि प्रेम ही वास्तविक शिवमूर्ति अर्थात कल्याण का रूप है।" यही सन्देश आज के पाठकों के लिए भी सहज है।

प्रेमचन्द के उपन्यास 'रंगभूमि' में स्वतंत्रता के पाठ की भाषा

प्रेमचन्द प्रखर स्वातंत्र्यचेतना से संपन्न साहित्यकार थे। उनका रचनाकाल राष्ट्रीय और सामाजिक परिवर्तन और आंदोलन की दृष्टि से आधुनिक भारत के इतिहास का अतिशय महत्वपूर्ण काल है। मध्यकालीन रूढ़ियों को खंडित करता हुआ नया समाज रूपाकार ग्रहण कर रहा था और सारा भारत पराधीनता की बेड़ियाँ काट डालने के लिए महात्मा गाँधी के नेतृत्व में सक्रिय संघर्ष कर रहा था। एक ओर सशस्त्र क्रांति के विकल्प के रूप में सत्याग्रह की सर्वथा नवीन राजनीति उभर कर सामने आई तो दूसरी ओर ब्रिटिश शासन के दमनकारी रवैया ने हिन्सात्मक क्रांति के प्रति भी नई पीढ़ी के भीतर आकर्षण उत्पन्न किया। इस काल में सारा भारत राजनैतिक दृष्टि से सुदृढ़ इकाई के रूप में उभरा। क्रांतिकारियों और अहिंसावादियों के वैचारिक मतभेदों के बावजूद इस राजनैतिक एकता के साथ पूरे देश में राष्ट्रीय स्वातंत्र्य की चेतना जाग उठी। इस अद्‌भुत राष्ट्रीय एकता और जनक्रांति में साहित्य ने पूरी जिम्मेदारी के साथ अपनी भूमिका का निर्वाह किया। वास्तव में "प्रेमचन्द के मन में अंग्रेजी सरकार के खिलाफ विद्रोह की भावना शुरू से है और अन्त तक वे अपने ढंग से इसको अभिव्यक्ति भी देते रहते हैं। लेकिन इसके बावजूद यह बात ध्यान देने की है कि उनकी कथाकृतियों में राजनीतिक स्वतंत्रता के लिए संघर्ष प्रमुख नहीं है। वे इसको बहुत ज्यादा महत्व देकर कहीं चित्रित नहीं करते। वे सबसे अधिक महत्व देते हैं आर्थिक, सामाजिक, नैतिक मुक्ति को। उनके उपन्यासों के चरित्र इसी आर्थिक, सामाजिक, नैतिक मुक्ति के लिए संघर्षशील हैं, चाहे वह सूरदास हो या होरी।" (विश्वनाथ तिवारी, गद्य के प्रतिमान, पृ. 11)। 'रंगभूमि' उपन्यास में स्वतंत्रता के पाठ का अध्ययन इस दृष्टि से महत्वपूर्ण प्रतीत होता है कि लेखक ने विविध भाषिक प्रयुक्तियों का प्रयोग करते हुए उपनिवेशवादी प्रभुत्व के बावजूद इसे इस तरह गढ़ा है कि स्वातंत्र्यचेतना एक मंद मंथर अन्तर्धारा की भाँति पूरी कृति में व्याप्त हो गई है।

इस उपन्यास में प्रेमचन्द ने विराट राष्ट्रीय परिप्रेक्ष्य में तत्कालीन संश्लिष्ट यथार्थ

और स्वातंत्र्यचेतना को अभिव्यक्ति प्रदान की ही। "विविध राजनैतिक, सामाजिक, सांस्कृतिक और आर्थिक समस्याओं के जाल में फँसकर तड़पते हुए आम आदमी और उसके संघर्ष का चित्रण इस उपन्यास की विशेषता है। विदेशी सत्ता और देशी रियासतों के बनते-बिगड़ते सम्बन्धों तथा स्वाधीनता संघर्ष पर उनके प्रभावों के अंकन के लिए लेखक ने कथा सूत्र को राजस्थान की एक रियासत से जोड़ा है। सात्विक वृत्तियों और हृदय परिवर्तन की नीति के कारण इस उपन्यास का सूरदास गाँधी नीति का साकार रूप दिखाई देता है। वह हार-जीत से निरपेक्ष एक ऐसे खेल-नायक के रूप में उभरता है जो अधिकारों के संघर्ष के लिए गाँव के लोगों को संगठित करना चाहता है परन्तु बार-बार विघटन को झेलने के लिए विवश होता है। संगठन और विघटन का यह द्वंद्व तत्कालीन राष्ट्रीय सन्दर्भ में एकदम सही उतरता है जिसके कारण गाँधी जी का आंदोलन निरन्तर प्रभावित होता रहा। राष्ट्रीय स्वातंत्र्यचेतना के प्रसार में सामंती संस्कारों की द्वंद्वग्रस्तता को भी 'रंगभूमि' में रेखांकित किया गया है। भरतसिंह अपनी तमाम देशभक्ति के बावजूद विनय को स्वाधीनता आंदोलन में खुलकर भाग लेने से रोकते हैं। सूरदास के नेतृत्व में जबरदस्त आंदोलन छिड़ने के समय विनय कायरों की तरह घर में बैठा रहता है। बड़े घरानों से जुड़े ऐसे नेताओं के माध्यम से प्रेमचन्द ने तत्कालीन राष्ट्रीय जीवन का एक ऐसा दस्तावेज प्रस्तुत किया है जिसमें औद्योगीकरण की समस्या के सहारे विविध राष्ट्रीय समस्याओं और मूल्यों के संघर्ष को स्वाधीनता आंदोलन के परिप्रेक्ष्य में विवेचित करने का पाठक को अवसर प्रदान किया गया है।" (डॉ. पूर्णिमा शर्मा, उपन्यास, भाषा और स्वातंत्र्य चेतना, पृ. 66)। लेखक ने अनेक स्थलों पर स्वयं उपस्थित होकर स्वतंत्रता के लिए संघर्ष करने की प्रेरणा देनेवाली टिप्पणियाँ की हैं। विनय सिंह के माध्यम से कारावास जैसी कठिन परिस्थितियों का सामना करने को आत्मबल के जागरण से जोड़ते हुए यह लेखकीय टिप्पणी द्रष्टव्य है कि "जब तक हम कठिनाइयाँ झेलना न सीखेंगे, जब तक भोग-विलास का परित्याग न करेंगे, हमसे देश का कुछ उपकार नहीं हो सकता।" (प्रेमचन्द, रंगभूमि, पृ. 207)। यह टिप्पणी करते हुए लेखक ने आगे यह उल्लेख किया है कि इस सोच से विनय सिंह को धैर्य प्राप्त होता था।

सूरदास की मृत्यु पर स्वतंत्र टिप्पणी करते हुए लेखक ने उसकी न्यायप्रियता को ऐसे सद्‌गुण के रूप में प्रतिष्ठित किया है जो उसके सब दोषों का परिमार्जन करने में समर्थ है। वास्तव में स्वतंत्रता की चेतना तब तक जग ही नहीं सकती जब तक कि देश के सामान्य नागरिक के मन में अन्याय का प्रतिकार करने की तीव्र नैतिकता उत्पन्न नहीं होती। प्रेमचन्द ने सूरदास को इसी नैतिकता का प्रतीक बनाया है। "हाँ, वह साधू न था, देवता न था, फरिश्ता न था, एक क्षुद्र शक्तिहीन प्राणी था, चिन्ताओं और बाधाओं से घिरा हुआ, जिसमें अवगुण भी थे, और गुण भी। गुण कम थे, अवगुण बहुत। क्रोध, लोभ, मोह, अहंकार ये सभी

दुर्गुण उसके चरित्र में भरे हुए थे। गुण केवल एक था, किन्तु ये सभी दुर्गुण उस गुण के संपर्क से नमक की खान में जाकर नमक हो जाने वाली वस्तुओं की भाँति, देवगुणों का रूप धारण कर लेते थे। क्रोध सत्क्रोध हो जाता था। लोभ सदनुराग। मोह, सदुत्साह के रूप में प्रकट होता था और अहंकार आत्माभिमान के वेश में। और वह गुण क्या था? न्याय प्रेम, सत्य भक्ति, परोपकार, दर्द या उसका जो नाम चाहे रख लीजिए। अन्याय देखकर उससे रहा न जाता था, अनीति उसके लिए असह्य थी।" (प्रेमचन्द, रंगभूमि, पृ. 559)। यहाँ सूरदास की मृत्यु पर टिप्पणी करते हुए पहले तो छोटे छोटे निषेधात्मक उपवाक्यों की सहायता से उसकी साधारणता को प्रतिपादित करने का आधार तैयार किया गया है और बाद में 'किन्तु' का प्रयोग करते हुए उसकी असाधारणता को संकेतित किया गया है। इस टिप्पणी के अंतिम अंश में प्रश्नोत्तर पद्धति का प्रयोग करके सूरदास की चारित्रिक विशिष्टता को रेखांकित किया गया है। इन तीनों स्थितियों को उपर्युक्त टिप्पणी में स्पष्ट रूप से परिलक्षित किया जा सकता है।

लेखकीय टिप्पणियों की भाँति ही पात्रों की टिप्पणियों के सहारे भी विवेच्य उपन्यास में स्वतंत्रता का पाठ गठित किया गया है। डॉ. गांगुली के माध्यम से प्रेमचन्द ने स्वामिभक्ति, राजभक्ति तथा स्वातंत्र्यचेतना के द्वंद्व पर विस्तृत टिप्पणी की है—"आप पशुबल से मुझे चुप कराना चाहते हैं, इसलिए कि आपमें धर्म और न्याय का बल नहीं है। आज मेरे दिल से यह विश्वास उठा गया, जो गत चालीस वर्षों से जमा हुआ था कि गवर्नमेंट हमारे ऊपर न्यायबल से शासन करना चाहती है। आज उस न्यायबल की कलई खुल गई, हमारी आँखों से परदा उठ गया और हम गवर्नमेंट को उसके नग्न, आवरणहीन रूप में देख रहे हैं। अब हमें स्पष्ट दिखाई दे रहा है कि केवल हमको पीसकर तेल निकालने के लिए, हमारा अस्तित्व मिटाने के लिए, हमारी सभ्यता और हमारी मनुष्यता की हत्या करने के लिए, हमको अनंतकाल तक चक्की का बैल बनाए रखने के लिए हमारे ऊपर राज्य किया जा रहा है। अब तक जो कोई मुझसे ऐसी बातें कहता था, मैं उससे लड़ने को तत्पर हो जाता था, मैं रिपन, ह्यूम और बेसेंट आदि की कीर्ति का उल्लेख करके उसे निरुत्तर करने की चेष्टा करता था, पर अब विदित हो गया है कि उद्देश्य सबका एक ही है, केवल साधनों में अन्तर है।" (प्रेमचन्द, रंगभूमि, पृ. 581)। यह टिप्पणी अंग्रेजीराज की तथाकतिथ न्यायनिष्ठा और जनता की भलाई के पाखण्ड से भारतीय जनगण के मोहभंग की द्योतक है। इस मोहभंग से स्वतंत्रता की चिन्गारी को भड़क उठने के लिए हवा मिली। इस चिन्गारी को आग में परिणत किया भारतमाता के उन वीर सपूतों के बलिदान ने, जिन्होंने भरी जवानी में हँसते हँसते अपने प्राण मातृभूमि पर न्यौछावर कर दिए। इसीलिए 'रंगभूमि' में कुंअर विनय सिंह की वीर मृत्यु, रानी जाह्नवी के संकल्प को कमजोर नहीं बना पाती बल्कि उनके उत्साह, क्रियाशीलता और स्फूर्ति को असाधारण तीव्रता प्रदान करती है। वृद्धावस्था में भी वे यौवन काल

की कर्मण्यता से दीप्त दिखाई देती हैं। रनिवास छोड़कर सेवक दल का संचालन करने के लिए कर्मक्षेत्र में उतरी रानी जाह्नवी नारी शक्ति के जागरण का मूर्तिमंत रूप है। यहाँ पुनः यह लेखकीय टिप्पणी द्रष्टव्य है कि "तपस्वी का वेश धारण करके दिखा दिया कि अवसर पड़ने पर स्त्रियाँ कितनी कर्मशील हो सकती हैं।" (वही)।

'रंगभूमि' में सामाजिक क्रांति के स्वरूप पर भी चिन्तनपरक टिप्पणियाँ प्राप्त होती हैं। यथा, सेवक दल के कार्यक्षेत्र को परिस्थितियों के सोच-समझकर किए गए गहन विवेचन के परिणामस्वरूप ही राजनैतिक रूप दिया जाता है—"अब तक इस संस्था (सेवक दल) का कार्यक्षेत्र सामाजिक था। मेलों-ठेलों में यात्रियों की सहायता, बाढ़-बूड़े में पीड़ितों का उद्धार, सूखे-झूरे में विपत्ति के मारे हुओं का कष्ट-निवारण, ये ही इनके मुख्य विषय थे। प्रभु सेवक ने इनका कार्यक्षेत्र विस्तृत कर दिया। इसको राजनीतिक रूप दे दिया। यद्यपि उन्होंने कोई नया प्रस्ताव न किया, किसी परिवर्तन की चर्चा तक न की, पर धीरे धीरे उनके असर से नए भावों का संचार होने लगा।" (वही, पृ. 448)। कहने की आवश्यकता नहीं कि तत्कालीन कथित रूप से गैर-राजनैतिक संगठनों के स्वरूप और कार्यक्षेत्र के राजनीति तक प्रसार के पीछे यही चिन्तन निहित था।

अन्यत्र, सूरदास की मृत्यु पर लेखक की टिप्पणी सूरदास के व्यक्तित्व के सम्बन्ध में इस सुचिन्तित निर्णय पर आधारित है कि वह सच्चा खिलाड़ी था जिसने 'रंगभूमि' में अपनी पारी सम्पूर्ण निष्ठा, साहस और समर्पण से खेली थी। लेखक ने सूरदास के व्यक्तित्व की विशेषताओं को छोटे छोटे उपवाक्यों के सहारे समेकित किया है। "सबके सब इस खिलाड़ी को एक आँख देखना चाहते थे जिसकी हार में भी जीत का गौरव था। कोई कहता था सिद्ध था, कोई कहता था वली था, कोई देवता कहता था, पर वह यथार्थ में खिलाड़ी था—वह खिलाड़ी जिसके माथे पर कभी मैल नहीं आया, जिसने कभी हिम्मत नहीं हारी, जिसने कभी कदम पीछे नहीं हटाए। जीता तो हारने वाले पर तालियाँ नहीं बजाईं। जिसने खेल में सदैव नीति का पालन किया, कभी धाँधली नहीं की। कभी द्वंद्वी पर छिपकर चोट नहीं की। भिखारी था, अपंग था, अंधा था, दीन था, कभी भरपेट दाना नहीं नसीब हुआ। कभी तन पर वस्त्र पहनने को नहीं मिला, पर हृदय धैर्य, क्षमा, सत्य और साहस का अगाध भंडार था। देह पर मांस न था, पर हृदय में विनय, शील और सहानुभूति भरी हुई थी।" (वही, पृ. 559)। यहाँ लेखक ने सूरदास के संसाधनहीन जीवन की विपरीत परिस्थितियों की विरोधी समांतरता में उसके नैतिकता, धैर्य, क्षमा, सत्य, साहस, विनय, शील और सहानुभूति जैसे चारित्रिक गुणों को इस प्रकार प्रस्तुत किया है कि उसकी लघुता में निहित विराटता उभरकर सामने आ जाती है। यहाँ यह भी उल्लेखनीय है कि सूरदास का यह चरित्र सांकेतिक रूप में गाँधी का चरित्र है जिन्होंने इन्हीं विशेषताओं के आधार पर अपने समय में स्वातंत्र्य चेतना को नेतृत्व प्रदान किया था।

महात्मा गाँधी का औपन्यासिक संस्करण प्रतीत होने वाला सूरदास इस अर्थ में अनोखा पात्र है कि यद्यपि वह राजनैतिक चेतना संपन्न नहीं है परन्तु उसकी स्वातंत्र्य चेतना आध्यात्मिक कोटि की है। वह अपनी मृत्यु के समय भी जीवन रूपी रंगभूमि के खेल के नियमों पर जो विचार व्यक्त करता है, उसका वह संवाद डॉ. गांगुली को सामाजिक-राजनैतिक जीवन की विवेचना प्रतीत होता है—"सूरदास के विवर्ण मुख-मंडल पर हलकी-हलकी सुरखी दौड़ गई। उसने आँख खोल दीं, इधर-उधर अनिमेष दृष्टि से देखकर हँसा और ग्रामोफोन की सी कृत्रिम, बैठी हुई, नीरस आवाज से बोला—'बस बस अब मुझे क्यों मारते हो। तुम जीते मैं हारा। यह बाजी तुम्हारे हाथ रही, मुझसे खेलते नहीं बना। तुम मँजे हुए खिलाड़ी हो और तुम्हारा उत्साह भी खूब है। हमारा दम उखड़ जाता है, हाँफने लगते हैं और खिलाड़ियों को मिलाकर नहीं खेलते, आपस में झगड़ते हैं, गाली गलौच, मारपीट करते हैं, कोई किसी की नहीं मानता। तुम खेलने में निपुण हो, हम अनाड़ी हैं। बस, इतना ही फर्क है। तालियाँ क्यों बजाते हो, यह तो जीतने वालों का धर्म नहीं? तुम्हारा धर्म तो हमारी पीठ ठोकना। हम हारे तो क्या, मैदान से भागे तो नहीं, रोये तो नहीं, धाँधली तो नहीं की। फिर खेलेंगे जरा दम तो लेने दो, हार-हार कर तुम्हीं से खेलना सीखेंगे और एक न एक दिन हमारी जीत होगी, जरूर होगी'।" (वही, पृ. 558)। डॉक्टर गांगुली इस अनर्गल कथन को आँखें बन्द किए इस भाव से तन्मय होकर सुनते रहे, मानो ब्रह्म वाक्य सुन रहे हों। तब भक्ति भाव से बोले—"बड़ी विशाल आत्मा है, हमारे सारे पारस्परिक, सामाजिक, राजनैतिक जीवन की अत्यंत सुंदर विवेचना की थोड़े से शब्दों में।" (वही, पृ. 558)। यहाँ सूरदास का संवाद अनर्गल प्रतीत होते हुए भी उसकी सामाजिक स्थिति, जीवन दर्शन और जीवनानुभूति की गहराई के सर्वथा अनुरूप है। 'तुम' और 'मैं'/ 'हम' के प्रयोग द्वारा परस्पर विपरीत तथ्यों को इस संवाद में इस प्रकार संयोजित किया गया है कि विरोधी समांतरता से कथन में लयात्मकता आ गई है। प्रश्नवाचक वाक्यों में व्यंग्यात्मकता निहित है जबकि अंतिम वाक्य के छोटे छोटे उपवाक्य दृढ़ता और संकल्पशक्ति के द्योतक हैं।

वस्तुतः संवाद प्रोक्ति के गठन स्तर पर प्रेमचन्द पात्र, परिवेश, प्रसंग और विषय वस्तु के अनुरूप भाषा चयन करने में बेहद कुशल हैं। इस सम्बन्ध में 'रंगभूमि' के कुछ संवादों को उदाहरण सवरूप देखा जा सकता है—

1. महेंद्र कुमार बोले—'रियासतों पर सरकार का बड़ा दबाव है। वे अपंग हैं और सरकार के इशारे पर चलने के लिए मजबूर हैं।' भरत सिंह ने राजा साहब का खण्डन किया—'जिससे किसी का उपकार न हो और जिसके व्यक्तित्व का आधार ही अपकार हो, उसका निशान जितनी जल्द मिट जाए, उतना ही अच्छा। विदेशियों के हाथों में अन्याय का यंत्र बनकर

जीवित रहने से तो मर जाना उत्तम है।' (वही, पृ. 281)

2. हवलदार बोला–'हजूर को अख्तियार है जो चाहे करें, लेकिन अब हम लोग गोली नहीं चला सकते। हम भी मनुष्य हैं, हत्यारे नहीं।' ब्राउन–'कोर्टमार्शल होगा।' हवालदार–'हो जाए।' ब्राउन–'नमकहराम लोग।' हवलदार–'अपने भाइयों का गला काटने के लिए नहीं, उनकी रक्षा के लिए नौकरी की थी' (वही, पृ. 513)
3. यदि एक व्यक्ति के हित के लिए आप नगर का अनहित नहीं करना चाहते, तो क्या सूरदास ही ऐसा व्यक्ति है जिसके पास दस बीघे जमीन हो? ऐसे लोग भी तो नगर में हैं, जिनके पास इससे कहीं ज्यादा जमीन है। कितने ही ऐसे बंगले हैं, जिनका घेरा दस बीघे से अधिक है। हमारे बंगले का क्षेत्र दस बीघे से अधिक न होगा? मि.सेवक के बंगले का भी पाँच बीघे से कम का घेरा नहीं है और दादाजी का भवन तो पूरा एक गाँव है। आप इसमें से कोई भी जमीन इस कारखाने के लिए ले सकते हैं। सूरदास की जमीन पर तो मोहल्ले के ढोर चरते हैं, अधिक नहीं तो, एक मोहल्ले का फायदा तो होता ही है। इन अहातों से तो एक व्यक्ति के सिवा और किसी का कुछ फायदा नहीं होता, यहाँ तक कि कोई उनमें सैर भी नहीं कर सकता। कोई जानवर अंदर चला जाए, तो उसे तुरंत गोली मार दी जाए। (वही, पृ. 192)।

उपर्युक्त उदाहरण (1) में विनय सिंह को कारावास की सजा सुनाए जाने का समाचार पाकर भरतसिंह तथा महेंद्रकुमार का विचार-विमर्श गुंफित है। ये दोनों ही पात्र राजघराने के हैं तथा अंग्रेज सरकार के निकटस्थ हैं। जहाँ महेंद्रकुमार सरकारी दबाव के आगे झुकते प्रतीत होते हैं, वहीं भरतसिंह ऐसे दबाव का विरोध करना ही अपना धर्म समझते हैं। उनका यह कथन स्वातंत्र्यचेतना का द्योतक है कि 'विदेशियों के हाथों में अन्याय का यंत्र बनकर रहने से तो मर जाना उत्तम है।' वास्तव में इसी भावना ने अंग्रेज सत्ता के निकटस्थ राजे-रजवाड़ों, पूँजीपतियों और सरकारी अधिकारियों के हृदय परिवर्तन की राह बनाई और उनकी समझ में आ सका कि शोषकों के प्रति राज-भक्ति के स्थान पर, शोषितों के साथ देशभक्ति में ही कल्याण है।

उदाहरण (2) का सम्बन्ध सूरदास की झोंपड़ी को बचाने के लिए हुए आंदोलन से है। हवलदार और अधीक्षक ब्राउन का वार्तालाप तीन तथ्यों को सामने लाता है। पहला यह कि अंग्रेजी अधिकारी भारतीय पुलिस को ही भारतीय जनता के खिलाफ इस्तेमाल करते थे। दूसरा यह कि भारतीय पुलिस सेवा में शामिल भारतवासी राजभक्ति के धर्म का पालन करते हुए, सहनशक्ति की चरमसीमा तक अपने ही भाइयों पर अत्याचार करने को तत्पर थे। तीसरा यह कि इंद्रदत्त जैसे महत्वपूर्ण

व्यक्ति की मृत्यु जैसी घटना जनता के भीतर की सोई हुई मानवता को जगा सकती थी और जब मानवता जागती है तो स्थितियों को उलटते देर नहीं लगती।

उदाहरण (3) में इंदु और राजासाहब का कारखाने के लिए सूरदास की जमीन लेने के औचित्य और अनौचित्य पर वार्तालाप है। राजासाहब सरकार के साथ है और इंदु राजघराने की बेटी और बहू होते हुए भी सामान्य जनता के साथ है। उसका पूरा संवाद तथ्यों के विश्लेषण पर आधारित और स्वतंत्रता की चेतना से अनुप्राणित है इसलिए वह सूरदास की जमीन की रक्षा में लोकहित देखती है।

इस प्रकार स्पष्ट है कि स्वतंत्रता के पाठ का गठन करने के लिए प्रेमचन्द ने विवेच्य उपन्यास में टिप्पणियों और संवादों का सफलतापूर्वक प्रयोग किया है। इनके अलावा घटनाओं के भाषिक विवरण के रूप में स्वतंत्रता के पाठ के एक और अभिव्यक्ति प्रकार को विवेच्य उपन्यास में देखा जा सकता है। "स्वतंत्रता आंदोलन की प्रमुख घटनाओं के रूप में उन समस्त आंदोलनों का उल्लेख किया जा सकता है जिन्होंने अंग्रेजी सत्ता के प्रति भारतीय जनता के असंतोष और आक्रोश को प्रकट किया। उस असंतोष और आक्रोश को प्रकट करने के दो रास्ते थे। एक शांति का और दूसरा क्रांति का। इसी आधार पर कांग्रेस में नरम दल और गरम दल बने।" (पूर्णिमा शर्मा, उपन्यास, भाषा और स्वातंत्र्य चेतना, पृ. 155)। प्रेमचन्द ने 'रंगभूमि' में सेवक दल के माध्यम से इस घटना को व्यंजित किया है। प्रभुसेवक शांतिमार्गी थे और इंद्रदत्त क्रांतिमार्गी–"उनका विचार था कि प्रजा में असंतोष उत्पन्न करना भी सेवकों का मुख्य कर्तव्य है।" (प्रेमचन्द, रंगभूमि, पृ. 449)। जिस प्रकार सेवक दल का दमन किया गया, वह गरमपंथी नेताओं बाल गंगाधर तिलक आदि पर की गई अंग्रेज सरकार की ज्यादतियों को ही व्यंजित करता है।

इसी प्रकार भूमिकर वसूल करने से संबंधित घटनाक्रम भी उल्लेखनीय है। उपन्यास में वर्णित घटनाचक्र के अनुसार–"बन्दोबस्त के अफसरों ने किसी प्रान्त में भूमिकर में मनमानी वृद्धि कर दी थी। काउंसिलों, समाचार पत्रों और राजनीतिक सभाओं में इस वृद्धि का विरोध किया जा रहा था, पर कर विभाग पर कुछ असर न होता था। प्रभु सेवक की राय थी, हमें जाकर असामियों से कहना चाहिए कि साल भर जमीन परती पड़ी रहने दो। कुँवर साहब कहते थे कि यह तो खुल्लमखुल्ला अधिकारियों से रार मोल लेना है। प्रभु सेवक–'अगर आप इतना डर रहे हैं, तो उचित ही है कि आप इस संस्था को उसके हाल पर छोड़ दें। आप दो नौकाओं में बैठकर नदी पार करना चाहते हैं, यह असंभव है। मुझे रईसों पर पहले भी विश्वास न था, और अब तो निराशा सी हो गई है।' कुँवर–'तुम मेरी गिनती रईसों में क्यों करते हो, जब तुम्हें मालूम है कि मुझे रियासत की परवा नहीं। लेकिन कोई काम धन के बगैर तो नहीं चल सकता'।" (वही, पृ. 450)। यह काल्पनिक घटनाचक्र एक ओर सरकारी आदेशों और क्रियाकलापों पर जनता द्वारा आपत्ति किए जाने

का द्योतक है तो दूसरी ओर विरोध करने के प्रत्यक्ष और परोक्ष मार्ग को लेकर प्रभु सेवक और कुँवर साहब का विवाद अंग्रेज सरकार के विरोध के तरीकों को लेकर गरमपंथ और नरमपंथ के विवाद का भी आभास देता है।

घटनाओं के बाद धारणाओं के विश्लेषण की प्रोक्ति द्वारा भी प्रेमचन्द ने स्वतंत्रता का पाठ रचा है। कहना न होगा कि 'रंगभूमि' में वर्गभेद का भी प्रामाणिक चित्रण ग्रामीणों और उद्योगपतियों के माध्यम से किया गया है। साथ ही ऐसी घटनाएँ भी प्रस्तुत की गई हैं जो वर्गभेद की अपेक्षा सामाजिक समरसता के लिए प्रयत्न को प्रेरित करती हैं। प्रभुसेवक इतने सहृदय व्यक्ति है कि–"किसी सिपाही को घसियारी की घास छीनते देखकर वह तुरंत घसियारों की ओर से लड़ने को तैयार हो जाते थे।" (वही, पृ. 449)। वे निर्बलों को प्रतिकार के लिए उत्तेजित करते हैं कि जब तक जनता स्वयं अपनी रक्षा करना न सीखेगी तब तक ईश्वर भी उसे अत्याचार से नहीं बचा सकता। यहाँ डॉ. गांगुली की इस धारणा का उल्लेख किया जा सकता है कि निहित स्वार्थ के लिए किसी के प्रति अन्याय करना नैतिक अपराध है। डॉ. गांगुली प्रभुसेवक के पिता महेंद्रकुमार के स्वार्थयुक्त आचरण को अनुचित मानते हैं और साफ-साफ कह देते हैं कि उनके रहते ऐसा अन्याय नहीं हो सकता। वे मानते हैं कि मिल से होने वाले हानि-लाभ का प्रभाव उसके हिस्सेदारों पर पड़ता है लेकिन मिल की स्थापना के लिए गरीबों को उनके घरों से निकाल देना अमानवीय है। लोकहित के प्रति दृढ़ निष्ठावश डाक्टर गांगुली घोषणा कर देते हैं कि "यह कोई बात नहीं कि आप लोग अपने स्वार्थ के लिए दूसरों पर अन्याय करें। शहर का रईस लोग हम से नाराज हो जाएगा, हमको परवाह नहीं है। हम तो वहाँ वही करेगा, जो हमारा आत्मा कहेगा। तुमको दूसरा किस्म का आदमी चाहिए, तो बाबा हमसे इस्तीफा ले लो। पर हम पांडेपुर को उजड़ने न देगा।" (वही, पृ. 409-410)। डॉ. गांगुली का यह कथन साधारण जनता के हित में उनके संघर्ष का प्रतीक है।

उल्लेखनीय है कि सूरदास दीन-हीन भिक्षुक है जो भीख के एक पैसे के लिए गाड़ियों के पीछे मीलों अपनी दृष्टिहीनता के बावजूद दौड़ता रहता है, तथापि राजा और प्रजा अथवा अधिकारी और जनता के पारस्परिक सम्बन्ध के बारे में उसकी धारणा भारतीय जीवन मूल्यों पर आधारित है। वह तंबाकू के कारखाने के लिए अपनी जमीन देने से मना करते समय इन सम्बन्धों की विवेचना करते हुए कहता है–"इसलिए न लोग चाहते हैं कि हाकिम धर्मात्मा हो, नहीं तो क्या देखते नहीं हैं कि हाकिम लोग बिना डाल-फल-फूल-सूअर के बात नहीं करते। उनके सामने खड़े होने का तो हिसाब ही नहीं होता, बातें कौन करता। इसीलिए तो मानते हैं कि हमारे राजों-महाराजों का राज होता, जो हमारा दुःख-दर्द सुनते। सरकार बहुत ठीक कहते हैं मुहल्ले की रौनक जरूर बढ़ जाएगी, रोजगारी लोगों को फायदा भी खूब होगा, लेकिन जहाँ यह रौनक बढ़ेगी, वहाँ ताड़ी-शराब का भी तो परचार बढ़ जाएगा,

कसबियाँ भी तो आकर बस जाएँगी, परदेशी आदमी हमारी बहू-बेटियों को घूरेंगे, कितना अधरम होगा। दिहात के किसान अपना काम छोड़कर मजूरी के लालच से दौड़ेंगे, यहाँ बुरी-बुरी बातें सीखेंगे और अपने बुरे आचरण अपने गाँव में फैलाएँगे। दिहातों की लड़कियाँ, बहुएँ मजूरी करने आएँगी और यहाँ पैसे के लोभ में अपना धर्म बिगाड़ेंगी। यही रौनक शहरों में है। वही रौनक यहाँ हो जाएगी। भगवान न करे यहाँ वह रौनक हो। सरकार मुझे इस कुकरम और अधरम से बचाएँ। यह सारा पाप मेरे सिर पड़ेगा।" (वही, पृ. 88)। स्पष्ट है कि सूरदास की राजनैतिक धारणाओं का मूल स्रोत उसकी धार्मिक भावनाओं में निहित है। वह चाहता है कि अधिकारीगण धर्मात्मा हों और जनता के दुःख-दर्द को समझें। औद्योगिकीकरण के दुष्परिणामों के सम्बन्ध में भी वह सचेत है। उसकी धारणा है कि इससे भौतिक उन्नति तो अवश्य होगी परन्तु नैतिक पतन भी अवश्यंभावी है। मदिरापान, वेश्यावृत्ति, स्त्री जाति का असम्मान, लोभवृत्ति और व्यसन को वह आधुनिकीकरण से उपजी संभावित बुराइयों के रूप में देखता है और साथ ही इन बुराइयों को नगरीय सभ्यता का अंग मानता है। इन सबसे बचने के लिए ही वह कारखाने के लिए अपनी जमीन देने के लिए तैयार नहीं होता। उसका यह साहस उसकी निर्भीक स्वातंत्र्य चेतना का परिणाम है।

इसी प्रकार विवेच्य उपन्यास में प्रस्तुत की गईं विविध महिला पात्रों की स्वतंत्र धारणाएँ भी उनके व्यक्तित्व में निहित स्वाधीनता के बोध को उजागर करती हैं। इस दृष्टि से सोफिया एक सशक्त स्त्री पात्र है जिसकी धारणाओं में स्पष्टता, दृढ़ता और तार्किकता विद्यमान है। वह विभिन्न सामाजिक, धार्मिक और आर्थिक पहलुओं पर अपनी मान्यताओं को प्रकट करती है। उदाहरण के लिए, धर्म के सम्बन्ध में प्रभुसेवक के साथ चर्चा करते समय उसकी धार्मिक मान्यता इस प्रकार प्रकट होती है कि "धर्म के विषय में मैं कर्म को वचन के अनुरूप ही रखना चाहती हूँ। चाहती हूँ दोनों से एक ही स्वर निकले। धर्म का स्वांग भरना मेरी क्षमता से बाहर है। आत्मा के लिए मैं संसार के सारे दुःख झेलने को तैयार हूँ। अगर मेरे लिए घर में स्थान नहीं है, तो ईश्वर का बनाया हुआ विस्तृत संसार तो है। कहीं भी अपना निर्वाह कर सकती हूँ। मैं सारी विडंबनाएँ सह लूँगी, लोक निंदा की मुझे चिन्ता नहीं है, मगर अपनी नजरों में गिरकर मैं जिंदा नहीं रह सकती। अगर यही मान लूँ कि मेरे लिए चारों तरफ से द्वार बन्द हैं, तो भी आत्मा को बेचने की अपेक्षा भूखों मर जाना कहीं अच्छा समझती हूँ।" (वही, पृ. 34)। कर्म और वचन की एकता को धर्म की कसौटी बनाकर सोफिया धार्मिक पाखण्ड की सब संभावनाओं को निरस्त कर देती है। वह ऐसे घर में रहने के लिए तैयार नहीं है जिसमें आत्मा को मार कर जीना पड़े। आत्मसम्मान की भी उसकी कसौटी यही है कि व्यक्ति स्वयं अपनी नजरों में न गिरे इसीलिए वह आत्महनन की अपेक्षा मृत्यु का वरण करना श्रेयस्कर मानती है। आत्मा की यह सर्वोपरिता उसे वैचारिक दृढ़ता, चारित्रिक सशक्तता और नैतिक

तेजस्विता प्रदान करती है। ईसाई परिवार से संबंधित होने के बावजूद वह अन्य धर्मों के प्रति भी उदार और सहिष्णुता के भावों से युक्त है। धार्मिक दृष्टि से यह बहुत महत्वपूर्ण है कि परिवार के सदस्यों को कट्टरता से मुक्त रहकर अपने धार्मिक आचरण का स्वयं निर्धारण करने की स्वतंत्रता प्राप्त हो। विचार और अभिव्यक्ति की इस स्वतंत्रता को सोफिया के व्यक्तित्व और धारणाओं में स्पष्ट रूप से देखा जा सकता है। वह मानती है कि धार्मिक स्वतंत्रता भी उतनी ही आवश्यक है जितनी राजनैतिक स्वतंत्रता, इसीलिए उसे वे हिन्दू परिवार आकर्षित करते हैं जिनके सदस्यों को परस्पर मतभेद की स्वतंत्रता प्राप्त है—"मैंने देखे हैं हिन्दू घरानों में भिन्न भिन्न मतों के प्राणी कितने प्रेम से रहते हैं। बाप सनातन-धर्मावलंबी है, तो बेटा आर्यसमाजी। पति ब्रह्म समाज में है, तो स्त्री पाषाण-पूजकों में। सब अपने अपने धर्म का पालन करते हैं। कोई किसी से नहीं बोलता। हमारे यहाँ आत्मा कुचली जाती है। फिर भी यह दावा है कि हमारी सभ्यता और शिक्षा विचार स्वातंत्र्य के पोषक हैं। हैं तो हमारे यहाँ भी उदार विचारों के लोग, प्रभुसेवक ही उनकी एक मिसाल है, पर उनकी उदारता यथार्थ में विवेकशून्यता है।" (वही, पृ. 36)। सोफिया की यह तुलनात्मक दृष्टि उसकी स्वतंत्र धारणा और वैचारिक सशक्तता की द्योतक है। वास्तव में उसकी धर्म और विवाह सम्बन्धी धारणाएँ उसकी वैचारिक स्वतंत्रता के साथ गहरे जुड़ी हुई हैं। उसे व्यक्तिगत जीवन में धर्म का इतना हस्तक्षेप स्वीकार नहीं है कि उससे व्यक्ति की वैचारिक स्वतंत्रता का ही हनन होने लगे। इसीलिए वह विवाह और परिवार जैसी संस्था से यह अपेक्षा करती है कि उसमें स्त्री को स्वतंत्र धार्मिक आस्था रखने का अवसर उपलब्ध हो। ऐसी स्वाधीनता प्रदान करने में अक्षम प्रतीत होने वाली धार्मिक व्यवस्था के प्रति वह विद्रोह के लिए तत्पर है क्योंकि उसे ऐसा विवाह स्वीकार नहीं है जो उसकी धार्मिक आजादी को छीन ले। उसकी मान्यता है कि "धर्म विचार स्वातंत्र्य का गला घोंट देता है। मैं अपनी आत्मा को किसी मत के हाथ नहीं बेचना चाहती। मुझे ऐसा ईसाई पुरुष मिलने की आशा नहीं जिसका हृदय इतना उदार हो कि वह मेरी धार्मिक शंकाओं को दरगुजर कर सके। मैं परिस्थिति से विवश होकर ईसा को खुदा का बेटा और अपना मुक्तिदाता नहीं मान सकती, विवश होकर गिरजाघर में ईश्वर की प्रार्थना करने नहीं जाना चाहिए। मैं ईसा को ईश्वर नहीं मान सकती।" (वही, पृ. 44)। यह भी उल्लेखनीय है कि सोफिया स्त्री के सम्बन्ध में उस परम्परागत भ्रामक धारणा को स्वीकार नहीं करती कि वह इतनी कमजोर होती है कि अपनी रक्षा के लिए सदा किसी न किसी पुरुष पर निर्भर रहती है। सोफिया की दृष्टि में किसी भी प्रकार से किसी पर निर्भर होना पराधीनता मात्र है। वह व्यक्तिगत स्वाधीनता में बाधा डालने वाली किसी भी संस्था को स्वीकार करने के लिए तैयार नहीं है—"मैं तो पहले ही अपना मत स्थिर कर चुकी, सबसे अलग ही अलग रहना चाहती हूँ, जहाँ मेरी स्वाधीनता में बाधा डालने वाला कोई

न हो। मैं सत्पथ पर रहूँगी, या कुपथ पर चलूँगी, यह जिम्मेदारी भी अपने ही सिर पर लेना चाहती हूँ। मैं बालिग हूँ और अपना नफा-नुकसान देख सकती हूँ। आजन्म किसी की रक्षा में नहीं रहना चाहती, क्योंकि रक्षा का कार्य पराधीनता के सिवा कुछ नहीं।" (वही, पृ. 46)। उसकी इस धारणा के पीछे स्वाधीनता की चेतना के साथ-साथ उत्तरदायित्व की भावना विशेष रूप से उल्लेखनीय है।

'रंगभूमि' की इंदु धर्म के सम्बन्ध में विचार करते हुए सोफिया के समक्ष अपने परिवार के सम्बन्ध में इस तथ्य को प्रकट करती है कि वहाँ कोई किसी को पूजा-पाठ के लिए मजबूर नहीं करता, उसके पिता नित्य गंगा स्नान को जाते हैं लेकिन अपने विचारों को माँ पर नहीं थोपते। इसी प्रकार वह कृष्ण की उपासिका है जबकि उसका भाई विनय ईश्वर के अस्तित्व को भी स्वीकार नहीं करता परन्तु वे एक-दूसरे के विचार स्वातंत्र्य का सम्मान करते हैं। इंदु की धारणा है कि "भक्ति तो अपने विश्वास और मनोवृत्ति पर ही निर्भर है।" (वही, पृ. 44)। इंदु की धारणा को सच्ची स्वाधीनता का मूल मानते हुए सोफिया यह कहती है कि ईसाई धर्म में उसे प्राप्त स्वाधीन मानसिक और सत्य है क्योंकि असली स्वाधीनता तो वही है जो विचार के प्रवाह में बाधक न हो। दरअसल इंदु की स्वतंत्र धारणा धार्मिक क्षेत्र तक ही सीमित नहीं है, वह सार्वजनिक जीवन के सम्बन्ध में भी स्वातंत्र्यचेतना से संचालित दृढ़ नैतिक मान्यताओं वाली स्त्री है। जब उसके पति राजा साहब पदत्याग के भय से सूरदास का साथ नहीं दे पाते तो वह उनकी कर्तव्य भावना को झकझोरते हुए अपनी धारणा इस प्रकार व्यक्त करती है कि "अगर आप न्याय विचार से सूरदास की जमीन का अपहरण करते, तो मुझे आप से कोई शिकायत नहीं होती, लेकिन केवल अधिकारियों के भय से या बदनामी से बचने के लिए न्याय पथ से मुँह फेरना अत्यंत अपमानजनक है। आपको नगरवासियों और विशेषतः दीन जनों के स्वत्व की रक्षा करनी चाहिए। अगर हुक्काम किसी पर अत्याचार करें, तो आपको उचित है कि दुखियों की हिमायत करें। निजी हानि-लाभ की चिन्ता न करके हुक्काम का विरोध करें। सारे नगर में - सारे देश में—तहलका मचा दें। चाहे इसके लिए पदत्याग ही नहीं, किसी बड़ी से बड़ी विपत्ति का सामना करना पड़े। मैं आपको सचेत किए देती हूँ कि अगर आपने हुक्काम के दबाव से सूरदास की जमीन ली तो मैं चुपचाप बैठी न रह सकूँगी। स्त्री हूँ तो क्या, पर दिखा दूँगी कि सबल से सबल प्राणी भी किसी दीन को आसानी से पैरों तले नहीं कुचल सकता।" (वही, पृ. 193)। अधिकारियों और जनता के सम्बन्ध तथा सहज मानवीय धर्म का हनन होने पर दृढ़तापूर्वक दीन और दलित के पक्ष में संघर्ष करने के सम्बन्ध में इंदु की यह दृढ़ धारणा उसके स्वतंत्रचेता होने का प्रबल प्रमाण है। उसकी स्पष्ट धारणा है कि स्त्री भी मानव प्राणी है और उसे किसी भी द्वंद्व के अवसर पर मतभिन्नता और स्वतंत्र विचार रखने का पूरा हक है—"अगर कुविचार में पड़कर वह प्रजा पर अत्याचार करने लगें, तो

मुझे उनसे मतभेद रखने का पूरा अधिकार है। बुरे कामों में उनसे दबना मनुष्य के पद से गिर जाना है। मैं पहले मनुष्य हूँ, पत्नी, माता, बहिन, बेटी पीछे।" (वही, पृ. 383)। कहना न होगा कि सोफिया और इंदु प्रेमचन्द द्वारा रची गई नए युग की स्वातंत्र्यचेता स्त्रियाँ हैं जो युगों पुराने अबलापन को दूर झटककर स्त्री की सबलता और दृढ़ता की उद्घोषणा करती हैं।

उपर्युक्त विवेचन से स्पष्ट है कि प्रेमचन्द ने 'रंगभूमि' की कथा में स्वतंत्रता की चेतना को गूँथने के लिए लेखक और पात्रों की टिप्पणियों, संवादों तथा धारणाओं के विवेचन की तकनीक का सटीक इस्तेमाल किया है तथा स्वतंत्रता-विषयक सीधे सीधे अभिधामूलक कथनों की तुलना में अभिव्यक्ति की लाक्षणिक और व्यंग्यपूर्ण तकनीक का सहज संप्रेषणीय रूप में उपयोग किया है।

शमशेर की काव्य भाषा : ठेठ और खुरदरा अन्दाज

(1)

"ओ मेरे घर
ओ हे मेरी पृथ्वी
साँस के एवज तूने क्याष दिया मुझे
—ओ मेरी माँ?
तूने युद्ध ही मुझे दिया
प्रेम ही मुझे दिया क्रूरतम कटुतम
और क्या दिया
मुझे भगवान दिए कई-कई
मुझसे भी निरीह मुझसे भी निरीह!"

(शमशेरय 'ओ मेरे घर', इतने पास अपने, पृ. 19)

हिन्दी साहित्य जगत में 'नई कविता' के सशक्त हस्ताक्षर शमशेर बहादुर सिंह (13 जनवरी, 1911 - 12 मई, 1993) का अपना एक सुनिश्चिरत स्थान है। उनका जन्म उत्तर प्रदेश के मुजफ्फरनगर जिले के गाँव एलम में हुआ था। शिक्षा-दीक्षा देहरादून तथा प्रयाग में हुई। वे हिन्दी, उर्दू और अंग्रेजी के विद्वान थे। इन तीनों ही भाषाओं पर उनका समान अधिकार था। उनकी प्रमुख रचनाएँ हैं—दोआब (1948), प्लाट का मोर्चा : कहानियाँ और स्केच (1952), कुछ कविताएँ (1959), कुछ और कविताएँ (1961), चुका भी हूँ नहीं मैं (1975), इतने पास अपने (1980), उदिता : अभिव्यक्ति का संघर्ष (1980), बात बोलेगी (1981), काल तुझसे होड़ है मेरी (1988), टूटी हुई बिखरी हुई (1990), कुछ गद्य रचनाएँ (1989) तथा कुछ और गद्य रचनाएँ (1992)। स्मरणीय है कि शमशेर 'दूसरा सप्तक' (1952) में सम्मिलित थे तथा उन्हें 1977 में 'चुका भी हूँ नहीं मैं' के लिए साहित्य अकादमी पुरस्कार एवं मध्यप्रदेश साहित्य परिषद का तुलसी पुरस्कार प्राप्त हुआ था। 1987 में मध्य प्रदेश सरकार ने उन्हें मैथिलीशरण गुप्त? पुरस्कार और 1989 में कबीर पुरस्कार से सम्मानित किया था।

शमशेर और उनकी कविताओं पर कुछ कहना चुनौती भरा काम है क्योंकि उनकी काव्य यात्रा छायावादोत्तर रोमांटिक भावधारा से शुरू होकर प्रगतिवाद और प्रयोगवाद को पार करती हुई नई कविता से जुड़ती है और उसके पार भी चली जाती है। सच तो यह है कि उन्होंने कविता के क्षेत्र में छाए हुए वादों की जकड़न से अपने आपको अलग रखा और काव्य भाषा को चित्रात्मकता, संगीत, बिंब विधान और लय के माध्यम से तराशा। इस सन्दर्भ में रामस्वरूप चतुर्वेदी का मत द्रष्टनव्य है—"शमशेर की कविताओं में संगीत की मनःस्थिति बराबर चलती रहती है। एक ओर चित्रात्मकता की मूर्तता उभरती है, और फिर वह संगीत की अमूर्तता में डूब जाती है। भाषा में बोलचाल के गद्य का लहजा और लय में संगीत का चरम अमूर्तन।" (रामस्वरूप चतुर्वेदी, हिन्दी साहित्य और संवेदना का विकास पृ. 205)। वे अपनी कविताओं में संवेदनाओं का मूर्त चित्रण करते हैं। इस सन्दर्भ में मुक्तिबोध का मत है कि "शमशेर की मूल प्रवृत्ति एक इंप्रेशनिस्टिक चित्रकार की है। इंप्रेशनिस्टिक चित्रकार अपने चित्र में केवल उन अंशों को स्थान देगा जो उसके संवेदना-ज्ञान की दृष्टि से प्रभावपूर्ण संकेत शक्ति रखते हैं।'' दूसरे शब्दों में इंप्रेशनिस्टिक चित्रकार दृश्य् के सर्वाधिक संवेदनाघात वाले अंशों को प्रस्तुत करेगा और यह मानकर चलेगा कि यदि वह संवेदनाघात दर्शक के हृदय में पहुँच गया तो दर्शक अचित्रित शेष अंशों को अपनी सृजनशील कल्पना द्वारा भर लेगा।" (मुक्तिबोध, नई कविता का आत्मसंघर्ष तथा अन्य निबन्ध, पृ. 92)।

शमशेर कविता में आंतरिक ऊर्जा को महत्व देते हैं। वे खड़ीबोली के बोलचाल के रूप को महत्व देते हैं। उनका मत है कि 'पाठक के मन की बात को पाठक की ही भाषा में व्यक्त करना चाहिए।' इस सन्दर्भ में वे उर्दू को भी याद करते हैं और कहते हैं—"मैं उर्दू और हिन्दी का दोआब हूँ/मैं वह आईना हूँ जिसमें आप हैं।" (शमशेर, बाढ़)।

यहाँ एक बात ध्यान रखने की है कि गद्य हो या पद्य - शमशेर की भाषा बनावटी नहीं है। वे खड़ीबोली क्षेत्र का प्रतिनिधित्व करते हैं और उसका ठेठ तथा एक सीमा तक खुरदरा अन्दाज उनकी भाषा में भी है। खास तौर से उनकी कहानियाँ पढ़ते समय यह साफ दिखाई देता है कि उनका गद्य बातचीत की शैली का है। वे जैसे बोलते हैं, वैसे ही लिखते भी हैं। कहने का मतलब यह है कि लिखते समय भी वे बातचीत का खुलापन लाते हैं।

(2)

शमशेर बहादुर सिंह को भलीभाँति उनके साहित्य के माध्यम से जाना जा सकता है चूँकि उनका जीवन और साहित्य वस्तुतः एक ही सिक्के के दो पहलू हैं। पाखण्ड और दिखावा न तो उनके व्यक्तित्व में था और न ही उनके साहित्य में। उनका

संसार उनके अपने अनुभव का संसार है। जीवन के ताप को सहकर वे सहज बने। यही सहजता उनके व्यक्तित्व और रचनाओं में मुखरित है। इसी के कारण उनके विचार भी उदात्त बने। वे हमेशा अपने प्रिय कवि निराला को याद करते हैं और कहते हैं—"भूल कर जब राह—जब-जब राह...भटका मैं/तुम्हीं झलके हे महाकवि/सघन तुम ही आँख बन मेरे लिए।"

शमशेर संवेदनशील कवि हैं। उनमें निहित रोमांटिक संवेदना उन्हें छायावाद से जोड़ती है। छायावादी भाव बोध के साथ-साथ शमशेर जीवन के यथार्थ बोध को भी साथ लेकर चलते हैं। उनमें प्रेम, सौंदर्य और इंद्रियजनित सहज अनुभूतियाँ हैं। उनमें रोमानी संवेदना की ताजगी है—

"छिप गया वह मुख
ढँक लिया जल आँचलों ने बादलों के
(आज काजल रात भर बरसा करेगा क्यों?)" (वही, पृ. 27)।

शमशेर का रचना संसार उनके निजीपन का विस्तार है। सामाजिक जीवन का उत्कर्ष उनकी रचनाओं में नहीं दिखाई देता। इस सन्दर्भ में उनका मत है कि "अपनी काव्य कृतियाँ मुझे दरअसल सामाजिक दृष्टि से बहुत मूल्यवान नहीं लगतीं। उनकी वास्तविक सामाजिक उपयोगिता मेरे लिए एक प्रश्न चिह्न-सा ही रही है, कितना ही धुँधला सही। खैर, यह मेरी नितांत अपनी निजी आंतरिक भावना है।" (शमशेर, चुका भी हूँ नहीं मैं, पृ. 6)। पर सामाजिक संघर्षों से शमशेर अछूते नहीं रहे। उनकी प्रसिद्ध कविता 'यह शाम है' 12 जनवरी, 1944 (ग्वालियर की एक खूनी शाम का भावचित्र—ग्वालियर सामंती सरकार के खिलाफ टोपियाँ टंगे लाल झंडों को लेकर मजदूर जुलूस पर निकले तो उन पर सरकार ने गोलियाँ चलाई) की प्रखर स्मृति है। कुछ पंक्तियाँ द्रष्टव्य है—

'गरीब के हृदय
टँगे हुए
कि रोटियाँ लिये हुए निशान
लाल-लाल?
जा रहे
कि चल रहा
लहू-भरे ग्वालियर के बाजार में जुलूस :
जल रहा
धुआँ धुआँ
ग्वालियर के मजूर का हृदय।" (यह शाम है)

शमशेर ने भले ही किसी शैली या विषय सीमा को स्वीकार नहीं किया हो लेकिन

वे कवि कर्म को जानते हैं तथा कविता की सही दिशा को पहचानते हैं। अतः वे कहते हैं कि "कवि का कर्म अपनी भावनाओं में, अपनी प्रेरणाओं में, अपने आंतरिक संस्कारों में, समाज सत्य के मर्म को ढालना - उसमें अपने को पाना है, और उस पाने को अपनी पूरी कलात्मक क्षमता से पूरी सच्चाई के साथ व्यक्त करना है, जहाँ तक वह कर सकता है।" (शमशेर, कुछ और कविताएँ, पृ. 5)।

शमशेर का समूचा जीवन अभावों के कटघरे में बीता पर उन्होंने कभी उफ तक नहीं की। हालात के आगे घुटने टेकना तो शायद वे जानते ही नहीं थे। शमशेर के साथ बिताए तीन वर्षों को याद करते हुए हेमराज मीणा बताते हैं कि "शमशेर जी साधारण चाय के स्थान पर हल्दी की चाय खुद बनाकर पीते थे और आर्थिक विपन्नता का आलम यह था कि घिसे और फटे हुए कुर्ते को हाथ से सिलकर काम चलाना पड़ता था।" ऐसी स्थिति में भी शमशेर टूटे नहीं, बिखरे नहीं। अडिग होकर आगे बढ़ते रहे। यही आस्था और जिजीविषा उनकी रचनाओं में भी मुखरित है—"मैं समाज तो नहीं, न मैं कुल/ जीवन/ कण-समूह में हूँ मैं केवल/ एक कण/ - कौन सहारा!/मेरा कौन सहारा!"

शमशेर की कविताओं में एक ओर प्रेम की आकांक्षा, नारी सौंदर्य की कल्पना और निराशा से उत्पन्न व्यथा का मार्मिक चित्रण है—"गोद यह/ रेशमी गोरी/ अस्थिर/ अस्थिर/ हो उठती/ आज/ किसके लिए? जा/ ओ बहार/ जा! मैं जा चुका कब का/ तू भी-/ ये सपने न दिखा?" तो दूसरी ओर उनका मिजाज इन्कलाबी है—"सरकारें पलटती हैं जहाँ/ हम दर्द से करवट बदलते हैं?/ हमारे अपने नेता भूल जाते हैं हमें जब,/ भूल जाता है जमाना भी उन्हें,/ हम भूल जाते हैं उन्हें खुद/ और तब/ इन्कलाब आता है/ उनके दौर को गुम करने।" इन दोनों उदाहरणों को काव्य भाषा की दृष्टि से देखें तो समानांतरता, पुनरुक्ति, सम्बोधन, प्रश्नवाचक वाक्य रचना, जब और तब में गुँथी तार्किक अन्विति जैसी विशेषताएँ ध्यान आकर्षित करती हैं।

शमशेर कम बोलनेवाले व्यक्ति थे। उनकी धारणाएँ उनकी कविता में बोलती हैं। उनकी प्रसिद्ध उक्ति है कि "बात बोलेगी/ हम नहीं/ भेद खोलेगी/ बात ही./ सत्य का/ क्या रंग/ पूछो, एक रंग/ एक जनता का दुःख एक/ हवा में उड़ती पताकाएँ अनेक।" (बात बोलेगी)। कभी-कभी यह भी प्रतीत होता है कि शमशेर आधुनिक मानवीय दाह को शांत करने वाले कलाकार हैं—"आधुनिकता आधुनिकता/ डूब रही है महासागर में/ किसी कोंपल के ओंठ पे/ उभरी ओस के महासागर में / डूब रही है/ तो फिर क्षुब्ध क्यों है तू।" ('सारनाथ की एक शाम' (त्रिलोचन के लिए) चुका भी हूँ नहीं मैं, पृ. 21)।

शमशेर ने बदलती हुई जटिल और भयावह दुनिया में मनुष्य की पीड़ा और मूल्यहीनता को चित्रित किया है। मनुष्य की परिस्थितियों और उसके सुख-दुःख को विविध धरातलों पर अभिव्यक्त किया है। उनकी कविता का केन्द्र व्यक्ति है।

उन्होंने अपने आप को व्यक्ति के प्रति समर्पित कर दिया है–"समय के/चौराहों के चकित केन्द्रों से/उद्भूत होता है कोई : "उसे-व्यक्ति–कहो" / कि यही काव्य है/आत्मतमा/इसलिए उसमें अपने को खो दिया।" ('एक नीला दरिया बरस रहा', चुका भी हूँ नहीं मैं, पृ. 13)। साम्राज्यवाद के नाम पर आम लोगों को धोखा दिए जाने पर व्यंग्य करते हुए वे कहते हैं कि "बनियों ने समाजवाद को जोखा है/गहरा सौदा है काल भी चोखा है/ दुकानें नई खुली हैं आजादी की/ कैसा साम्राज्यवाद का धोखा है!" ('बनियों ने समाजवाद को जोखा है', सुकून की तलाश, पृ. 56)।

शमशेर ने अनेक रचनाओं में सामाजिक सच्चाई और लोकतंत्र की ताकत को स्वर प्रदान किया है। उनकी दृष्टि, में "दरअसल आज की कविता का असली भेद और गुण उन लोक कलाकारों के पास है जो जन आंदोलन में हिस्सा ले रहे हैं।"(वक्तव्य दूसरा सप्तसक, पृ. 77)। भारत-चीन युद्ध के समय कवि ने 'सत्यमेव जयते' पर जोर दिया–"शिव लोक में चीनी दीवार न उठाओ!/ वहाँ सब कुछ गल जाता है/ सिवाए सच्चाई की उज्ज्वलता के!/ असत्य कहीं नहीं है!/शक्ति आकार में नहीं/सत्य में है!/ हमारी शक्ती/ सत्य की विजय/...याद रखो/सत्यमेव जयते!/ सत्यमेव जयते!/ सत्यमेव जयते!" ('सत्यमेव जयते' (भारत-चीन युद्ध), चुका भी हूँ नहीं मैं, पृ. 43)। कवि की मान्यता है कि मानव मात्र के लिए बुनियादी चीज है–शांति। अतः वे कहते हैं–"अगर तुमसे पूछा जाय कि/सबसे बुनियादी वह पहली चीज कौन-सी है/कि मानव मात्र के लिए जिसका होना आवश्यक है?/तो एक ही जवाब होगा तुम्हारा :/ एकदम पहली ही बार/फिर दूसरी बार भी/और अंतिम बार भी/यही एक जवाब :/ शांति!" ('शांति के ही लिए', चुका भी हूँ नहीं मैं, पृ. 57)।

समाज में धर्म के नाम पर होने वाले पाखण्ड पर भी शमशेर कुठाराघात करते हैं- "जो धर्मों के अखाड़े हैं/ उन्हें लड़वा दिया जाए!/ जरूरत क्या कि हिन्दुस्तान पर/ हमला किया जाए!!/.../ मुझे मालूम था पहले ही/ ये दिन गुल खिलाएँगे/ ये दंगे और धर्मों तक भी/ आखरि फैल जाएँगे/.../ जो हश्र होता है/ फर्दों का वही/ कौमों का होता है/ वही फल मुल्क को/ मिलना है, जिसका/ बीज बोता है।" ('धार्मिक दंगों की राजनीति', सुकून की तलाश, पृ. 71)। वे यह भी कहते हैं कि "जितना ही लाउडस्पीकर चीखा/ उतना ही ईश्वर दूर हुआ :/ (-अल्ला-ईश्वर दूर हुए!)/उतने ही दंगे फैले, जितने/'दीन-धरम' फैलाए गए।" ('राह तो एक थी हम दोनों की', सुकून की तलाश, पृ. 33)। शमशेर बौद्धिक स्तर पर मार्क्स के द्वंद्वात्मक भौतिकवाद से प्रभावित हैं। उनकी कविताओं में मार्क्स के विचारों के साथ-साथ कला, प्रेम और प्रकृति के विविध रंग विद्ययमान हैं। इस सन्दर्भ में उन्होंने अपने आत्मसंघर्ष को व्यक्त करते हुए कहा कि– "वाम वाम वाम दिशा/समय साम्यवादी/ पृष्ठ भूमि का विरोध अंधकार–लीन। व्यक्ति.../कुहास्पष्ट हृदय-भार, आज हीन/ हीनभाव, हीनभाव/मध्यवर्ग का समाज, दीन/पथ-प्रदर्शिका मशाल/कमकर की मुट्ठी

में किन्तु उधर :/लाल-लाल/वज्र कठिन कमकर की मुट्ठी में/पथ प्रदर्शिका मशाल।" ('वाम वाम वाम दिशा', कुछ और कविताएँ)।

शमशेर संवेदनशील ही नहीं अपितु भावुक भी थे। डॉ. नामवर सिंह ने उनकी भावुकता का जिक्र करते हुए हैदराबाद में एक समारोह में बताया था कि कैसे एक बार नरेंद्र शर्मा की गिरफ्तारी की सूचना ने उन्हें विचलित कर दिया था। प्रेमलता वर्मा शमशेर के व्यक्तित्व के कुछ आयामों को सामने रखते हुए कहती हैं कि शमशेर की दुनिया 'वाइब्रेंट' थी। वे छलरहित मगर चुंबकीय आकर्षण वाले व्यक्ति थे। वे हमेशा कहा करते थे कि "कविता के माध्यम से मैंने प्यार करना - अधिक से अधिक चीजों को प्यार करना - सीखा है। मैं उसके द्वारा सौंदर्य तक पहुँचा हूँ।" अनेक विद्वानों ने शमशेर को अनेक तरह से संबोधित किया है। मलयज के लिए वे 'मूड्स के कवि' हैं तो अज्ञेय के लिए 'कवियों के कवि।' रामस्वरूप चतुर्वेदी उन्हें 'एब्स्ट्रैक्ट के कवि' मानते हैं तो नामवर सिंह 'सुंदरता के कवि।' गोपाल कृष्णे कौल ने उन्हें 'फार्मलिस्ट' माना है तो मधुरेश उन्हें 'तनाव और अन्तर्द्वंद्वों के कवि' मानते हैं। विजय देव नारायण साही ने उन्हें 'बिंबों का कवि' घोषित किया है तो सत्यकाम ने 'कवियों का पुंज' तक कह दिया है। पर शमशेर कहते हैं—

"मैं समय की लम्बी आह
मौन लंबी आह...
होना था - समझना न था कुछ भी शमशेर...
आत्मा है
अखिल की हठ-सी..."

(3)

शमशेर व्यक्तिवाद के उस धरातल पर पहुँच जाते हैं जहाँ व्यक्ति मन की अनंत गहराइयों में अकेलापन और संत्रास है। इस वैयक्तिक मनोभूमि में शमशेर अपने आपको तलाशते नजर आते हैं—

"खुश हूँ कि अकेला हूँ,
कोई पास नहीं है।..
बजुज एक सराही के,
बजुज एक चटाई के,
बजुज का जरा से आकाश के,
जो मेरा पड़ोसी मेरी छत पर
(बजुज उसके, जो तुम होती-मगर हो फिर भी
यहीं कहीं अजब तौर से।)"

शमशेर की कविता में बिंबात्मकता है। 'चुका भी हूँ नहीं मैं' में संकलित कविता 'कथा मूल' पर दृष्टि केन्द्रित करें। यह कविता चार खण्डों में विभाजित है। इसमें भारतीय परिवार, लोक जीवन, सामाजिक सम्बन्ध और आर्थिक विसंगति आदि का विवरण है–

"गाय-सानी। संध्या। मुन्नी - मासी!
दूध! दूध! चूल्हा, आग, भूख।
माँ
प्रेम।
रोटी।
मृत्यु।"

इसका दूसरा खग्ड प्रथम खण्ड पर केन्द्रित है–

"औरत। अंधेरी।
जोड़ों का दर्द।
बच्चे। पाप।
पुनर्जन्म।
आत्मोन्नति।
पुलिस। आजादी।
स्वाहा।"

इस कविता का तीसरा खण्ड है–

"गुरुजन। हिम-शिखर। हँसी।"

तथा चौथा है–

"लिंग; मानस। लिंग; अर्वाचीन।
लिंग; शिव; भविष्य। सदा शिव। तुम तत्-सत्।
मैं यह क्षण" ('कथा मूल'; चुका भी हूँ नहीं मैं; पृ. 52-53)।

यदि इस कविता में निहित शब्दों को एक-दूसरे से मिलाते जाएँ तो चाक्षुष बिंबों की पूरी कड़ी उभरकर सामने आती है। शमशेर ने प्रेम, रोटी, औरत, पुलिस, आजादी जैसे प्रतीकों का भी बखूबी प्रयोग किया है। यह कविता उनकी प्रयोगधर्मिता और सृजनात्मकता की परिचायक है।

आज मध्यवर्ग की स्थिति बहुत दयनीय है। इसका प्रमुख कारण आर्थिक है। वह उच्च वर्ग की जिंदगी जीने के चक्कर में लुट रहा है। शमशेर मध्यवर्ग

को आवाज देते हैं—

"ओ मध्यवर्ग
तू क्यों क्यों कैसे लुट गया
दसों दिशाओं की भी दसों दिशाओं की भी...
दसों दि... शा... ओं
में
तू कहा हैं कहीं भी तो नहीं
इतिहास में भी तू
असहनीय रूप से दयनीय
असहनीय
न-कुछ न-कुछ न-कुछ...
मैं
उसी का छाया हुआ
अंधेरा हूँ
शताब्दी के
अन्त में। छटता हुआ।" ('दो बातें'; चुका भी हूँ नहीं मैं; पृ. 70-71)।

शमशेर ने बदलती हुई जटिल और भयावह दुनिया में मनुष्य की पीड़ा और मूल्यहीनता को चित्रित किया है। मनुष्य की परिस्थितियों और उनके सुख-दुःख को विविध धरातलों पर अभिव्यक्त किया है। उन्होंने मध्यवर्ग की अधकचरी स्थिति को ऐतिहासिक संदर्भों में देखते हुए कहा है कि "इतिहास में भी तू/असहनीय रूप से दयनीय।"

शमशेर की कई रचनाएँ सामाजिक सच्चाई और लोकतंत्र की ताकत को स्वर देती हैं तथा जन मानस की भावनाओं को छूती हैं। समसामयिक युग में दर्द की सच्चाई, तड़प और अनुभूति अपना अस्तित्व खो चुकी हैं। कहा जाता है कि उदात्त भावों का विकास उदात्त स्वभाव वाले व्यक्ति हृदय से होता है। लेकिन आज की विडंबना यह है कि लोग कहते कुछ हैं तथा करते कुछ और। इस पर व्यंग्य करते हुए कवि कहते हैं कि—

"मुझको मिलते हैं अदीब और कलाकार बहुत
लेकिन इन्सान के दर्शन हैं मुहाल।"
('मुझको मिलते हैं अदीब और कलाकार बहुत'; चुका भी हूँ नहीं मैं; पृ. 56)।

कवि की मान्यता है कि मानव मात्र के लिए बुनियादी चीज है—शान्ति। अतः वे कहते हैं—

“अगर तुमसे पूछा जाय कि
सबसे बुनियादी वह पहली चीज कौन-सी है
कि मानव मात्र के लिए जिसका होना आवश्यक है?
तो एक ही जवाब होगा तुम्हारा :
एकदम पहली ही बार,
फिर दूसरी बार भी,
और अंतिम बार भी
यही एक जवाब : शान्ति!”

('शान्ति के ही लिए'; चुका भी हूँ नहीं मैं; पृ. 57)।

भाषागत और वर्णगत वैविध्य भी भारत की अखण्ड मानवता को खंडित नहीं कर सकते हैं चूँकि–

“भाषा? भाषा
हृदय हमारे
भाषा हमारी
सीमा रेखाएँ हमारी एक-एक साथ
हम हैं एक साथ हम हैं
हम-हम सारी दुनिया!
लिपियाँ स्वर ओ' व्यंजन
आरोहावरोह गति टोन
छंद न्यास मौन की मुखर
साँस की नाना गतियाँ
दम सम विराम
इन सबके अर्थ
हम
आर पार-सातों समंदर के
छहों महाद्वीप के
गत-आगत के
आर पार
हम हैं, हम
कवि लोग!” ('गिन्सवर्ग के लिए'; चुका भी हूँ नहीं मैं; पृ. 61-62)।

शमशेर यह भी कहते हैं कि–

“भाषाओं की नस-नस एक-दूसरे से गुँथी हुई है

(मगर उलझती हुई नहीं)
हमारी साँस साँस में उनका सौंदर्य है
(माँ डर्निस् टिक् कहो मत)
अभी हमें लड़ने दो।" ('भाषा', चुका भी हूँ नहीं मैं; पृ. 65)।

समाज में धर्म के नाम पर होनेवाले पाखण्ड पर भी शमशेर कुठाराघात करते हैं–

"जो धर्मों के अखाड़े है
उन्हें लड़वा दिया जाए!
जरूरत क्या कि हिन्दुस्तान पर
हमला किया जाए!!
***
मुझे मालूम था पहले ही
ये दिन गुल खिलाएँगे
ये दंगे और धर्मों तक भी
आखिर फैल जाएँगे
***
जो हश्र होता है
फर्दों का वही
कौमों का होता है
वही फल मुल्क को
मिलना है, जिसका
बीज बोता है।" ('धार्मिक दंगों की राजनीति', सुकून की तलाश; पृ. 71)।

धर्म के नाम पर होनेवाले पाखण्ड पर ही नहीं शमशेर ने देश में व्याप्त अकाल पर भी व्यंग्य कसा है–

"जहाँ कुत्तों का जीवन भर दीर्घतर लगता है,
स्पृहणीय केवल
अपना ही दयनीय।
क्यों जन्मा था मनुष्य
बीसवीं सदी के मध्याह्न में
यों मरने के लिए?" ('अकाल', चुका भी हूँ नहीं मैं; पृ. 84)

(4)

शमशेर बहादुर सिंह ने प्रगतिशील कविता को एक नया आयाम दिया है। वे कम्यूनिस्ट

आदर्शों से अपने आपको प्रभावित मानते हैं। उन्होंने स्वयं कहा है कि "बनारस में शिवदान सिंह चौहान के सत्संग से सहित्य के प्रगतिशील आंदोलन में कुछ दिलचस्पी पैदा हुई। सन् 45 में 'नया साहित्य' के संपादन के सिलसिले में बंबई गया। वहाँ कम्यूनिस्ट पार्टी के संगठित जीवन में, अपने मन में अस्पष्ट बने हुए सामाजिक आदर्शों का मैंने एक बहुत सुंदर सजीव रूप देखा।" (डॉ सूर्यप्रकाश विद्याकलंकार सप्तक त्रय : आधुनिकता एवं परम्परा, पृ. 183)।

शमशेर ने लौकिक जीवन के अनेक रंगों और मानव हृदय की भावनाओं को अपनी कविता में उकेरा है। उन्होंने सूक्ष्मतम संवेदनाओं और अनुभूतियों की कभी उपेक्षा नहीं की। उनकी कविताओं में प्रकृति के अनेक रंगों की छटा है। प्रेम, सौंदर्य, मनुष्य, देश, समाज, प्रकृति, परम्परा, आधुनिकता, युद्ध, संघर्ष, अकेलापन और तनाव आदि मुखरित हैं। शमशेर की कविता हो या गद्य उसमें निहित अर्थ छटाओं को खोलना इतना आसान नहीं है। इतना ही नहीं उन्होंने चित्रकला, संगीत और स्थापत्य के उपकरणों का भी कविता में प्रयोग किया है। शमशेर ने एक अनूठी शैली विकसित की जिसे 'शमशेरियत' के नाम से जाना जाता है। उन्होंने शब्द को साकार रूप दिया। अपनी रचना शैली पर पड़े विभिन्न कवियों के प्रभाव के सम्बन्ध में उनका कहना है कि "फिर भी जो रचना शैली मैं सन् 39 से अपनाता चला आया था उसको कोशिश के बावजूद भी सीधा स्पष्ट और स्वस्थ रूप नहीं दे सका, हालांकि बंबई आने के बाद 'नए पत्ते' के निराला, 'वक्त की आवाज' के जोश, चन्द्रभूषण त्रिवेदी, रामकेर, माया काव्स्की और लोर्का मेरे आदर्श बन गए थे। मेरी शैली पर निराला के अलावा एक के बाद एक बाद और घुल मिलकर भी, इन कवियों की शैली का जिनकी दो-चार आठ-दस कविताएँ मैंने पढ़ ली थीं, काफी असर था, शायद इसलिए कि अपनी भावनाओं की भाषा मुझे एकदम इनमें मिल गई : वर्ले (अनुवाद में), लारेंस, इलियट, पाउंड, कर्मिंग्स, हापकिंस, ईडिथ, सिटवेल, डायलन टामस।...तथा पंत ने मुझे पहले कविता की भाषा दी।" (वही; पृ. 184)।

शमशेर ने अपनी कविताओं में जन आंदोलनों को एक नया रूप देना का प्रयास किया है। वे कहते हैं कि "कला का संघर्ष समाज के संघर्ष से एकदम कोई अलग चीज नहीं हो सकती और इसलिए आज इन संघर्षों का साथ दे रहा है। सभी देशों में बेशक यहाँ भी, दरअसल आज की कला का असली भेद और गुण उन लोक कलाकारों के पास है जो जन आंदोलनों में हिस्सा ले रहे हैं। टूटते हुए मध्यवर्ग के मुझ जैसे कवि, उस भेद को जहाँ वह है वहीं से पा सकते हैं, वे उसको पाने की कोशिश में लगे हुए हैं।" (डॉ. धनंजय वर्मा, 'शमशेर : आधुनिकता का समावेशी चरित्र'; (सं) विश्वरंजन, ठंडी धुली सुनहरी धूप; पृ. 92)।

मध्यवर्गीय समाज की स्थिति दीन-हीन है। इस समाज की मुक्ति सिर्फ साम्यवाद में ही निहित है। लाल मशाल जो कामगार की मुट्ठी में है वही मार्ग प्रशस्त करेगी।

मार्क्स ने भी कहा था कि "Proletariat alone is a really revolutionary class." (Karl Marx, Friedrich Engles; The Communist Manifesto; Pg. 11)। कार्ल मार्क्स ने आवाज दी "The Proletarians have nothing to lose but their chains. They have world to win. Working men of all countries, Unite!" (Karl Marx, Friedrich Engles; Th Communist Manifesto; pg. 121)। इसी तथ्य को स्वीकार करते हुए शमशेर कहते हैं कि अगर दुनिया के मजदूर एक नहीं होंगे तो उनके स्वातंत्र्य की इति समझनी चाहिए क्योंकि स्वतंत्रता के लिए एकता अनिवार्य है—"एक जनता का—अमर वर :/ एकता का स्वर।/ -अन्यथा स्वातंत्र्य - इति।"

शमशेर बौद्धिक स्तर पर मार्क्स के द्वंद्वात्मक भौतिकवाद से प्रभावित है। उनकी कविताओं में मार्क्स के विचारों के साथ-साथ कला, प्रेम और प्रकृति के विविध रंग विद्यमान है। विजयदेव नारायण साही ने शमशेर की काव्य कला के सम्बन्ध में कहा है कि "तात्विक दृष्टि से शमशेर की काव्यानुभूति सौंदर्य की ही अनुभूति है। शमशेर की प्रवृत्ति सदा की वस्तुपरकता को उसके शुद्ध और मार्मिक रूप में ग्रहण करने में रही है। वे वस्तुपरकता का आत्मपरकता में और आत्मपरकता का वस्तुपरकता में आविष्कार करनेवाले कवि हैं, जिनकी काव्यानुभूति बिंब की नहीं बिंबलोक की है।" (शैलेंद्र चौहान, 'शमशेर की कविता : क्लासिकल ऊँचाई की कविता है'; (सं) विश्वरंजन; ठंडी धुली सुनहरी धूप; पृ. 248)।

शमशेर ने अपनी काव्यानुभूति के बारे में स्पष्टर करते हुए स्वयं कहा है कि "एक दौर था जब मैं ऐसी (रूमानी भावबोध से युक्त) चीजें लिखने के लिए अधिक उत्सुक था, उसके लिए अपने अंदर काफी प्रेरणा महसूस करता था। पर अपेक्षित स्तर मुझे सदा अपने कवि-व्यक्तित्व की पहुँच से ऊँचा और असंभव-सा महसूस होता। फिर भी मैंने अपनी प्रेरणाओं को कुछ ऐतिहासिक सत्यों से जोड़ने की, उनके मर्म को अपनी धड़कन के साथ व्यक्त करने की कोशिश कीं ..फिर भी मैं दोहरा कर कहना चाहूँगा कि जहाँ तक वह मेरी निजी उपलब्धि है, वहीं तक मैं उन्हें दूसरों के लिए भी मूल्यवान समझता हूँ।" (शमशेर; कुछ और कविताएँ; भूमिका)।

(5)

कलासृजन, संरचना और शिल्प की दृष्टि से शमशेर की लंबी कविता 'अम्न का राग' को विशेष रूप से उल्लेखनीय माना जाता है। इसमें कवि ने समाजशास्त्रीय सम्बन्धों को बखूबी उकेरा है। इस कविता में उन्होंने दो राष्ट्रों की संस्कृतियों को प्रतिबिंबित किया है तथा वैश्विक दृष्टिकोण को उभारा है। शमशेर शोषण, हिन्सा और युद्ध का विरोध करते हैं और यह चाहते हैं कि सर्वत्र शांति कायम हो। 'अम्न का राग' की शुरुआत में ही बसंत के नए प्रभात की ओर संकेत किया गया है—"सच्चाइयाँ/ जो गंगा के गोमुख से मोती की तरह बिखरती रहती हैं/हिमालय की बर्फीली चोटी पर

चाँदी के उन्मुक्त नाचते/परों में झिलमिलाती रहती हैं/जो एक हजार रंगों के मोतियों का खिलखिलाता समंदर है/उमंगों से भरी फूलों की जवान कश्तियाँ/कि बसंत के नए प्रभात सागर में छोड़ दी गई हैं।" इस काव्यांश में कवि ने प्रतीकों के माध्यम से सत्य और शांति को उजागर किया है। आगे देश की सीमाओं को अतिक्रमित करते हुए कहते हैं कि "ये पूरब-पश्चिम मेरी आत्मा के ताने-बाने हैं/मैंने एशिया की सतरंगी किरनों को अपनी दिशाओं के गिर्द लपेट लिया।" शमशेर भारतीय एवं पाश्चात्य संस्कृतियों को अपनी आत्मा मानते हैं। उनका दृष्टिकोण वैश्विक है। इसी वैश्विक परिदृश्य 'यह को उकेरते हुए वे कहते हैं कि "मैं यूरोप और अमरीका की नर्म आँच की धूप-छाँव पर/बहुत हौले-हौले से नाच रहा हूँ/सब संस्कृतियाँ मेरे संगम में विभोर हैं/क्योंकि मैं हृदय की सच्ची सुख शांति का राग हूँ/बहुत आदिम, बहुत अभिनव।" इतना ही नहीं भारतीय एवं पाश्चात्य विचारकों, शायरों, दार्शनिकों, संगीतकारों और रचनाकारों का उल्लेख करते हुए कहते हैं कि "देखो न हकीकत हमारे समय की जिसमें/होमर एक हिन्दी कवि सरदार जाफरी को/इशारे से अपने करीब बुला रहा है/***/और आज तो मेरा टैगोर मेरा हाफिज मेरा तुलसी मेरा/गालिब/एक एक मेरे दिल के जगमग पावर हाउस का/ कुशल आपरेटर हैं।" शमशेर को अमरीका का लिबर्टी स्टैचू उतना ही प्यारा है जितना मास्को का लाल तारा। पीकिंग का स्वर्गीय महल मक्का मदीना से कम पवित्र नहीं—"मुझे अमरीका का लिबर्टी स्टैचू उतना ही प्यारा है/जितना मास्को का लाल तारा/और मेरे दिल में पीकिंग का स्वर्गीय महल/ मक्का-मदीना से कम पवित्र नहीं/मैं काशी में उन आर्यों का शंख-नाद सुनता हूँ/ जो वोल्गा से आए/मेरी देहली में प्रह्लाद की तपस्याएँ दोनों दुनियाओं की/चौखट पर/युद्ध के हिरण्यकश्यप को चीर रही हैं।" यह कविता उनकी अद्भुयत सृजनात्मक प्रतिभा की परिचायक है।

शमशेर समस्त संसार में शान्ति कायम करना चाहते हैं—"यह सुख का भविष्य शांति की आँखों में ही वर्तमान है/ इन आँखों से हम सब अपनी उम्मीदों की आँखें सेंक रहे हैं।" उन्होंने अतीत, वर्तमान और भविष्य के सपने को एक साथ पिरोया है—"ये आँखें हमारे माता-पिता की आत्मा और हमारे बच्चों/का दिल है/ये आँखें हमारे इतिहास की वाणी/और हमारी कला का सच्चा सपना हैं/ये आँखें हमारा अपना नूर और पवित्रता है/ये आँखें ही अमर सपनों की हकीकत और/हकीकत का अमर सपना हैं/इनको देख पाना ही अपने आपको देख पाना है, समझ/पाना है/हम मानते हैं कि हमारे नेता इनको देख रहे हों।" (अम्न का राग)। शमशेर की कविताओं में एक ओर छयावादी सौंदर्यबोध है तो दूसरी ओर जीवन मर्म, संघर्ष, शान्ति और भविष्य का सुनहरा सपना गुंफित है।

अज्ञेय की काव्य भाषा : अस्मिता का आविष्कार

(1)

"दुःख सबको माँजता है
और
चाहे स्वयं मुक्ति देना वह न जाने, किन्तु
जिनको माँजता है
उन्हें यह सीख देता है कि सबको मुक्त रखें।"

(अज्ञेय, 'दूध का चाँद', आँगन के पार द्वार)

ये पंक्तियाँ अज्ञेय की जीवन दृष्टि और रचना दृष्टि का आधार हैं और केन्द्रबिन्दु भी। इस कविता में प्रयुक्त तद्भव शब्द 'माँजता' पर ध्यान दें तो यह स्पष्ट होता है कि कैसे सामान्य शब्द को अज्ञेय ने काव्य शब्द बनाया है। 'दुःख' के साथ 'माँजना' का प्रयोग - 'दुःख सबको माँजता है'—मुक्त करता है - यह वेदना को अभिव्यक्त करने वाली काव्य पंक्ति है। वेदना में एक विलक्षण शक्ति है जो सबको माँजती है तथा मुक्त करती है। दुःख सबको माँजता है और वह जीवन को माँजेगा। यह रचनात्मकता का सशक्त उदाहरण है।

'अज्ञेय' के उपनाम से विख्यात सच्चिदानंद हीरानंद वात्स्यायन प्रयोगवाद और नई कविता के विशिष्ट कवि, क्रांतिकारी विचारक, लेखक और पत्रकार रहें। उनका जन्म 7 मार्च, 1911 को देवरिया जिले के कसिया (कुशीनगर) गाँव में हुआ था। 'अज्ञेय' अर्थात 'जो जाना नहीं जा सके!' विश्वनाथ तिवारी उन्हें 'चिन्तक रचनाकार' मानते हैं तो कृष्ण बलदेव वैद 'खूबसूरत नकाबपोश'। अज्ञेय के कई उपनाम हैं। सच्चिदानंद हीरानंद वात्स्यायन नाम वे गद्य लेखक तथा संपादक के नाते प्रयुक्त करते थे जबकि सृजनात्मक लेखन 'अज्ञेय' के नाम से करते थे। उनके अन्य उपनाम हैं—श्रीवत्स, कुट्टिचातन, गजानन पंडित, डॉ. अबुल लतीफ और समाजद्रोही नं. वन।

वस्तुतः अज्ञेय की रचनाएँ उनके संवेदनशील कवि व्यक्तित्व और वैचारिक मानस की संवाहिका हैं। उनका चिन्तन पक्ष समृद्ध एवं मौलिक है। उन्होंने अपने साहित्य के माध्यम से जनमानस में चेतना जगाने के साथ-साथ भारतीय संस्कृति और सभ्यता

को उजागर किया है। उन्होंने मानवीय मूल्यों की कसौटी पर व्यक्ति, समाज, संस्कृति और साहित्य को कसा है। इसीलिए वे कहते हैं "दूर दूर दूर... मैं वहाँ हूँ/यह नहीं कि मैं भागता हूँ :/ मैं सेतु हूँ -/जो है और जो होगा दोनों को मिलाता हूँ -/मैं हूँ, मैं यहाँ हूँ/पर सेतु हूँ इसलिए/दूर दूर दूर...मैं वहाँ हूँ। /यह जो मिट्टी गोड़ता है/ कोदई खाता है और गेहूँ खिलता है/ उसकी मैं साधना हूँ/यह जो गिट्टी फोड़ता है/ मड़िया में रहता है और महलों को बनाता है/उसकी मैं व्यथा हूँ।" (अज्ञेय, मैं वहाँ हूँ)। यहाँ भी अज्ञेय ने सामन्य शब्दों का प्रयोग किया है। मिट्टी को गोडना, कोदई खाना, गेहूँ खिलना, गिट्टी फोडना, मड़िया में रहना, महलों को बनाना आदि जमीन से जुड़े शब्द हैं। खेतीबाड़ी से जुड़े हुए शब्द हैं। लोक धरोहर हैं।

यह सर्वविदित है कि अज्ञेय 'शब्द' को सर्वाधिक महत्व देते हैं। उनकी मान्यता है कि काव्य भी शब्द ही है। उन्होंने स्वयं घोषणा की है कि उनकी खोज भाषा की नहीं, केवल शब्दों की खोज है। उनका अपना चिन्तन है, दृष्टिकोण है और अपनी सोच है, अतः वे कहते हैं—"कवि जो होंगे हों, जो कुछ करते हैं करें/प्रयोजन मेरा बस इतना है -/ये दोनों जो/सदा एक दूसरे से तन कर रहते हैं/कब, कैसे, किस आलोक-स्फुरण में/ इन्हें मिला दूँ -/दोनों जो हैं बंधु, सखा, चिर सहचर मेरे।" (अज्ञेय, 'शब्द और सत्य', अरी ओ करुणा प्रभामयी)। इसी तरह तेलुगु के अभ्युदय कवि दाशरथी कृष्णमाचार्य भी कहते हैं कि "मंचि कवित्वम् ए भाषलो उंटे अदि ना भाषा/ मंचि कवि एवरैते अतडु ना मित्रुडु.? ई कविता सौधम् पुष्पक विमानम् वंटिदि/ अन्नि भाषला वारू रंडि... पुष्पक विमानम्लो/आनंद लोकाला संचारानिकी।" (अच्छी कविता जिस भाषा में होगी वह मेरी भाषा है। अच्छे कवि मेरे मित्र हैं। काव्य सृजन एक पुष्पक विमान के समान है। सभी भाषा वाले आइए...इस पुष्पक विमान में बैठकर रस मग्न होकर विहार करें। - दाशरथी कृष्णमाचार्य कविता पुष्पकम्)।

अज्ञेय अपने परिवेश के प्रति जागरूक हैं। इसीलिए तो वे कहते हैं, "खड़ा हूँ तो वहाँ जहाँ मैं स्वयं भी केवल परिवेश हूँ और मूल्य भी केवल परिवेश है।" वे इतने जागरूक कवि हैं कि वे कहते हैं, "आधुनिक युग मशीन युग है। मशीन के विस्तार से प्राचीन समाज व्यवस्था और संस्कृति नष्ट हो रही है।" उन्होंने इसी बात को अपनी कविता 'औद्योगिक बस्ती' में उजागर किया है—"यंत्र हमें दलते हैं/और हम अपने को छलते हैं/थोड़ा और खट लो/थोड़ा और पिस लो।" इस उदाहरण को ध्यान से देखें तो यह स्पष्ट होता है कि अज्ञेय ने दलना, छलना, खटना और पीसना जैसे क्रिया शब्दों का बखूबी व्यंजक प्रयोग किया है। अज्ञेय के समकालीन तेलुगु कवि श्री श्री (श्रीरंगम् श्रीनिवास राव) ने भी अपनी कविता 'चेदु पाटा' (कडुवा गीत) में यह स्पष्ट किया है कि "मनमंता बानिसलम्/गानुगलम् पीनुगलम्/वेनुका दगा मुंदु दगा/ कुडि एडमला दगा दगा।" (हम सब गुलाम हैं/कोल्हू हैं, मुर्दे हैं/पीछे भी छल है, आगे भी छल है/दाएँ भी और बाएँ भी छल ही छल हैं (श्री श्री; महाप्रस्थानम्,

'चेदु पाटा' –कडुवा गीत)।

अज्ञेय भारतीय साहित्य, समाज और संस्कृति पर विशेष रूप से बल देने वाले विलक्षण कवि व्यक्तित्व के धनी हैं। देखें–

"अल्ला रे अल्ला
होता न मनुष्य मैं, होता करमकल्ला।
रूखे कर्म जीवन से उलझता न पल्ला।
चाहता न काम कुछ, माँगता न दाम कुछ
करता न काम कुछ, बैठता निठल्ला–
अल्ला रे अल्ला–" (अज्ञेय; एक आटोग्राफ)

(2)

"सुनो कवि! भावनाएँ नहीं है सोती
भावनाएँ खाद हैं केवल
जरा उनको दबा रखो
जरा सा और पकने दो
ताने और तचने दो।" (अज्ञेय; हरी घास पर क्षण भर)

भाषा संप्रेषण का सशक्ता साधन है और सामाजिक धरोहर भी। भाषा ही वह चीज है जो मनुष्य को जैविक जंतु से समाज-सांस्कृतिक प्राणी के रूप में परिवर्तित करती है। भाषा के सम्बन्ध में अज्ञेय की मान्यता है कि "मानवीय संस्कृति की सबसे मूल्यवान उपलब्धि भाषा है और भाषा ही समाज जीवन का - मध्यवर्ती जीवन का सबसे अधिक मूल्यवान उपकरण है। भाषा संपन्न मानव जीवन ही 'मानवीय मध्यवर्ती' होता है। भाषा के आदिष्कार में मानवीय अस्मिता का आविष्कार होता है–उसकी सृष्टि होती है।" (अज्ञेय; सर्जना और सन्दर्भ; पृ. 342)। इतना ही नहीं उन्होंने यह भी स्पष्ट किया है कि " 'मैं' की पहचान भाषा के साथ बँधी हुई है, तो स्वाभाविक है कि यथार्थ की पहचान भी भाषा के साथ बँधी हुई है।" (अज्ञेय; आँखों देखी और कागद लेखी; पृ. 22)।

यहाँ अज्ञेय के भाषा चिन्तन के आलोक में उनकी काव्य भाषा पर दृष्टि केन्द्रित करने का प्रयास किया जा रहा है। आज के समय में कविता के परम्परागत लक्षण-जैसे तुक, लय, छंद और अलंकार आदि धीरे धीरे लुप्त होते जा रहे हैं, तो ऐसी स्थिति में कविता को समझने के लिए काव्यभाषा ही सबसे अधिक महत्वपूर्ण आधार बन जाती है। इतना ही नहीं काव्यभाषा का विश्लेषण सिर्फ व्याकरणिक या सौंदर्यात्मक दृष्टि से करना काफी नहीं होगा, निश्चय ही इसके लिए दूसरी दृष्टि अपेक्षित है - पाठ विश्लेषण की।

उल्लेखनीय है कि मानव जीवन में सामान्य रूप से भाषा का प्रयोग कई स्तरों पर होता है। कुछ विद्वानों के अनुसार बोलचाल की भाषा और साहित्यिक भाषा में काफी अन्तर है। पर ध्यान देने की बात है कि बोलचाल की भाषा जीवन्त है और किसी भी देश की साहित्यिक भाषा में वहाँ के जन समुदाय की भाषा प्रायः पाई जाती है। यह इसलिए संभव है चूँकि साहित्यकार अपने परिवेश से ही शब्दों का चयन करता है। इस दृष्टि से यह कहा जा सकता है कि "साहित्यिक भाषा मूलतः बोलचाल की ही भाषा है जो विभिन्न रचनाकारों की सृजन प्रक्रिया में समाहित होकर परिवर्तित होती है।" (रामस्वरूप चतुर्वेदी; 'काव्यभाषा का स्वरूप'; काव्य भाषा पर तीन निबन्ध; पृ. 81)।

अज्ञेय के व्यक्तित्व में भारतीय लोक जीवन और पश्चिम के बौद्धिक आभिजात्य का विलक्षण सन्तुलन है। उनकी संवेदना का मूल स्रोत भारतीय जन जीवन में है। उनको यह पीड़ा सालती रही कि उन्हें बोलीगत मुहावरे को आत्मसात करने का अवसर नहीं मिला अतः वे कहते हैं कि "मुझे सभी कुछ मिला पर सब बेपेंदी का। शिक्षा मिली, पर उसकी नींव भाषा नहीं मिली; आजादी मिली लेकिन उसकी नींव आत्मगौरव नहीं मिला; राष्ट्रीयता मिली लेकिन उसकी नींव ऐतिहासिक पहचान नहीं मिली।" (अज्ञेय; अद्यतन; पृ. 83)। वे यह भी कहते हैं कि "एक तरह से मेरी भाषा में सीमा और विशेषता भी आप पहचान सकते हैं। आरम्भ से मेरी शिक्षा हिन्दी में हुई - उस हिन्दी में जिसका मैं इस समय उपयोग कर रहा हूँ; जिसमें पुस्तकें लिखी जाती हैं।" (अज्ञेय; आँखों देखी और कागद लेखी; पृ. 19)। इसके बावजूद अज्ञेय की काव्य भाषा पर दृष्टि केन्द्रित करें तो यह स्पष्ट) होता है कि उनकी कविताओं में लोक भाषा की धरोहर समाहित है—

"मेरा भाव-यंत्र?
एक मचिया है सूखी घास-फूस की
उसमें छिपेगा नहीं औघड़ तुम्हारा दान-
साध्य नहीं मुझ से, किसी से चाहे सधा हो।"

'भाव-यंत्र' के लिए अज्ञेय ने 'सूखी घास-फूस की मचिया' का बिंबात्मक प्रयोग किया है। यह उनकी काव्य संवेदना के लोक उत्स की देन है।

यह संकेत किया जा चुका है कि वस्तुतः काव्य भाषा का आधार बोलचाल की ही भाषा है। अज्ञेय की काव्य भाषा के बारे में स्पष्ट करते हुए रामस्वरूप चतुर्वेदी कहते हैं कि "अज्ञेय की कविता की भाषा में 'नॉन यू' तत्व (निम्नवर्गीय जीवन से लिया गया शब्द समूह) प्रधान रहा है। प्रतीकों, बिंबों, अभिप्रायों के चयन और सामान्य शब्द प्रयोगों में उनकी दृष्टि अधिकतर लोक जीवन की ओर उन्मुख दीख पड़ती है।" (रामस्वरूप चतुर्वेदी; 'काव्य भाषा का स्वरूप'; काव्य भाषा पर तीन

निबन्ध; पृ. 83)। उदाहरण के लिए 'अरी ओ करुणा प्रभामय' में ठाठ फकीरी, घुड़का, झौंसी, कुलबुलाती, डाँगर जैसे प्रयोग देखे जा सकते हैं–

"अच्छी कुंठा रहित इकाई
साँचे-ढले समाज से
अच्छा
अपना ठाठ फकीरी
मँगनी के सुख-साज से।" (अच्छा खंडित सत्य, अरी ओ करुणा प्रभामय)

(3)

अज्ञेय की कविताओं में लोक कथाओं, लोक गीतों और मुहावरों का प्रभाव भी दिखाई देता है। जैस–

"बाँगर में
राजाजी का बाग है
चारों ओर दीवार है,
बीच बाग में कुआँ है
बहुत बहुत गहरा।"

दबे पाँव आना, मुँह चिढ़ाना, झींकते रहना, गाल बजाना, आकाश फाड़ना जैसे मुहावरों का प्रयोग भी अज्ञेय की कविताओं में सम्मिलित है–

"फूल खिलते रहे चुपचाप
मँजरी आई
दबे पाँव सकुचाती,
तड़फड़ाते रहे, करते रोर
मुँह चिढ़ाते रहे वन की शांति को
अविराम अनगिन झींकते झींगुर
भिखारी सब
बजाते गाल बगलें
फाड़ते आकाश"

इसी तरह एक और उदाहरण देखें–

"सूनी सी साँझ एक
दबे पाँव मेरे कमरे में आई थी

मुझको भी वहाँ देख
थोड़ा सकुचाई थी।"

लोक शब्दावली की सटीक एवं व्यंजनापूर्ण अन्तर्निविष्टि द्वारा अज्ञेय अपनी काव्य पंक्तियों में प्रायः विरल चमत्कार की सृष्टि करते हैं। उदाहरणार्थ—

- दुःख सबको माँजता है ('दूध का चाँद', आँगन के पार द्वार)
- मुझे और कुछ लिखने-सुनने/पढ़ने-लिखने को नहीं रहा (आँगन के पार द्वार)
- जिज्ञासा की झिल्ली को फाड़कर/स्वीकृति के रस में डूब देना (आँगन के पार द्वार)
- तुम भी यदि चाहो तो ठुकरा दो/ जानता हूँ कि मैं भी तो ठीकरा हूँ
- घोखते रहे/पर खुला क्षितिज, पौ फटी, (खिड़की एकाएक खुली)
- खो्यी आँखें लौटीं :/धरी मिट्टी का लोंदा/रचने लगा कुम्हार खिलौने (बिकाऊ)
- मेरी दीठ को और मेरे हिये को, (सागर मुद्रा)
- अच्छी कुंठारहित इकाई/साँचे ढले समाज से/अच्छा, अपना ठाठ फकीरी/ मंगनी के सुख-साज से
- सभी सर्जन केवल/आँचल पसार कर लेना (आँगन के पार द्वार)
- कभी बासन अधिक घिसने से/मुलम्मा छूट जाता है।

अज्ञेय की काव्य भाषा पर विचार करते हुए रामदरश मिश्र ने कहा है कि "अज्ञेय की भाषा के कई रूप हैं। एक रूप वह है जो जीवन की अनुभूतियों की सहजता के कारण सहज है, लोक शब्दों, लोक प्रतीकों से युक्त है तथा सहज प्रवाहमय है। दूसरा रूप वह है जो असहज प्रलंबित वाक्यों और विशेषण मालाओं से गुँफित तथा क्लिष्ट पदों से बोझिल है।" (डॉ. मदन गुलाटी, अज्ञेय की काव्य चेतना और सर्जना के क्षण, पृ. 51)। तत्सम शब्दों की माला के बीच बोलीगत प्रयोगों को बिठाकर भी अज्ञेय अनेक स्थलों पर भाषिक चमत्कार उत्पन्न करते हैं—

"तेरे दोलन की लोरी पर झूँमूँ मैं तन्मय-
गा तू :
तेरी लय पर मेरी साँसें
भरें, पुरें, रीतें, विश्रांति पायँ।" (असाध्य वीणा)

किसी भी बात को, या विचार को अभिव्यक्ति करने के लिए उचित शब्दों का चयन करना आवश्यक है। अज्ञेय यह मानते हैं कि कविता शब्दों में होती है और विचार भाषा में होता है। वे कहते हैं कि "भाषा का मैं उपयोग करता हूँ। उपयोग करता

हूँ लेखक के नाते, कवि के नाते और एक साधारण सामाजिक मानव प्राणी के नाते, दूसरे सामाजिक मानव प्राणियों से साधारण व्यवहार के लिए। इस प्रकार एक लेखक के नाते मैं कला सृजन के माध्यमों में सबसे अधिक वेध्य माध्यम का उपयोग करता हूँ—ऐसे माध्यम का जिसको निरन्तर दूषित और संस्कारच्युत किया जाता रहता है। अथच उसका उपयोग मैं ऐसे ढंग से करना चाहता हूँ कि वह नए प्राणों से दीप्त हो उठे।" (अज्ञेय; आल-वाल; पृ. 10-11)। इसीलिए वे अपनी अनुभूति को सामाजिक उपमानों के द्वारा व्यक्त करते हैं। उन्होंने जीवन की नश्वरता, निस्सारता और क्षणभंगुरता को अभिव्यक्त करने के लिए 'काँच के प्याले' का प्रयोग किया है—

"जीवन!
वह जगमग
एक काँच का प्याला था
जिसमें यह भरमाये हमने
भर रक्खा
तीखा भभके खिंचा उजाला था
कौंध उसी की से
वह फूट गया।"

(4)

यह उल्लेखनीय है कि काव्य भाषा का केन्द्रीय तत्व बिंब विधान है। रामस्वरूप चतुर्वेदी के अनुसार "कविता की भाषा का केन्द्रीय तत्व भावचित्रों अथवा बिंबों का विधान है। कवि परम्परा में स्वीकृत भावचित्रों का प्रयोग अधिक नहीं करता आवश्यकता पड़ने पर सामान्य से सामान्य शब्द को एक विशिष्ट अर्थ देता है।" (रामस्वरूप चतुर्वेदी; 'काव्य भाषा का स्वरूप'; काव्य भाषा पर तीन निबन्ध; पृ. 85)। अगर यह कहा जाए कि अज्ञेय के काव्य में नवगठित बिंबों का व्यापक प्रयोग है तो यह अनुचित नहीं होगा। 'औद्योगिक बस्ती' शीर्षक कविता का एक अंश इस सन्दर्भ में द्रष्टव्य है—

"बंधी लीक पर रेलें लादे माल
चिन्हुकती और रँभाती अफराए डाँगर-सी
ठिलती चलती जाती हैं।
उद्यम की कड़ी-कड़ी में बँधते जाते मुक्तिकाम
मानव की आशाएँ ही पल-पल
उसको छलती
जाती हैं।" (औद्‍योगिक बस्ती)

यहाँ अज्ञेय ने लदी मालगाड़ी के चित्र को 'चिन्हुकती और रँभाती अफराए डाँगर-सी ठिलती चलती' के माध्यम से बिंबित किया है। इससे यह चित्र स्पष्ट-नजर आता है कि ठेठ देहाती इलाके में औद्योगिक बस्ती बसी हुई है। इतना ही नहीं, लदी मालगाड़ी के लिए 'अफराए डाँगर' का जो दृश्य बिंब प्रयुक्त हुआ है इससे चित्र और भी स्पष्ट होता है। एक और उदाहरण देखें–

झरना :
झरता पत्ता
हरी डाल
से
अटक गया (जीवन मर्म)

[झरना झर-झर कर प्रवाहित जल प्रवाह का दृश्य सामने लाता है। वह नैरंतर्य तथा गति को सामने लाता है। 'अटक गया' इसका विरोधाभास है - जल की गति में ठहराव/अवरोध। झरता पत्ता–एक विशिष्ट पत्ता काल प्रवाह से अलग होकर 'हरी डाल से' अटक गया। जो वस्तुतः टूट कर गिर रहा है और वह जहाँ जाकर अटक रहा है वे दोनों एक समान वस्तु (वृक्ष) से जुड़े हैं।]

अज्ञेय की कविताओं में निजी अनुभूतियाँ मुखरित हैं। अज्ञेय का अपने परिवेश से इतना ऐक्य है कि उनकी कविताओं में वह अनायास ही झाँकता रहता है, आँख मिचौनी खेलता रहता है। परिवेश की महत्ता को स्पष्ट करते हुए अज्ञेय ने स्वयं लिखा है कि "आज का लेखक इस प्रकार अपने परिवेश से दबा है–जो कि वह स्वयं है और जितना ही अच्छा लेखक है, उतना ही अधिक वह अपना परिवेश है।" (अज्ञेय; आल-वाल; पृ. 21)। इस सन्दर्भ में अज्ञेय की कविता 'बसंत गीत' का एक अंश देखें–

"सिरिस ने रेशम से वेणी बाँध ली
नीम के भी बौर में मिठास देख
हँस उठी है कचनार की कली!
टेसुओं की आरती सजा के
बन गई वधू वनस्थली।" (बसंत गीत)

अज्ञेय जैसे संवेदनशील कवि के लिए मौन भी अभिव्यंजना का माध्यम है। उनकी मान्यता है कि मौन के द्वारा भी संप्रेषण संभव है और काव्य रचना के लिए ढेर सारे शब्दों की जरूरत नहीं होती। इसीलिए वे कहते हैं–

"मौन भी अभिव्यंजना है :
जितना तुम्हारा सच है

उतना ही कहो।" (जितना तुम्हारा सच है)

इस सम्बन्ध में वे यह भी कहते हैं कि "किसी भी समय की कविता को समझने के लिए—यह अत्यंत आवश्यक है कि हम जानें कि काव्य 'अभिव्यक्ति' से भी अधिक 'संप्रेषण' है, और संप्रेषण की स्थितियों के सन्दर्भ में ही यह पड़ताल करें कि कविता क्या है। संप्रेषण की स्थितियों को समझे बिना काव्य का मूल्यांकन तो दूर, सही अर्थ-ग्रहण भी नहीं हो सकता - उसका कथ्य भी ठीक-ठीक नहीं पहचाना जा सकता।" (अज्ञेय; सर्जना के क्षण; भूमिका; कवि दृष्टि; पृ. 11)। अज्ञेय की कविता 'भोर' को ही देख लें—

"भोर!
तुम!
आओ!
जीवन है।
आशी!" (भोर)

यह अपने आप में पूरी कविता है। इसमें भोर से संबंधित सारे उल्लास को अज्ञेय ने अन-अभिव्यक्त छोड़ दिया है।

अज्ञेय की मान्यता है कि प्रत्येक शब्द के अपने वाच्यार्थ के अतिरिक्त अलग अलग लक्ष्यार्थ और व्यंग्यार्थ होते हैं जो सन्दर्भ सापेक्ष हुआ करते हैं। वे कहते हैं कि "शब्द अपने आप में सम्पूर्ण या आत्यंतिक नहीं है; किसी शब्द का कोई स्वयंभूत अर्थ नहीं है। अर्थ उसे दिया गया है, वह संकेत है जिसमें अर्थ की प्रतिपत्ति की गई है।" (अज्ञेय; नई कविता : प्रयोग के आयाम; तीसरा सप्तक की भूमिका; कवि दृष्टि; पृ. 83)। उनकी प्रसिद्ध कविता 'साँप' के अंश का उदाहरण देखें—

"साँप
तुम सभ्य तो हुए नहीं
नगरों में बसना
भी तुम्हें नहीं आया
एक बात पूछूँ - उत्तर दोगे?
तब कैसे सीखा डसना
विष कहाँ पाया?" (साँप)

यहाँ कवि ने नागरिक सभ्यता की कृत्रिमता पर असंतोष व्यक्त किया है। इतना ही नहीं उनकी काव्य पंक्तियों में सूक्तियाँ भी दृष्टिगत होती हैं—

➢ "किन्तु हम हैं द्वीप। हम धरा नहीं हैं।

स्थिर समर्पण है हमारा। हम सदा से द्वीप हैं स्रोतस्विनी के ।
किन्तु हम बहते नहीं हैं। क्योंकि बहना रेत होना है।
हम बहेंगे तो रहेंगे ही नहीं।
पैर उखड़ेंगे। प्लवन होगा। ढहेंगे। सहेंगे बह जाएँगे।" (नदी के द्वीप)

स्मरणीय है कि अज्ञेय शब्द शिल्पी के साथ-साथ रंगों और सौंदर्य के कवि भी हैं। उनकी कविताओं में विविध रंग छटाओं का समावेश है–

- "भोर का बावरा अहेरी
  पहले बिछाता है आलोक की
  लाल कनियाँ" (बावरा अहेरी)
- "बिछली घास हो तुम
  या शरद के साँझ के सूने गगन की पीठिका पर
  दोलती कलगी अकेली
  बाजरे की" (कलगी बाजरे की)
- "साँझ हुई, सब ओर निशा ने फैलाया निज चीर
  नभ से अंजन बरस रहा है नहीं दीखता तीर"
- "धूप
  माँ की हँसी के प्रतिबिंब सी शिशु बदन पर
  हुईं भासित"
- "लाल
  अंगारों से डह-डह इस
  पंचमुख गुड़हल के फूल को
  बाँधते रहे नीरव–" (पंचमुख गुड़हल)

अज्ञेय ने इलियट की भाँति भाषा और संवेदना के बदलाव को ही मुख्य रूप से कवि कर्म माना है। उन्होंने नए उपमानों, बिंबों, प्रतीकों और भाषा के प्रयोग को अभिव्यक्ति के माध्यमों के रूप में ही स्वीकार किया है। उनका मत है कि–

"ये उपमान मैले हो गए हैं
देवता इन प्रतीकों के कर गए हैं कूच
कभी बासन अधिक घिसने से
मुलम्मा छूट जाता है।"

इसके अतिरिक्त उनकी काव्यभाषा में ध्वन्यात्मकता का प्रयोग भी द्रष्टव्य है। वे अर्थ की सघनता बढ़ाने के लिए ध्वनियों का सटीक प्रयोग करते हैं। जैसे–

> “चट-चट-चट कर सहसा तड़क गए हिमखण्ड
> जमे सरसी के तल पर
> लुढ़क-पुढ़क कर स्थिर...।”

> “झींगुरों की लोरियाँ
> सुला गई थी गाँव को
> झोंपड़े हिन्डौल-सी झुला रही है
> धीमे धीमे
> उजली कपास धूम डोरियाँ” (रात में गाँव)

> “चातक तापस तरु पर बैठ।
> स्वाति बूँद में ध्यान रमाए,
> स्वप्न तृप्ति, का देखा करता
> ‘पी! पी! पी!’ की टेर लगाए” (आज थका हिय हारिल मेरा)

अज्ञेय कविता में अर्थ की सघनता के लिए शब्दों को और कभी कभी पंक्तियों को भी अलग अलग करके रखते हैं। उनकी प्रसिद्ध कविता ‘जीवन मर्म’ का उदाहरण देखें–

“झ
    र
        ना
झरता पत्ता
हरी डाल
            से
अटक गया।”

अभिव्यक्ति को चमत्कारी और संप्रेषणीय बनाने के लिए अज्ञेय प्रायः अन्तर्विरोध का प्रयोग करते ही हैं, प्रश्न चिह्नों और विराम चिह्नों (जैसे डैश) से भी यह काम लेने में नहीं चूकते।

- क्योंकि वह माँग है/ दान नहीं है। (आँगन के पार द्वार) : अन्तर्विरोध
- एक बात पूछूँ–उत्तर दोगे? ध्तब कैसे सीखा डसना/विष कहाँ पाया? (साँप) : प्रश्न चिह्न
- सम्बन्ध जोड़ना चाहता हूँ-/अभिभूत होना चाहता हूँ-/जो मेरे भीतर है (इत्यलम्) : डैश
- यह प्यार, यह अडूब उमड़ना-/सब तुम्हें दिया (भीतर जगा देता) : डैश

अज्ञेय का काव्य सत्य उनकी भाषा की बनावट और बुनावट पर चलता है। वे भाषा

को परम्परा, संस्कृति और यथार्थ को पहचानने का माध्यम स्वीकार करते हैं। उनकी कविता का क्षितिज अत्यंत व्याप्क है। उनकी प्रसिद्ध उक्ति है कि "काव्य सबसे पहले शब्द है। और सबसे अन्त में भी यही बात बच जाती है कि काव्य शब्द है। सारे कवि-कर्म इसी परिभाषा से निःसृत होते हैं। शब्द का ज्ञान - ज्ञान के अर्थवत्ता की सही पकड़ - ही कृतिकार को कृती बनाती है। ध्वनि, लय, छंद आदि के सभी प्रश्न इसी में से निकलते और इसी में विलय होते हैं।" (अज्ञेय; तार सप्तक; पुनश्च; पृ. 301)। अज्ञेय के पास शब्द और अर्थवत्ता की सही पकड़ है। जिस प्रकार चित्रकार सीधी-तिरछी लकीरों के माध्यम से चित्र बनाता है उसी प्रकार वे थोड़े से शब्दों और ध्वनियों से भी वांछित बिंब गढ़ लेते हैं, भाव चित्र बना लेते हैं—

"मैंने देखा
एक बूँद सहसा
उछली सागर की झाग से—
रंगी गई क्षण-भर
ढलते सूरज की आग से।
—मुझको दीख गया :
हर आलोक-छुआ अपनापन
हे उन्मोचन
नश्वरता के दाग से।" (मैंने देखा, एक बूँद)

"जो पुल बनाएँगे
वे अनिवार्यतः
पीछे रह जाएँगे
सेनाएँ हो जाएँगी पार
मारे जाएँगे रावण
जयी होंगे राम
जो निर्माता रहे
इतिहास में
बन्दर कहलाएँगे।"

अज्ञेय शब्दों के सफल चितेरे हैं। मितकथन उनका अपना भी स्वभाव है और उनकी काव्य भाषा का भी। जैसा कि रामस्वरूप चतुर्वेदी ने कहा है, "अज्ञेय की कविता की भाषा सहज, लोक प्रचलित तथा परम्परागत शिल्प प्रविधि से विहीन है। और भाषा के इस क्रांतिकारी प्रयोग से उन्होंने कविता को एक नई अर्थवत्ता प्रदान की है।" (रामस्वरूप चतुर्वेदी; 'काव्य भाषा का स्वरूप'; काव्य भाषा पर तीन निबन्ध; पृ. 85)।

कुल मिलाकर यह कहा जा सकता है कि अज्ञेय ऐसे भाषा चिन्तक और भाषा सृजक हैं जिन्होंने इस स्थिति की ओर संकेत किया है कि अच्छी भाषा लिखना अपने आप में बहुत बड़ी उपलब्धि है और कविता की प्रमुख विशेषता उसकी भाषा प्रयोग विधि है। इसके लिए वे भाषा के पार भी जाने को तत्पर दिखाई पड़ते हैं–

"मैं सभी ओर से खुला हूँ
वन-सा, वन-सा अपने में बन्द हूँ
शब्द में मेरी समाई नहीं होगी
मैं सन्नाटे का छंद हूँ।" (छंद)

अन्ततः पंडित विद्यानिवास मिश्र के शब्दों में "अज्ञेय की कविता मुझे इसलिए प्रिय है कि वह जहाँ वक्तृता के प्रभाव से या सफाई के आग्रह से मुक्ती है, शुद्ध कविता है। युग उसमें है, पर व्यक्ति के माध्यम से देश उसमें है, पर किसी आलोकित आकाश के माध्यम से। दर्प उसमें है, ध्वंस या निर्माण का नहीं, अपनी किरण के दुलार का। बिंबों का वैचित्र्य भी ऐसा है जो अपरिचित न होते हुए भी नए परिचय का रस देता है, वही दीप, वही मुकुर, वही कोकनद, वही सागर, वही लहर, वही नैवेद्य, वही आहुति अज्ञेय की कविता में नया प्राण पा जाते हैं।" (विद्यानिवास मिश्र; आज के लोकप्रिय हिन्दी कवि-10; अज्ञेय; पृ. 44)।

प्रयोजनमूलक भाषा

प्रयोजनमूलक हिन्दी, प्रिंट मीडिया और दैनिक पत्रों की हिन्दी

'केन्द्र सरकार अडी, भ्रष्टाचार में डूबी, पुलिस के हाथ आकर फिसला पहाड़ी, चुनाव नहीं लड़ रहे हैं बिहार के कई बाहुबली, मंदी के बावजूद छंटनी से परहेज कर रही कंपनियाँ, अब हलफनामे जमा करने की आई सुध'—ये हैं दैनिक समाचार पत्रों की कुछ सुर्खियाँ जो इस व्यवहार क्षेत्र के भाषिक वैशिष्ट्य का जायका देने में समर्थ हैं।

समाज में भाषा दो तरह से काम करती है। एक - सामान्य संप्रेषण, जिसके माध्यम से लोग बातचीत कर सकें, तर्क प्रस्तुत कर सकें, स्वागत कर सकें आदि। वास्तव में भाषा समुदाय के अधिकतर सदस्य सामान्य संप्रेषण की भाषा से ही काम लेते हैं, चाहे वे शिक्षित हों या अशिक्षित अथवा उच्चवर्ग के हों या निम्नवर्ग के। ऐसी भाषा या भाषा के प्रकार्य को समाजभाषाविज्ञान ने 'सामान्य प्रयोजनों की भाषा'(Language for General Purposes/ LGP) की संज्ञा दी। अर्थात दैनंदिन जीवन की संप्रेषण सम्बन्धी आवश्यकताओं की पूर्ति सामान्य संप्रेषण की भाषा करती है। इसमें परिवार, परिवेश, समाज, पूरा देश आते हैं। सामान्य प्रयोजन की भाषा में विविधता होती है। प्रयोक्ता क्षेत्र, सामाजिक वर्ग भेद आदि के अनुसार यह बदलती रहती है। कभी भी सामान्य प्रयोजन की भाषा एकरूपी नहीं होती, यही उसकी सामाजिक स्वीकृति का प्रमाण है। हिन्दी को सामान्य प्रयोजन की भाषा के रूप में बहुत लोगों ने स्वीकार किया है। इसका प्रमुख लक्ष्य है - सामान्य संप्रेषण के माध्यम से समाज को जोड़ना। भाषा का दूसरा प्रकार्य इससे भिन्न है जिसे विशिष्ट प्रयोजन पर आधारित होने के कारण 'प्रयोजनमूलक भाषा' (Language for Specific/ Special Purposes) के रूप में जाना जाता है।

जब भाषा विशिष्ट सामाजिक दायित्वों को पूरा करती है तो वह प्रयोजनमूलक भाषा का रूप धारण करती है। विशेष प्रयोजनों के लिए समाज को विशेष भाषा की जरूरत पड़ती है। अब काम सामान्य प्रयोजनों को पूरा करने वाली सामान्य भाषा से नहीं चलता; उसकी एक सीमा है। अतः जरूरत पड़ने पर समाज प्रयोजनमूलक भाषा का निर्माण करता है। इसका अर्थ यह नहीं है कि सामान्य भाषा का कोई

प्रयोजन नहीं है। इसी सामान्य भाषा का आधार लेकर ही प्रयोजनमूलक भाषा (Functional Language) को विकसित किया जाता है। अपने प्रयोजन क्षेत्र (Domain) में प्रयोजनमूलक भाषा एकरूपी होती है। यदि प्रयोजनमूलक भाषा को क्षेत्र सापेक्ष भाषा रूप (Domain Specific Language Varieties) कहा जाए तो अधिक उचित होगा। हिन्दी के विविध प्रयोजनमूलक भाषा रूपों के लिए भी यही सत्य है।

प्रयोजनमूलक भाषा सायास (Conscious) रूप में विकसित होती है। समयबद्ध ढंग से इसका निर्माण होता है। भारतीय भाषाओं के नए प्रयोजनमूलक भाषा रूपों का विकास स्वतंत्रता के बाद सायास रूप में किया गया है। प्रयोजनमूलक भाषा (Functional Language) का सीधा सम्बन्ध विषय क्षेत्र (Domain) से होता है। विषय के अनुरूप प्रयोजनमूलक शैली/ बोली में परिवर्तन आ जाता है। इसलिए प्रयोजनमूलक भाषा के वर्ग बनाए गए हैं। कुछ विद्वानों ने यह माना कि इनके केन्द्र में 'विषय'(Subject) है तो कुछ लोगों ने 'विषय बिन्दु' (Topic) को ज्यादा महत्व दिया और कहा कि वस्तुतः विषय बिन्दु के अनुसार प्रयोजनमूलक भाषा का रूप बदलता है।

प्रयोग क्षेत्र के अनुसार जो प्रयोजनमूलक भाषा रूप विकसित होते हैं उन्हें प्रयुक्ति (Register) कहा जाता है। प्रयुक्ति के माध्यम से यह देखने का प्रयास किया जाता है कि भाषा प्रयोक्ता विशिष्ट परिस्थितियों में भाषा की लचीली संभावना के साथ क्या करते हैं। अर्थात किसी निश्चित परिस्थिति में सामाजिक दायित्व के निर्वाह हेतु वक्ता (Speaker) द्वारा प्रयुक्त भाषा शैली ही प्रयुक्ति या रजिस्टर है। प्रायः राजभाषा के रूप में हिन्दी की कार्यालय तथा प्रशासन में काम आने वाली प्रयुक्ति की काफी चर्चा की जाती है परन्तु केवल कार्यालयीन व प्रशासनिक भाषा या वैज्ञानिक एवं तकनीकी भाषा ही प्रयोजनमूलक भाषा नहीं है अपितु साहित्य की भाषा भी एक विशिष्ट प्रयोजनमूलक भाषा रूप ही है और उसकी भी अनेकानेक प्रयुक्तियाँ व उप-प्रयुक्तियाँ हैं। आधुनिक युग संचार (Communication) का युग है अतः संचार माध्यमों अथवा पत्रकारिता की प्रयुक्ति विकसित हुई है। इसमें सन्देह नहीं कि लोकतंत्र के चतुर्थ स्तंभ के रूप में विख्यात पत्रकारिता के विषय क्षेत्र (Domain) में आश्चर्यजनक विस्तार हुआ है। मनुष्य ज्ञान-विज्ञान की अनेक नवीन उपलब्धियों तथा समसामायिक गतिविधियों के प्रति विशेष जिज्ञासु हो उठा है। अतः तेजी से बदलती हुई परिस्थितियों के साथ ही पत्रकारिता के प्रयोजनों में भी वृद्धि हो रही है।

पत्रकारिता आज मात्र राजनीतिक एवं सामाजिक गतिविधियों तक ही सीमित नहीं रह गई है बल्कि यह आज अपने को आर्थिक, साहित्यिक, सांस्कृतिक आदि क्रिया-कलापों से भी जोड़ चुकी है और इन विषय क्षेत्रों के साथ-साथ फिल्म, खेल-कूद, स्वास्थ्य, ग्लैमर व फैशन तथा अन्य समस्त सामाजिक विषयों को अपने

भीतर समेटे हुए हैं। इन सब उपक्षेत्रों की अपनी-अपनी उप-प्रयुक्तियाँ हैं जो व्यापक रूप से पत्रकारिता की प्रयुक्ति का अंग है।

दैनिक पत्रों में लगभग सभी पहलुओं पर समाचार छपते हैं। जैसा विषय होगा उसमें उसी प्रकार की भाषा का प्रयोग किया जाता है। हर भाषिक प्रयुक्ति की अपनी विशेषताएँ होती हैं। हिन्दी पत्रकारिता की विविध उप-प्रयुक्तियों में अनेकानेक अन्तरराष्ट्रीय शब्दों का प्रयोग बड़ी मात्रा में किया जा रहा है। पारिभाषिक शब्दावली किसी भी प्रयुक्ति की रीढ़ होती है अतः शब्द चयन व्यापक पाठक वर्ग को ध्यान में रखकर किया जाता है। उदाहरण के रूप में, 02 अप्रैल, 2009 के 'स्वतंत्र वार्ता' के मुखपृष्ठ को देखें–

> "20 शीर्ष आर्थिक शक्तियों ने आज टैक्स हैवन (कर चोरी) के धन की पनाहगाहों को ध्वस्त करने का फैसला करते हुए तीस के दशक के बाद की सबसे बड़ी मंदी से निपटने के लिए 1100 अरब डालर के नकद पैकेज का ऐलान किया।"

इस समाचार में टैक्स हैवन, डालर, पैकेज जैसी अन्तरराष्ट्रीय शब्दावली को उनके प्रचलित अंग्रेजी रूपों में ही अपनाया गया है और हिन्दी की प्रकृति के अनुसार ही उनका लिप्यंतरण किया गया है। संस्कृत, अरबी, फारसी शब्दों के साथ-साथ संकर शब्दों का भी प्रयोग किया गया है।

इसी तरह दैनिक पत्रों में अंग्रेजी भाषा से अनूदित शब्दों का प्रयोग भी किया जाता है। जैस–International Monetary Fund के लिए अन्तरराष्ट्रीय मुद्रा कोष, Trade Proposal के लिए व्यापार का वित्तपोषण, Free Convertible Money के लिए मुक्त विनिमय मुद्रा आदि। इस प्रकार के शब्द प्रचलित पारिभाषिक शब्दावली से ही ग्रहण किए जाते हैं।

यदि विषय वैज्ञानिक होगा तो उसमें तकनीकी तथा पारिभाषिक शब्दों का अधिक प्रयोग होगा। उदाहरणार्थ वैज्ञानिक समाचार की प्रयुक्ति की भाषिक उक्तियों को देखें–

- डार्क चॉकोलेट से ब्लड-प्रेशर कंट्रोल
- प्लास्टिक मिनरल वाटर बोतलों में एस्ट्रोजन हार्मोन
- परावर्तित यीस्ट का प्रयोग
- मनुष्य के एस्ट्रोजन के लिए एक रिसेप्टर लगाया गया
- मिनरल वाटर में मिलावट स्वास्थ्य के लिए जोखिम का कारण हो सकता है
- शरीर की कोशिकाओं में ग्लूकोज के दहन का काम कोशिका के एक विशेष उपांग माइटोकांड्रिया (Mitochondria) में किया जाता है

- चिकन गुनिया... डेंगू... और अब स्वाइन फ्लू का कहर
- स्वाइन फ्लू की चपेट में विश्व

यहाँ प्रयुक्त अनेक वैज्ञानिक शब्द लैटिन से अंग्रेजी में स्वीकार होकर हिन्दी तक आए हैं। पारिभाषिकता के बावजूद समाचार पत्र की भाषा में सरलता और सुबोधता का भी ध्यान रखा जाता है। इसलिए वैज्ञानिक तथ्यों को भी जन सामान्य तक पहुँचाने के लिए दैनिक पत्रों में सहज-सरल भाषा का प्रयोग किया जाता है। दूसरी ओर, विषय सामान्य होने पर भाषा भी सामान्य होगी, लेकिन अपनी प्रस्तुतिगत विशिष्टता के कारण पत्रकारिता की भाषा तकनीकी बन जाती है। कुछ शीर्ष पंक्तियाँ और कुछ अभिव्यक्तियाँ देखें—

शीर्ष पंक्तियाँ

राजनैतिक समाचार :

- चुनावी गठबंधन
- अमेरिका के बाद सबसे महँगा भारत का आम चुनाव
- लोकसभा चुनाव में कई नेताओं व दलों की प्रतिष्ठा दाँव पर
- नोट देकर वोट माँगने वाले नेता, सावधान रहें मतदाता
- चुनाव आयोग के कड़े तेवर
- ज्योतिष की सीढ़ी के सहारे चुनावी नैया पार करने की तैयारी

खेल समाचार :

- भारत की रैंकिंग में दो स्थान का सुधार
- कर्नाटक और रेलवे में खिताबी भिडंत आज
- भारतीय कोच कम नहीं
- ट्वेंटी-20 के ट्रेडमार्क को लेकर जंग
- गेंद अब पाकिस्तान के पाले में है

बाजार समाचार :

- शेयर बाजार में तेजड़ियों की मजबूत होती पकड़
- गतिविधियाँ पटरी पर लौटी
- तेल में घट-बढ़, गेहूँ चीनी तेज, चना मंदा
- महँगाई के आंकड़े तय करेंगे बाजार की दिशा
- सोना 530 रुपये लुढ़का, चाँदी 393 रुपये फिसली
- चाँदी 570 रुपये लुढ़की, सोना 60 रुपये कमजोर
- सेंसेक्स 263 अंक उछला

अपराध समाचार :

- अस्पताल पर हमला हमारी गलती : अल कायदा
- छात्रा के साथ बलात्कार का आरोपी शिक्षक गिरफ्तार

अन्तरराष्ट्रीय सामाचार :

- थाइलैंड में सरकार विरोधी गुटों का जबरदस्त प्रदर्शन
- सोमालिया की संसद ने हरी झंडी दिखाई

वैज्ञानिक समाचार :

- ज्यादा न चबाएँ च्यूइंगम, बढ़ता है सिरदर्द

'को' वाली शीर्ष पंक्तियाँ

- नफरत व देश को बाँटने की राजनीति न करे (राजनीतिक समाचार)
- अमेरिका को व्यवस्था बदलने की माँग छोड़नी होगी (राजनीतिक समाचार)
- समाज को बदल सकती है युवा शक्ति (सामाजिक समाचार)
- वर्तमान राजनीतिक नेतृत्व को चुनौतियाँ (राजनीतिक समाचार)

'के लिए' वाली शीर्ष पंक्तियाँ

- विश्व कप के लिए टीम इंडिया रवाना (खेल समाचार)
- सफलता के लिए मक्सद जरूरी (खेल समाचार)
- छोटे फार्मेट के बड़े खिताब के लिए भिडेंगी 16 टीमें (खेल समाचार)
- पिता के लिए पुत्र सारथी, तो पुत्र के लिए पिता (राजनीतिक समाचार)
- चुनावों के लिए अधिसूचना दो अप्रैल को जारी (राजनीतिक समाचार)

ने' वाली शीर्ष पंक्तियाँ

- शराबी पति ने पत्नी व बच्चों की हत्या की (अपराध समाचार)
- हाईकोर्ट ने हर्षवर्धन पर ठोंका जुर्माना (अपराध समाचार)
- 11 साल की मूक-बधिर ने दिया बच्चे को जन्म (सामाजिक समाचार)
- न्यूजीलैंड ने एकदिवसीय शृंखला जीती (खेल समाचार)

'के' वाली शीर्ष पंक्तियाँ

- सता के महासंग्राम की बज गई दुंदुभी (राजनीतिक समाचार)
- भाग्यनगर के विस्तारण से मूसी नदी नदारद के कगार पर (सामाजिक समाचार)
- ब्याज की दरों में बढ़ोत्तरी के संदर्भों से गिरा बाजार (बाजार समाचार)

प्रश्न चिह्न (नोट ऑफ इंटेरोगेशन)

- मोदी के गढ़ में 'आप' की ललकार कितनी दमदार? (राजनीतिक समाचार)
- चुनाव के बाद मोदी के साथ आएँगी माया? (राजनीतिक समाचार)

विस्मय बोधक चिह्न (नोट ऑफ एक्सक्लेमेनेशन)

- अरे बाप रे ! ऐसी जगह छिपा रखा था 10 करोड़ का सोना! (राजनीतिक समाचार)
- राहुल के वाडे पर 'सपा' और 'आप' ने लगाई सेंध! (राजनीतिक समाचार)
- इस बदहाली का गुनाहगार कौन! (राजनीतिक समाचार) [इस शीर्ष पंक्ति में एक ओर विस्मय है तो दूसरी ओर प्रश्न वाचक]
- भाजपा की तबियत ठीक नहीं है! (राजनीतिक समाचार) [इस शीर्ष पंक्ति में एक ओर विस्मय है तो दूसरी ओर प्रश्न वाचक। इसमें व्यंजकता है।]

अभिव्यक्तियाँ

खेल समाचार :

- विश्व कप से बाहर
- खिताबी हैट्रिक
- चुकाया हार का बदला
- प्रबल दावेदार
- बन्दूकधारी की गोलीबारी
- अटूट सम्बन्ध बरकरार
- पुछल्ले बल्लेबाज
- प्रभावशाली गेंदबाज
- बल्लेबाजों के तेजतर्रार खेल
- पगबाधा आउट
- रोमांच की पराकाष्ठा पर पहुँच ड्रा हुआ पहला टेस्ट
- क्रिकेट से लिया संन्यास
- आईपीएल की तर्ज पर अब आईवीएल टेस्ट क्रिकेट का ककहरा पढ़ाया जा रहा है
- सीरीज में बेहतर खेल दिखाया
- खिताबी मुकाबला

राजनैतिक समाचार :

- काले धन के जन्नत

- कुर्सी के लिए जीना मरना
- चुनावी महासमर
- खूफिया मुद्दे
- गुमराह करने की कोशिश
- राज्य विभाजन के मामले में रुख में कोई बदलाव नहीं
- सरकार बनाने को लेकर हो सकता है फैसला
- सीबीआई की क्लीन चिट
- आतंकवादियों के खिलाफ प्रदर्शन
- भ्रष्टाचार के खात्मे का आह्वान
- सनसनीखेज खबर
- बात धर्मनिरपेक्षता की, व्यवहार साम्प्रदायिक राजनीति की

बाजार समाचार :

- ऊँची छलाँग
- बाजार में तेजी का सिलसिला
- खाद्य तेलों में भारी गिरावट
- गेहूँ तेज
- चना-चीनी में टिकाव
- सेंसेक्स की नौ शीर्ष कंपनियाँ
- व्यापर रिश्तों में तनाव
- सोना लुढ़की
- चाँदी फिसली
- पीली धातु की चमक फीकी पड़ी
- बाजारों में उतार-चढ़ाव
- सफेद धातु पर दबाव
- सोने 70 रुपये उतरा, चाँदी 75 रुपये फिसली

अपराध समाचार :

- दिन-दहाड़े हत्या
- पत्नी और पुत्री की हत्या के आरोपी को आजीवन कारावास
- हत्यारों को उम्रकैद की सजा
- नाबालिग लड़की से बलात्कार के आरोपी धरे गए

कुछ अभिव्यक्तियों के अवलोकन से यह भी पता चलता है कि आजकल समाचर की भाषा में भी काव्यात्मक प्रयोग दैनिक पत्रों में सहज रूप से पाए जाने लगे हैं क्योंकि

दैनिक पत्रों की भाषा में संप्रेषणीयता और परिवर्तनशीलता के साथ-साथ जीवन्तता और लचीलापन भी चाहिए होता है। पत्रकारिता का सम्बन्ध आम जनता से है। अतः अपने पाठक वर्ग को बाँधकर रखने के लिए प्रायः भावपरक भाषा (Emotive Language) का भी प्रयोग किया जाता है। पत्रकारिता की भाषा में अनेकरूपता, कोड मिश्रण और शैली भेद भी पाई जाती है जो इस प्रयुक्ति की विशिष्टता है।

दैनिक पत्रों में अनेक प्रयोजनमूलक वर्गों (Functional Categories) को भी देखा जा सकता है। हर एक वर्ग की भाषा विशिष्ट होती है। उदाहरणार्थ, संपादकीय, राजनैतिक समाचार, आर्थिक समाचार, राष्ट्रीय, अन्तरराष्ट्रीय एवं स्थानीय समाचार, अपराध समाचार आदि के अतिरिक्त खान-पान की हिन्दी, स्वास्थ्य एवं सौंदर्य की हिन्दी, बाजार की हिन्दी, फिल्म की हिन्दी, ग्लैमर व फैशन की हिन्दी, विज्ञापन की हिन्दी आदि विशिष्ट प्रयोजनमूलक वर्ग हैं और इनकी अपनी प्रयुक्तियाँ हैं। हर प्रयुक्ति की अपनी विशिष्ट भाषिक संरचना है। जैसे खान-पान की प्रयुक्ति को ही अगर लें तो इसकी भाषा में विविधता पाई जाती है। देखें–

खान-पान की प्रयुक्ति : उबालें, कूट लें, लपेट कर रोल कर लें, गरम गरम परोसें, बगैर तेल के सुनहरा होने तक भूनें, आटे की लोई बना लें, सेंक लें, फिलिंग के लिए आलू के टुकडों को काट लें, तड़का लगाएँ, मसाला कूट लें, मिश्रण को मिक्सर में पीसें जैसे प्रयोग पाए जाते हैं। इस प्रयुक्ति में अंग्रेजी-हिन्दी कोड मिश्रण स्वाभाविक रूप से प्रचलित है। इतना ही नहीं सामान्य क्षेत्रीय शब्द इस प्रयुक्ति के विशिष्ट शब्द बन जाते हैं।

फिल्म की प्रयुक्ति : साइकोलॉजिकल थ्रिलर फिल्में, पर्सनल ट्रेजडी, यूनिक पॉवर, कैरियर, निर्देशक, कैरेक्टर, डिफरेंट टाइप की फिल्म, किर्दार, रोल प्ले, उम्दा अभिनय, बॉक्स ऑफिस आदि फिल्म प्रयुक्ति के शब्द हैं। इस क्षेत्र में अंग्रेजी शब्दों की भरमार हैं।

इलेक्ट्रिक उपकरणों से संबंधित पत्रकारिता की प्रयुक्ति : इसमें प्रायः अन्तरराष्ट्रीय शब्दों को ही ग्रहण कर लिया गया है। जैसे - मोबाइल, हैंड सेट, असेसरीज, बैटरी, इयर फोन, चार्जर, वारंटी कार्ड, फैट रिडक्शन मिशन आदि।

बाजार समाचार की प्रयुक्ति : बाजार भाव की हिन्दी तो अब आमफहम हो गई है। ऊँची छलाँग, बाजार में तेजी, बाजार में मजबूती दर्ज, सोने में हल्की तेजी, चाँदी स्थिर, सर्राफा बाजार में सुस्त गतिविधियाँ, कीमती धातुओं में विशेष उठापटक आदि बाजार प्रयुक्ति की विशिष्ट अभिव्यक्तियाँ हैं।

फैशन/गलैमर की प्रयुक्ति : शीटॉक्सीफिकेशन प्लान से लुक्स में लाए बदलाव, त्वचा को दे सन प्रोटेक्शन, याद रखें मैचिन्ग का फंडा, फैशन के दौर में आभूषणों की कमी नहीं, अपनाइए टिप्स और बन जाइए पार्टी की शान आदि ग्लैमर व फैशन दुनिया से सम्बन्धित अभिव्यक्तियाँ हैं।

अतः हम यह कह सकते हैं कि राजनैतिक चहल पहल हो या व्यावसायिक गतिविधियाँ, ग्लैमर व फैशन की दुनिया हो या पाक विधा - हिन्दी दैनिक पत्रों ने इन प्रयोजनमूलक वर्गों को अपने सहज भाषा प्रयोग से समृद्ध बनाया है। इस क्षेत्र में एक साथ विभिन्न प्रयुक्तियाँ एवं उप-प्रयुक्तियाँ विद्यमान है। इनके गठन में अनुवाद का बड़ा हाथ है। जैसे अन्तरराष्ट्रीय महत्व के समाचार, खेल-कूद समाचार। सभी भारतीय भाषाएँ इन प्रयुक्तियों को अनुवाद के माध्यम से भी तथा मौलिक शब्द निर्माण से भी समृद्ध कर रही हैं।

टीवी विज्ञापनों की भाषिक प्रयुक्ति

(1)

भाषा एक सामाजिक यथार्थ है जिसके अनेक रूप और विकल्पन पाए जाते हैं। ये विविध भाषिक विकल्पन प्रयोक्ता सापेक्ष (User Oriented) और प्रयोग सापेक्ष (Use Oriented) होते हैं। इसमें भी सन्दर्भ के अनुसार ऐसे भाषा रूप/विकल्पन विकसित किए जाते हैं जो किसी सुपारिभाषित सीमित क्षेत्र में व्यवहृत होते हैं। जैसे—विमान तल में उड़ानों के आने-जाने से संबंधित घोषणाओं के लिए एक खास तरह का सीमित भाषा व्यवहार अपेक्षित होता है। अथवा मौसम सम्बन्धी भविष्य वाणियों के लिए एक भिन्न प्रकार का भाषा व्यवहार चाहिए होता है। भाषा के इस प्रकार के सन्दर्भगत प्रयोग को 'सीमित कोड' कहा जाता है "जो अपने सन्दर्भ में सीमित और अपने रूप में विशिष्ट होता है—खरीदने-बेचने का कोड, शेयर बाजार का कोड, वैज्ञानिक पाठ का कोड, धार्मिक अनुष्ठान का कोड आदि। इसी सीमित कोड को हम 'प्रयुक्ति' (Register) कह सकते हैं।" (दिलीप सिंह, 'हिन्दी की प्रयुक्तियाँ', हिन्दी भाषा चिन्तन, पृ. 194)। इस प्रयुक्ति के तीन आधार हैं—वार्ता क्षेत्र, वार्ता प्रकार और वार्ता शैली। वार्ता क्षेत्र (Field Of Discourse) अर्थात भाषा व्यवहार का विषय क्षेत्र। दूसरे आयाम वार्ता प्रकार (Mode Of Discourse) के अनुसार प्रयुक्तियों को दो रूपों में बाँटा जा सकता है—मौखिक तथा लिखित। वार्ता प्रकार से संबद्ध भाषा विकल्पनों से शैलीय भेद (Stylistic Varieties) उत्पन्न होते हैं। तृतीय आयाम वार्ता शैली (Style Of Discourse) वक्ता और श्रोता के सम्बन्ध से नियंत्रित होती है। इससे रूढ़, औपचारिक, अनौपचारिक और अन्तरंग जैसे भाषा विकल्पन उत्पन्न होते हैं। ये तीनों आधार मिलकर किसी प्रयुक्ति का स्वरूप निर्धारण करते हैं। उदाहरण के लिए व्यावसायिक लेखन, वैज्ञानिक लेखन, पत्रकारिता से संबंधित लेखन आदि लेखन के प्रयुक्तिगत भेद हैं। इन्हें शैली से भिन्न निम्नलिखित प्रकार से पहचाना जा सकता है—

1. "प्रयुक्तिगत भेद औपचारिक-अनौपचारिक जैसे भेदों से मुक्त रहते हैं। जबकि शैली भेद के केन्द्र में औपचारिक, प्रगाढ़, सामान्य जैसे भेद निर्णायक

भूमिका निभाते हैं।

2. प्रयुक्ति 'क्षेत्र' नियंत्रित होता है, शैली 'प्रकार' द्वारा।
3. यह कहना उचित नहीं है कि सभी प्रयुक्तियों में समान रूप से शैलीय भेद होता है।
4. 'प्रयुक्ति' में 'शैली' की तरह प्रयोक्ता के व्यक्तित्व की झलक और रंजकता नहीं होती।
5. 'प्रयुक्ति' ध्वनि, व्याकरण, शब्दावली के स्तर पर विशिष्ट होती है, इसे इन्हीं विशिष्टताओं के आधार पर पहचाना भी जाता है।
6. प्रयुक्ति भाषा का सीमित कोड है, शैली व्यापक।
7. प्रयुक्ति की संकल्पना सार्वभौमिक है, पर भाषा में इसके रूप भिन्न हैं। शैलियों के बीच मिश्रण संभव है पर प्रयुक्ति-मिश्रण वर्जित है।" (दिलीप सिंह, 'हिन्दी की प्रयुक्तियाँ', हिन्दी भाषा चिन्तन (2009, प्रथम संस्करण), पृ. 194-195)

अनेक विद्वानों ने प्रयुक्ति को पारिभाषित करने का प्रयास किया है जो निम्नलिखित हैं—

T.B.W. Reid (1956)—"For the Linguistic behaviour of a given individual is by no means uniform, placed in what appear to be linguistically identical conditions, he will on different occasions speak (or write) differently according to what may roughly be described as different social situations : he will use a number of distinct registers." (दिलीप सिंह, 'हिन्दी की प्रयुक्तियाँ', हिन्दी भाषा चिन्तन (2009, प्रथम संस्करण), पृ. 195)

J.C. Catford (1965)—"By registers we mean a variety correlated with the performer's social role on a given occasion." (दिलीप सिंह, 'हिन्दी की प्रयुक्तियाँ', हिन्दी भाषा चिन्तन (2009, प्रथम संस्करण), पृ. 195)

M.A.K. Halliday (1964), MacIntosh and Stevens–"The category of register is needed, when we want to account for what people do with their language when we observe language activity in the various contexts in which it takes place, we find differences in the type of language selected appropriate different types of situation." (R.N. Srivastava, Foreword, Hindi In Advertising, (1978, first ed.) pg. Vii)

प्रो. दिलीप सिंह की मान्यता है कि 'प्रयोग के स्तर पर विषय परक या व्यवहार क्षेत्र बाधित भाषा रूपों को प्रयुक्ति (Register)' कहा जाता है। इस भाषा

वैविध्य को विशिष्ट प्रयोजनों की भाषा (LSP–Language For Special Purposes) कहा जा सकता है। विज्ञापनों की भाषा विशिष्ट प्रयुक्तिगत भाषा है। अर्थात विशिष्ट कार्यक्षेत्र की भाषा। यह भाषा संक्षेपीकरण और तुकबन्दी के आधार पर अपना एक विशिष्ट स्थान प्राप्त कर चुकी है। (दिलीप सिंह, 'हिन्दी की प्रयुक्तियाँ', हिन्दी भाषा चिन्तन (2009, प्रथम संस्करण), पृ. 195)।

(2)

विज्ञापन बाजार और व्यापार के क्षेत्र में निर्धारित लक्ष्यों को प्राप्त करने का महत्वपूर्ण और सशक्त साधन अथवा उपकरण है। विज्ञापन बनाने के लिए रोचक, आकर्षक, चमत्कारपूर्ण और प्रभावशाली भाषा अपेक्षित है। प्रो. दिलीप सिंह ने अपनी पुस्तक 'व्यावसायिक हिन्दी' में विज्ञापन से संबंधित कुछ पक्षों को निम्नलिखित आरेख के माध्यम से स्पष्ट किया है (दिलीप सिंह, व्यावसायिक हिन्दी, (1992, प्रथम संस्करण), पृ. 74)।

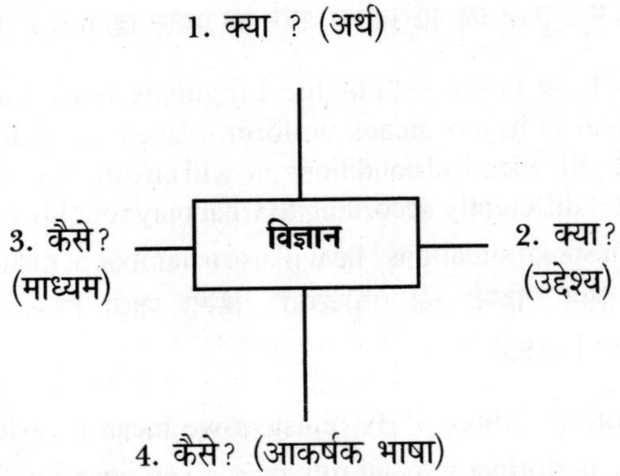

विज्ञापन क्या है? इस प्रश्न का उत्तर कठिन तो नहीं है पर संक्षेप में इसका उत्तर देना आसान कार्य नहीं है। वास्तव में विज्ञापन भी भाषावैज्ञानिक पाठ ही है चूँकि इसमें शीर्षक, उपशीर्षक, विस्तार विवरण और प्रत्यक्षीकरण होते हैं। (An advertisement is a linguistic text in its essential form structured along the levels of a headline (including sub-heads), a bodycopy, standing details, a signature line (including slogans), with an addition of an illustration in the press medium and an often found conflation of two volumes in the radio medium.–Suresh Kumar, 'Advertising situation', Hindi in advertising : a study in linguo-stylistics method, pg. 4, 1978 [first ed], Bahri Publications Limited, Chandigarh.)। सामान्य रूप से विज्ञापन जनसम्पर्क का माध्यम है जो

व्यापार क्षेत्र को विकसित करने की क्षमता रखता है। पारिभाषिक दृष्टि से "विज्ञापन गैर-व्यक्तिगत, मौखिक, दृष्टिगत प्रस्तुतीकरण है जो लोगों के समूह को खुले रूप से अभिप्रेरित (Intended) करता है।" (दिलीप सिंह, व्यावसायिक हिन्दी (1992, प्रथम संस्करण), पृ. 74)। विज्ञापन से संबंधित अनेक परिभाषाएँ उपलब्ध हैं जो निम्नलिखित हैं–

अमेरिकन मार्केटिंग एसोसिएशन–"विज्ञापन एक सुपरिचित विज्ञापक द्वारा अपने विचारों, वस्तुओं या सेवाओं को निर्वैयक्तिक रूप में प्रस्तुत करने तथा संवर्धन करने का भुगतान किया हुआ प्रकार है।" (Advertising is any paid form of non-personal presentations and promotions of ideas, goods or services by an identified sponsor.–डॉ. रेखा सेठी, 'विज्ञापन : स्वरूप एवं अवधारणा', विज्ञापन डॉट कॉम, पृ. 17 से उद्धृत)। इससे यह स्पष्ट होता है कि विज्ञापन व्यावसायिक प्रक्रिया है और वह किसी प्रकार की फ्री सेवा नहीं है। इसके लिए प्रायोजक (sponsor) पैसा देता है। विज्ञापन को किसी भी रूप में, किसी भी माध्यम से प्रस्तुत किया जा सकता है।

न्यू इन्साइक्लोपीडिया ब्रिटानिका–"Advertising is a form of communication intended to promote the sale of the product or service to influence public opinion, to gain political support or to advance a particular cause." (वही)। इससे यह स्पष्ट होता है कि विज्ञापन संप्रेषण का माध्यम है। यह ऐसा संप्रेषण है जिसका मुख्य उद्देश्य है किसी उत्पाद की विक्रय वृद्धि में योगदान देना।

वेबस्टर डिक्शनरी–"Any form of public announcement intended to aid directly or indirectly in the sale of a commodity, in securing employment, etc." (वही, पृ. 17-18)। इससे यह स्पष्ट होता है कि किसी भी वस्तु को बेचना हो या नौकरी प्राप्त करना हो, प्रत्यक्ष व अप्रत्यक्ष रूप से विज्ञापन सहायक होते हैं।

सैल्डन–"विज्ञापन वह व्यावसायिक शक्ति है, जिससे मुद्रित शब्दों द्वारा विक्रय करने या वृद्धि करने, उसकी खयाति एवं साख निर्माण करने में सहायता मिलती है।" (Advertising is a business force, which through the printed world sells or helps sales, build reputations and fosters goodwill.–विजय कुलश्रेष्ठ, 'विज्ञापन : अर्थ, तत्व, उद्देश्य एवं विविध आयाम', जनसंचार : प्रचार एवं विज्ञापन (2000, प्रथम संस्करण) से उद्धृत)

जॉन वी. ल्यूड–"विज्ञापन विक्रय कला के किसी अन्य प्रकार की भाँति लोगों के विचारों एवं प्रतिक्रिया को प्रभावित करने का एक प्रयास है।" (Advertising like any other form of salesmanship, is an attempt to influence the thoughts and action of people.–वही)

लीच–"Advertisements is a body of message addressed by a particular section of the society to the members of the public exhorting them to buy the goods marketed or to avail of the services offered or to extend the good-will sought. –(Suresh Kumar, 'Advertising Situation', Hindi in Advertising : a study in linguo-stylistic method (1978, first ed.), pg. 5.)

सी.एच. सैंडेज तथा बी. फ्राईबर्गर–"Advertising is multi dimensional; a powerful marketing tool; a component of economic system; a means of financing the mass media; a social institution; an art form; an instrument of business management; a field of employment and a paying profession." (डॉ. रेखा सेठी, 'विज्ञापन : स्वरूप और अवधारणा', विज्ञापन डॉट कॉम, पृ. 18.)।

इससे यह स्पष्ट होता है कि विज्ञापन का स्वरूप बहुआयामी है। विज्ञापन बाजार और विपणन (marketing) का सशक्त साधन है अतः वह आर्थिक प्रक्रिया का महत्वपूर्ण अंग है। विज्ञापन अपने आप में एक सामाजिक संस्था है क्योंकि विज्ञापनों में समाज के विभिन्न रूपों तथा सामाजिक सम्बन्धों की अभिव्यक्ति होती है। इतना ही नहीं वह कला भी है। वह व्यापर संगठन और प्रबंधन का भी प्रमुख उपकरण है। बहुत लोगों के लिए विज्ञापन रोजगार है।

स्टार्च–"विज्ञापन सामान्यतः किसी प्रस्ताव को लोगों के समक्ष मुद्रित रूप में प्रस्तुत करता है ताकि उसके अनुरूप उन्हें प्रेरित किया जा सके।" (Advertising may be defined as the presentation of a proposition usually in print to the people in such a way that be introduced to act upon it.–विजय कुलश्रेष्ठ, 'विज्ञापन : अर्थ, तत्व, उद्देश्य एवं विविध आयाम', जनसंचार : प्रचार एवं विज्ञापन (2000, प्रथम संस्करण), से उद्धृत)

फ्रैंक प्रेस्बी–"विज्ञापन मुद्रित, लिखित, उच्चरित अथवा चित्रित विक्रय कला है।"(Printed, written, spoken or graphic salesmanship is advertising. वही)

लस्कर–"विज्ञापन मुद्रित रूप में विक्रय कला है।" (Advertisement is salesmanship in print. वही)

केनन एवं विचर्ट–"विज्ञापन में वे सभी दृश्य एवं मौखिक सन्देश सम्मिलित हैं जो पत्र-पत्रिकाओं, चलचित्रों, पत्रों, आकाशवाणी एवं दूरदर्शन, यात्रावाहनों तथा मार्ग पर लगे दृश्य पटलों पर विज्ञापक द्वारा भुगतान करके प्रदर्शित किए जाते हैं तथा जिनका उद्देश्य उपभोक्ताओं के क्रय एवं आचरण को प्रभावित करना है।" (Advertising includes those visual or oral messages in magazines, newspapers, movies and letters, over radio and television and on transportation vehicle and outdoor signs which are paid for by their sponsors and are directed to consumers for purpose of influencing their purchases and attitudes. वही) उपर्युक्त परिभाषाओं से यह स्पष्ट होता है कि व्यावसायिक क्षेत्र में विज्ञापन का प्रमुख उद्देश्य है–माँग उत्पन्न करना, माँग बनाए रखना और माँग की वृद्धि करना।

लेकिन आज के परिप्रेक्ष्य में विज्ञापन के उद्देश्य बहुमुखी हैं। अतः विज्ञापन को विस्तृत आयाम देना अपेक्षित है। विज्ञापन के उद्देश्यों को निम्नलिखित रूप से सूचीबद्ध किया जा सकता है—

1. उत्पादों की जानकारी देना,
2. विक्रय वृद्धि,
3. विश्वसनीयता जगाना,
4. वितरण प्रणाली को सहज बनाना,
5. छवि निर्माण,
6. उत्पादक और उपभोक्ता के बीच सीधा सम्बन्ध साधना,
7. व्यापार की ख्याति,
8. मूल्यों में स्थिरता,
9. प्रतिस्पर्धा की क्षमता,
10. उचित मूल्य पर उत्तम वस्तु प्रदान करना (दिलीप सिंह, व्यावसायिक हिन्दी (1992, प्रथम संस्करण), पृ. 74)।

व्यावहारिक धरातल पर विज्ञापन के माध्यमों का महत्वपूर्ण स्थान होता है क्योंकि माध्यम के द्वारा ही उत्पादक उत्पादित वस्तु के रूप, गुण और मूल्य से संबंधित सन्देश अपने ग्राहक तक पहुँचाता है। यदि गलत माध्यम का चुनाव किया जाएगा तो विज्ञापन असफल होगा और उत्पाद की बिक्री पर भी इसका प्रभाव पड़ सकता है। मूल रूप से विज्ञापन के चर्चित माध्यम हैं—पत्र-पत्रिकाएँ, बाह्य माध्यम (पोस्टर, होर्डिंग और पैम्फलेट) तथा अन्य साधन (टीवी, रेडियो, सिनेमा, इंटरनेट)।

विज्ञापन कई प्रकार के हो सकते हैं। वर्गीकृत विज्ञापन (Classifieds) और प्रायोजित (Sponsoring) विज्ञापन। इन रूपों का उपविभाजन भी किया गया है। वर्गीकृत विज्ञापन के अन्तर्गत पुस्तक प्रकाशन, कंपनियों की भागीदारी, निविदा सूचना, कोर्ट नोटिस, क्रय-विक्रय सम्बन्धी, शिक्षा सम्बन्धी, मकान खरीददारी एवं किराए सम्बन्धी, सार्वजनिक महत्व के विषय, नाम परिवर्तन, जन्म, विवाह और मृत्यु सम्बन्धी आदि अनेकानेक विज्ञापन शामिल होते हैं। प्रायोजित विज्ञापन मूलतः सरकारी, सहकारी संस्थानों, गैर-सरकारी संस्थानों, व्यावसायिक संगठनों अथवा स्वैच्छिक संस्थानों के द्वारा दिया जाता है। (श्रद्धा तिवारी, समसामयिक टीवी विज्ञापनों का प्रयुक्तिपरक वैशिष्ट्य (अप्रकाशित शोधप्रबंध), पृ. 49)। इनके अतिरिक्त विज्ञापनों को Prestige advertisement, Institutional advertisement, Service promoting advertisements, commercial consumer advertisements और Comparative advertisement नामक श्रेणियों में भी विभाजित किया जा सकता है। (Suresh Kumar, 'Advertising Situation', Hindi In Advertising : a study in linguo-stylistic method (1978, first ed.), pg. 7)।

(3)

यह पहले भी संकेत किया जा चुका है कि विज्ञापन की भाषा विशिष्ट प्रयुक्तिगत भाषा है। लीच (1966) ने अंग्रजी भाषा के विज्ञापनों का अध्ययन करके विज्ञापनों के लिए कुछ अनिवार्य गुणों की चर्चा की है जो इस प्रकार हैं—आकर्षक तत्व (Attention Values), श्रव्यता एवं सुपाठ्यता (Readability and listenability), स्मरणीयता (Memorability) और विक्रय की शक्ति (Selling Power)। (दिलीप सिंह, 'आकर्षक भाषा के सन्दर्भ में विज्ञापन की हिन्दी', व्यावसायिक हिन्दी (1992, प्रथम संस्करण), पृ. 79)।

इसमें कोई सन्देह नहीं कि आकर्षण विज्ञापन का अनिवार्य गुण है लेकिन विज्ञापन का आकर्षक, प्रभावपूर्ण व सरस होना काफी नहीं है इसके लिए भाषा के सरस, सहज, आकर्षक, तुकबन्दी से युक्त होने के साथ-साथ उसमें 'पंच' होना अनिवार्य है। देखें—

- बड़े बदलाव के लिए हर एक को छोटी शुरुआत करनी पड़ेगी...जागो रे ...जागो रे... - टाटा टी (इसमें suggestive verb form का प्रयोग किया गया है - शुरुआत करनी पड़ेगी। इसमें उद्‌बोधन का भी प्रयोग किया गया है—'जागो रे.... जागो रे...' उत्पादक यह कहना चाह रहे हैं कि जागते ही पी लो, सुबह उठते ही ले लो।)
- जो चाहे हो जाय कोका कोला एन्जॉय—कोका कोला (इसमें 'जो चाहे हो जाय' - Assertive Sentence का प्रयोग किया गया है। इसे ध्यान से देखें तो इसमें एक Interconnectivity है और इस Interconnectivity के लिए एक पंक्ति का प्रयोग किया गया है - कोका कोला एन्जॉय। इससे संप्रेषणीयता वैश्विक हो गई है।)
- कर लो दुनिया मुट्ठी में—रिलायंस (यहाँ भी संप्रेषणीयता वैश्विक कोटि की है। दुनिया को मुट्ठी में करना—अपना वर्चस्व बनाना। यहाँ 'रिलायंस' दुनिया पर अपना राज कायम करना चाहता है। वह नं. 1 बनना चाहता है। यहाँ भी connectivity द्रष्टव्य है। अत्यंत लोक प्रचलित मुहावरे का प्रयोग किया गया है)
- एक आइडिया दुनिया बदल डाले—आइडिया (इसमें प्रयुक्त शब्द 'आइडिया' सामान्य शब्द है। यदि अर्थ के स्तर पर देखें तो इसमें दो अर्थ ध्वनित होते हैं। एक यह है कि विचार दुनिया को बदल देगा। दूसरा यह है कि 'आइडिया प्रोडक्ट' दुनिया को बदल देगा।)

- छोटे मैच बड़े सपने—रिलायंस मोबाइल (यहाँ देखें 'छोटे' और 'बड़े' का प्रयोग। 'छोटे' और 'बड़े' के बीच समतुल्यता (Equivalence) को स्थापित किया गया है।)
- क्लियरसिल मुहाँसों को खोलती है, उन्हें साफ करती है, दूर करती है। (यहाँ क्रिया प्रयोग को देखिए—खोलना, साफ करना, दूर करना। 'खोलना' क्रिया का प्रयोग विविध संदर्भों में किया जाता है। जैसे—ढक्कन खोलना, दरवाजा खोलना, अन्तर्मन को खोलना। यहाँ मुहाँसों को खोलने की बात कही गई है। मुहाँसा जो कसा हुआ है, ठोस हो चुका है उसे मुलायम करके, नरम करके अर्थात एकदम से 'soft' करके उसे खोलना। उसके बाद उसे दूर कर देना। इसमें खोलना प्राण क्रिया है।)
- भला उसकी कमीज मेरी कमीज से सफेद कैसे (रिन साबुन का मशहूर विज्ञापन। कमीज की सफेदी को तुलनात्मक स्तर पर प्रयोग किया गया है यह स्थापित करने के लिए कि सर्वोत्तम सफेदी रिन की सफेदी है। इसमें एक प्रतिक्रिया भी निहित है कि तुरंत जाकर रिन खरीदिए और वह सफेदी पाइए जिससे लोगों में ईर्ष्या पैदा हो।)
- ये प्यास है बड़ी (यहाँ प्यास का सम्बन्ध पेप्सी से जोड़ा गया है। 'प्यास' भाववाचक संज्ञा है। 'बड़ी' शब्द इसका विशेषण बनकर आया है। यहाँ यह अधिक का पर्याय न होकर साधारण प्यास की अपेक्षा पेप्सी की प्यास का अर्थ द्योतित कर रहा है। प्यास का सम्बन्ध कुछ पाने की ललक से भी है। अतः कुछ ऊँचा चाहना, कुछ बड़ा पाने के लिए बेचैन होना भी इसके लक्षित अर्थ में निहित है।)
- तूफानी ठंडा थम्स अप (इस विज्ञापन का अंग्रेजी स्लोगन है—'taste the thunder'। हिन्दी में इसे तूफानी ठंडा कहा गया है। भाववाचक संज्ञा तूफान से तूफानी विशेषण बनाया गया है।)
- ठंडा मतलब कोका कोला (इसमें यादृच्छिकता (Arbitrariness) है।)
- कुछ मीठा हो जाए (कैडबरी के विज्ञापन में 'मीठा' मिठाई के प्रतीक के रूप में प्रयुक्त हुआ है। इस विज्ञापन में कई सांस्कृतिक आयामों को जोड़ा गया है। चाहे छोटी छोटी खुशियाँ हो, या पप्पू का पास होना, या तीज-त्यौहार या महीने की पहली तारीख। 'कुछ मीठा हो जाए' में केवल एक शब्द अनेक व्यंजनाएँ प्रस्तुत कर देता है।)

टीवी विज्ञापनों की भाषा वैविध्यपूर्ण है। उत्पादक अपनी वस्तु की बिक्री हेतु आकर्षक विज्ञापनों का सहारा लेता है। दो भाषाओं को मिलाकर एक नया फिकरा गढ़ने की तकनीक—

- हंग्री क्या (डोमिनोज पिज्जा)
- ये है 'youngistan' मेरी जान ...(पेप्सी) (इसमें 'young' और 'Hindustan' को जोड़कर बनाया है—यह सूचित करने के लिए कि हिन्दुस्तान के लाखों युवा दिलों की धड़कन बन गया है।)

प्रश्नवाचक प्रयोग (नोट ऑफ इंटेरोगेशन) :

अपने उत्पाद को प्रोमोट करने तथा उसके गुणों को हाईलाइट करने के लिए प्रश्नवाचक वाक्यों का प्रयोग किया जाता है। देखें—

- क्या आपके मसूड़ों में तकलीफ है? क्या आपके पेस्ट में नमक है?—कॉलगेट एक्टिव साल्ट
- मेंलोडी इतनी चॉकलेटी क्यूँ है? (प्रश्नवाचक वाक्य का प्रयोग करते हुए उत्पाद के गुण को सूचित करना)
- हंग्री क्या? (डोमिनोज पिज्जा)
- क्या आप क्लोज अप करते हैं? (कभी कभी विज्ञापन नई क्रियाएँ गढ़ लेता है)

नकारात्मक टोन में सकारात्मक प्रभाव :

- आपकी शान पड़ोसी की जले जान (ओनिडा टीवी)
- दाग अच्छे हैं (सर्फ एक्सल के इस विज्ञापन में 'दाग' शब्द 'मैल भरे धब्बे' वाले साधारण अर्थ को पीछा छोड़ दिया है। कहीं न कहीं यहाँ उन दागों की बात भी हो रही है जो मन के मैल छुड़ाने में लग जाते हैं। इस अर्थ के आगे एक और ध्वनि भी है—इन दागों की क्या चिन्ता सर्फ एक्सल है न! सामान्य शब्दों का भी नए ढंग से प्रयोग करके अर्थ निष्पादन शक्ति को बढ़ाया गया है।)
- मैं रिटायर नहीं होऊँगा अपने ख्वाबों से (आई.सी.आई.सी.आई के इस विज्ञापन में नकारात्मकता के साथ सकारात्मकता को दर्शाया गया है।)

समानांतरता :

समानांतरता भाषा को आकर्षक एवं प्रभावशाली बनाती है। कुछ उदाहरण देखें—

- <u>कैच</u> का कोई <u>मैच</u> नहीं (कैच मसाला)
- <u>कलर</u> भी <u>केयर</u> भी (स्ट्रीक्स हैर कलर)
- जगाइए बालों में नया <u>रंग</u>, खूबसूरत कॉर्पस के <u>संग</u> (गार्नियर)
- अब जहाँ आम बार <u>गलेगा</u>, अब वहाँ विम बार <u>चलेगा</u> (विम बार)
- असली <u>आँवला</u> डाबर <u>आँवला</u> (डाबर आँवला)

प्रेरक प्रतिक्रिया :

विज्ञापन का प्रमुख कार्य यह है कि विज्ञापित चीज को खरीदने के लिए प्रेरित करना। अतः इसकी भाषा में भी वह गुण होना चाहिए कि खरीदने की बेचैनी पैदा कर दे। अतः

- ➢ जल्दी कीजिए, ऑफर सिर्फ सीमित समय तक
- ➢ जल्दी घर ले आइए
- ➢ अब आसान किश्तों पर
- ➢ जो बीवी से करें प्यार प्रेस्टीज को कैसे करें इनकार

भाषा मिश्रण :

- ➢ व्हाईट हो तो टाइड हो ('तो' का प्रयोग करते हुए इस बात पर बल देना कि सफेदी/व्हाईट चाहिए तो टाइड को अपनाइए)
- ➢ नो उल्लू बनाविंग (आइडिया)
- ➢ ठंडा-ठंडा cool-cool (नवरत्न तेल)
- ➢ कभी कभी ब्रेक लो, किटकैट खाओ, न जाने अगला पल क्या ले आए— क्रिटकैट ब्रेक बनता है
  हैव ए ब्रेक किटकैट ब्रेक
- ➢ डेंटिस्ट का सुझाया नं. 1 ब्रांड—कॉलगेट ('नं. 1' superlative का प्रयोग किया गया है।)
- ➢ बिना टेरस की बिल्डिंग,
- ➢ ए पहलवान, लड़कियों वाली फेयरनेस क्रीम लगा रे...परसों लिपस्टिक लगाएगा...फेयर एंड हैंडसम लगा - फेयर एंड हैंडसम वर्ल्ड्स नंबर 1 फेयरनेस क्रीम फॉर मेन
- ➢ ये दिल मांगे मोर
- ➢ आम की रसीली गोली/एंजॉय वेरी स्लोली (पार्ले मैंगोबाइट) (तुक और लय के साथ कोड परिवर्तन का प्रयोग)

मदर डेरी का विज्ञापन देखिए जो बहुत ही लोकप्रिय है। दूध की विशेषताएँ बताते हुए बच्चों को दूध पीने के लिए बहुत ही आकर्षक और मजेदार ढंग से प्रेरित करने वाला विज्ञापन। तुक और लय के लिए हिन्दी अंग्रेजी का कोड मिश्रण किया गया है—

- ➢ दूध दूध दूध
  पियो ग्लास फुल दूध
  दूध है मस्ती एवरी सीजन
  पियो दूध फॉर हेल्दी रीजन

रहोगे सदा फिट एंड फाइन
जिओगे साल नाइन्टी नाइन

यह कहा जा सकता है कि टीवी विज्ञापनों में भाषा विकास की कोड मिश्रण और कोड परिवर्तन जैसी अधुनातन प्रवृत्तियों का समावेश किया जा रहा है। वस्तुतः विज्ञापन विजुवल भाषा को रूप, रस, गंध, स्पर्श और शब्दों से जोड़ता है। यह सर्वविदित तथ्य है कि विज्ञापन उत्पादक और उपभोक्ता के बीच सेतु का काम करता है। विज्ञापन जितना आकर्षक होगा उपभोक्ता उतनी ही जल्दी उत्पादित वस्तु की ओर आकृष्ट होगा, अतः उत्पादक विज्ञापन में आकर्षक भाषा का प्रयोग करता है। व्यावसायिक दुनिया में प्रतिस्पर्धा की होड रहती है। उत्पादक और विज्ञापक दोनों के लिए सबसे बड़ी चुनौती होती है बाजार में पहले से उपलब्ध ब्रांडेड वस्तुओं के बीच अपनी वस्तु को बेहतर बताना और साबित करना। 'सन डायरेक्ट डी.टी.एच.' का विज्ञापन देखें—

दो आदमी छत पर खड़े हैं। एक आदमी 'सन डायरेक्ट' फिट करता हुआ।
दूसरा व्यक्ति : क्यों? नया डिश!
पहला व्यक्ति : हाँ।
दूसरा व्यक्ति : मेरा भी 65 चैनल।
पहला व्यक्ति : अरे! ये तो मेरा ज्यादा है—130
दूसरा व्यक्ति : जी, स्टार प्लस, कलर्स है!
पहला व्यक्ति : इससे से भी ज्यादा है। NDTV, Imagine, सोनी और बिन्दास भी। कितने में लिया?
दूसरा व्यक्ति : सिर्फ 2490
पहला व्यक्ति : शिट्! ये तेरा ज्यादा है। सिर्फ 499 ऑनली।
(आँखों के इशारे से मुस्कुराकर चला जाता है।)

(संगीत)

नेपथ्य : सन डायरेक्ट डी.टी.एच. इंडिया का पहला एम.पी..ई.जी. और टेक्नोलॉजी सिर्फ 499 में 5 महीने का सबस्क्रिप्शन। याने सिर्फ 99/- हर महीना। 130 से ज्यादा चैनल।

इस विज्ञापन में विज्ञापक ने बहुत ही आसानी से सन डाइरेक्ट की तुलना अन्य दूसरे डिश टीवी से करके सन डाइरेक्ट को कम कीमत में ज्यादा मुनाफे वाला बताया है।

इसमें सन्देह नहीं कि "विज्ञापन वर्तमान की आवाज तथा भविष्य का सन्देशवाहक है जो हमारे सामाजिक जीवन को सांस्कृतिक महत्वों का उपयोग करते हुए विभिन्न

भाषा रूपों के माध्यम से जीवन्त, सुन्दर, उपयोगी और आधुनिक बनाता है।" (प्रो. दिलीप सिंह, 'आकर्षक भाषा के सन्दर्भ में विज्ञापन की हिन्दी, व्यावसायिक हिन्दी, पृ. 83)। स्मरणीय है कि विज्ञापन उपभोक्ता को आकर्षित करने के लिए ही लिखे जाते हैं और उनका चित्रांकन किया जाता है। अतः आकर्षक तथा सृजनात्मक भाषा का प्रयोग अनिवार्य है। इसके अतिरिक्त विज्ञापन उपभोक्ता संस्कृति का अभिन्न अंग है। अतः विज्ञापनों में लोकतत्वों का भी समावेश किया जाता है। इन लोकतत्वों का सम्बन्ध जन्म से लेकर मृत्यु तक के अनेक संस्कारों से हो सकता है, विभिन्न रीति-रिवाजों से हो सकता है। लोक विश्वास, वेश-भूषा, खान-पान, खेलकूद, शकुन-अपशकुन, पूजा-पाठ, उत्सव, मेले-ठेले, त्यौहार आदि लोक जीवन के हिस्से हैं।

यह कहा जा सकता है कि टीवी विज्ञापनों की भाषिक प्रयुक्ति उपभोक्ता के मनोविज्ञान पर केन्द्रित है, तथा शब्दों और अभिव्यक्तियों का चयन और गठन लक्ष्य दर्शक समुदाय के अनुरूप किया जाता है।

समाजभाषिकी

मध्यम पुरुष सर्वनाम : सिद्धान्त एवं अनुप्रयोग

(1)

भाषा, व्यक्ति और समाज के बीच अन्योन्याश्रित सम्बन्ध है। भाषा की प्रकृति लचीली है। समाज में व्यवहृत भाषा एकरूपी न होकर विषमरूपी होती है और वह अपने गतिशील रूप में सदा बदलती रहती है। वह जड़ न होकर जीवन्त होती है। जब दो या अधिक भाषाभाषी आपस में संपर्क में आते हैं तो कई प्रकार की समाजभाषावैज्ञानिक प्रवृत्तियाँ विकसित हो जाती हैं। प्रमुख भाषाविद प्रो.दिलीप सिंह यह मानते हैं कि "भाषा एक साथ बहुत कुछ है—वह संप्रेषण की एक बहुमुखी व्यवस्था है, सोचने-विचारने का माध्यम है, सर्जनात्मक अथवा साहित्यिक अभिव्यक्ति का कलात्मक साधन है, एक सामाजिक संस्था है, राजनैतिक विवाद का सार्वकालिक मुद्दा है तो किसी देश को एकता के सूत्र में बाँधने और उसके विकास का जरिया भी है।" (भूमिका, भाषा का संसार, पृ. 9)। उनकी मान्यता है कि हम भाषा को केवल विचार-विमर्श के लिए अर्जित नहीं करते बल्कि हम अपने आप को समाज से जोड़ने के लिए तथा सतत संप्रेषण के लिए भाषा को अर्जित करते हैं और यह भाषा हमारे दैनंदिन जीवन में सामान्य बातचीत के लिए हमेशा हमारे साथ होती है। कृष्ण कुमार गोस्वामी की मान्यता है कि "भाषा सामाजिक वर्ग, आयु, जाति, धर्म, शिक्षा आदि विभिन्न पहलुओं द्वारा नियंत्रित होती है।" (कृष्णकुमार गोस्वामी, 'सामाजिक स्तर भेद और हिन्दी की सामाजिक शैलियाँ', हिन्दी का सामाजिक सन्दर्भ, (सं) रवीन्द्रनाथ श्रीवास्तव, पृ. 103)। अतः यह कहा जा सकता है कि किसी भी भाषा में कुछ ऐसे तत्व होते हैं जो व्यक्तियों के आन्तरिक भावों, उनके आपसी सम्बन्धों तथा सामाजिक व्यवस्था को प्रकट करते हैं। अर्थात जिनके द्वारा किसी भाषा समाज के बारे में जाना जा सकता है और समाज के आधार पर उसके द्वारा व्यवहृत भाषा के बारे में बहुत कुछ कहा जा सकता है। इस दृष्टि से सर्वनामों का प्रयोग महत्वपूर्ण है चूँकि वे समाज के बारे में प्रायः काफी सूचनाएँ देते हैं। यों तो सम्बोधन भी महत्वपूर्ण हैं लेकिन वे भी मूलतः सर्वनाम से ही जुड़े होते हैं। यहाँ मध्यम पुरुष सर्वनामों का सैद्धान्तिक विवेचन प्रस्तुत करते हुए प्रेमचन्द के कथा

साहित्य में प्रयुक्त मध्यम पुरुष सर्वनामों का विश्लेषण किया जा रहा है।

सर्वनाम द्वारा परिलक्षित सामाजिक सम्बन्धों का अध्ययन सामाजभाषाविज्ञान का विषय है। इस दिशा में ब्राउन और गिलमैन (1960, Pronouns of Power and Solidarity) तथा फ्रेडरिक (1966, Structural Implications of Russian Pronominal Usage) के प्रयास उल्लेखनीय हैं। ब्राउन और गिलमैन के मतानुसार मध्यम पुरुष सर्वनामों का विश्लेषण दो स्तरों पर किया जा सकता है—सर्वनाम एक स्तर पर पद, अवस्था और अधिकार को सूचित करता है। इस स्तर पर वक्ता और श्रोता के बीच धन, पद, अधिकार, आयु अथवा लिंग के आधार पर सर्वनामों का प्रयोग किया जाता है। अतः इस स्तर पर व्यक्तियों में परस्पर शक्ति का असमान वितरण होता है। (One person may be said to have power over another in the degree that he is able to control the behavior of the other. Power is a relationship between at least two persons, and it is non-reciprocal in the sense that both cannot have power in the same area of the behavior. (R. Brown & A. Gilman, 'The Pronouns of Power and Solidarity,' T.A. Sebeok (ed), Style in Language, MIT Press, 1960, pg. 255)। दूसरे स्तर पर व्यक्तियों के पारस्परिक मेलजोल, घनिष्ठता, भावनात्मक एकता आदि के आधार पर सर्वनामों का प्रयोग किया जाता है। ऐसे सम्बन्ध किन्हीं दो व्यक्तियों में समान एवं पारस्परिक होते हैं। इस स्तर पर व्यक्तियों में छोटे-बड़े का भेद नहीं रह जाता। वस्तुतः इन्हीं दो स्तरों पर व्यक्तियों के पारस्परिक सम्बन्ध बनते हैं और बिगड़ते भी हैं।

(2)

संभाषण में सबसे अधिक प्रयुक्त होने वाले महत्वपूर्ण भाषाई तत्व पुरुषवाचक सर्वनाम हैं। (अशोक कालरा, 'संभाषण के विभिन्न पक्षों का समाजभाषावैज्ञानिक अध्ययन', (सं) रवीन्द्रनाथ श्रीवास्तव, हिन्दी भाषा का सामाजिक सन्दर्भ, पृ. 140)। वक्ता की भाषिक, सामाजिक, सांस्कृतिक, पारिवारिक, शैक्षणिक और क्षेत्रीय पृष्ठभूमि का अनुमान भी सर्वनाम प्रयोग से लगाया जा सकता है। अशोक कालरा ने निम्नलिखित आरेख के माध्यम से यह स्पष्ट किया है कि सर्वनाम एक ओर भाषाई व्यवहार के अंग हैं तो दूसरी ओर सामाजिक व्यवहार के प्रतीक भी हैं—

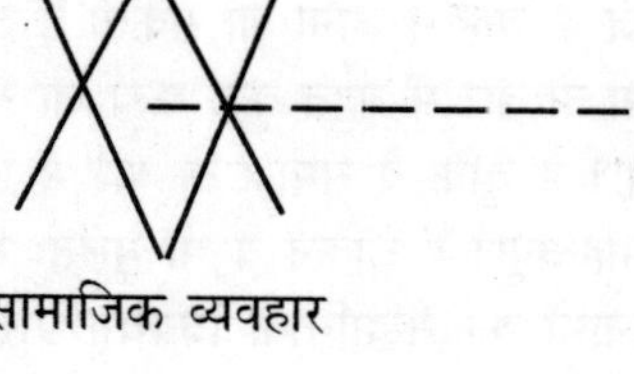

अतः यह कहा जा सकता है कि भाषा में सर्वनामों का प्रयोग केवल भाषिक व्यवहार का ही नहीं बल्कि सामाजिक व्यवहार का भी विशिष्ट अंग है। स्मरणीय है कि मध्यम पुरुष तथा अन्य पुरुष सर्वनामों का प्रयोग वक्ता और श्रोता के सम्बन्धों पर आधारित होता है। "हिन्दी में 'आप', 'तुम', 'तू' तीनों मध्यम पुरुष सर्वनामों का प्रयोग सामाजिक स्तर, शैलीगत, जातिगत, आयु, पारिवारिक सम्बन्धों आदि के आधार पर हो सकता है। 'आप' का प्रयोग एकवचन के रूप में 'तू' या 'तुम' की अपेक्षा सम्मान, शिष्टाचार या औपचारिकता की दृष्टि से अधिक होता है। पारिवारिक सम्बन्धों, व्यावसायिक स्तर, आयु आदि से प्रवर या वरिष्ठ व्यक्ति को 'आप' शब्द से संबोधित किया जाता है तो अवर या कनिष्ठ व्यक्ति को (पारिवारिक सम्बन्ध, व्यावहारिक स्तर, आयु आदि से) 'तुम' मध्यम पुरुष से संबोधित किया जाता है। यदि वक्ता और श्रोता दोनों में आत्मीयता हो तो इन सब स्तरों या सम्बन्धों की मर्यादाओं को तोड़कर 'आप' के स्थान पर प्रायः 'तुम' का प्रयोग भी होने लगता है। किन्तु मित्रता, पारिवारिक सम्बन्धों, व्यावसायिक स्तर आदि के आधार पर समान सामाजिक स्तर के लोगों के लिए 'तुम' का प्रयोग होता है।" (कृष्णकुमार गोस्वामी, 'सामाजिक स्तर भेद और हिन्दी की सामाजिक शैलियाँ', (सं) रवीन्द्रनाथ श्रीवास्तव, हिन्दी का सामाजिक सन्दर्भ, पृ. 109-110)। हिन्दी में प्रयुक्त सर्वनामों के भेद निम्नलिखित हैं—

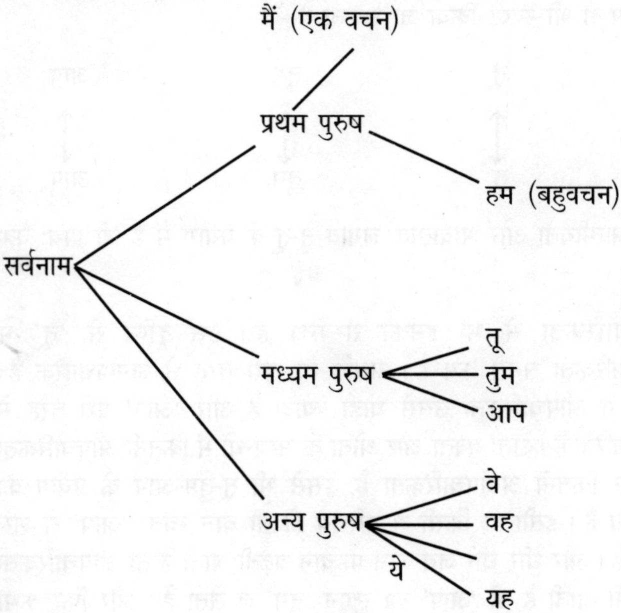

यह सर्वविदित तथ्य है कि मध्यम पुरुष तथा कभी कभी अन्य पुरुष सर्वनामों का प्रयोग वक्ता और श्रोता के प्रति दृष्टिकोण पर आधारित होता है। हिन्दी में इस दृष्टि से तू-तुम-आप के प्रयोग को देखा जा सकता है। वक्ता जिसे अपने बराबर का समझता है उसे 'तुम' कहता है तथा जिसे अपने से नीचे का समझता है उसे 'तू' कहता है। जिसे वह अपने से ऊँचा समझता है उसे 'आप' कहता है। दो व्यक्तियों के बीच असमान स्थिति होने के कारण यह संभव होता है। इसे निम्नलिखित आरेख के माध्यम से स्पष्ट किया जा सकता है–

वक्ता	आप	आप	तुम
	↑↓	↑↓	↑↓
श्रोता	तू	तुम	तू

उपर्युक्त आरेख को ध्यान से देखने से यह स्पष्ट होता है कि–

(1) प्रायः अपने से बड़े के लिए 'आप', बराबर के लिए 'तुम' और छोटे के लिए 'तू' का प्रयोग किया जाता है। यह बड़ा होना, बराबर होना और छोटा होना आयु, पद, यश, अधिकार, शिक्षा, वर्ग, जाति, कुल, गुण, शक्ति और व्यवसाय आदि बातों पर निर्भर हो सकता है। इसे निम्नलिखित आरेख के माध्यम से भी स्पष्ट किया जा सकता है–

वक्ता	तू	तुम	आप
	↕	↕	↕
श्रोता	तू	तुम	आप

सबसे अधिक आत्मीयता और भावात्मक लगाव तू-तू के प्रयोग मैं है जो प्रायः कम होता जा रहा है।

(2) औपचारिकता से भी इनका सम्बन्ध है। इस दृष्टि से 'तू' में औपचारिकता सबसे कम है। अर्थात वह पूरी तरह से अनौपचारिक है। 'तुम' में औपचारिकता उससे थोड़ी ज्यादा है और 'आप' पूरी तरह से औपचारिक है। अतः वक्ता और श्रोता के सम्बन्धों में कितनी औपचारिकता है और कितनी अनौपचारिकता है, इससे भी तू-तुम-आप के प्रयोग का सम्बन्ध है। इसीलिए किसी से परिचय हो तो बात स्वतः 'आप' से शुरू होती है। और धीरे धीरे जब जान पहचान बढ़ती जाती है तो औपचारिकता में कमी आती है तो 'आप' का स्थान 'तुम' ले लेता है। और फिर कभी

कभी 'तू' तक जाकर वक्ता-श्रोता के बीच औपचारिकता पूरी तरह समाप्त हो जाती है।

+ औपचारिकता आप
↑
तुम
↑
- औपचारिकता तू

(3) ठीक इसी बात को घनिष्ठता के पैमाने पर भी देखा जा सकता है–

+ औपचारिकता आप
↑
तुम
↑
- औपचारिकता तू

इसीलिए हिन्दी में माँ के लिए 'तू' का प्रयोग होता है। जैसे–'माँ तू कहाँ गई थी?

(4) हिन्दी भाषा समाज में भगवान के लिए भी 'तू' का प्रयोग होता है। जैसे हे भगवान, अब तू ही रक्षा कर। यदि कोई पूछे की ऐसा क्यों है तो ऊँचा-नीचा, बड़ा-छोटा, औपचारिकता-अनौपचारिकता, घनिष्ठता-अघनिष्ठता आदि के आधार पर समाधान देना कठिन है।

(5) दो व्यक्तियों के सम्बन्ध उनकी मानसिकता या उनके 'मूड' पर भी निर्भर करते हैं। अतः तू-तुम-आप के प्रयोगों में वक्ता की मानसिकता भी कम महत्वपूर्ण नहीं होती। सामान्य दृष्टि से हम अपने नौकर या बच्चे को 'तू' कहते हैं किन्तु नाराज होने पर व्यंग्य में हम 'आप' का प्रयोग करने लगते हैं।

(6) वस्तुतः 'आप' मध्यम पुरुष का आदरसूचक सर्वनाम है, किन्तु प्रयोग में यहा अन्य पुरुष का भी आदरसूचक है।

	मध्यम पुरुष	अन्य पुरुष
बहुत बड़ा/प्रतिष्ठा/औपचारिकता	आप	आप
	↑	↑
	तुम	ये
	↑	↑
छोटा/अप्रतिष्ठा/अनौपचारिकता	तू	यह

इस प्रकार यह स्पष्ट होता है कि समाज में बदलती मानसिकता भाषा को प्रभावित करती है। इस दृष्टि से हिन्दी के सर्वनामों के प्रयोग में भी बदलाव आया है। उदाहरण के लिए, पहले समाज में पति का दर्जा पत्नी से कहीं ऊँचा माना जाता था अतः प्रायः पति पत्नी को 'तू' या 'तुम' कहकर संबोधित करता था और पत्नी पति को 'आप'। जबसे स्त्री-पुरुष में समानता की हवा चली है, पति पत्नी के लिए तथा पत्नी पति के लिए 'तुम'/'तू' का प्रयोग करते हैं। कभी कभी दोनों एक-दूसरे के लिए 'आप' का प्रयोग भी करते हैं जिसे शिष्टाचार माना जाना चाहिए। एक सफल साहित्यकार समाज से जुड़ा रहता है अतः इन युग्मों का प्रयोग वह अपने साहित्य में पात्रों के पारस्परिक सम्बन्धों, उनकी मानसिकता, उनके मनोभावों एवं अन्तद्वन्द्व के सूक्ष्म चित्रण द्वारा प्रस्तुत करता है। प्रेमचन्द भी ऐसे ही साहित्यकार हैं। आगे उनके प्रमुख उपन्यास 'गोदान' में प्रयुक्त मध्यम पुरुष सर्वनामों का विश्लेषण किया जा रहा है।

(3)

प्रेमचन्द समाज पर सर्वांगीण दृष्टि रखने वाले साहित्यकारों में से एक हैं। यदि प्रो. दिलीप सिंह के शब्दों में कहें तो 'प्रेमचन्द ने भाषा और कथा-शिल्प की नई जमीन तोड़ी। जनता की भाषा में अपनी बात कही और उनके दिलों पर राज किया।' (प्रो.दिलीप सिंह, संपादकीय, प्रेमचन्द की भाषाई चेतना, 2006, पृ. 3)। प्रेमचन्द की कृतियों में 'गोदान' बहुचर्चित है। 'गोदान' की कथा दो धाराओं में प्रवाहित है। एक का सम्बन्ध होरी, धनिया, भोला, मातादीन, दातादीन, पटेश्वरीलाल आदि से है तो दूसरी ओर इसका सम्बन्ध मालती, मेहता, खन्ना, राय साहब आदि से। अर्थात एक ओर इसका सम्बन्ध ग्रामीण परिवेश से है तो दूसरी ओर शहरी परिवेश से है। गोबर और झुनिया इन दोनों के बीच की कड़ी हैं। इन दो कथा प्रसंगों को पात्रों के पारस्परिक सम्बन्धों के माध्यम से अर्थात सर्वनाम के प्रयोग की दृष्टि से दो श्रेणियों में बाँट सकते हैं। ग्रामीण पात्रों के पारस्परिक सम्बन्ध 'तू' और 'तुम' की परिधि में घूमते हैं। शहरी पात्रों के सम्बन्ध 'तुम' और 'आप' की परिधि में। सामाजिक व्यवहार की दृष्टि से ग्राम्य जीवन में 'आप' का प्रयोग प्रायः नहीं मिलता है। इसी प्रकार शहरी जीवन में 'तू' का प्रयोग न के बराबर है।

ग्रामीण पात्रों द्वारा 'आप' और 'तुम' का प्रयोग

उल्लेखनीय है कि ग्राम जीवन में 'आप' का प्रयोग प्रायः नहीं होता है। 'गोदान' में दो तीन स्थलों पर ग्रामीण पात्रों के द्वारा 'आप' का प्रयोग किया गया है। पहला प्रसंग है होरी की गाय के मरने के बाद का। दारोगा जब गाँव में आता है और होरी के घर की तलाशी लेना चाहता है तो पटेश्वरीलाल दारोगा के लिए 'आप' का प्रयोग करता है। यह प्रयोग परिस्थिति एवं दारोगा के पदाधिकार को देखते हुए उचित

प्रतीत होता है। देखें—"पटेश्वरीलाल ने तेज स्वर से कहा—'आपको अख्तियार है तलाशी ले लें। यह अच्छी दिल्लगी है, काम कौन करे, पकड़ा कौन जाय।" (गोदान, 1999 (पेपरबैक संस्करण, लोकभारती प्रकशन), पृ. 100)। दारोगा जब मामले को रफादफा करने के लिए घूस माँगता है तो धनिया विद्रोह करती है तथा दारोगा के लिए वह 'तुम' का प्रयोग करती है। देखें—"तुम्हारी तहकीकात में यही निकलता है, तो यही लिखो। पहना दो मेरे हाथ में हथकड़ियाँ। देख लिया तुम्हारा न्याय और तुम्हारी अक्कल की दौड़।" (वही, पृ. 98)। यहाँ धनिया द्वारा प्रयुक्त 'तुम' का प्रयोग उसके विद्रोही तेवर को दर्शाता है।

पहले भी संकेत किया गया है कि गोबर गाँव और शहर के बीच की कड़ी है। गोबर लखनऊ से कुछ रुपये कमा कर लौटता है तो वह कुछ प्रसंगों में गाँव के व्यक्तियों के लिए 'आप' का प्रयोग करता है। जैसे—"यह क्या बात है कारिंदा साहब, कि आपको दादा ने साल तक का लगान चुकता कर दिया और आप अभी दो साल की बाकी निकाल रहे हैं? यह कैसा गोलमाल है?" (वही, पृ. 192)। इतना ही नहीं वह नोखेराम के लिए 'आप' के साथ-साथ 'तुम' का भी प्रयोग करता है। गोबर अपनी बेरुखी दिखाता है—"अच्छी बात है, आप बेदखली दायर कीजिए। मैं अदालत में तुमसे गंगाजली उठवाकर रुपये दूँगा। इसी गाँव से एक सौ सहादतें दिलाकर साबित कर दूँगा कि तुम रसीद नहीं देते।" (वही)।

दुलारी सहुआइन मालती को संबोधित करते हुए 'आप' का प्रयोग करती है और साथ ही 'तुम' का भी—"यह सारी बातें तुम्हें कैसे मालुम हुईं सरकार, आपका तो अभी ब्याह ही नहीं हुआ?" (वही, पृ. 263)।

उपर्युक्त विवेचन से दो बातें स्पष्ट होती हैं—(1) ग्रामीण पात्रों द्वारा या फिर ग्रामीण पात्रों के लिए 'आप' का प्रयोग न के बराबर है। (2) ग्रामीण पात्र 'तुम' कहने के अभ्यस्त हैं अतः 'आप' और 'तुम' में भेद नहीं बनाए रख सकते।

शहरी पात्रों द्वारा 'तू' और 'तुम' का प्रयोग

जहाँ ग्रामीण पात्र 'आप' और 'तुम' में भेद नहीं कर पाते वहीं शहरी पात्र स्पष्ट रूप से यह भेद बरतते हैं। 'गोदान' उपन्यास का ही उदाहरण देखें—

1. मालती ने युवती से कहा—'उन्हें खाने दो। कहीं भागे नहीं जाते हैं। तू जाकर गाड़ी ला।'

   युवती ने मालती की ओर एक बार सवाल की आँखों से देखा, यह क्या चाहती हैं। इनका आशय क्या है? उसे मालती के चेहरे पर रोगियों की सी नम्रता और कृतज्ञता और याचना न दिखाई दी। उसकी जगह अभिमान और प्रमाद की झलक थी। गँवारिन मनोभावों के पहचानने में चतुर थी।

बोली—'मैं किसी की लौंडी नहीं हूँ बाईजी! तुम बड़ी हो, अपने घर की बड़ी हो। मैं तुमसे कुछ माँगने तो नहीं जाती। मैं गाड़ी लेने न जाऊँगी।' मालती ने डाँटा—'अच्छा, तूने गुस्ताखी पर कमर बाँधी! बता, तू किसके इलाके में रहती है?' (वही, पृ. 74-75)

2. मालती ने पाँव खींचकर कहा—'नहीं-नहीं मैं थकी नहीं हूँ। मैं तो हवागाड़ी पे आई हूँ। मैं चाहती हूँ, आप लोग अपने बच्चे लाएँ, तो मैं उन्हें देखकर आप लोगों को बताऊँ कि आप इन्हें कैसे तंदुरुस्त और नीरोग रख सकते हैं।' (वही, पृ. 263)।
3. "नौकरी करना है, तो हम तुझे रख लेंगे।'
   'कितना मिलेगा हुजूर?'
   'जितना तू माँगे।" (वही, पृ. 127)

उदाहरण 1 में मालती को वन्य युवती 'तुम' कहकर संबोधित करती है तो मालती 'तू' का प्रयोग करती है। इससे यह स्पष्ट होता है कि मालती अपने अधिकार का प्रदर्शन कर रही है। जब मालती युवती से रुष्ट होकर बात करती हैं तो वहाँ प्रेमचन्द की टिप्पणी मालती के द्वारा प्रयुक्त 'तू' को स्पष्ट करती है। उदाहरण 2 में मालती ग्रामीण स्त्रियों के लिए 'आप' का प्रयोग करती है। इन उदाहरणों में मालती का ग्रामीण पात्रों के प्रति 'तू' अथवा 'आप' का प्रयोग उसके अधिकार की भावना अथवा उसकी ग्रामीण पात्रों से दूरी की विशिष्ट भावना को प्रकट करता है। उदाहरण 3 में गोबर और मिर्जा खुर्शेद के बीच वार्तालाप है। खुर्शेद गोबर को 'तू' कहकर संबोधित करते हैं।

इस आधार पर यह कहा जा सकता है कि ग्रामीण पात्रों के पारस्परिक सम्बन्धों को प्रकट करने के लिए 'तू' और 'तुम' के प्रयोग को सामान्य आदर्श माना जा सकता है; उसी तरह शहरी पात्रों के पारस्परिक सम्बन्धों को प्रकट करने के लिए 'तुम' और 'आप' के प्रयोग को। ग्रामीण पात्रों के द्वारा 'आप' तथा शहरी पात्रों के द्वारा 'तू' का प्रयोग बहुत ही कम हुआ है। जहाँ भी हुआ है वहाँ पात्रों की मानसिकता को उजागर करने के लिए किया गया है।

ग्रामीण पात्रों द्वारा 'तू' और 'तुम' का प्रयोग

ग्रामीण पात्रों के पारस्परिक सम्बन्धों में 'तू' और 'तुम' का प्रयोग सर्वसाधारण है। पति-पत्नी, बाप-बेटे का सम्बन्ध क्रमशः तुम-तू, और तुम-तुम के प्रयोग से स्पष्ट होता है।

1. "तू जो बात नहीं समझती, उसमें टाँग क्यों अड़ाती है भाई! मेरी लाठी दे दो और अपना काम देख।" (होरी—धनिया से, पृ. 5)

2. "जाकर सीसे में मुँह देखो! तुम-जैसे मर्द साठे पर पाठे नहीं होते।" (धनिया–होरी से, पृ. 6)
3. "अब तुम्हारे मुँह कौन लगे भाई, तुम तो भगवान की लीला में भी टाँग अड़ाते हो।" (होरी–गोबर से, पृ. 17)
4. "तो तुम अब सबकी सगाई ठीक करते फिरोगे?" (गोबर–होरी से, पृ. 17)
5. "यह तो तुम झूठ बोलती हो भाभी! बिना कुछ रस पाए थोड़े ही आता था। चिड़िया एक बार परछ जाती है, तभी दूसरी बार आँगन में आती है।" (होरी–दुलारी से, पृ. 219)
6. "तुम तो मेहरिया के जैसे गुलाम हो गए।" (दुलारी–होरी से, पृ. 220)

उपर्युक्त उदाहरणों से यह स्पष्ट होता है कि होरी और धनिया के बीच 'तू'–'तुम' का प्रयोग होता है। वस्तुतः धनिया होरी को 'तू' संबोधित नहीं करती बल्कि जब गाय की मृत्यु होने के बाद होरी धनिया के समक्ष हीरा पर शक करता है और दारोगा के सामने झूठी शपथ खाता है तथा रिश्वत देकर हीरा के घर की तलाशी को रोकना चाहता है तो ऐसी परिस्थिति में धनिया क्रोध से भर उठती है और हीरा को 'तू' कहकर संबोधित करती है। देखें–"थुड़ी है तेरी झुठाई पर। तूने खुद मुझसे कहा कि हीरा चोरों की तरह नाँद के पास खड़ा था। और अब भाई के पक्ष में झूठ बोलता है।" (वही, पृ. 94)

ऐसा प्रयोग वक्ता और श्रोता के बीच बदलते सम्बन्धों को सूचित करता है और साथ ही एक दूसरे के प्रति मनोभावों को भी व्यक्त करता है।

शहरी पात्रों द्वारा 'तुम' और 'आप' का प्रयोग

शहरी पत्रों में 'तुम' और 'आप' का प्रयोग सामान्य है। मालती और मेहता का सम्बन्ध आप आप से प्रारम्भ होता है। लेकिन धीरे धीरे बढ़ती घनिष्ठा के कारण तुम तुम में परिवर्तित हो जाता है। जैसे–

"मालती ने नकली रोष से कहा–आपने यह बहरूपपन कहाँ से सीखा? मेरा दिल अभी तक धड़-धड़ कर रहा है।
मेहता ने मुस्कुराते हुए कहा–जरा इन भले आदमियों की जवाँमर्दी की परीक्षा ले रहा था। जो गुस्ताखी हुई हो, उसे क्षमा कीजिएगा।" (वही, पृ.64)

उक्त प्रसंग में जहाँ दोनों के बीच आप आप का सम्बन्ध है वहीं शिकार के प्रसंग में मालती और मेहता कुछ दूर जाते हैं, तब उन दोनों के बीच तुम-तुम का प्रयोग पाया जा सकता है। जैसे–

"मालती ने नशीली आँखों में रोष भरकर कहा–मैंने तुम्हारे जैसा बेदर्द आदमी

कभी न देखा। बिलकुल पत्थर हो। खैर, आज सता लो, जितना सताते बने मैं भी कभी समझूँगी।" (वही, पृ. 68)

मेहता ने आहत स्वर से कहा—<u>तुम</u> समझती हो, मैं आदमी नहीं हूँ?" (वही, पृ. 69)

रायसाहब और खन्ना का सम्बन्ध प्रारम्भ से लेकर अन्त तक आप-आप के स्तर पर ही रहता है।

इस विवेचन-विश्लेषण से यह स्पष्ट होता है कि ग्रामीण परिवेश में जहाँ तू-तुम का प्रयोग प्रमुख है वहीं शहरी परिवेश में आप-तुम का। साथ ही प्रेमचन्द ने पात्रों के क्षणिक मनोभावों को अभिव्यक्त करने के लिए भी मध्यम पुरुष सर्वनामों का सटीक प्रयोग किया है।

नाते-रिश्ते की शब्दावली और अनुवाद

मनुष्यों के आपसी सम्बन्धों के अभाव में समाज के अस्तित्व की कल्पना नहीं की जा सकती चूँकि कोई भी समाज न तो जन्म, विवाह और मृत्यु जैसी सामाजिक घटनाओं से अपने आपको काटकर रख सकता है और न ही उत्तराधिकार के प्रश्न से व्यक्ति को मुक्त कर सकता है। यही कारण है कि व्यक्ति, परिवार और समाज के बीच पाए जाने वाले सम्बन्धों के लिए रिश्ते-नाते की शब्दावली (Kinship Terminology) सच्चे दर्पण का काम करती है। इसे निम्नलिखित आरेख के माध्यम से भी समझा जा सकता है–

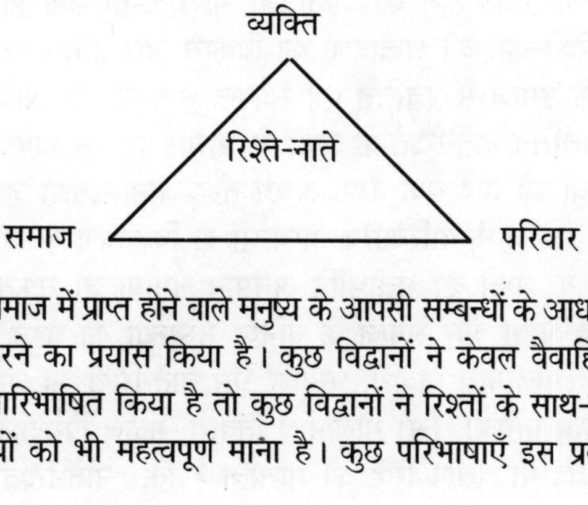

अनेक विद्वानों ने समाज में प्राप्त होने वाले मनुष्य के आपसी सम्बन्धों के आधार पर रिश्ते-नाते को पारिभाषित करने का प्रयास किया है। कुछ विद्वानों ने केवल वैवाहिक सम्बन्धों के आधार पर इन्हें पारिभाषित किया है तो कुछ विद्वानों ने रिश्तों के साथ-साथ सामाजिक नियमों एवं कर्तव्यों को भी महत्वपूर्ण माना है। कुछ परिभाषाएँ इस प्रकार हैं–

1. लेवी स्ट्रॉस :

लेवी स्ट्रॉस के अनुसार 'किस तरह वैवाहिक सम्बन्धों को व्यवस्थित किया जाए–यही रिश्ते का मूल तत्व है।' (How to organize marriage relations–is Kinship; वैश्ना नारंग, 'नाते-रिश्ते की आधारभूत शब्दावली', हिन्दी का सामाजिक सन्दर्भ, (सं) रवीन्द्रनाथ श्रीवास्तव, पृ. 189 से उद्धृत)

2. रेडक्लिफ ब्राउन तथा डेरिल फोर्ड :

इनके अनुसार रिश्ते-नाते 'एक ऐसी व्यवस्था है जिसमें व्यक्ति एक व्यवस्थित

सामाजिक जीवन व्यतीत करते हुए इकट्ठे रहते हैं। एक-दूसरे से सम्बन्धित व्यक्तियों के पारस्परिक कर्तव्य एवं अधिकार इस व्यवस्था का एक महत्वपूर्ण अंग है।' (A system of Kinship can be looked at as an arrangement which enables persons to live together and co-operate with one another in an orderly social life. The rights and duties of relatives to one-another are part of the system and so are the terms used in addressing or referring to the relatives. वही)

रेडक्लिफ ब्राउन तथा डेरिल फोर्ड परिवार को रिश्तों की मूल इकाई मानते हैं। रिश्ते की व्यवस्था में मूल परिवार (Elementary Family) की संकल्पना को स्पष्ट करते हुए वे कहते हैं कि 'मूल परिवार रिश्तों की मूल इकाई है और किसी भी व्यक्ति के संबंधियों में वे सब सम्बन्ध हैं जो उसके माता-पिता, भाई-बहन, पति-पत्नी या संतान द्वारा स्थापित किए गए हैं।' (An elementary family is the basic unit of kinship structures. What is meant by this is that the relationships of kinship of any person are all connections that are traced through his parents, his siblings, his spouse or children. वही)

यह सर्वविदित तथ्य है कि हर समाज में आतंरिक सम्बन्ध समान नहीं होते अतः हर समाज की रिश्ते-नाते की शब्दावली भी एक-सी नहीं होती। किसी भी भाषा समाज में रिश्ते-नाते की शब्दावली का विकास और प्रयोग वस्तुतः उस भाषा के बोलने वालों के समाज में प्रचलित एवं स्वीकृत सम्बन्धों पर आधारित होता है। "किसी भाषा में प्रचलित नाते-रिश्ते के शब्दों के आधार पर उस भाषाभाषी समाज के पारिवारिक सम्बन्धों को यदि एक तरफ अच्छी तरह जाना-समझा जा सकता है, तो दूसरी ओर किसी समाज के पारिवारिक सम्बन्धों के विश्लेषण के आधार पर उसमें प्रयुक्त नाते-रिश्ते के शब्दों का भलीभाँति अनुमान लगाया जा सकता है। इसीलिए नाते-रिश्ते के शब्द भाषा और समाज के घनिष्ठ सम्बन्धों का बहुत ही प्रौढ़ प्रमाण प्रस्तुत करते हैं।" (भोलानाथ तिवारी, 'समाज और नाते-रिश्ते की शब्दावली', हिन्दी भाषा की सामाजिक भूमिका, (सं) भोलानाथ तिवारी, मुकुल प्रियदर्शिनी, पृ. 111)।

प्रमुख भाषाविद प्रो.दिलीप सिंह की मान्यता है कि "नाते-रिश्ते की शब्दावली का भी सीधा सम्बन्ध उस समाज या संस्कृति की विशिष्ट प्रकृति से रहता है। यही कारण कि प्रत्येक भाषा की नाते-रिश्ते की शब्दावली अपने विशिष्ट रूप में वर्गीकृत रहती है। उदाहरण के लिए यदि हिन्दी की नाते-रिश्ते की शब्दावली की तुलना अंग्रेजी की नाते-रिश्ते की शब्दावली से की जाय तो यह स्पष्ट हो जाता है कि अंग्रेजी की शब्दावली सीमित (Narrow Range Terminology) है और हिन्दी की व्यापक (Broad Range Terminology) क्योंकि अंग्रेजी भाषा समाज में संयुक्त परिवार की उस संकल्पना का अभाव है जो हिन्दी भाषी समाज का आधार है। इसीलिए अंग्रेजी में 'अंकल' शब्द द्वारा हिन्दी के 'चाचा', 'मामा', 'मौसा', 'फूफा', 'ताऊ' जैसी व्यापकता व्यंजित नहीं होती। हिन्दी में प्रत्येक शब्द के लिए भिन्न

शब्द प्रयुक्त होता है जिनकी सामाजिक महत्ता और भूमिका (Role) भी विशिष्ट होती है।" (प्रो. दिलीप सिंह, 'भाषा प्रयोग की दशा-एक', हिन्दी भाषा चिन्तन, पृ. सं. 105)। हिन्दी भाषा की तरह ही अन्य भारतीय भाषाओं में भी प्रत्येक शब्द के लिए भिन्न भिन्न शब्द प्रयुक्त होता है।

किसी कृति का अनुवाद करते समय अनुवादक के समक्ष रिश्ते-नाते की शब्दावली के स्तर पर समस्या उत्पन्न हो सकती है। अतः इस आलेख में विभिन्न भाषाओं (मुख्य रूप से अंग्रेजी, हिन्दी, तेलुगु और तमिल) की रिश्ते-नाते की शब्दावली की सूची प्रस्तुत की जा रही है। सबसे पहले सम्बन्धों के वर्गीकरण पर जरा ध्यान देंगे।

सम्बन्धों का वर्गीकरण

सम्बन्धों का वर्गीकरण कई प्रकार से किया जा सकता है। जैसे—

1. रक्त सम्बन्ध (Consanguines) जैसे—पिता-पुत्र, भाई-बहन, दादा-पोता आदि।
2. विवाह सम्बन्ध (Marital) जैसे—पति-पत्नी, जीजा-साली, सास-बहू, ससुर-दामाद आदि।
3. अधिकार एवं उत्तराधिकार के आधार पर—
   - पितृनामी (Patrilineal)
   - मातृनामी (Matrilineal)

मूल परिवार को तीन स्तरों पर लिया जा सकता है—

1. पति-पत्नी ♂ ⟹ O

2. माता-पिता

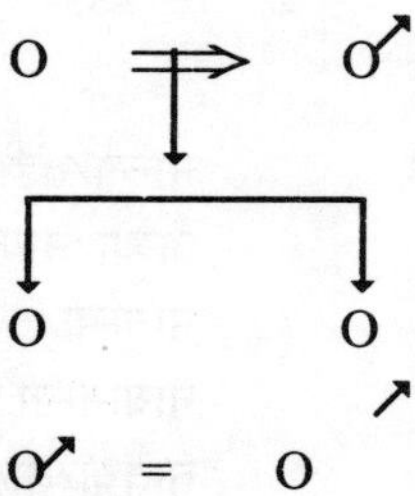

3. भाई-बहन ♂ = O

O = स्त्री

♂ = पुरुष

⟹ = वैवाहिक सम्बन्ध

रिश्ते नाते की शब्दावली

मातृक वंश (Matrilineal)

अंग्रेजी	हिन्दी	तेलुगु	तमिल
Mother	माताजी/माँ/मई	अम्मा/तल्ली	अम्मा/ताई
Mother's Mother	नानी	अम्मम्मा	पाटी
Mother's Father	नाना	तातय्या	ताता
Mother's Mother's Father	परनाना	मुत्ताता	कोळ्ळुताता
Mother's Father's Father	परनाना	मुत्ताता	कोळ्ळुताता
Mother's Brother	मामा	मेनामामा/मामा	मामा
Mother's Sister	मौसी	पिन्नी/चिनम्मा	चित्ती-चिनम्मा
Mother's Brother's Wife	मामी	अत्ता	अत्ते/अत्तै
Mother's Sister's Husband	मौसा	बाबाई चिन्नान्ना	चित्तप्पा सित्तप्पा
Mother's Brother's Daughter	ममेरी बहन	वदिना (बड़ी) मरदलु (छोटी)	मैत्तुनी
Mother's Brother's Son	ममेरी भाई	बावा/बावय्या	मामा पय्यन
Mother's Sisters Daughter	मौसेरी बहन	पिन्नि कूतुरु अक्का (बड़ी) चेल्लेलु (छोटी)	अक्का मगळ अक्का तंगै
Mother's Sister's Son	मौसेरा भाई	पिन्नि कोडुक अन्ना (बड़ा) तम्मुडु (छोटा)	चित्ती मगन अन्ना तम्बी

पैतृक वंश (Patrilineal)

अंग्रेजी	हिन्दी	तेलुगु	तमिल
Father	पिताजी	नान्ना/तंड्री/ अय्या/नायना	अप्पा
Father's Mother	दादी	नानम्मा/ नायानम्मा	पाटी
Father's Father	दादा	तातैया/ताता	ताता
Father's Elder Brother	ताऊ	पेद्दनान्ना/ पेट्टय्या	पेरियप्पा
Father's Younger Brother	चाचा	चिन्नान्ना/ चिन्नय्या	चित्तप्पा

Father's Elder Brother's Wife	ताई	पेद्दम्मा	पेरियम्मा
Father's Younger Brother's Wife	चाची	पिन्नी	चित्ती/सित्ती
Father's Sister	बुआ/फूफी	मेनत्ता	अत्ते/अत्तै
Father's Sister's Husband	फूफा	मामा	मामा
Father's Father's Father	परदादा	मुत्ताता	कोळ्ळुताता
Father's Mother's Father	परदादा	जेजिनान्ना	कोळ्ळुताता
Father's Mother's Mother	परदादी	जेजम्मा	कोळ्ळुपाटी
Father's Brother's Daughter	चचेरी बहन	चिन्नानकूतुरु	चितप्पा मगळ
		अक्का (बड़ी)	अक्का
		चेल्ली (छोटी)	तंगै
	फुफेरी बहन	मामकूतुरु	मामा मगळ
		वदिना (बड़ी)	अन्नी
		मरदलू (छोटी)	
Father's Sister's Son	चचेरी भाई	अन्ना (बड़ा)	अन्ना
		तम्मुडु (छोटा)	तम्बी
	फुफेरी भाई	मामकोडुकू/ बावा	मामा मगन

संतति (Offspring Relation)

Elder Son	बड़ा बेटा	पेद्दकोडुकु/पुत्रुडू	पेरियपैय्यन्/मूत्तपय्यन
Younger Son	छोटा बेटा	चिन्नकोडुक	चिन्नपैय्यन
Son's Wife	बहू	कोडलु	माट्टुपेन
Son's Son	पोता	मनवडु	पेरन्
Son's Wife's Mother	समधिन	वियंकुरालू/वियपुरालू	मगनिन मामियार
Son's Wife's Father	समधी	वियंकुड	मगनिन मामनार
Son's Daughter	पोती	मनवरालू	पेत्ती
Daughter	बेटी/पुत्री	कूतुरु/पुत्रिका	मागळ
Daughter's Husband	दामाद	अल्लुडु	मरुमगन
Daughter's Son	नाती/धेवता	मनवडु	पेरन्
Daughter's Daughter	नातिन/धेवती	मनवरालू	पेत्ती
Daughter's Husband's Mother	समधिन	वियंकुरालू/ वियपुरालू	मगळिन मामियार
Daughter's Husband's Father	समधी	वियंकुडू	मगळिन मामनार

वैवाहिक सम्बन्ध (Maritial relations)

Wife	पत्नी	भार्या	मनैवी
Wife's Mother	सास	अतैय्या	मामियार
Wife's Father	ससुर	मामय्या	मामनार
Wife's Brother	साला	बावामरिदी	मनैवियिन सहोदरन
Wife's Sister	साली	वदिना (बड़ी) मरदलु (छोटी)	मनैवियिन सहोदारी
Wife's Brother's Wife	सलहज	अक्का (बड़ी) चेल्लेलु (छोटी)	मैत्तुनी (बड़ी) मच्छिनी
Wife's Sister's Husband	साढ़ू	अन्ना/ तोडल्लुडू	मैत्तुनर/ मच्छिनर
Husband	पति	भर्ता	कनवन
Husband's Mother	सास	अत्तैया/अत्तगारु	मामियार
Husband's Father	ससुर	मामैया/मामगारु	मामनार
Husband's Elder Brother	जेठ	बावगारु	मैत्तुनर
Husband's Younger Brother	देवर/लालाजी	मरिदी	मैत्तुनर
Husband's Sister	ननद	वदिना	अन्नी
Husband's Elder Brother's Wife	जिठानी	पेद्दतोटिकोडलु	मैत्तुनी
Husband's Younger Brother's Wife	देवरानी	चिन्नतोटिकोडल	मच्छिनी
Husband's Sister's Husband	ननदोई	अन्नैया (बड़ा) तम्मुडु (छोटा)	अन्ना (बड़ा) तम्बी (छोटा)

सहोदर (Sibling Relation)

Elder Brother	बड़ा भाई	पेद्दन्ना	पेरियन्ना
Younger Brother	छोटा भाई	चिन्नन्ना तम्मुडु	चिन्नन्ना तम्बी
Elder Brother's Wife	भाभी	वदिना	मननी/अन्नी
Younger Brother's Wife	भाभी	वदिना (बड़ी) मरदलू (छोटी)	मननी/अन्नी
Sister	बहन	अक्का (बड़ी) चेल्ली (छोटी)	अक्का (बड़ी) तंगै (छोटी)
Sister's Husband	बहनोई	बावगारु	मैत्तुनर
Brother's Son	भतीजा	मेनल्लुडु	अन्नन/तम्बी मगन
Brother's Daughter	भतीजी	मेनकोडळु	अन्नन/तम्बी मगळ

Sister's Son	भानजा	अक्क कोडुकु	अक्का मगन
Sister's Daughter	भानजी	अक्क कूतुरु	अक्का मगळ

इस सीमित अध्ययन से यह स्पष्ट होता है कि व्यक्ति और परिवार के अंतःसम्बन्ध समाज सापेक्ष है। यदि प्रो. दिलीप सिंह के शब्दों में कहें तो "भाषा एक सामाज सापेक्ष प्रतीक व्यवस्था है और सामाजिक तथ्य उसकी प्रकृति में ही अन्तर्भुक्त रहते हैं। *** प्रतीकीकरण की यह प्रक्रिया एक ओर उसके बाह्य वातावरण तथा दूसरी ओर मनुष्य और समाज के अन्तरसम्बन्धों की अनिवार्यता से संबद्ध रहती है।" (प्रो. दिलीप सिंह, 'भाषा प्रयोग की दिशा-एक', हिन्दी भाषा चिन्तन, पृ. 107)।

शिष्टाचार, अभिवादन और सम्बोधन शब्दावली
(रामदरश मिश्र के उपन्यासों का विशेष सन्दर्भ)

भाषा प्रयोग द्वारा भाषा प्रयोक्ता की सांस्कृतिक पहचान की जा सकती है। दरअसल भाषा में उसकी संस्कृति अन्तर्ग्रथित होती है इसीलिए जब हम किसी कथाकृति से रूबरू होते हैं तो सहज ही उसके भाषासमाज की संस्कृति का भी साक्षात्कार कर पाते हैं। खासतौर से आंचलिक कृतियों के सन्दर्भ में यह जोर देकर कहा जा सकता है कि उनके पात्रों का भाषिक आचरण उस भाषासमाज की संस्कृति व शिष्टाचार के नियमों में पगा होता है। यह तो विदित ही है कि विविध समाजों में सामाजिक शिष्टाचार के रूप अलग-अलग पाए जाते हैं और भिन्न-भिन्न आचरणों को पृथक-पृथक देशकाल में सभ्यता और असभ्यता के भीतर परिगणित किया जाता है। कुछ समाजों में विभिन्न आयु वर्ग के लोग परस्पर मिलने पर सार्वजनिक रूप से पुरुष और स्त्री का विचार किए बिना गर्मजोशी से चुंबनों का आदान-प्रदान करते हैं जबकि दूसरे अनेक समाजों में इसी आचरण को अशिष्टता ही नहीं अनैतिकता माना जाता है। एक ही समाज के भीतर एक दूसरे के विरोधी शिष्टाचार भी पाए जा सकते हैं जैसे मारवाड़ियों का एक समुदाय भोजन के आरम्भ में पापड़ परोसे जाने को शिष्टाचार मानता है, तो दूसरा समुदाय इसे अशिष्ट मानता है। किसी समाज में माता, पिता और गुरुजन को 'प्रिय' कहकर संबोधित करना अन्तरंगता और शिष्टाचार का प्रतीक माना जा सकता है जबकि दूसरे किसी समाज में ऐसे सम्बोधन को अपमानजनक माना जाना संभव है। अभिप्राय यह है कि किसी समाज विशेष में उसके सदस्यों के मध्य परस्पर शिष्टाचार, अभिवादन, सम्बोधन और लोकाचार की अपनी विशिष्टता होती है और यह विशिष्टता उसकी संस्कृति के निर्माण में बड़ा योगदान करती है। डॉ. रामदरश मिश्र ने अपने उपन्यासों में हिन्दी भाषासमाज की सांस्कृतिक विशिष्टता को उभारने के लिए इस भाषा में निहित शिष्टाचार का सम्यक निदर्शन किया है जिसे हम हिन्दी भाषा की संस्कृति भी कह सकते हैं।

भारतीय समाज एक ऐसा विचित्र समाज है जिसमें एक ओर तो स्त्री को देवी मानकर पूजे जाने का विधान है और दूसरी ओर उसे किसी वस्तु की भाँति संपत्ति

मानकर दान किए जाने की भी परम्परा है। इस समाज में एक ओर तो समस्त स्त्रियों में मातृभाव रखे जाने के उपदेश दिए जाते हैं और दूसरी ओर उसे किसी प्रकार की स्वतंत्रता के लिए अनधिकारी घोषित किया जाता है। भारतीय समाज में माँ का स्थान ईश्वर के समकक्ष माना गया है। अपरिचित के साथ भी माँ और बेटे का सम्बोधन जुड़ जाने से वे दोनों परस्पर वास्तविक माँ-बेटे जैसे ही समान और ममता का आचरण करते हैं। यह एक अतिसामान्य सामाजिक शिष्टाचार है कि भारत में कोई युवक किसी प्रौढ़ा अपरिचित से मिलने पर उसे माँ, अम्मा या माताजी कहकर संबोधित करता है। उदाहरण के लिए 'दूसरा घर' (रामदरश मिश्र) के कमलेश को जब एक बूढ़ी महिला दिखाई पड़ती है तो, वह उसे अपने संस्कार के अनुरूप 'अम्मा' कहकर संबोधित करता है। प्रत्युत्तर में वह महिला उसे अपरिचित जान कर आरम्भ में 'भइया' कहती है परन्तु दोनों के मध्य का अपरिचय खंडित होने पर वह महमूद के पूछने पर कहती है कि मेरा 'बेटा' आ गया है। यथा–

"देखते-देखते कमलेश की आँख भीग गई।
'क्या बात है, भइया?'
'तुम्हें देखकर मुझे अपनी माँ याद आ गई।'
'कहाँ के हो भइया?'
'गोरखपुर का'
'तभी।'
'तभी क्या, अम्मा?'
'जमीन-जमीन को पुकारती है न, भइया।'
'नहीं अम्मा, माँ, जमीन, धर्म मजहब–सबसे परे होती है। वह माँ होती है। पता नहीं कब, कहाँ और किस चेहरे में दिखाई पड़ जाय।'
******

'मेरा बेटा जिंदा रहा होता तो तुम्हारे जैसा ही हुआ होता भइया। आज तुमने अम्मी कहा तो लगा मेरा बेटा ही पुकार रहा है।" (दूसरा घर, पृ. 168-169)

माता और पुत्र की ही भाँति पिता और पुत्री के मध्य शिष्टाचार का भी अपना एक विशिष्ट आदर्श है। ऋतु (रात का सफर) राकेश जी की एक मात्र संतान है। ऋतु बहुत ही दुःखी है, क्योंकि वह अपने पति के घर से सदा के लिए पिता के साथ जा रही है। पिता भी पुत्री की इस परिस्थिति को देखकर बहुत ही दुःखी हैं और दोनों एक दूसरी की आँखों में देखना नहीं चाहते क्योंकि इस तरह देखने से उनका अपना-अपना दुःख व्यक्त हो जाएगा जबकि दोनों ही एक दूसरे को दुःखी नहीं करना चाहते। इसीलिए ऋतु बर्थ पर सोने का अभिनय करती है किन्तु सो नहीं पाती। राकेश भी बाथरूम जाने के बहाने उठकर अपनी पुत्री ऋतु के सर पर हाथ

फेरते हैं और बेटी को सोने के लिए कहते है। इस प्रसंग से एक ओर तो यह स्पष्ट होता है कि स्नेह प्रकट करने और आश्वासन देने के लिए पिता-पुत्री के सिर पर हाथ फेरता है दूसरी ओर यह भी प्रकट होता है कि पुत्री अपने दुःख को पिता से छिपाना चाहती है। वस्तुतः भारतीय समाज में स्त्री का आत्मगोपन का यह प्रयास उसका शिष्टाचार और सद्‌गुण माना जाता है।

'बिना दरवाजे का मकान' उपन्यास में वर्णित दीपा और बहादुर के भाषिक आचरण से यह व्यंजित होता है कि भारतीय स्त्री के लिए विवाह कोई समझौता मात्र नहीं है जिसे कि पति के अयोग्य प्रमाणित होने पर सुविधा पूर्वक तोड़ा जा सके और दूसरा योग्य पति तलाशा जा सके। इस समाज में तो पति-पत्नी का सम्बन्ध जन्म-जन्मांतर का सम्बन्ध माना गया है और पति चाहे जैसा भी हो पत्नी उसकी सेवा करने में ही अपना सौभाग्य मानती है तथा उसके जीते जी सुहागिन मरने का पुण्य लाभ करना चाहती है। यह सांस्कृतिक बोध लगभग अशिक्षित और ग्रामीण महिला दीपा के मन में जड़ जमाए बैठा है जिसके कारण वह अपाहिज पति को बोझ नहीं मानती और न ही उस पर दया दिखाती है बल्कि अपना सम्पूर्ण नारी सुलभ स्नेह उस पर न्यौछावर कर देती है। दूसरी ओर यहाँ बहादुर का दीपा के प्रति आचरण भी द्रष्टव्य है। प्रायः अयोग्य अथवा विकलांग पति अपनी कामकाजी पत्नी के चरित्र पर अपनी हीन भावना के कारण सन्देह करते हैं जो कि स्वाभाविक और मनोवैज्ञानिक सम्मत है परन्तु रामदरश मिश्र ने बहादुर के रूप में एक अच्छे पति का चरित्र गढ़ा है जो कि अपनी पत्नी को निरन्तर कष्ट भोगते देखकर आत्मग्लानि से भर उठता है। इसीलिए वह दीपा को उसके पीहर भेजना चाहता है, परन्तु वह अपाहिज पति को छोड़कर जाना पसन्द नहीं करती–

> "बहादुर ने दीपा की ओर देखा। कुछ क्षण देखता रहा। 'मैंने तुम्हें रुलाई के सिवा दिया क्या है? फिर भी कहता हूँ, मत रो दीपा, मत रो। मैं नहीं रहूँगा तो तू ज्यादा सुखी रहेगी।'
>
> चुप नहीं रहोगे? दीपा तड़पी और दौड़कर बहादुर के सीने पर पड़ी। बहादुर ने उसे बाहों में लपेट लिया और खुद रोने लगा।
>
> कुछ देर तक दोनों फफकते रहे। फिर झटके से दीपा ने अपना सिर उठा लिया और सख्त नेत्रों से देखती हुई बोली, 'खबरदार, यदि ऐसी जबान बोली तो। मैं कहीं कट कर मर जाऊँगी।" (बिना दरवाजे का मकान, पृ. 24)।

यह भी उल्लेखनीय है कि भारतीय स्त्री का पतीपारायणता का शिष्टाचार अनेक अवसरों पर उसकी अपनी यातना और भीषण त्रासदी का कारण भी बनता है। पति चाहे शराबी और उत्पीड़क ही क्यों न हो भारतीय परम्परा की यह विडंबना है कि पत्नी उसे परमेश्वर मानती है और यदि कोई इस राक्षस-परमेश्वर के

कुकृत्य का विरोध करता है तो पत्नी स्वयं परमेश्वर महोदय का रक्षाकवच बनकर उपस्थित हो जाती है।

> "तुम लोग कौन होते हो जी, मेरे मरद को मारने वाले? यह सराब अपने पैसे से पीता है, बदतमजी अपनी बीवी से करता है, तुम लोग कौन हो मारने वाले?" (दूसरा घर, पृ. 49)।

यही रामकली आगे चलकर स्वयं अपने पति को डंडा उठाकर पीटती भी है। रामकली तिनका-तिनका जोड़कर पैसे बचाकर अपने बच्चों का पेट पालती है जबकि राम बहादुर इन्हीं पैसों को उठाकर शराब पीकर घर आता है। इसे वह सहन नहीं कर पाती और उसे पीट देती है। लोगों के मना करने पर वह निःसंकोच उसे सब लोगों के सामने पीटती है परन्तु जब उसका बेटा कहता है कि माँ के द्वारा पिता को पीटते देखकर उसे लगा कि वह पीट रहा है तो रामकली कहती है कि 'नहीं, बेटा, ऐसा नहीं कहते। वे तुम्हारे बापू हैं।' इस कथन से पुनः रामकली का वही पारंपरिक भारतीय नारी का आत्मगोपन वाला स्वरूप उभरता है जिसमें पति को अयोग्य होने पर भी त्याज्य नहीं माना जाता तथा उसके प्रति अन्यथाभाव का मन में आना तक भी मर्यादा और शिष्टाचार के विरुद्ध समझा जाता है।

भारतीय समाज में भाई-बहन के रिश्ते को बड़ी गरिमा प्राप्त है। यहाँ तक कि यदि किसी पुरुष और स्त्री के मध्य जन्मजात का रक्त सम्बन्ध के रूप में भाई-बहन का सम्बन्ध न हो परन्तु वे एक दूसरे को इस सम्बन्ध से स्वीकार कर लें तो उन्हें धर्म भाई और धर्म बहन कहा जाता है तथा धर्म के इस सम्बन्ध को भी जन्म के सम्बन्ध की भाँति ही गौरव और मर्यादा से युक्त माना जाता है।

'दूसरा घर' में रामदरश मिश्र ने कमलेश और रमा के मध्य ऐसा ही भाई-बहन का सम्बन्ध दिखाया है। रमा अपने पति की लंपटता को कमलेश से छिपाती नहीं है बल्कि पति को सबक सिखाने के अभियान में उसे अपने साथ शामिल कर लेती है। (दूसरा घर, पृ. 233)। रमा यह भी जानती है कि उसके पति शास्त्री जी उसके इस मुंहबोले भाई को पूरा वेतन नहीं देते। कमलेश शास्त्री के स्कूल में काम करता है। इसीलिए वह उसकी आर्थिक सहायता करना चाहती है जिसे कमलेश अस्वीकार करता है। परन्तु जब वह बड़ी बहन होने के अधिकार से उसे रुपया लेने को कहती है तो कमलेश मना नहीं कर पाता। (वही, पृ. 236)। यही नहीं, भाई-बहन के मामले में भारतीय समाज हिन्दू और मुस्लिम का भेद नहीं करता। ऐसा ही एक प्रसंग असलम और शोभा के माध्यम से रामदरश मिश्र ने 'दूसरा घर' में प्रस्तुत किया है। दकियानूस हिन्दू भले ही शोभा को 'म्लेच्छ के घर के रहकर आई' कहकर अपमानित करते हैं, परन्तु असलम विपत्ति में पड़ी हुई शोभा के प्रति अवसर मिलने पर भी किसी प्रकार का अशिष्ट आचरण नहीं करता और उसे 'बहन' कहकर संबोधित करता है। इस

बहन के सम्बोधन को भारतीय समाज में अतिशय पवित्र सम्बोधन माना जाता है और इसी कारण जिस व्यक्ति से कुछ देर पहले शोभा भयभीत थी उसी व्यक्ति के प्रति अब उसके मन में आश्वासन और स्नेह का भाव जागता है।

इसी प्रकार देवर और भाभी का सम्बन्ध भारतीय समाज में स्वयं अतिशय विशिष्ट स्वरूप वाला है। यह सम्बन्ध एक ओर तो कुंठाहीन हास-परिहास और किसी भी प्रकार की गोपनीयता से मुक्त अन्तरंगता से भरा हुआ है और दूसरी ओर माँ-बेटे जैसे ममत्व से परिपूर्ण है। देवर और भाभी का सम्बन्ध अलग-अलग परिस्थितियों में अलग-अलग स्वरूप वाला है और उसी के अनुरूप उसका शिष्टाचार भी है। देवर-भाभी का यह सम्बन्ध देवर को एक उत्तरदायित्व का बोध कराता है कि माँ और बहन की भाँति भाभी की भी मर्यादा की रक्षा करना उसका धर्म है। यह सामाजिक आचार भी कई समुदायों में पाया जाता है कि दुर्भायवश पति की मृत्यु हो जाने पर स्त्री का विवाह देवर से कर दिया जाता है। इस प्रथा के अनेक दुष्परिणाम भी देखने में आते हैं। रामदरश मिश्र ने अपने उपन्यास 'बीस बरस' में विधवा भाभी की समस्या उठाई है परन्तु देवर द्वारा चादर डालने की अमानुषिक रूढ़ि को नहीं दर्शाया है क्योंकि यह रूढ़ि देवर और भाभी दोनों ही के स्वतंत्र व्यक्तित्व का गला घोंटकर केवल एक सामाजिक कुसंस्कार की संपन्नता पर बल देती है। इसके विपरीत रामदरश मिश्र ने एक ओर तो यह दिखाया है कि भाभी के विधवा हो जाने पर उसकी स्वतंत्र अस्मिता की रक्षा के लिए भजुराम अडिग चट्टान की तरह समाज के वज्रमूर्ख ठेकेदारों के समक्ष खड़ा हो जाता है। आगे चलकर लेखक सामाजिक प्रवाद की समस्या को उठाता है और उसका समाधान वंदना और भजुराम के पारस्परिक सहमति से युक्त विवाह के माध्यम से प्रस्तुत करता है—

> 'लेकिन यूँ दुनिया भर की जुबान कैसे रोक पाओगे?'
> 'तो क्या करूँ भौजी? मैं तुम्हारा अपमान नहीं सह सकता।'
> एक उपाय है भोलेनाथ। कर सकोगे?
> 'भौजी, मैं तुम्हारे लिए कुछ भी कर सकता हूँ।'
> 'तो करो।' कहकर उन्होंने हाथ से उसका खून पोंछ कर अपनी माँग में लगा लिया। (रामदरश मिश्र, बीस बरस, पृ. 97)।

स्त्री-पुरुष के मध्य मर्यादा और शिष्टाचार के कई प्रसंग रामदरश मिश्र के उपन्यासों में उपलब्ध हैं। 'बिना दरवाजे का मकान' में बसंत, दीपा के घर में उसके पति की अनुपस्थिति में आने पर, वहाँ रुकने, बैठने और चाय पीने तक में अत्यधिक संकोच का अनुभव करता है क्योंकि किसी पुरुष की अनुपस्थिति में किसी महिला के साथ एकांत में उठना-बैठना परम्परागत भारतीय समाज में अशिष्टता माना जाता है। बसंत के संकोच को दूर करने के लिए दीपा सहज भाव से उसके और

अपने मध्य देवर-भाभी का सम्बन्ध बना देती है। आगे चलकर दोनों की अन्तरंगता बढ़ती चली जाती है। दीपा जो कि अनेक कामुक व्यक्तियों की कुदृष्टि से तंग आ चुकी है, बसंत के भोलेपन पर रीझ जाती है और उसे अपनी ओर आकर्षित करने का प्रयास करती है। परन्तु बसंत अपना मानसिक सन्तुलन नहीं खोता। दीपा की कमीना, हिजड़ा और साला जैसी गालियाँ सुनकर भी बसंत उसे वापस घर चले जाने को कहता है। देवर-भाभी के सम्बन्ध के शिष्टाचार का आदर्श बसंत के संवाद में पूर्णतः अभिव्यक्त हुआ है–

> "भाभी मैं तुम्हारी बहुत इज्जत करता हूँ, तुम्हारी जैसी बहुत कम औरतें देखी हैं। जब पहली बार तुम्हें देखा तो लगा कि बेसहारा भटका हुआ मेरा मन कहीं सहारा पा गया हो। बहुत भटका हूँ भाभी। तुमने जो पवित्र प्यार मुझे दिया है उसे कुचलकर तो मैं कहीं का न रह जाता। हम लोगों की आज की आंधी तो कुछ देर बाद थम जाती लेकिन उसके बाद जीवन भर जो आंधी मेरे और तुम्हारे मन में उठती रहती उसका क्या होता? *** भाभी तुम मेरे लिए हमेशा बड़ी रही हो और बड़ी बनी रहोगी। फिर आऊँगा।" (रामदरश मिश्र, बिना दरवाजे का मकान, पृ. 127)।

यह तो हुई स्त्री-पुरुष शिष्टाचार की अभिव्यक्ति की चर्चा। उसके अलावा, यहाँ हिन्दी भाषा समाज में प्रचलित अभिवादन की विविध शैलियों पर भी विचार अपेक्षित है। सम्बन्ध की भिन्नता के कारण दो व्यक्तियों के मध्य वातार्लाप में प्रयुक्त अभिवादन की भिन्नता स्वाभाविक है। सामाजिक तथा सांस्कृतिक जीवन में सम्बन्धों का बड़ा महत्वपूर्ण योगदान है। सम्बन्धों के अनुरूप ही अधिकतर संबंधियों को विशेष सामाजिक मौकों पर विशेष प्रकार से अभिवादन किया जाता है। रामदरश मिश्र के उपन्यासों में पात्रानुसार अभिवादन का प्रयोग प्राप्त होता है। इन अभिवादनों का चयन पारिवारिक, जातिगत या सामाजिक आधार पर अथवा पद के आधार पर किया गया है। कुछ उदाहरण देखें–

1. चरण स्पर्श :

- केदार भाई खड़े-खड़े मुस्कुराते रहे! /'भाइया पालागी।'/'खुश रहो, खुश रहो, शिवकुमार भाई। (बीस बरस, पृ. 50)
- हाँ, और शायद दिनेश माझी हैं न/उसने पावलागी कहा और शायद मेरे पाँव छूने के लिए लपका/'अरे भाई कितने दिनों बाद मिले हैं'/कहते हुए मैंने उसे भुजाओं में भर लिया लेकिन वह मुझे अपनी भुजाओं में नहीं भर सका और मुझसे छूट कर अपने हाथ मेरे पाँव की ओर बढ़ाए। (वही, पृ. 59)
- 'पालागी सरकार' उसने गाड़ी रोक दी/'कैसे हो लच्छूलाला?'/'ठीक हूँ

सरकार'। (वही, पृ. 106)

2. प्रणाम/नमस्कार :

- अरे प्रणाम भाई साहब (अपने लोग, पृ. 21)
- 'कहाँ हैं?' कहकर वह बाहर झपटा तब तक दादा जी आ गए थे। पवन ने जाकर उनको प्रणाम किया और दादा पवन से उसकी पढ़ाई-लिखाई के बारे में पूछने लगे। (वही, पृ. 81)
- 'नमस्कार!'/ 'ओ हो, नमस्कार वर्माजी।' शंकर ने वर्माजी के स्कूटर के आगे अपनी साइकिल रोक दी। (दूसरा घर, पृ. 54)
- 'नमस्कार भाई साहब!' सोफे पर से थोड़ा उठकर श्याम ने नमस्कार किया। 'नमस्कार भाई, कब आए?' (अपने लोग, पृ. 161)
- अंकल जी, नमस्कार (वही, पृ. 248)

भारतीय संस्कृति विविध सामाजिक व्यवहारों में विविध व्यक्तियों को एक जैसे सपाट सम्बोधन से पुकारने में विश्वास नहीं रखती क्योंकि सम्बोधन की एकरूपता संवेदनशीलता का विरोधनी है। बात करने वालों के आपसी सम्बन्ध, सामजिक स्तर और विवेच्य सन्दर्भ में उपस्थित मनोभाव के अनुरूप सम्बोधन परिवर्तन संबंधित पात्रों की शालीनता और व्यवहार कुशलता का परिचायक होता है। सम्मान और स्नेह को व्यक्त करने वाले सम्बोधनों का चयन शिष्टता तथा सभ्यता का सूचक है जबकि हीनता प्रदर्शित करने वाले और अपमानजक सम्बोधनों के चयन को संबोधित व्यक्ति अथवा समाज का अशिष्ट और असंस्कृत व्यवहार ही माना जाएगा। रामदरश मिश्र के उपन्यासों में दोनों प्रकार के प्रसंग उपलब्ध हैं—

- **पत्नी को नाम के स्थान पर 'अतै' कहकर पुकारना क्योंकि सार्वजनिक रूप से पत्नी को नाम से पुकारना अशोभनीय है :**
  "अतै नहीं चुप रहोगी, अतै नहीं चुप रहोगी मारते-मारते खाल उधेड़ लूँगा।" (पानी का प्राचीर, पृ. 37)
- **पत्नी को प्रेमवश 'पगली' और 'बाबा' कहकर संबोधित करना :**
  'धुत पगली, अरे मैं रह लूँगा, मैं इतना अपाहिज थोड़े ही हूँ।'/'चुप रहो'। वह डपटी, 'ऐसे अंटसंट बातें मत किया करो। बड़े आए रह लेने वाले। मैं नहीं जाती'/'अच्छा बाबा अच्छा। बोलो अब तुम्हारी तबियत कैसी है?' (बिना दरवाजे का मकान, पृ. 134)
- **पत्नी को एकांत में नाम से संबोधित करना :**
  'सुषमा, तुम परेशान नहीं हो?' (दूसरा घर, पृ. 81)
- **पति को नाम से पुकारने के स्थान पर 'जी' कहना तथा प्रेम में परिहास**

के समय 'हुजूर', 'सरकार' कहकर संबोधित करना :

'सुनिए जी।' संज्ञा की आवाज से प्रमोद की समाधि भग्न हुई। उसने देखा संज्ञा खड़ी-खड़ी मुस्कुरा रही है। *** 'अभी लीजिए सरकार।' कहकर संज्ञा चली गई। *** 'लीजिए हुजूर।' संज्ञा नाश्ता लिए हाजिर थी। (अपने लोग, पृ. 47)

➢ **बड़ों को सम्बन्धसूचक शब्द से तथा छोटों को 'रे'/ 'बेटा' कहकर या नाम से संबोधित करना :**

चाचा जी, आप कितने दयालु हैं। फसलों को काटने का दर्द भी आपको साल रहा है।/ 'नहीं रे, यह तो बस यों ही एक भावुक खयाल है।' (बीस बरस, पृ. 86)

'रीता! 'मौसी ने पुकारा–'बेटा अब प्रोफेसर साहब को सोने दो थके होंगे'/ 'आई मौसी!' कहकर वहाँ से चल पड़ी। (आदिम राग, पृ. 66)

उस अवसर का लाभ उठाकर देवरानी ने कहा, 'जीजी तुम बहुत भोली हो, नहीं जानती इस घर में क्या-क्या होता है। तुम्हारी उपेक्षा अकारण नहीं है, तुम्हारी जगह किसी और ने ले रखी है। (रात का सफर, पृ. 31)

➢ **नाम के साथ सम्बन्धवाचक जोड़कर संबोधित करना :**

उसने मौका पाकर पूछा–'बदरी भइया, उस नर-पिशाच के यहाँ आपने नौकरी क्यों की है?' *** बदरी भइया ठठाकर हँसे थे–'अरे भइया, तू छोड़ इन सब बातों को।' (आकाश का छत, पृ. 58)

➢ **जाति के आधार पर संबोधित करना :**

पुजारी जी/बम्मन/दूबे जी/शास्त्री जी/पंडित जी/अरे क्या पांडे जी/ महाराज/ज्योतिषि महाराज/शर्मा जी/तिवारी/शुकल जी/दूबे महाराज/ ठकुराईन/ठाकुरसाहब/चौधरी साहब/मंगल साहू/रामधनी बनिया/डॉ. वर्मा/ राउत/निर्बल तेली/कहार रामदीन/चमाईन/चमार की छोकरी/फेंक हरिजन/ हरिजन भाइयों/मौलवी साहब।

➢ **व्यवसाय के आधार पर संबोधित करना :**

मास्टर जी/मास्टर साहब/प्रिंसिपल साहब/सर/नेताजी/हरिजनों के नेता/ कॉमरेड/कॉमरेड बाबू/एमएलए साहब/मुखिया काका/डाक्टर साहब/सिस्टर/ सेठ जी/अरे बेईमान बनिया/माइ लार्ड/राउत/दरोगाजी/स्टेशन मास्टर साहब/ /मुंशी जी।

इससे यह स्पष्ट होता कि रामदरश मिश्र के उपन्यासों में प्रयुक्त सम्बोधनों का क्षेत्र व्यापक है। इन व्यवसायपरक सम्बोधनों को सम्मान सूचक, व्यंग्यात्मक और सहजभाव

से प्रयुक्त सम्बोधनों के वर्गों में भी बाँटा जा सकता है। किसी व्यक्ति को पुकारने के लिए उसके नाम का किस प्रकार प्रयोग किया जाए–यह भी पुकारने वाले तथा पुकारे जाने वाले के सामाजिक सम्बन्ध पर निर्भर है। संबंधित व्यक्तियों के सम्बन्ध में परिवर्तन अथवा परिस्थिति के बदल जाने पर नाम प्रयोग का स्वरूप भी बदल जाता है। उदाहरणार्थ अनौपचारिक स्थिति में नाम का अनौपचारिक संस्करण कर लिया जाता है। अथवा प्रथम नाम का प्रयोग किया जाता है।

- प्रमोद ने खंखारकर कहा, 'विलास जरा इसी मुहल्ले में चारों ओर देखो कैसी-कैसी कोठियाँ खड़ी हँस रही हैं।' (अपने लोग, पृ. 42)
- अरे यार नीरू तुम तो बचपन में ही संन्यासी हो गए। (पानी का प्राचीर, पृ. 21)
- अरे दामोदर बनुआ, आँखें तरस गई. (बीस बरस, पृ. 25)
- अरे कहाँ चले ओ कवि सम्राट (अपने लोग, पृ. 31)
- यश! उसने सिर उठाकर देखा बारी भईया थे। (आकाश की छत)
- खाना यही ले आओ संज्ञा (अपने लोग, पृ. 16)
- अरे तुम हो उमेश (वही)
- हाँ हाँ और छिपकर भागो दीपा कोई देख न लें (बिना दरवाजे का मकान, पृ. 9)

दूसरी ओर नाम प्रयोग की औपचारिक स्थिति वहाँ उपस्थित होती है, जहाँ सम्बोधन कर्ता और संबोधित व्यक्ति के मध्य केवल औपचारिक सम्बन्ध होता है। ऐसी स्थिति में प्रायः नाम के उत्तर पक्ष या अंतिम नाम (लास्ट नेम) का व्यवहार किया जाता है और उसके साथ औपचारिकता सूचक श्री, श्रीमती, श्रीमान, मिस्टर, मिसेज आदि को नाम के पहले जोड़कर पुकारा जाता है। जैसे–

- मिसेज पाल, जरा मेरे लिए चाय बना दीजिएगा। बेशर्मी से व्यापारी बोला। (आकाश की छत, पृ. 16)
- ओहो, आप इतने नाराज हो रहे हैं, मिस्टर शील (आदिम राग, पृ. 52)
- साही जी का भी और अपना भी (अपने लोग, पृ. 254)
- दामोदर जी हैं (बीस बरस, पृ. 58)
- अरे अरे सुकुल जी! आइए आइए (अपने लोग, पृ. 36)
- प्रो. शील चौंक उठा (आदिम राग, पृ. 9)
- डॉ. गौतम सीनियर प्रोफेसर हैं (दूसरा घर, पृ. 13)

औपचारिक सम्बन्ध को व्यक्त करने की एक अन्य शैली यह है कि संबोधित व्यक्ति के प्रथम नाम के साथ 'बाबू', 'भैया' अथवा 'भाई' जैसे शब्दों को लिया जाता है–

- नहीं शंकर बाबू ये पैसे मैं कैसे ले सकता हूँ (दूसरा घर, पृ. 128)
- प्रमोद भइया (अपने लोग, पृ. 16)
- किसी के पुकारने की आवाज आई 'शंकर भाई' (दूसरा घर, पृ. 14)

औपचारिकता और अनौपचारिकता के बीच की स्थिति के सम्बन्ध में नाम प्रयोग की शैली परिवर्तन हो जाता है। देखें–

- हाँ कामरेड यश तुम मुझे अकेला देख रहे तो (आकाश की छत, पृ. 63)
- अच्छा अब चलिए सुकुल जी महाराज, अब तो आप आए ही हैं (अपने लोग, पृ. 248)
- दिल्ली वाले बाबा आ गए, दिल्ली वाले बाबा (बीस बरस, पृ. 13)

रामदरश मिश्र के उपन्यासों के इस समाजभाषिक पाठ विश्लेषण के आधार पर यह कहा जा सकता है कि उपन्यासकार ने अपनी कृतियों में हिन्दी भाषा समाज की संस्कृति के महत्वपूर्ण आयामों के रूप में स्वीकृत शिष्टाचार से जुड़े भाषिक आचरणों और अभिवादन तथा सम्बोधन की विविध शैलियों का इतना लोकसिद्ध प्रामाणिक प्रयोग किया है कि इन उपन्यासों के पाठों का हिन्दी भाषासमाज की संस्कृति के शिक्षण के लिए भी निस्संकोच इस्तेमाल किया जा सकता है।

दलित आत्मकथाओं का समाजभाषिक सन्दर्भ

दलित साहित्य की प्रामाणिकता उसकी स्वानुभूतिपरकता में निहित है। इस दृष्टि से दलित लेखकों की आत्मकथाएँ उनके द्वारा जिए गए सामाजिक यथार्थ का दस्तावेज हैं। उनमें भारतीय समाज की वर्ण व्यवस्था और जातिप्रथा का सच अपनी समस्त कुरूपता के साथ दर्ज हुआ है। यही कारण है कि उसकी भाषा भी ललित साहित्य से भिन्न है। इस भाषा में 'लालित्य' के स्थान पर 'दालित्य' (शब्द प्रो. ऋषभदेव शर्मा का) झलकता है। दलित आत्मकथाकार भाषिक अभिव्यंजना के लिए साहित्य सौंदर्य के कलात्मक प्रतिमानों का प्रयोग करने की अपेक्षा दलित जीवन का वास्तविक और विश्वसनीय चित्र प्रस्तुत करने में ही अभिव्यंजना की सिद्धि स्वीकार करते हैं। इस आधार पर दलित साहित्य के सौंदर्यशास्त्र का एक पहलू यदि स्वानुभूति से जुड़ता है जिसकी परख कथ्य के विवेचन द्वारा की जा सकती है तो वहीं दूसरा पहलू दलित जीवन की वास्तविक भाषा के प्रयोग से जुड़ता है जिसकी पहचान अपमानजनित पीड़ा की अभिव्यक्ति, गालियों के प्रयोग, व्यंग्यात्मकता, सूत्रवाक्यों के गठन, लोक शब्दावली के प्रयोग और व्यक्ति नामों के तद्भवीकरण की प्रवृत्ति जैसे बिन्दुओं के आधार पर की जा सकती है।

दलित आत्मकथा साहित्य आत्मकथा लेखन की परम्परागत लीक से हटा हुआ है क्योंकि इस नए साहित्य के लेखक उस तरह के विशेष व्यक्ति या 'सेलिब्रिटी' नहीं हैं जिनकी आत्मकथा उनकी महानता का आइना होती थीं। वस्तुतः दलित लेखकों की आत्मकथाएँ इस दृष्टि से आत्मकथा साहित्य के क्षेत्र में एक नया प्रस्थान हैं कि ये शताब्दियों से अप्रतिष्ठा का दंश झेलते हुए समाज के उपेक्षित वर्ग के किसी एक सदस्य की आत्मकथाएँ हैं। इस उपेक्षित और पीड़ित तथा मानवाधिकारों से वंचित समाज में जन्म लेने के कारण इन आत्मकथाकारों को पग-पग पर जो सामाजिक अपमान झेलना पड़ा है, उसकी टीस और पीड़ा की अभिव्यक्ति इन आत्मकथाओं में सहज भाषा में उपलब्ध होती है। यदि ललित साहित्य भाषा पर झेला गया सौंदर्य है तो दलित साहित्य भाषा पर झेला गया अपमान है (प्रो. ऋषभ देव शर्मा)। दलित आत्मकथाकार की चिन्ता 'लालित्य' के सृजन की नहीं 'दालित्य' की अभिव्यक्ति की है। दलित लेखकों ने सामाजिक अपमान से उत्पन्न अपनी व्यक्तिगत और वर्गगत

पीड़ा को सीधी सपाट शैली में छोटे-छोटे वाक्यों की सहायता से इस तरह चित्रित किया है कि यथार्थ की यह स्वाभाविक अभिव्यक्ति पाठक के मन मस्तिष्क को झकझोरती ही नहीं; चोट करके विचलित और क्षुब्ध भी करती है। यथा–

1. पीढ़ी-दर-पीढ़ी हम गुलाम थे। इधर माँ बच्चा जनती और उधर पैदा होने वाले बच्चे के माथे पर उसकी जात लिख दी जाती। उसे उसकी जात की पहचान से रू-ब-रू करा दिया जाता।
2. उनमें अधिकतर हमें बहुत गिरा हुआ इंसान समझते थे। हमारी पढ़ाई-लिखाई प्रगति से उन्हें कुछ लेना-देना नहीं था। हम उनकी नजरों में घटिया लोग थे। हमारी जात की औरतों को तो उनके द्वारा बार-बार जलील होना पड़ता था। कभी-कभी वे ऐसा भी सोचते थे कि हम उनके रहमो-करम पर जिंदा हैं।
3. पीढ़ी-दर-पीढ़ी दुःख सहने की प्रक्रिया से हम दास बनते गए। हमारी गिनती गुलामों में की जाने लगी। वे मालिक बन बैठे। हमारी औरतें उनकी रखैल बनीं। हम अपनी औरतों से कटते गए। परिवार बिखरते गए।
4. मंदिर और सवर्णों के लिए हम शूद्र थे। अछूत थे, दलित थे, पर इंसान न थे। हमारी छाया भी उनके लिए अपवित्र थी।
5. चमार चमार होते हैं। न हिन्दू न मुसलमान।
6. स्वर्ण जाती के लोगों ने हमें आदमी ही मानाने से इनकार कर दिया था। तभी तो मुझे जानवरों के साथ पानी पीना पड़ा था।
7. तम इत्ते उच्चे हो गए! ठहर जाओ, मैं तुमारे पानी में पिसाब कर दूँगा। थुक्कूँगा फेर पीना उसे। म्हारे मेहमान ढोर-डांगरों के साथ पानी-पिये।
8. कहीं मेरा खून उसे छू न जाए। हम अछूत, हमारा खून अछूत। मैंने देखा, उसकी आँखों में करुणा न थी। हिकारत थी, घृणा थी। मेरे भीतर और बाहर दर्द उभर आया था।
9. दंगे भड़कने पर मुसलमान हमें हिन्दू समझकर मारते हैं और जब कर्फ्यू नहीं होता तो हिन्दू चमार समझकर अपमानित करते हैं। हमारी माँ-बहन के जिस्म को झिंझोड़ना अपना अधिकार समझते हैं। पर हमारे कोइ अधिकार नहीं थे।

ये सभी कथन मोहनदास नैमिशराय की आत्मकथा 'अपने अपने पिंजरे' से लिए गए हैं। लेखक ने पीढ़ियों से चली आ रही वर्ण आधारित गुलामी, सामाजिक उपेक्षा, दलित स्त्रियों के शारीरिक शोषण, अगड़ों द्वारा पिछड़ों पर अत्याचार, दासप्रथा, रखैल प्रथा, स्त्रियों को ढोरों के समान समझने की मानसिकता, गरीबी के अभिशाप, अस्पृश्यता जैसी कुरीति से उत्पन्न आत्महीनता, दुत्कार, अभाव, जातिनाम के गालि

के सदृश प्रयोग, अमानवीय व्यवहार, स्थितियों के विश्लेषण से उत्पन्न उच्च वर्ग के प्रति घृणा, सार्वजनिक तिरस्कार से उत्पन्न दर्द और सब प्रकार के सामाजिक अधिकारों से वंचित रखे जाने से उपजी पीड़ा का चित्रण करने के लिए जिस सहज और यथार्थ भाषा का सहारा लिया है वह अपमान, तिरस्कार और क्षोभ की सघनता का संप्रेषित करने वाली भाषा है।

इसी प्रकार ओमप्रकाश वाल्मीकि ने भी 'जूठन' में ऐसे ही क्षोभपूर्ण पाठ का गठन किया है। यथा–

1. अस्पृश्यता का ऐसा माहौल था कि कुत्ते-बिल्ली, गाय-भैंस को छूना बुरा नहीं था लेकिन यदि चूहड़े का स्पर्श हो जाए तो पाप लग जाता था। सामाजिक स्तर पर इनसानी दर्जा नहीं था। वे सिर्फ जरूरत के वस्तु थे। काम पूरा होते ही उपयोग खत्म। इस्तेमाल करो, दूर फेंको।
2. कोण-सा मास्टर है वो द्रोणाचार्य की औलाद, जो मेरे लड़के से झाड़ू लगवावे है...
3. दिन-भर, मर-खपकर भी हमारे पसीने की कीमत मात्र जूठन, फिर भी किसी को कोई शिकायत नहीं। कोई शर्मिंदगी नहीं, कोई पश्चाताप नहीं।
4. हम चूहड़े-चमारों के कपड़े नहीं धोते, न ही इस्तरी करते हैं। जो तेरे कपड़े पे इस्तरी कर देंगे तो तगा हमसे कपड़े न धुलवाएँगे, म्हारी तो रोजी-रोट्टी चली जागी।
5. माँड पीने की यह आदत किसी शौक या फैशन की देन नहीं थी। अभावों और फाकों से बचने की मजबूरी थी। फेंक देने वाली चीज हमारी भूख मिटाने वाली थी।
6. साहित्य में नर्क की सिर्फ कल्पना है। हमारे लिए बरसात के दिन किसी नारकीय जीवन से कम न थे।
7. शर्म साध्य काम के बदले मात्र गालियाँ। *** कितने क्रूर समाज में रहे हैं हम, जहाँ शर्म का कोई मोल ही नहीं बल्कि निर्धनता को बरकारार रखने का एक षड्यंत्र ही थी यह सब।
8. लेकिन मन में एक उबाल-सा उठता था जो कहना चाहता था, मैं हिन्दू भी तो नहीं हूँ। यदि हिन्दू होता तो हिन्दू मुझसे इतनी घृणा, इतना भेद-भाव क्यों करते? बात-बात पर जातीय बोध की हीनता से मुझे क्यों भरते?
9. जातीय श्रेष्ठता का भाव अभिमान बनकर कमजोर को ही क्यों मारता है? क्यों दलितों के प्रति हिन्दू इतना निर्मम और क्रूर है?

उपर्युक्त पाठांशों से पता चलता है कि ओमप्रकाश वाल्मीकि ने अस्पृश्यता जनित अपमान की पीड़ा का केवल वर्णन ही नहीं किया है बल्कि इस सामाजिक अन्याय

का विश्लेषण भी किया है। दलित सौंदर्यशास्त्र इस समझ के साथ विकसित होता है कि उच्च वर्ग दलितों का इस्तेमाल तो अवश्य करता है परन्तु उन्हें ऐसी वस्तु भर समझता है जिसे इस्तेमाल के बाद फेंक दिया जाता है। दलित आत्मकथाएँ इस अन्याय के कारण उत्पन्न आक्रोश को भी तल्खी के साथ व्यक्त करती हैं। लेखक ने अंधेरे नरक के रूपक द्वारा अभिव्यक्ति को साहित्यिकता प्रदान की है क्योंकि उसके अनुभव का सच यही है। अस्पृश्यताजनित आक्रोश के विद्रोह में परिणत होने से पूर्व की मानसिक उलझन को भी इस साहित्य में मर्मस्पर्शी अभिव्यक्ति मिली है।

अपमान और तिरस्कार के अनुभव का प्रामाणिक पाठ प्रायः सभी दलित आत्मकथाओं में दिखाई देता है। एक उदाहरण के रूप में तुलसीराम कृत 'मुर्दहिया' में उद्धृत भांड मंडली का यह गीत भी देख लें—"हरिजन जाति सहै दुःख भारी हो/ हरिजन जाति सहै, दुःख भारी/जेकर खेवत दिन भर जोतली।/ ऊहै डेला गारी हो, दुःख भारी/हरिजन जाति सहै, दुःख भारी" (तुलसीराम, मुर्दहिया, पृ. 100)। और यह अमानुषिक यथार्थ भी कि—"दलित औरतें और बच्चे प्रायः मुर्दहिया के जंगलों तथा गाँव के ताल से खाने योग्य वनस्पतियों को ढूँढ़ने निकल जाते। जंगल में चूहों को मारकर घर लाया जाता, खरगोश भी ढूँढ़कर मारे जाते।" (वही, पृ. 67)।

दलित लेखक के अनुभव जगत में प्रशस्ति और स्तुति के स्थान पर पीढ़ी दर पीढ़ी बर्दाश्त की गई गालियों का जमावड़ा है। यह गाली भंडार दलित आत्मकथाकारों को समाज की वास्तविक भाषा के रूप में प्राप्त हुआ है। सच से हम सभी परिचित हैं कि हमारे समाज में दलित जातियों के जातिनामों को गालियों की भाँति प्रयोग किया जाता है। दलितों से वार्तालाप करते समय, उन्हें संबोधित करते समय, उन्हें प्रताडित करते समय और उनका उल्लेख करते समय दलितेतर जातियाँ उनके प्रति घृणा और तिरस्कार को व्यक्त करने के लिए गालियों का खुलकर प्रयोग करती हैं। स्त्रियों के प्रति भी पुरुष समाज का ऐसा ही रवैया है। दलित स्त्री की स्थिति तो और भी अपमानपूर्ण है। उन्हें तो जाति के नाम से जोड़कर घोषित प्रामाणिक रूप में दुश्चरित्र घोषित करने की सड़ी हुई मानसिकता पूरे के पूरे पुरुष समाज में है चाहे वह दलित हो या गैर दलित, निर्धन हो या धनी, मुस्लिम हो या हिन्दू। दूसरी ओर दलितों, प्रवंचित और स्त्रियों के मन में भी जब आक्रोश का लावा उबलता है तो वह भी शोषकों, वंचकों और सत्ता के ठेकेदारों के प्रति गालियों के रूप में फूट पड़ता है। सवर्ण गाली देता है अपमानित करने के लिए, और दलित गाली देता है, अपनी और कुछ न कर सकने की असहाय स्थिति से उबरने के लिए (अन्यथा वह प्रतिवाद, प्रतिरोध और प्रत्याक्रमण करना)। दलित की गालियाँ अपने गुस्से का प्रकटीकरण भर हैं जबकि सवर्णों की गालियाँ सामाजिक अन्याय का अश्लील दर्पण। यथा—

- बता, भोसड़े मरानी क्यूं गई थी कोठे पर।
- अब अगर कोठे पर गई, ससुरी तुझे वईं नंगा कर दूँगा। तेरी सुतनिया खोलकर कुत्तों से नुचवाऊंगा।
- सब ससुरे चमारों के है।
- तू चमार का है न। सब कुछ भरस्ट कर दिया। कितनी बार कहा तुम ढेरों से, प्रसाद दूर से लिया करो।
- जो भी सड़क पर दिखाई दे, स्सालों की गांड बन्द कर दो।
- स्साले बामन, म्हारे मेहमान को पानी देने से मना कर दिया।
- अबे, ओ चूहड़े के, मादरचोद कहाँ घुस गया...अपनी माँ...
- जा लगा पूरे मैदान में झाड़ू...नहीं तो गांड में मिर्ची डाल के स्कूल से बाहर काढ़ (निकाल) दूँगा।
- अपनी औकात में रह चुहडी।
- अबे चूहड़े के...आजा....दो अच्छर क्या पढ़ लिए, सोहरे का दिमाग चढ़ गिया है...अबे औकात मत भूल...
- तू रंडी है यारों के साथ घूमती है।

तुलसीराम ने भी 'मुर्दहिया' के पाठ निर्माण में गालियों का अनुभवसिद्ध प्रयोग किया है जो वक्ता-श्रोता के सम्बन्ध और मनोभाव के अनुरूप है। देखें–

- विशेषकर, दलित बच्चों को वे 'चमरकिट कहकर अपना गुस्सा प्रगट करते।
- ई कनवा सम्हने पड़ि गयल।
- कहंबा जात हउवे रे कनवा?
- जल्दी से भाग चमार कहीं का ! बड़कण लोगन के पोखरा में तू नहईबे?
- सरवा! डेरवाय देहतै।
- ई ससुरा सब इन्तिहाने के बदले पइसा ले जाइके नोनियनिया क पकौड़ी खालौ।
- बाप के पाद न आवे पूत शंख बजावे।
- अरे ई ट अणकुटवा जइसन लगत है।

प्रायः कहा जाता है की दलित साहित्य में अभिव्यंजना कौशल की कमी है। परन्तु यह कथन असत्य है। सत्य तो यह है कि अभिधा और व्यंजना को एक साथ साधने का जो कौशल दलित आत्मकथाकारों ने प्रदर्शित किया है उससे ऐसा प्रतीत होता है कि अनुभव की सच्चाई से अभिव्यक्ति में गहराई स्वयमेव आ जाती है। युगों से अपमान झेलने वाले समुदायों की अभिव्यक्ति में व्यंग्य का सहज समावेश इसी को प्रमाणित करता है। एक ओर वे प्रसंग हैं जिनमें दलितेतर समाज के सदस्यों के

संवादों में दलित समाज पर व्यंग्य की प्रवृत्ति दर्शाई गई है तो दूसरी ओर वे प्रसंग हैं जिनमें दलित सवर्णों पर व्यंग्य करते दर्शित हैं।

दलित द्वारा झेले गए व्यंग्य बानों की बानगी देखें—

- अरे क्या तू पढ़-लिखकर लाट-गवन्नर बन जागा। गांठेगा तो येई लीतरे।
- अबे चूहड़े का नए कपड़े पहनकर आया है।
- झाडू ही तो लगवाई है, द्रोणाचार्य की तरियो गुरु-दक्षिणा में अंगूठा तो नहीं माँगा।
- इसे ठाके अपने घर में धर ले। कल तड़के बारातियों को नाश्ते में खिला देणा...
- सुअर की कितनी सांटे (सुअर की गोश्त की बोटी) खाई हैं? एक पाँव तो खा ही लेते होगे?
- घोर कलियुग आ गया है...जो एक अछूत जबान जोरी कर रहा है।
- चूहड़े के, तेरे तो सचमुच सींग निकल आए है। तू तो बड़ी शेखी में रहता है। तेरी तो चाल ही बदल गई है।
- इन चूहडों का तो कभी पेट ही ना भरता!
- किस टेलर से सिलवाई है? हमें भी उसका पता दे दो।
- किस गाँव से पधारे हो जी?/ देखो, चूहड़े का, बामन बन रहा है!"

जैसा कि पहले संकेत किया जा चुका है, दूसरे प्रकार के प्रसंगों में दलित समाज के सदस्य दलितेर समाज के तथाकथित उच्चता के झूठे अहं, कुलीनता के पाखण्ड और उनके दोगले आचरण का भंडाफोड करने के लिए व्यंग्य का प्रयोग करते हैं। यथा—

- ये नाम बिगाड़कर सम्बोधन करने वाले भारतीय संस्कृति के संवाहक होते और आर्य सभ्यता के पोषक।
- जब भी कोई आदर्श गुरु की बात करता है तो मुझे वे तमाम याद आ जाते हैं जो माँ-बहन की गालियाँ देते थे।
- दरवाजे के बाहर खड़े रहने की पीड़ा को तथाकथित देवताओं के वंशज नहीं समझ सकते।
- खुले आम यह शौर्य उत्सव मनाया जा रहा था, जिसमें लोग मूक बने तमाशा देख रहे थे।
- मतलब होने पर ब्राह्मण जूरूर पाँव पकड़ता है तब उसकी श्रेष्ठता गायब हो जाती है।
- अपने दरवाजों पर भगवानों का पहरा बैठा दिया है, भगवानों की पूरी

पलटन आपके घर की रक्षा नहीं करेगी।

- आप ब्राह्मणों को जब अपना स्वार्थ रहता है तब जाति-पाँति की याद नहीं रहती।

आत्मकथा लेखन के लिए जिन अनुभवों की आवश्यकता होती है, दलित लेखक उनसे लबरेज हैं तथा उन्हें घनीभूत भाषा में सूत्रवाक्यों अथवा सूक्तियों की तरह अभिव्यक्त करना भी जानते हैं। इससे दलित साहित्य की भाषा में सामासिकता की वृद्धि हो सकी है। जीवन के विषम अनुभवों से दलित आत्मकथाकारों की अभिव्यक्ति में एक विशेष प्रकार की सांद्रता का समावेश हुआ है। लोकभाषा और दैनिक जीवन की शब्दावली की उक्तियाँ पाठक को प्रभावित करती हैं। यथा–

'अपने अपने पिंजरे' :

- पड़ोसियों के बीच कोई दीवार इतनी मजबूत नहीं होती जो गिराई न जा सके।
- जिस घर में एक भी गलत आदमी हो गया वह पूरे घर को खाने-खराब कर देता है।

'जूठन' :

- गरीबी और अभाव से किसी तरह निबटा जा सकता है, जाति से पार पाना उतना ही कठिन है।
- सदियों से चली आ रही इस अस्पृश्यता की प्रथा के पार्श्व में जातीय अहम की पराकाष्ठा है। समाज में जो गहरी खाई है, उसे प्रथा और गहरा बनाती है। एक साजिश है हीनता के भँवर में फँसा देने की।
- अपने श्रम का मूल्य माँगना अपराध क्यों है?
- लोकतंत्र की दुहाई देने वाले सरकारी मशीनरी का उपयोग, नसों में दौड़ते हुए लहू को ठंडा करने के लिए करते हैं।
- अपमान जिन्हें भोगना नहीं पड़ा वे अपमानबोध को कैसे जान पाएँगे?
- रेतीले ढूह की तरह सपनों के बिखर जाने की आवाज नहीं होती।
- भीतर तक हिला देने वाली सर्द लकीर खिंच जाती है जिस्म के आर-पार।
- अतिथि की जाति ही उसे आदर दिलाती है।
- पढ़-लिखकर जातियाँ नहीं सुधरतीं। वे सुधरती हैं जन्म से।
- जाति से मृत्युपर्यंत पीछा नहीं छूटता।
- बामनों का पूरा दर्शन ही झूठ और धोखे पर आधारित है।
- साहित्य के भीतर भी एक सत्ता है जो अंकुरित होते पौधों को कुचल देती

है।

- बदलाव पलायन से नहीं, संघर्ष और संवाद से आएगा।
- परायों से लड़ना जितना आसान है, अपनों से लड़ना उतना ही दुष्कर।
- आदमी को जन्म के आधार पर मानवीय मूल्यों से वंचित रखना किसी भी तरह न्याय संगत नहीं है।
- पैदा होना व्यक्ति के अधिकार में नहीं होता।

'मुर्दहिया' (तुलसीराम) में उपलब्ध कुछ देशज उक्तियों के उदाहरण भी यहाँ द्रष्टव्य हैं—

- अर्जुन, भीम, नकुल, सहदेवा—ओढत लुगरी बिछावत लेवा।
- सब कमाई सब खाई।
- अध पटवा खाना, बिरही बोल।
- धोबी की बिटिया के न नइहरे सुख न ससुरै सुख।
- भादों भैसा चइत चमार—इनसे कबहूँ लगै न पार।
- करिया अक्षर भनसा बराबर।
- घोडवा के देखि के मेढकिया नाल मराई, त का ऊ जिंदा रही।
- डूबते को तिनके का सहारा।

दलित आत्मकथा लेखकों ने अपने पाठ गठन का मुख्य आधार लोक शब्दावली को बनाया है। इनमें दैनिक प्रयोग में आने वाली सामान्य वस्तुओं के नामों के अलावा उस व्यवसाय अथवा पेशे से संबंधित शब्दावली का प्रयोग ध्यान आकर्षित करता है जिससे लेखक अथवा उनके परिवार का सम्बन्ध है। इन आत्मकथाओं में तत्सम शब्दावली की अपेक्षा तद्भव और देशज शब्दावली की बहुलता के कारण वास्तविक भाषा का प्रवाह आ सका है। देखें—

'अपने अपने पिंजरे' : कुल्हड़, खडाऊँ, भादवा, छोंगली, हुक्का, दीवा, इमामजस्ता, सोल, उपले, बाटी, हलीम, बिलोटा, दातुन, पल्लू, कटोरा, डिबिया, सेलखड़ी, बक्कल, नाड़ा, कली (छोटा हुका), बिटोडा, बंबा, तमाकू, बान, भावतौल, पलेरू (पालतू), खुरेडी, खुसर-पुसर, बल्लम, गंडे-ताबीज, कट्टा (देसी पिस्तौल), मुटल्ली (मोटी), गाली-गुप्पड, दड़बा (घर), सौदा-सुलफु, तुझकू (तुमको), बोऊ (बहू), टांड, हियाँ (यहाँ), भूतखाना, सपड़ (पीना), मुसल्ला (मुसलमान), आरे (आये), साई (पेशगी), कटवा, दिंगलबाजी, जोहड़, ताड़ी, गौना, गांठ, चिलम, ऊत, हौदी, चकला, परात, चौतई, बनैनी, बामनी, तासे-नागरे, खातर (खातिर), मेंबरानी, दीदे।

'जूठन' : घेर, आला, लट्ठ, बाण (रस्सी), जोहड़ी, पौथी-पुराण, हुज्जत, बंगड़, लौंड़ी, छाज, खटना, बुक्कल, मूढा, झोटा बुग्गी, टोकरा, पाती, खुखरी, जूठन, भूसी, जनवासा, उबटन, भंगन, दालान, भभूत, लुगदी, गाज, चढ़ावा टट्टी-फरागत, उकड़ूँ,

सर फुटोवल, कन्नी, जिन्ना (अफसर), सोहरा, दाई, पौन, ओपरा (भूत की लपेट), गूमड़, सोहणा (सुंदर)।

तुलसीराम ने तो अनेक लोक शब्दों की 'मुर्दहिया' में विस्तृत व्याख्या भी की है। यथा–

मुस्कइल : बरसात के दिनों में चूहों के बिल से निकली हुई बालियों को 'मुस्कइल' कहा जाता था।

लेव लगाना : खेत के चारों तरफ से मेड़ द्वारा पानी को रोककर हल जोतने को 'लेव लगाना' कहते हैं।

हेंगा या पाटा बाँस के तीन छह-सात फीट लंबी काडियों को एक साथ पचरी ठोककर चौड़ा बना दिया जाता था, जिसे 'हेंगा या पाटा' कहा जाता था.।

बिस्टौरिया : आजकल के पचास पैसे के सिक्के के बराबर तांबे का बना एक सिक्का होता था जिसके बीच में एक बड़ा गोल छेद होता था जिसे गाँवों में छिदहवा पैसा कहा जाता था। सिक्के को गाँव के दलित 'बिस्टौरिया' कहते थे।

बेगाही : गाँव के जमींदारों के पास अन्न के भंडार हमेशा होता था। वे कई मन अनाज अलग से रखते थे जिसे 'बेगाही' कहते थे। बेगाही का मतलब था खेत में बोने के लिए बीज।

सवय्या : 'सवय्या' का मतलब था कि यदि एक से बेगाही दिया गया तो फसल के बाद सवा सेर अनाज लौटाना पड़ेगा।

डेढ़या : 'डेढ़या' का मतलब था एक सेर के बदले डेढ़ सेर वापस करना।

बनि : 'बनि' का मतलब होता था दिन भर काम के बदले एक सेर अनाज की मजदूरी।

क्रूर : 'क्रूर' बाँधने का मतलब था किसी निर्धारित समय तथा स्थान पर जमीन पर खपड़े से एक खूब लंबी रेखा खींच देना।

दोन : जहाँ तक उस अकाल में सिंचाई का सवाल है, वह बहुत मेहनत का काम था। सिंचाई बड़े ही आदिम तरीके से होती, जैसे 'दोन चलाना', 'ओड़िया चलाना', 'ढेकुल चलाना', 'पूर नाहाना' तथा 'घर्रा खींचना'। टिन से बनी लंबी नालीनुमा आकृति जो बीच से थोड़ा टेढ़ी होती थी उसे 'दोन' कहते थे।

ओड़िया : 'ओड़िया' बाँस की खप्पच्चियों से बना छातानुमा दउरा या टोकरा होता था, जिसकी मेहखड़ पर दो तरफ दो-दो मोटी रस्सियाँ बाँध दी जाती थीं।

ढेकुल : 'ढेकुल' दोन की तरह ही चलाई जाती थी, किन्तु वह हमेशा कुंए से पानी निकालती थी।

पूर नाहाना : 'पूर नाहाना' दो बैलों की जोड़ी द्वारा होता है।

इनार : गाँव वाले कुओं को 'इनार' कहते हैं।

कूसी : धान सूखने के बाद मुश्किल से उनके तने सात-आठ इंच का होकर

मुरझा जाते थे; इन्हें 'कूसी' कहा जाता था।

कियारा : पानी की कमी के कारण धान के खेत मुरझाता है उसे कियारा कहा जाता है।

केडा : 'केडा' का मतलब है दोनों बाहों के बीच जितनी फसल आ जाती है, उसे एक 'केडा' कहते हैं।

व्यक्तिनामों के सन्दर्भ में यह एक समाजभाषिक यथार्थ है कि जहाँ अभिजात्य वर्ग में नामकरण करते समय तत्समता की प्रवृत्ति दिखाई देती है, वहीं दलित वर्गों में नामकरण में तद्भवता की प्रवृत्ति मुख्य है। इतना ही नहीं, यदि दलित व्यक्ति अपने नाम सवर्णों सरीखे तत्सम रख लेते हैं तो उन्हें दबंगों द्वारा हड़काया और अपमानित भी किया जाता है। दलित नामों में तद्भवता के प्रमाणस्वरूप कुछ नाम द्रष्टव्य हैं–

- (i) पृथी, मौनदास, इम्मन, भरतो, नत्थो, नोली, बुक्कड, सुल्लड, भूरी, राधे, रमजिया, बिपन, समुरती, कलिया, लोरा, सूजी, यादो, ललियम, हपडो, घिस्सा, यादराम, गुरनाम, रट्टल, रधु, बिरजो, गंगो, दुली, गाठसेठिया, बोबली, रंगबीरा। (अपने अपने पिंजरे)।
- (ii) हरफूल, छोटनलाल, पाल्ला, सुक्खन सिंह, सोमती, बारू, धन्नु, सुखबीर, मोल्हड, सोल्हड, श्यामो, सतपाल, किरपा, मामचन्द, फूलसिंह, बाल. कराम, भुकनलाल, भिक्खूराम, सुरजन, जनेसर, सियानंद, जाख्यिा, ओमी, हेमलाल। (जूठन)

तुलसीराम ने अपनी आत्मकथा 'मुर्दहिया' में दर्शाया है कि सवर्णों जैसा नाम होने के कारण उनके सवर्ण सहपाठी उनसे घृणा करते थे। उन्हें जातिवाचक नाम से या काना कहकर अपमानित करते थे। हेडमास्टर साहब भी उनका वास्तविक नाम कभी नहीं पुकारते थे और प्रायः सवर्ण छात्रों से कहते थे–ठीक से सवाल पढ़िके ना आईबा तो ये ही चमरै से रोज पिटवाइब।

उपर्यक्त विवेचन से स्पष्ट है कि दलित आत्मकथाकारों की भाषा इस समाजभाषिक मान्यता के सर्वथा अनुरूप है कि समाज में व्यक्ति के सामाजिक स्तर और प्रतिष्ठा का उसके भाषिक आचरण पर सीधा प्रभाव पड़ता है तथा किसी व्यक्ति के प्रति किस प्रकार की भाषा का व्यवहार किया जाएगा, इसका निर्धारण भी उसकी वैयक्तिक, वर्गीय और सामाजिक स्थिति के द्वारा ही किया जाता है। भारतीय समाज का यह ट्रेजिक यथार्थ है कि समाज के एक बड़े समुदाय को जन्मना अस्पृश्य घोषित करके आजीवन ही नहीं पीढ़ी दर पीढ़ी अपमानित और तिरस्कृत किया जाता है। इससे जहाँ इस (दलित) समुदाय के प्रति सवर्ण समुदाय की भाषा घृणा और तिरस्कार से भर उठती है वहीं दलित समुदाय की भाषा में गहरी पीड़ा, क्षोभ, वंचना और आत्महीनता का उभर आना भी स्वाभाविक है।

दलित आत्मकथाओं के पाठ का इस दृष्टि से विश्लेषण करने पर पता चलता है कि इन लेखकों ने अपने समुदाय के अपमान को प्रकट करने वाला 'पीड़ा का अत्यंत मार्मिक पाठ' रचा है। कुछ स्थलों पर जब यह पीड़ा असंतोष में बदलती है तो 'आक्रामकता और आक्रोश का पाठ' भी उभरता दिखाई देता है। कहना न होगा कि यही वस्तुतः 'लालित्य' का स्थानापन्न 'दालित्य' का वह पाठ है जो दलित साहित्य के सौंदर्यशास्त्र का आधार बन सकता है।

स्त्री विमर्श का समाजभाषिक सन्दर्भ

भाषा भेद के सामाजिक निर्धारण के निर्देशकों में लिंग भेद की भूमिका अत्यंत महत्वपूर्ण है। साथ ही सामाजिक स्तर भेद का महत्व तो स्वयं सिद्ध है ही। अतः स्त्रीभाषा के समाजशास्त्र में एक ओर तो स्त्री का 'स्त्री' होना मुख्य विचारणीय बिन्दु है तथा दूसरी ओर स्त्री का पुरुषप्रधान समाज में अन्या अथवा द्वितीयक होना। इसमें सन्देह नहीं कि सदियों से स्त्री समाज की परिधि पर ही रही है। वह परिवार में भी अपरिचित और अवांछित की तरह जीती है। लड़की के जन्म पर आनंद उल्लास तो दूर की बात है बल्कि जन्मते ही विवाह की चिन्ता सताने लगती है। न पिता और न पति का घर उसका 'अपना घर' बन पाता है। "विवाहित लड़कियों के लिए 'अपना घर' एक भ्रम भी है, एक दंश भी, जो जीवन के अन्त तक उन्हें एक बंजारे की सी मनःस्थिति में भटकाए रखता है। ऐसे में सबसे मर्मांतक होता है मायके की ओर से अजनबियों सा व्यवहार। उसे हर हाल में लौटना होता है ससुराल। ससुराल में वह हमेशा पराई लड़की की तरह ट्रीट किए जाने की नियति भोगने को मजबूर है।" (सुजाता तेवरिया, स्त्री विमर्श से जूझती कहानियाँ, समीक्षा, अप्रैल-जून, 2012)। अधिकारों से शून्य भारतीय स्त्री पर परम्परा से अनेक दायित्वों का बोझ लादा जाता रहा है पर उसकी थकान और तनाव की चिन्ता कोई नहीं करता। "पारंपरिक विवाहिता और स्वावलंबी रहने में स्त्री पर जिम्मेदारियों में वृद्धि होती है, बदले में उसे तनाव व थकान मिलती है। पुरुष प्रधान परिवेश में परवरिश स्त्री से 'अधिकारों का त्याग' माँगती है और स्वावलंबन 'अधिकारों की चाह'। इन दोनों के बीच बँटी हुई स्त्री निरन्तर तनाव झेलती है और टुकड़ा-टुकड़ा जीती है।" (सिमोन द बोउवार, स्त्री उपेक्षिता (अनु. प्रभा खेतान, पृ. 325)। स्त्री की भूमिकाएँ बेटी, पत्नी, बहू की परिधि पर घूमती रहती हैं। इन भूमिकाओं में उसका दायित्व तो पूरा होता रहता है किन्तु उसकी अस्मिता दाँव पर लगती रहती है। ऐसे में कभी कभी स्त्री अपने आपको इतना असमर्थ पाती है कि वह अपने स्त्री जीवन को ही निरर्थक मानने लग जाती है। कहने को "औरत देवी है, शक्तिरूपा है, लेकिन व्यवहार में औरत की क्या हस्ती है? वह तो पैर की जूती है, जूती। क्या वह मानव औरत नहीं! शरीर के अलावा उसकी और कोई पूँजी नहीं?" (वही, पृ. 17)।

आज भी परिवार की मान प्रतिष्ठा पर स्त्रियों को ही बलि चढ़ाया जाता है। "परिवार की इज्जत के नाम पर हर साल एक हजार से अधिक महिलाओं को मौत के घात उतार दिया जाता है। यदि कोई स्त्री गैर मर्द से बात करती पाई जाती है तो परिवार का कोई पुरुष उसे मार सकता है। उसे कोई सजा नहीं मिल सकती।" (क्षमा शर्मा, हे ईश्वर, हमें बेटियाँ जरूर देना, स्त्रीत्ववादी विमर्श : समाज और साहित्य, पृ. 23)। अभिप्राय यह है कि हजारों वर्ष की परम्परा ने समाज में स्त्री को उपेक्षणीय माना है तथा पुरुषसत्तात्मक समाज का दृष्टिकोण यही रहा है कि स्त्री केवल रसोई तक सीमित है, वह मशीन है, घर का काम करने की तथा संतानोत्पत्ति की। इसके अतिरिक्त स्त्री का कोई महत्व नहीं है। पुरुष के इस अहं ने स्त्री के अस्तित्व को रौंद डाला। आधुनिक काल में लोकतांत्रिक मूल्यों के प्रचलन का इतना असर अवश्य हुआ कि स्त्री ने अपनी खोई अस्मिता की खोज जागरूकतापूर्वक आरम्भ की। स्थितियाँ बदलीं अवश्य, पर आज भी 'मलाला' और 'दामिनी' ही इस तथाकथित सभ्य समाज की सच्चाइयाँ हैं! "स्त्रियों के विकास में यदि कोई बात सबसे अधिक बाधक है तो वे हैं हमारी रूढ़ियाँ, परम्परा और रीति-रिवाज। एक आदर्श स्त्री के समाज में जो मानक हैं वे ये हैं कि वह स्त्री कभी घर से बाहर नहीं निकलती। हमेशा त्याग और तपस्या में लगी रहती है। सन 1975 में ही संयुक्त राष्ट्र ने 'अन्तरराष्ट्रीय महिला वर्ष' या 'इंटरनेशनल वुमन ईयर' मनाया था। यही वह निर्णायक बिन्दु था जहाँ से हमारे यहाँ स्त्रियों की भूमिका में बदलाव शुरू हुआ।" (वही, पृ. 4)।

स्त्री के व्यक्तित्व के विकास के लिए आवश्यक था कि उसे प्रोत्साहित किया जाए। उसके आत्मसम्मान की पहचान करवाने के लिए भी, उसे प्रेरित करने के लिए स्त्री को साक्षर करना बहुत जरूरी था। स्त्रियाँ साक्षर और सशक्त हुईं तो उनमें आत्मविश्वास पनपा। उनकी सामाजिक दशा के साथ उनकी भाषा भी बदली। अब स्त्रियाँ स्वयं को भली प्रकार अभिव्यक्त करने में सक्षम हैं और लादे गए विधानों को भेदना जान गई हैं। आज की स्त्री ने अपनी देह के निर्णय स्वयं लेना आरम्भ कर दिया है—"स्त्रियाँ प्रश्न पूछना और जवाब देना सीख गई हैं। वे मर्दों के बनाए विधान से बाहर निकल रही हैं। उसे तोड़ रही हैं। वे बीजिंग सम्मेलन में घोषणा कर रही हैं, यह मेरा शरीर है। इसके बारे में फैसला करने का अधिकार भी मुझे ही होना चाहिए।" (वही, पृ. 25)। दरअसल जरूरत है स्त्री के प्रति समाज के रवैये में बुनियादी बदलाव की। जॉन स्टुअर्ट मिल के अनुसार समाज का रवैया स्त्री की क्षमताओं को एक इतर लिंग के हित में निभाने का न होकर अगर सहयोगिता पूर्ण होता तो मानवता का इतिहास और सभ्य समाजों का चेहरा ज्यादा सुसंस्कृत और ज्यादा मानवीय होता। इसमें दोराय नहीं। आज भी इस स्थिति को देखा जा सकता है कि घर से बाहर निकलकर अपनी जगह बनाती हुई औरत का पति उसकी हर हरकत पर नजर रखते हुए लगातार यही चिल्लाता है—'शरीफों की तरह रहो,' स्त्री

पुरुष की मित्रता का कोई कॉन्सेप्ट उसके मस्तिष्क में नहीं है। शायद इसलिए उसकी अपनी दृष्टि धुंधली है। इसके बरक्स यह सामाजिक यथार्थ भी देखने-परखने की माँग करता है कि "आज जिन देशों में महिलाओं की आजादी के साथ-साथ उन्हें भरपूर दैहिक स्वतंत्रता है, वहाँ यह स्थिति पुरुषों की वकालत के बाद नहीं आई बल्कि महिलाओं के आंदोलन और उसकी माँग के नतीजे में आई है।" (शिल्पी, हाशिए पर एक सवाल : नारी मुक्ति, हंस, सितंबर 2008, पृ. 67)।

जब प्रताड़ित स्त्री में शोषण के प्रति आक्रोश जागता है तो वह मान्यताओं को तोड़ना आरम्भ करती है। इसीलिए "वह औरत जो पिछली व्यवस्था में प्रताडित थी आगे बढ़ी, व्यवस्था बदली तो वह पहले से अधिक बुरी दशा को झेलने को बाध्य हुई। आज फिर वह मुक्ति आंदोलन में आँख बन्द करके कूद पड़ी है। अंजाम .... बदलाव आएगा ऐसा विश्वास है। इंसानियत की बेड़ियाँ टूटेंगी, वह मुक्त होगी।" (विष्णु प्रभाकर, शब्द और संवेदना की मनोभूमि, (सं) ललित शुक्ल, पृ. 17)। पर इस तथ्य से भी आँख नहीं मूँदी जा सकती कि मुक्ति की आड़ में स्त्रियों को उपभोक्तावादी संस्कृति का शिकार बनाया जा रहा है और वह बिकाऊ चीज या बाजारू माल में तब्दील होने के खतरे का सामना कर रही है। "शहर और गाँव दोनों की स्त्रियों को इससे बचना होगा ताकि वे संपत्ति के कुएँ से निकलकर बिकने वाली 'चीज' की खाई में न गिर जाए। प्रायः औरत दोहरे-तिहरे शोषण की शिकार होती है। औरत होने के नाते, अशिक्षित होने के नाते और गरीब होने के नाते तथा दलित औरतें तो दलित होने के नाते भी शोषित होती रहती है। औरतों को अपनी मुक्ति की लड़ाई खुद ही लड़नी होगी बाहर से कोई उनका मददगार नहीं हो सकता।" (रमणिका गुप्ता, भूमिका, स्त्री विमर्श : कलम और कुदाल के बहाने)

प्रायः पूछा जाता है कि क्या स्त्री की स्वतंत्रता मात्र देह की स्वतंत्रता है। "दरअसल स्वतंत्रता का अर्थ है बराबरी। आजादी और आदर सम्मान होना चाहिए, स्त्री को नौकरानी नहीं समझना चाहिए। जरूरत पुरुष की सामंती सोच और शोषण से मुक्त होने की है, बात बादशाहत की नहीं, बराबरी की होनी चाहिए।" (सूर्यकांत, स्त्री विमर्श : समग्रता में परखने की जरूरत, हंस, अप्रैल 2010)।

स्थिति यह बन गई है कि स्त्री के लिए उसकी देह ही अभिशाप हो गई है। देह का होना माने अनेक संकटों का निमंत्रण है। "देह तो स्त्री का घाव है। स्त्री विमर्श और लेखन के बहाने वह अपना घाव दिखाती है। अगर अपने दर्द को बताना, अपने घाव को दिखाना गलत कहा जाएगा तो यह विडंबना की पराकाष्ठा है। गरीब वंचित, मजदूर औरतें और घरेलू बेगार करने वाली स्त्रियाँ भी अगर अपनी तकलीफ बयान करेंगी तो क्या वह भी यौनाकांक्षा ही होगी? देह तभी तक कमजोर है जब तक स्त्री कमजोर है, अबला है, अशक्त है। सशक्त होते ही वह अपनी स्वामिनी स्वयं बन जाती हैं। स्त्री सशक्तीकरण कहें या स्त्री विमर्श, दोनों का मुख्य उद्देश्य है

कि "समाज के सभी क्षेत्रों में स्त्री के अस्तित्व को मनुष्य के रूप में स्वीकृति प्राप्त हो। स्त्री और पुरुष की ऐसी समानता की व्यावहारिक प्रतिष्ठा आवश्यक है जिसमें स्त्री की अन्या, द्वितीयक, गौण, उपेक्षिता, अनुगामिनी या अनुचर नहीं, अनिवार्य और सहचर की भूमिका हो।" (ऋषभदेव शर्मा, संपादकीय, स्त्री सशक्तीकरण के विविध आयाम, (प्र.सं.) ऋषभदेव शर्मा, पृ. 5)। स्त्री सशक्तीकरण का लक्ष्य केवल शहरी और पढ़ी लिखी स्त्रियाँ नहीं हैं बल्कि अंचल और आदिवासी क्षेत्र तक की स्त्रियों को इसमें शामिल करना होगा तभी सही मायने में यह सफल होगा। आज हम स्त्री को सामाजिक तौर पर इतनी मजबूत देखना चाहते हैं कि उससे "कोई यह कहने की हिम्मत न कर सके—औरत हो, औरत की तरह रहा करो।" (क्षमा शर्मा, स्त्रीत्ववादी विमर्श : साहित्य और समाज, पृ. 27)।

यह तो हुई स्त्री विमर्श पर सामान्य जानकारी। लेकिन यहाँ हम स्त्री विमर्श को भाषा के साथ रखकर देखना चाहते हैं। यहाँ विचारणीय है कि स्त्री की सामाजिक दशा का उसकी भाषा पर क्या असर पड़ता है। साथ ही हम यह भी देखना चाहेंगे कि हिन्दी के कथाकारों ने स्त्री पात्रों की भाषा में इस सामाजिक परिवेश को किस रूप में स्थान दिया है। यह तो ज्ञात है कि समाज नियमों से बँधा है इसीलिए वक्ता, श्रोता से अपने सम्बन्धों के आधार पर भाषा प्रयोग करता है। वह कभी आज्ञा देता है तो स्वयं कभी आज्ञा का पालन करता है। वह कब अनुरोधात्मक भाषा रूप अपना सकता है तथा कब आज्ञार्थक भाषा अपना सकता है, यह स्थितियों तथा सम्बन्धों पर आधारित होता है जो अंततः मनुष्य के सामाजिक-सांस्कृतिक पक्ष से जुड़ा है। "भाषा नियमों का समुच्चय है जिसका सभी वाक्-कोड पालन करते हैं, लेकिन जहाँ तक किसी वाक्-कोड विशेष के प्रस्तुत होने का प्रश्न है वह व्याकरण नहीं निर्धारित करती। इसका निश्चय संस्कृति करती है कि सामाजिक सम्बन्धों और विशिष्ट संदर्भों को व्यक्त करने के लिए कौन-सा वाक्-कोड सक्षम है।" (पुष्पा श्रीवास्तव, हिन्दी का सामाजिक सन्दर्भ, (सं) रवीन्द्रनाथ श्रीवास्तव, पृ. 44)।

समाज कई स्तरों तथा वर्गों में बँटा है और हर स्तर तथा वर्ग की भाषा उसकी अपनी स्थितियों (आयुगत, जातिगत, धर्मगत, वर्गगत) और शैक्षिक उपलब्धियों पर आधारित है। प्रत्येक व्यक्ति की भाषा उसकी इस सामजिक पृष्ठभूमि का भी परिचय अवश्य कराती है। शब्दों के चुनाव, वाक्यों की संरचना, शब्दों का उच्चारण आदि भी इसमें समाहित है। (There are different social accents, the internal and differentiation of human societies is reflected in their language. *** The development of social varieties can perhaps be explained in the same sort of way-in terms of social barriers and social existence. The diffusion of a linguistic feature through a society may be halted by barriers of a social class, age, race, religion or other factors. –Peter Trudgill; Sociolinguistics : An Introduction to language and society; pg. 34-35).

सामाजिक संरचना से जुड़े भिन्न पक्षों का मनुष्य की भाषा पर प्रभाव स्वतः परिलक्षित है। अतः लिंगभेद का भी भाषा व्यवहार पर सुनिश्चित प्रभाव पड़ता ही है। भाषा प्रयोग के नियमों और रूढ़ियों के निर्धारण में समाज की महत्वपूर्ण इकाई के रूप में स्त्री-पुरुष की भूमिका असंदिग्ध है। उनकी स्वाभाविक भिन्नता, उनकी मानसिकता द्वारा उजागर होती है, जो अंततः भाषा पर आधारित है। (Linguistic sex varieties arises because, as we have already seen, language, as a social phenomenon, is closely related to social attitudes. Man and women are socially different in that, society lays down different social roles for them and expects different behaviour patterns from them language simply reflects their social fact. –Peter Trudgill; Sociolinguistics : An Introduction to language and society; pg. 88)। इस भाषागत भिन्नता के कारणों पर प्रकाश डालते हुए पीटर ट्रडगिल ने वर्जित भाषा को एक महत्वपूर्ण कारक माना है (Jesperson suggests that sex differentiation in some cases, may be the result of the phenomenon of taboo. *** If taboo becomes associated with particular objectives or activities such that, say women are not permitted to use the original name then the new words or paraphrases are likely to be used instead] and sex differentiation of vocabulary items will result. *** In Zulu it appears that this process would go so far as that the tabooed name contained the sound /z/. This might mean apparently, that the woman in question would not be able to use a word like amanzi 'water' without converting it to a form without the tabooed sound, 'amandabi'. If this kind of process becomes generalized to all the women in community, then it can be seen that distinct sex dialects might result. –Peter Trudgill; Sociolinguistics : An Introduction to language and society; Pg. 80-81).

यदि स्त्री की भाषा के सन्दर्भ में स्त्री रचनाकारों की कृतियों का विवेचन किया जाए तो कई महत्वपूर्ण भाषा-शैलीवैज्ञानिक पक्ष उभर कर सामने आ सकते हैं। "सीधी, सधी और संश्लिष्ट संरचना, क्षेत्रीय शैली की बुनावट, संवादों की स्त्रियोचित अदायगी, स्त्री की काया-भाषा (बॉडी लैंग्वेज) तथा अन्य कई समाजभाषिक संदर्भों पर इस लेखन के जरिए प्रकाश डाला जा सकता है तथा भाषा-प्रयोग के स्तर पर इन लेखिकाओं की सशक्त तथा लीक को तोड़ कर प्रवाहित भाषा-शैली के वैशिष्ट्य को रेखांकित किया जा सकता है। महिला-लेखन की भाषाई प्रखरता से अब और आँखें चुराना ठीक न होगा, क्योंकि साहित्य भाषा (लिटरेरी लैंग्वेज) की अभिव्यंजना या उसका गठाव अपनी समाज-सांस्कृतिक पृष्ठभूमि तथा इन्हें उद्घाटित करने वाली सघन संवेदना के बीच ही पनपता और रूपाकार लेता है।" (प्रो. दिलीप

सिंह, 'देखना है जोर कितना बाजू-ए-कातिल में है', स्त्री सशक्तीकरण के विविध आयामय (प्र.सं.) ऋषभदेव शर्मा, पृ. 151)। अतः इसमें सन्देह नहीं कि "आज स्त्री-भाषा, समाजभाषाविज्ञान का ज्वलंत अध्ययन क्षेत्र है। इसमें भी चिन्ता और चिन्तन इसी बात पर है कि रूढ़िग्रस्त भाषा समुदायों में 'मर्द की भाषा' की तुलना में 'स्त्रीभाषा' का प्रारूप उसके दयनीय सामाजिक अस्तित्व को प्रमाणित करता है। समाजभाषाविज्ञान ने यह तथ्य सिद्ध कर दिया है कि किसी भाषा समुदाय की भाषिक संरचना के सहारे उस भाषा समाज की समाज-सांस्कृतिक संरचना को ही नहीं, उसके मनोविज्ञान, मूल्यों, विश्वासों और गठन को भी जाना-पहचाना जा सकता है। दुनिया के बड़े भाग में किए गए 'स्त्रीभाषा' सम्बन्धी अध्ययनों से यह जाहिर हो चुका है कि भाषा प्रयोग (लैंग्वेज यूज) के सन्दर्भ में 'स्त्री का भाषाई कोश' (वर्बल रिपर्टायर), मर्द के भाषाई कोश से भिन्न और कमजोर होता है। उदाहरण के लिए हिन्दी में ही सारे उच्च-पद नाम 'पुरुषवादी' हैं—राष्ट्रपति, प्रधानमंत्री, सचिव, अभियंता, न्यायाधीश आदि-आदि। सामाजिक और पारिवारिक परिवेश के अनेक संदर्भों में स्त्री के लिए आदेशात्मक वाक्यों का प्रयोग करना वर्जित है। निर्णय लेने वाली भाषा के स्थान पर अनुमति माँगने, राय लेने और गुहार लगाने की भाषा ही उसकी धरोहर है। भाषा प्रयोग में शिष्टता और विनम्रता (एटिकेट एंड पोलाइटनेस) बरतने का सौ-फीसदी ठेका पुरुष-समाज ने स्त्री को ही दे रखा है। इन समाज-भाषिक नियमों के विपरीत भाषिक-आचरण करने वाली महिला उद्दंड, जाहिल, चालू और न जाने किन-किन विशेषताओं से विभूषित कर दी जाती है। हिन्दी भाषा-समाज में अश्लील गालियों का भंडार स्त्रियों से सम्बन्ध बनाकर ही तैयार हुआ है और अनेक कथन और उक्तियाँ स्त्री को कमतर मान कर प्रचलित हैं—हमने चूड़ियाँ नहीं पहन रखी हैं, क्या लड़कियों की तरह शरमा रहे हो, वह औरतों की तरह टसुए बहाने लगा। इनका प्रयोग करके मर्द अपनी फाल्स ईगो को पुष्ट कर फूला नहीं समाता। जबकि कृष्णा सोबती, मैत्रेयी पुष्पा, मृदुला गर्ग की महिला पात्र हिन्दी भाषा-समाज की इन पिलपिली सामाजिक धारणाओं को ध्वस्त करते हुए स्त्री-भाषा को सशक्त रूपाकार में ढालती हैं और 'गोदान' की धनिया के भाषाई तेवर को बहुआयामी स्तर पर उकेरती हैं।" (वही, पृ. 152)।

परम्परागत सामान्य भारतीय स्त्री की कल्पना मात्र से उसका एक विशेष चित्र हमारे बुद्धि-पटल पर अंकित हो जाता है और यह रूप सर्व सामान्य प्रवृत्ति लिए उस स्त्री का होता है जो हमेशा घर-परिवार के बारे में सोचती दीखती है या पैसों की बचत करने में लगी रहती है या फिर स्त्री सुलभ भावना व मानसिकता युक्त व्यवहार करती दीखती है, जिसमें पति की रुचि-अरुचि का ख्याल रखना होता है, प्रतिभा संपन्न होना होता है आदि। डॉ. मनीषा गोपीचन्द ने अपने शोधप्रबंध 'स्त्री भाषा का सामाजिक सन्दर्भ और हिन्दी उपन्यास' में विस्तार से दर्शाया है कि हिन्दी

कथाकारों ने अपने स्त्री पात्रों की सर्जना में इन विशेषताओं का सहज रूप में उपयोग किया है और उनके द्वारा प्रयुक्त भाषा इन्हें उजागर करने में सक्षम है। यथा–

(अ) तुम्हारे चाचा को जो जंच जाए, इनमें से वही वापस लेते आना। (उगनी-गीता, नागार्जुन, उग्रतारा, पृ. 95) [पुरुष की रुचि-अरुचि का ध्यान रखने की प्रवृत्ति]

(आ) सुन।
बोल?...
पल्लू में बँधे नोट दिखाकर बोली, 'ये नोट के बारे में मत बताना,' (जजो-गजल से; दुर्गा हाकरे, दरकते कगार, पृ. 108) [परिवार की शुभेच्छा की प्रवृत्ति]

(इ) मौसी! मौसी में बहुत गुण हैं। सींको से बड़ी अच्छी चीजें बनाती है–फूलदानी, डाली, पंखे। कशीदा कितना सुंदर काढ़ती है। पर्व-त्यौहार और शादी-ब्याह में दीवार पर कितना सुंदर चित्र बनाती है–कमल के फूल, पत्ते और मयूर। चौक कितना सुंदर पूरती है। [कमली-प्रशांत; फणीश्वरनाथ रेणु, मैला आँचल, पृ. 98) [स्त्री सुलभ कलाओं में रुचि की प्रवृत्ति]

(ई) ....कुँवारे लड़के-लड़कियाँ हैं, जरा से में हाथ से बेहाथ हो गए ... ऐसी बुराई-बदनामी की बातें जो इन्हें करनी होंय तो इनसे कहिए, हमें थोड़ा-सा जहर लाय के पहले दै दें। हम अपने घर में किसी की खोट नहीं बरदास कर सकेंगी चाहे इनकी होय चाहे लड़के बिटियों की होय। (कल्याणी-कर्नल, अमृतलाल नागर, बूँद और समुद्र, पृ. 271) [घर-परिवार और संस्कारों में रुचि की प्रवृत्ति]

(उ) सब साले मर गए क्या लाने वाले?
इस निगोड़े, मरे से तो बोल रही थी जब से–जा लड़ाका काम से थक हार के अभी आता होगा, जा के चा-सक्कर ले आ, पर सुने तब? (जुगो-अमरशाह, दुर्गा हाकरे, दरकते कगार, पृ. 13) [घरेलू चिन्ताओं की प्रवृत्ति]

स्त्री जैसे जैसे शिक्षित होती है उसके समस्त आचरण के साथ ही भाषिक आचरण में भी बदलाव आता है। हिन्दी उपन्यासों ने दर्शाया है कि अर्ध-शिक्षित स्त्रियाँ भी एक सीमा तक अपनी अस्मिता और अधिकारों के प्रति सचेत हुई हैं। इसकी सूचना उनके द्वारा प्रयुक्त भाषा से प्राप्त होती है। यथा–

(अ) 'अरी बच्ची, यों हंडेगी-फिरेगी तो गली-मोहल्ले के बोल मारेंगे।'
'अम्मा, औरत में कालजा-जिगरा, हो, होर वह सही रस्ते पे चलके कमाऊ-कामयाब हो जावे तो जमाना उसकी कदर करे है। ...तू भी समझ ले।

रेंगते हुए को उठाने कोई न आवे। हाँ जो कोई अपने पाँव पे खड़ा हो तो उसे सौ हिमायती मददगार।'

'....मैं कौन-सा मदरसे जाके इम्तिहान पास करने की कह रही हूँ?... पूछ-पाछके घर ही में, पोथी-पाठ बाँच लिया करूँगी,' (अनारो-शांति, मंजुल भगत, गंजी, पृ. 61)

(आ) 'तारा तुम सच्ची मानना, मेरी ऐसी-ऐसी इच्छा थी पढ़ने की कि अगर कोई मुझे पढ़ाता तो मैं बी.ए. पास करके दिखा देती। यहाँ आई तो उसको मेरे हाथ में अंग्रेजी किताब जलन होती थी। आप पढ़े नहीं हैं तो मेरी एजुकेशन भी उन्हें जहर लगती है।' (बड़ी-तारा, अमृतलाल नागर, बूँद और समुद्र, पृ. 61)

डॉ. मनीषा गोपीचन्द इन पाठों का विवेचन करते हुए कहती हैं कि इन दोनों ही उदाहरणों में स्पष्ट रूप से अन्तर देखा जा सकता है। एक ओर ऐसी स्त्री है जो पूर्णरूप से आत्मनिर्भर है तथा अपनी इस आत्मनिर्भरता को और भी सुदृढ़ बनाने के लिए अपनी शैक्षिक योग्यता को बढ़ाना चाहती है तो दूसरी ओर ऐसी स्त्री है जो शिक्षित होते हुए भी पति की गुलामी से अपने को स्वतंत्र नहीं कर पाती और न ही उसमें वह धैर्य और साहस देखा जा सकता है जो आर्थिक रूप से स्वतंत्र स्त्री में होता है। शिक्षा के प्रकाश से पुरुष पर निर्भरता और हताशा का अंधेरा छटने के कारण आत्मनिर्भर स्त्री की भाषा में आत्मदया, दीनता और हीनता की द्योतक अभिव्यक्तियों के स्थान पर आत्मविश्वास और जुझारूपन की अभिव्यक्तियाँ सहज रूप से आ जाती हैं। उदाहरण 'अ' में शांति द्वारा प्रयुक्त भाषा में यह विशेषता देखी जा सकती है—'कामयाब हो जावे तो जमाना उसकी कदर करे है,' 'रेंगते हुए को उठाने कोई न आवे', 'अपने पाँव पे खड़ा हो तो उसे सौ हिमायती मददगार।' इसी प्रकार उदाहरण 'आ' की 'बड़ी' एक अल्पशिक्षित महिला है। शिक्षा का जो तनिक सा प्रकाश उसे मिला है, उसमें आत्मविश्वास और पुरुष की मनोवृत्ति को समझने की शक्ति आई है। यही कारण है कि वह अपने पति की, ईर्ष्या की मनोवृत्ति की आलोचना करती है और अपने शैक्षिक अधूरेपन को पारंपरिक स्त्री की तरह अपना भाग्य मान कर स्वीकार नहीं करती बल्कि उसके लिए उत्तरदायी पुरुष की ओर आक्षेप की उँगली उठाती है।

पढ़ी-लिखी स्त्रियों से बिल्कुल विपरीत अनपढ़ स्त्री कुछ स्वतंत्र प्रयत्न करने व पुरुषों से अलग, स्वतंत्र होने की बात नहीं सोच पातीं। केवल रोने या भाग्य को कोसने और ईश्वर की दुहाई देने के अलावा और कोई ठोस कदम नहीं उठा पातीं। उनकी यह व्यक्तित्वहीनता व परावलंबन की मानसिकता उनकी भाषा में झलकती है—

"फिर, अनारो ने खड़े-खड़े मनहर की कारस्तानी कह सुनाई...मेरा तो बेबी,

रामजी पे से भरोसा ही उठ गया था, पर, मानुस जून, घूम-फिरके उसी उमर वाले पे बिस्वास करना पड़े। देर-अबेर, कब्भी तो न्याव होवेगा।"

"हरे, ऐसों को छोड़ ही देना चाहिए। जो मनहर रस्ते पे न आया तो, वकील-शकील करके तलाक दिलवा देना चाहिए। हालांकि, सरल वह भी नहीं है। बात यह है कि, किसी खटपटिआ वकील से तो काम चलता नहीं और धाकड़ वकील पैसे बेहद धरा लेगा।"

"देखो! क्या बदा है नसीबों में मेरे।" (अनारे-टीचर; मंजुल भगत, गंजी, पृ. 35)।

यहाँ अनपढ़ और पढ़ी-लिखी स्त्री की भाषा के अन्तर को साफ देखा जा सकता है। अनपढ़ स्त्री दुहाई देने एवं भाग्य पर रोने के अलावा कुछ नहीं करती। वह पढ़ी-लिखी स्त्री की तरह अपने को पुरुष के आधिपत्य से मुक्त करने की बात नहीं कर पाती। अनपढ़ स्त्री के घूम-फिर के उसी 'ऊपर वाले पे बिस्वास करना पड़े' तथा 'देखो! क्या बदा है नसीबों में' जैसे कथन उसके भाग्यवादी होने की सूचना देते हैं।

इसमें सन्देह नहीं कि पुरुष की अपेक्षा समाज में गौण स्थान प्राप्त होने के कारण स्त्री को वह प्रतिष्ठा और सम्मान प्राप्त नहीं है जो उसमें आत्मगौरव का संचार कर सके। शताब्दियों से हमारे समाज में स्त्रियों को बचपन से ही पुरुष-निर्भरता के लिए तैयार किया जाता है। (Almost all the religions have accepted male domination and have ordained duties and responsibilities to women resulting in their slavery to men. For centuries the women have been forced to lead the lives of salves. As a result the women imbibed the feeling of inferiority complex. The customs, traditions and usages accepted and followed by women have been propagated by male chauvinists, similarly the statutes, rules and by-laws have all partaken of the same character- Malladi Subbamma, Women's Liberation, pg. 2)

परिणामस्वरूप आत्महीनता की ग्रंथि स्त्री व्यक्तित्व का हिस्सा बन जाती है। यह आत्महीनता उसके भाषिक आचरण में भी दिखाई देती है। स्त्री तमाम सामाजिक परिस्थितियों में पुरुष की सहायक के रूप में ही सामने आती है। समाज पुरुष के बिना उसके अस्तित्व और अस्मिता को स्वीकृति प्रदान नहीं करता। पुरुष पर अपनी अस्मिता तक के लिए आश्रित स्त्री में पराधीनता, आत्महीनता, अस्थिरता और लिजलिजेपन का समावेश होता है। यही कारण है कि पत्नी, बेटी, माँ आदि हर भूमिका में स्त्री पुरुष के सामने असमर्थता स्वीकार करती दिखाई देती है।

(अ) 'दरकते कगार' (दुर्गा हाकरे) में शारदा की बहू और जुगो का यह संवाद देखें–

"दो साड़ियाँ, उसमें से एक लाल और एक पीली बनारसी मुझको बेच दे ...डेढ़-डेढ़ सौ दे दूँगी।"

"नईं रे बहू।...बट्टी मेरा गला रेत देगा।"

(आ) इसी प्रकार 'भूले बिसरे चित्र' (भगवती चरण वर्मा) में ज्ञानचन्द और विद्या का संवाद भी द्रष्टव्य है–

"शायद तुम्हारा लाहौर जाना ठीक नहीं होगा। लोग क्या कहेंगे?"

"बाबा, लोग क्या कहेंगे, इससे न तो कुछ बनता है और न बिगड़ता है। लेकिन मैं आप पर जोर न दूँगी। अगर चाहते हैं कि तिल-तिल घुटूँ तो वही करूँगी। स्त्री का जीवन गुलामी का ही है।"

पहले उदाहरण में माँ होने के बावजूद स्त्री इतनी हिम्मत नहीं कर पाती कि अपने बेटे से कह दे कि इतना कमाते कहाँ हो जो पूर्ति हो जाय और अगर साड़ी गिरवी रख भी दी है तो गलत नहीं किया तो दूसरे में, घर की बेटी को यह ज्ञात है उसकी इच्छाएँ, आकांक्षाएँ कोई अर्थ नहीं रखतीं। इसीलिए वह यही कहती है कि वह जोर नहीं देगी क्योंकि वह केवल गुलामी के लिए बनी है। 'अगर आप चाहते हैं कि मैं तिल-तिल कर घुटूँ तो वही करूँगी' से स्त्री की आत्महीनता झलकती है।

परावलंबी अबला स्त्री की तुलना में शिक्षित और स्वावलंबी स्त्री की भाषा में पूर्णविश्वास, निडरता और जागरूकता का भाव तथा स्थितियों के विश्लेषण की क्षमता को देखा जा सकता है। उदाहरणार्थ 'बूँद और समुद्र' (अमृतलाल नगर) की शीला के सबल व्यक्तित्व को उसके भाषिक आचरण के आईने में देखा जा सकता है–"सिर्फ ऐसी ही शादियों में क्यों, लव मैरेजेज में भी नतीजे पर पहुँची हूँ कि शादी का रिवाज इंसान में धोखा-धड़ी, झूठ और अत्याचारों को जगाता है। इसे हटा दीजिए, औरतों को आर्थिक रूप से आजाद कर दीजिए फिर देखिए, औरत-मर्द के रिश्ते कितने जल्दी नार्मल हो जाएँगी।"

इसी उपन्यास में कन्या की भाषा भी सामाजिक-राजनैतिक जागरूकता से संपन्न स्त्री की भाषा है। वह गलत तर्क को सही तर्क से काटने का आत्मविश्वास रखती है–"आपकी लॉजिक भ्रांत है। ...जैसे फुटबाल का मैच होता है न, राजनीतिक पार्टियों का संघर्ष भी हूबहू वैसा ही है। जनता फुटबाल है, मैच उसी के नाम पर हो रहा है, पोलिटिकल पार्टियों के खिलाड़ी ठोकरें भी उसी को लगा रहे हैं। ये इलेक्शन हमारी जनतांत्रिक समाज-व्यवस्था का यही रूप दरसा रहे हैं। (कन्या-सज्जन)"। स्त्री होते हुए भी एक पुरुष को मंत्रणा देने जैसा भाषिक आचरण भी नई स्त्री के बदले व्यक्तित्व का प्रमाण है–

"भाभी, पिस्तौल का लाइसेंस लेना चाहता हूँ।"

"...छिछोरे-मन का इलाज कारतूस की पट्टियों से नहीं होगा। स्त्री-पुरुषों में समान रूप से समझदारी पैदा होगी और मनोरंजन के कई और साधन निकल आएँगे, तभी व्यभिचार घटेगा। ... दूसरा संकट है डरपोक नौजवानों की छिछली सहानुभूति।

इन संकटों का मुकाबला हम पिस्तौल से नहीं कर सकते..।" (कामेश्वर की भाभी व नंदेश्वर, नागार्जुन, उग्रतारा, पृ. 30)

समाज में व्याप्त व्यभिचार की समस्या को कामेश्वर की भाभी केवल समझती ही नहीं है बल्कि उसके निदान और समाधान के सम्बन्ध में भी सुनिश्चित कार्य-योजना उसके पास है, जिसे वह दृढ़तापूर्वक सामने रखती है।

माना यह जाता है कि शिक्षा विनम्रता और शालीनता में वृद्धि करती है परन्तु कभी कभी वह अहंकार और अक्खड़पने का कारण भी बनती है। 'मैला आँचल' में जरा सैनिक जी की स्त्री की भाषा देखिए–

"उल्लू कहीं का! गिलास ऐसे ही धोता है?"

"बहनजी गिलास...।"

"खबरदार! बहिन जी, मत बोल।"

"कौन देस का आदमी है। आदमी है या भूत? बात भी नहीं करना जानता है।" इस प्रकार का भाषिक आचरण पारंपरिक स्त्री भाषा या तथाकथित संस्कारों वाली स्त्री भाषा में नहीं दिखाई देता परन्तु पढ़ी-लिखी होने के नाते सैनिक जी की स्त्री में यह विश्वास जागृत हो सका कि वह पुरुष को अपने से कम जान, उस पर अपना रौब जमा सकती है, आदेशात्मक वाक्य बोल सकती है और धौंस भी जमा सकती है।

मैत्रेयी पुष्पा के 'अल्मा कबूतरी' में संतोले की बहू भी शासन करना सीख गई है। वह "अब स्त्रीपन भूल चुकी है। उसे मर्दों की तरह हुकूमत करना आ गया है। जवानी जाती है, जाते-जाते कोड़ा चलाना सिखा जाती है, जैसे खुद के अनुभव रहे।" (मैत्रेयी पुष्पा, अल्मा कबूतरी, पृ. 360)। इसी प्रकार मिथिलेश्वर कृत 'माटी कहे कुम्हार से' में भी जागरूक स्त्री की परिवर्तित भाषा सुनाई पड़ती है–"शिवबचन काका इस कायर के बच्चे को अब मैं एक क्षण भी अपने पेट में नहीं रहने दूँगी... जानती कि ई आदमी अइसा बुजदिल है तो इसकी बातों में आती ही नहीं।" (मिथिलेश्वर, माटी कहे कुम्हार से, पृ. 296)। यही नहीं उसकी भाषा का नकली राजनैतिक तेवर एकदम इक्कीसवीं सदी की देन है–"हमको अधिक बोलना नहीं है। हमको खाली यही बताना है कि आप लोग हमको दलित और अल्पसंख्यक समुदाय का विरोधी मत समझें। जहाँ कहीं भी दलित और अल्पसंख्यक दुःख और कष्ट में हो वहाँ उनका दुःख दूर करना हमारा फर्ज होना चाहिए। *** हम देख रहे हैं कि खाली उनकी जाति और धर्म का नाम ही लोग जप रहे हैं।" (वही, पृ. 486)।

'कही ईसुरी फाग' (मैत्रेयी पुष्पा) में भी स्त्रीभाषा में आक्रामकता का समावेश द्रष्टव्य है जिसे देखकर रज्जो की सास चौंक उठती है–"यह प्रताप की बहू है। तड़ाक-फड़ाक जवाब देना कहाँ से सीखा? बछिया के सिर पर सींग उग आए हैं सबको दिखाई देते हैं, पर जनी के सिर सींग समझ लो कि किसी मर्द के बलबूते जमते हैं, दिखे या न दिखे।" (मैत्रेयी पुष्पा, कही ईसुरी फाग, पृ. 45). रज्जो में अब

यह साहस आ गया है कि सास और समाज के निर्णय को चुनौती दे सके—"बाई तुम द्रौपदी की सास नहीं हो कि हमें आज दो, कल पाँच मर्दों में बाँट दोगी। वे देवताओं की बातें हैं।" (वही, पृ. 206)।

आज की स्वावलंबी और विद्रोही स्त्री की भाषा में पंडिता रमाबाई की वह तेजस्विता और चुनौती समाई हुई है जो पहले की स्त्रीभाषा से नदारद थी। यथा—"भाइयो, माफ कीजिए, मेरी आवाज आप तक नहीं पहुँच पा रही है। सदियाँ बीतीं—क्या कभी आपने किसी स्त्री की बातें सुनने की कोशिश भी की? क्या आपने उसे इतनी ताकत दी कि वह अपनी आवाज बुलंद कर सके? *** उस दिन के पहले कभी किसी स्त्री ने कांग्रस के किसी बैठक में हिस्सा नहीं लिया था।" (अनामिका, दस द्वारे का पिंजरा, पृ. 251)।

इस तेवर को देखकर यह न समझा जाए कि आज की स्त्रीभाषा से प्रेम और कोमलता लुप्त हो गई है। वस्तुतः संवेदनशीलता और भावुकता जैसी स्त्री स्वभाव की विशेषताएँ आज की स्त्री के भी भाषिक आचरण को अवश्य प्रभावित करती हैं जो स्त्रीभाषा का एक विशिष्ट सामाजिक पक्ष है।

स्त्रीभाषा के सन्दर्भ में टैबू या वर्जित शब्दों/अभिव्यक्तियों के प्रयोग पर भी विचार करना आवश्यक है। हिन्दी भाषासमाज में कतिपय भाषिक वर्जनाएँ इस प्रकार हैं—

1. "पिता-पुत्री के यौन सम्बन्ध सामाजिक और नैतिक दृष्टि से वर्जित हैं।
2. "पत्नी अपने पति, जेठ, ससुर तथा सास का नाम नहीं ले सकती लेकिन बातचीत के दौरान परोक्ष रूप से 'मुन्नी के पापा', एजी आदि कहती है या संकेतात्मक रूप (जैसे पति 'गुलाब सिंह' के लिए गुलाब का चित्र) में व्यक्त करती है।
3. "दैनंदिन व्यवहार के कुछ शब्द जैसे मूतना, संभोग आदि के लिए लघुशंका-बाथरूम, स्नान-नहाना, इंटरकोर्स जैसे शब्दों के माध्यम से द्विभाषिक लोग काम चलाते हैं।
4. "छोटा भाई, पुत्र, नाती, भतीजा आदि द्वारा बड़े भाई के लिए, पिता के लिए, दादा के लिए, चाचा के लिए नाम का प्रयोग किया जाना वर्जित है। पर वह भैया, दादा, पिताजी, बाबूजी, दादाजी, बाबा, चाचाजी, चाचीजी कहकर व्यावहारिक निर्वाह कर सकता है।
5. "अन्तरभाषिक स्तर तक भी कुछ शब्द 'टैबू' माने जा सकते हैं जैसे हिन्दी में 'बाल' कहना गलत नहीं परन्तु बंगला में 'बाल' यौनांग का अर्थ व्यंजित करता है। ऐसे में 'बाल' न कह कर 'केश' आदि कहना वांछनीय है। (उमा शंकर सतीश, हिन्दी में टैबू प्रयोग, हिन्दी का सामाजिक सन्दर्भ, (सं) रवीन्द्रनाथ श्रीवास्तव, पृ. 184-187)।

यदि हिन्दी उपन्यासों में गठित स्त्रीभाषा की बात करें तो कहना होगा कि प्रायः कथाभाषा में वर्जित भाषा का प्रयोग अगर किसी अशिक्षित स्त्री के द्वारा हुआ है तो वह कभी हिचकती प्रतीत नहीं होती और जहाँ स्त्रियाँ हिचकती हैं वहाँ वे इनका प्रयोग खुलकर नहीं कर पातीं क्योंकि यह असभ्यता कहलाती है। इसी से वे उसे कुछ शिष्ट ढंग से प्रयुक्त करती हैं या फिर उसका प्रयोग न कर, वाक्य अधूरा छोड़ती दिखाई देती हैं–

- "अगर कोई इसका कुछ और अर्थ निकलता है तो वह ... वह ... औरों की तरह तुम भी मुझे ... मुझे ...।" [मालती-मेहता, (प्रेमचन्द, गोदान, पृ. 147)।
  "कभी-कभी तो मुझे लगता है कि कहीं ...?
- तुम सचमुच ऐसा समझती हो?/ मैं कह नहीं सकती, मगर ऐसा ही कभी-कभी मुझे लगता है ..." नीलिमा-मधुसूदन, (मोहन राकेश; अंधेरे बन्द कमरे; पृ. 86)।

इसके अलावा जहाँ स्त्री कठोर शब्दों का प्रयोग नहीं करना चाहती वहाँ, वह थोड़े से विनम्र रूपों का प्रयोग करती है लेकिन वे प्रयोग उसके उद्देश्य को स्पष्ट प्रकट कर देते हैं। जैसे 'उग्रतारा' में पौरुषहीन की जगह 'गोबर' कहा गया है–"सुंदरपुर मढ़िया के नौजवान गोबर हैं, ऐसा गोबर जिस पर उँगलियाँ रखो तो काठ बनेंगे, कंडे नहीं।" –कामेश्वर की भाभी-कामेश्वर, (नागार्जुनय उग्रताराय पृ. 30)। शिष्ट और कुलीन स्त्रियाँ अत्यधिक क्रोध की स्थिति में भी अपने को कठिनाई से ही सही पर नियंत्रित करती हैं–"हूँ, देवीजी, साथ गई हैं पड़ोस वाली। कंठ तक आकार एक गाली भी टकराई–छिनाल कहीं की।" –तिवारी की पत्नी, (नागार्जुन, उग्रतारा, पृ. 60)। स्त्रियाँ जब गाली देतीं है तो शाप देती-सी दिखाई देती हैं और साथ ही कुछ ऐसे प्रयोग करती दीखती हैं जो केवल स्त्री ही कर सकती है जबकि पुरुष ऐसे अवसर पर हाथापाई पर उतर आते हैं पर स्त्री मौखिक लड़ाई ज्यादा लड़ती हैं। यह भी द्रष्टव्य है कि स्त्रियों के लिए लड़ने के लिए आमने-सामने होना आवश्यक नहीं है बल्कि अपने स्थान से ही ऊँची-से-ऊँची आवाज में चिल्लाना, कोसना, बददुआ देना सामान्य सी बात है। यथा–

- "हाय-हाय! कइसे चिल्लाए हैं निगोड़े डाकू जैसे। सत्यानाश हो जाय मरों का। बारा-बारा बजे नहाएँगे–अघोरी! ये भभूती नासपीटे की बहू निगोड़ी आँखों के आगे ही मानुसगंध जैसी खड़ी है। मरे कहीं भी दो घड़ी चुप कर बैठने नहीं देते। ऊँह! अरे जइसा-जइसा ये सब लोग मेरे ऊपर जुलुम ढायें हैंगे कलपाते हैंगे, वैसा इनकी सात पीढ़ियों के आगे आवेगा। इनके

तन-मन में कीडें पड़ेंगे। मरों का कफ्फन तलक नहीं जुड़ेगा...।" –ताई, (अमृतलाल नगर, बूँद और समुद्र, पृ. 4)

- "राम करै इसके बाप महतारी आधी-रात को मर जायं। राम करै इसके कुनबे–भर का सतियानास होय।" –लाले की बहू, (अमृतलाल नागर, बूँद और समुद्र, पृ. 23)
- "हाँ मुर्दे! मरगिल्ले। अपनी अम्मा के पास इस महीने भी भेज देना, अपनी पगार? अपनी छाती ठंडा करवा लेना रे कुला!" –जुगो, (दुर्गा हाकरे, दरकते कगार, पृ. 100)
- "ठहरो रे हरामियो! तुम्हारी अम्मा का बुखार मैं अभी उतारती हूँ ठहरो।" –जुगो-पुलिस वाले, (दुर्गा हाकरे, दरकते कगार, पृ. 69)

यह एक मनोरंजक तथ्य है कि स्त्रियाँ लड़ते समय केवल लक्ष्य व्यक्ति को ही गाली देकर संतुष्ट नहीं दीखतीं, वे उसके पूरे खानदान को या कम से कम पिता-पुत्र को जरूर खींचती हैं–

- "मर गए तुम और तुम्हारे बिटवा। मुँह जरा कहूँ का! भवानी ई का खाय, हमारे बिटवा का कोस रहा है!" –छिनकी-राधे लाल के लिए, (भगवतीचरण वर्माय भूले बिसरे चित्र, पृ. 154)।
- "अरे तू कोढ़ी, तेरा बाप कोढ़ी हरामजादे। आ तेरा लड़कियों से ब्या करूँ निगोड़े। आओ-आओ, अभी तुम्हें हियन से ढकेल के सीधे जमराज की दुल्हिन बना देंगे।" –ताई-टिल्लू, (अमृतलाल नागर, बूँद और समुद्र, पृ. 151)।

वर्जित भाषा और गाली गुफ्तार दरअसल स्त्री भाषा का स्वाभाविक संस्कार नहीं है। इसकी तुलना में विनम्रता और अनुरोध स्त्री सुलभ भाषिक व्यवहार है जिसका वह अपने कार्यों व स्थितियों में विजय पाने हेतु प्रयोग करती रही है। कई बार ये प्रयोग उनके हथियारों के रूप में प्रयोग में लाए जाते हैं। कुछ उदाहरण देखते चलें–

1. "तुम्हें इतना गुस्सा कैसे आ गया? मुझे तो तुम्हारे ऊपर कितना ही गुस्सा आए, मगर हाथ न उठाऊँगी।" –धनिया-होरी, (प्रेमचन्द, गोदान, पृ. 102) धनिया के इस कथन में पूर्ण विनम्र आचरण स्पष्ट लक्षित है जहाँ वह होरी से केवल गुस्से के बारे में प्रश्न करती है परन्तु यह प्रश्न करती नहीं दीखती कि उसने उसे मारने की हिम्मत कैसे की। वह केवल उलाहना देती है कि वह अगर उसकी स्थिति में होती तो कभी हाथ न उठाती। अर्थात वह यह भी नहीं कह पाई कि तुमने जो किया अच्छा नहीं किया।
2. "तू उसे छोड़ दे तो जो कहे वही करूँ? पीहर की देहरी तो पैले ही तज

आई, होर जो कहे, वो तज दूँ?"—मनहर-शांति, (मंजुल भगत, गंजी, पृ. 49-50)

शांति के पति ने एक और स्त्री से सम्बन्ध बना रखे हैं और वह इस स्थिति से परिचित है कि पति उसके दर्द को समझता है तथा वह कहीं न कहीं उस दूसरी स्त्री से भी नाराज है, इसीलिए वह विनम्र भाषा का प्रयोग कर रही है। यहाँ शांति की विनम्रता उसके स्वयं को पति की इच्छानुसार परिवर्तित करने की तत्परता (मुझ में कोई कमी हो तो बोल), आज्ञाकारिता (तू जो कहे वही करूँ) और निर्भरता एवं आत्मत्याग (पीहर की देहरी तो पहले ही तज आई, होर जो कहे वो तज दूँ) के रूप में प्रकट हुई है।

3. "देखियो, मैं क्या तो अकर गुजरूँगा, जो न मानी तो।
बस कर। अभी कूदना बन्द कर। रोटी खावेगा? भावो ने मक्का की पोथी है?
सरसों—बथुए का साग भी हैगा।
....ले, जीम ले, चाहे किसी भी नाते। अम्मा से मैं मने कर दूँगी। वहाँ, न जावेगा।"—मनहर-शांति, (मंजुल भगत, गंजी, पृ. 74-75)

यहाँ शांति मनहर के प्रति प्रेम भाव रखती है इसीलिए वह उसकी दशा पर तरस खाती है कि उसकी नौकरी तो जा ही चुकी है। साथ ही बीमारी की वजह से वह दुबला गया है, यह वह जानती है इसीलिए उसके तेवर को देख कर आनंद लेती है तथा उसे विनम्रता के साथ भोजन कराती है। शांति का हृदय स्वाभाविक रूप से पीड़ित है क्योंकि पति ने उसकी उपेक्षा की है परन्तु अपने स्त्री सुलभ स्नेह और करुणा के भाव को वह त्याग नहीं पाती है इसीलिए क्रोध का अवसर उपस्थित होने पर भी शांतिपूर्वक उससे पूछती है 'रोटी खावेगा'। यही नहीं पति-पत्नी के टूट चुके सम्बन्ध के दंश को भी वह छिपा लेती है, यह कहते हुए कि 'ले जीम ले, चाहे किसी भी नाते'।

हमारे समाज में स्त्री अपने पति को आदेश नहीं दे पाती कि जाओ अमुक-अमुक काम करके आओ, क्योंकि वह भारतीय संस्कृति को, सभ्यता को बहुत महत्व देती है इसीलिए वह आज्ञा देने के बदले विनम्र रूप दर्शाती है और यह कहना चाहती है कि जाओ यह काम कर आओ। साथ ही विनम्र भाषा के सन्दर्भ में यह तथ्य भी विचारणीय है कि 'श्रोता की किसी बात को बल देते हुए न काटना। यदि ऐसा करना भी हो तो विनम्रता से झिझक प्रदर्शित करते हुए उसके हित में अपनी ऐसी राय देना, साथ ही अपनी राय की सफलता के बारे में बहुत आशा न व्यक्त करना आदि प्रमुख हैं। (भोलानाथ तिवारी, भाषा और संस्कृति, पृ. 187)। विनम्र भाषा प्रयोग की यह तकनीक 'जहरबाद' (अब्दुल बिस्मिल्लाह) में द्रष्टव्य है—"तो क्या मुझे

खाओगे? मैंने भी तो सुबह से कुछ नहीं खाया है। काहे बेचारे पर बिगड़ते हो? ये नहीं होता कि जाकर किसी के यहाँ से चार दाने भुट्टे ही माँग लाओ और लड़के को खिला दो।" —नैरेटर के पिता-माता, (अब्दुल बिस्मिल्लाह, जहरबाद, पृ. 96)।

यहाँ स्त्री अपने पति को ताना दे रही है परन्तु वह यह नहीं कह पाती कि बच्चे पर बिगड़ने से अच्छा है कि जाकर किसी से कुछ भुट्टे माँग लाओ। वह आदेश के स्थान पर, भाषा के सुझावात्मक रूप का प्रयोग करती है।

विनम्र भाषा प्रयोग का एक अन्य सामाजिक अवसर स्त्री भाषा में उस समय उपस्थित होता है जब संबंधित व्यक्ति पति से इतर कोई अन्य पुरुष है और परिस्थिति क्रोधपूर्ण व्यवहार की हो, ऐसे अवसर पर अपनी सामाजिक गौण स्थिति के कारण स्त्री क्रोध को स्पष्टतः व्यक्त करने के स्थान पर उलाहने का प्रयोग करती है, जैसे—"अपमान के डिक्शनरी—अर्थ क्या है, मैं नहीं जानती। दूसरी औरतों के साथ तुमने कैसा व्यवहार किया, यह भी मैंने नहीं देखा। हाँ अपने केस में यह कह सकती हूँ—मैं, सदा पत्नी बनना चाहती थी और मेरे दोस्त और शुभचिन्तक मुझे सदा वेश्या बनाते रहे। इस दौर में पता नहीं मेरे डार्लिंग आर्टिस्ट ने बार-बार मुझे अपने सीने से लगातार मेरा सम्मान किया है, या अपमान? हिः हिः हिः। अच्छा चलती हूँ।" —चित्रा-सज्जन, (अमृतलाल नागर, बूँद और समुद्र, पृ. 82)।

स्त्री निकटवर्ती सम्बन्धों को टूटने से बचाने के लिए भी प्रायः विनम्र भाषा का व्यवहार करती है—"यह मंतर तुम्हें कौन दे रहा है बेटा, तुम तो ऐसे न थे।" —धनिया-गोबर, (प्रेमचन्द, गोदान, पृ. 199)। "कहाँ थे तुम इतने दिन? भला, इस तरह कोई घर से भागता है? और कभो एक चिट्ठी तक न भेजी।"—धनिया-गोबर, (प्रेमचन्द, गोदान, पृ. 181)।

सहनशीलता की सीमा से अधिक प्रतीक्षा व्यक्ति को क्रोध से भर देती है। यही स्थिति 'अंधेरे बन्द कमरे' की ठकुराइन की भी है—"लाला, आज तो तुमने हद कर दी। मैं तो फिकर कर रही थी कि कहीं ऐसी-वैसी बात न हो गई हो।" *** "ऐसी ठंड पड़ रही है। तुम लोग जाने कैसे इतनी ठंड में घूम लेते हो।" (मोहन राकेश, अंधेरे बन्द कमरे, पृ. 43)। आधी रात के ऊपर तक ठकुराइन जब इंतजार करती रही तो वह अपने पर पहले काबू न पा सकी। उदाहरण की पहली पंक्ति इस का प्रमाण है लेकिन फिर वह संभल कर उसके लिए फिक्रमंद होने की बात कर स्थिति संभाल लेती है, साथ ही ताना भी मारती है कि ठंड में कैसे घूम लेते हैं।

कभी-कभी ऐसी स्थितियाँ उत्पन्न हो जाती हैं कि वहाँ क्रोध प्रकट करने से काम नहीं बनता, ऐसे में भाषा का विनम्र रूप अपनाना पड़ता है—"सजी-सजाई थाली को परे सरका, कोई अगर, झूठी हाँडी में मुँह मारने जाए, तो उसे क्या कहवेंगे भला? आदमी-मानुख तो नहीं ना कहवेंगे?"—अनारो-मनहर, (मंजुल भगत; गंजी; पृ. 9)। यहाँ वस्तुतः अनारो अपने दामाद से रुष्ट है क्योंकि उसके अन्य स्त्री से

सम्बन्ध है। पर वह जानती है कि क्रोध प्रकट करने से मनहर उसकी बेटी को छोड़ कर जा सकता है। इसीलिए वह इस स्थिति से बचना चाहती है। अतः विनम्र शब्दों की आड़ में उसे 'कुत्ता' कहती है। अपने व्यंग्य और क्रोध को उग्रतापूर्वक व्यक्त करने के स्थान पर अनारो ने कथन में अपेक्षाकृत विनम्रता लाने के लिए प्रश्नवाचक वाक्य रचनाओं का प्रयोग किया है (कोई अगर झूठी हाँडी में मुँह मारने जाए, तो उसे क्या कहवेंगे भला? आदमी-मानुख तो नहीं ना कहवेंगे?)। इसे रॉबिन लेकॉफ ने विनम्र भाषा प्रयोग की प्रश्नवाचक पद्दती (टैग क्वेश्यन) कहा है। (Robin Lekoff; Language and Woman's Place; pg. 54)

स्पष्ट है कि भारतीय समाज में स्त्री का स्थान गौण है इसीलिए रचनाकारों ने उसे परिस्थितियों के अनुरूप प्रायः क्रोध प्रकट करने में सक्षम नहीं दर्शाया है। वह मूल रूप से समझौतावादी है इसीलिए उपन्यासकारों ने उसे क्रोध के स्थान पर स्थितियों को सामान्य बनाने के लिए विनम्र भाषा व्यवहार अपनाते दर्शाया है जो एक बड़ा समाजभाषिक यथार्थ है।

स्त्रीभाषा के उपर्युक्त सोदाहरण विवेचन से कह सकते हैं कि भाषा प्रयोग जेंडर सापेक्ष तथा स्तर सापेक्ष होता है। भारतीय स्त्री की परम्परागत दृष्टि 'अबला' की है तो आधुनिक दृष्टि 'शक्ति' की है। इन दोनों ही स्थितियों में स्त्री की भाषा का विशिष्ट एवं निजी रूप उभरता है जो समाज सापेक्ष है। इसका अत्यंत प्रामाणिक निदर्शन हिन्दी के कथा साहित्य में उपलब्ध है। इनके अतिरिक्त स्त्रीभाषा के कुछ और भी अभिलक्षण प्राप्त होते हैं–(1) स्त्रीभाषा में भावाभिव्यंजना के लिए अरे, दुर, बाप रे, हाय राम, हाय रे, हाय दैया, हाय भगवान थू, छिः और धत् जैसी स्त्री सुलभ विशिष्ट अभिव्यक्तियाँ दिखाई देती हैं। (2) स्त्रीभाषा में मुहावरों और लोकोक्तियों का प्रयोग प्रचुरता में उपलब्ध होता है। इन उक्तियों के द्वारा जहाँ कथन में पैनापन आता है वहीं संक्षिप्तता का भी समावेश होता है। इससे अर्थगत सघनता की भी सिद्धि होती है। इन मुहावरों और उक्तियों का सम्बन्ध दैनिक घरेलू कामकाज, लोकविश्वास, शृंगार, रसोई, खेती-बाड़ी, पशु-पक्षी आदि से देखा गया है तथा (3) स्त्री भाषा में शपथ लेने की प्रवृत्ति के भी दर्शन होती है। ऐसा प्रायः वहाँ होता है जहाँ सन्दर्भगत पात्र किसी प्रकार के तनाव से गुजर रहे होते हैं। विश्वास दिलाने के लिए स्त्री पात्रों को विविध स्थलों पर ईश्वर, परिवारीजन, पवित्र ग्रंथ और अपनी अथवा संबोधित व्यक्ति की शपथ लेते हुए देखा जा सकता है।

भाषा विमर्श में अनुप्रयोग

महात्मा गाँधी का भाषा विमर्श
(सम्पर्क भाषा की केन्द्रीयता)

"भाषा वही श्रेष्ठ है जिसको जनसमूह सहज में समझ ले। देहाती बोली सब समझते हैं। भाषा का मूल करोड़ों मनुष्य रूपी हिमालय में मिलेगा और उसमें ही रहेगा। हिमालय में से निकलती हुई गंगाजी अनंतकाल तक बहती रहेगी, ऐसे ही देहाती हिन्दी का गौरव रहेगा और छोटी-सी पहाड़ी से निकलता हुआ झरना सूख जाता है, वैसे ही संस्कृतमयी और फारसीमयी हिन्दी की दशा होगी।"—महात्मा गाँधी।

दक्षिण भारत हिन्दी प्रचार सभा, मद्रास के 75वें दीक्षांत समारोह (2012) के अवसर पर प्रकाशित 'अमृत स्मारिका' में हिन्दी प्रचार की दृष्टि से ऐतिहासिक महत्व के कुछ दस्तावेजों को संकलित किया गया है। इनमें गाँधी और हिन्दी प्रचार पर डॉ. रामधारी सिंह 'दिनकर' का निबन्ध महात्मा गाँधी के भाषा विमर्श को समझने-समझाने की दृष्टि से अत्यंत महत्वपूर्ण है।

राष्ट्रकवि दिनकर ने इस निबन्ध में यह याद दिलाया है कि गाँधी युग से पूर्व स्वामी दयानंद और स्वामी श्रद्धानंद ने हिन्दी को राष्ट्रभाषा और शिक्षा के माध्यम के रूप में प्रतिष्ठित करने का बीड़ा उठाया था। 1918 में जब महात्मा गाँधी हिन्दी साहित्य सम्मलेन के इंदौर अधिवेशन के सभापति चुने गए तो उन्होंने दक्षिण में हिन्दी के प्रचार के बारे में गहराई से विचार-विमर्श किया। उन्होंने महसूस किया कि अंतःप्रान्तीय व्यवहार, राष्ट्रीय गतिविधि, कांग्रेस के अधिवेशन और उच्च शिक्षा के माध्यम के रूप में हिन्दी को स्वीकार करना अपरिहार्य है क्योंकि ऐसा करके ही भारत के जनसाधारण तक पहुँचा जा सकता है। गाँधी जी इस विषय में कितने गंभीर थे इसका पता 29 मार्च, 1918 के उनके भाषण से लगता है जिसमें उन्होंने कहा था कि यह भाषा का विषय बड़ा भारी और बड़ा ही महत्वपूर्ण है; यदि सब नेता सब काम छोड़कर इसी विषय पर लगें तो बस है। उन्होंने आगे जो बात कही उसे आज भी व्यावहारिक रूप में स्वीकार करने की आवश्यकता है। उन्होंने कहा

था, 'हमें ऐसा उद्योग करना चाहिए कि एक वर्ष में राजकीय सभाओं में, कांग्रेस में, प्रान्तीय भाषाओं में और अन्य समाज और सम्मेलनों में अंग्रेजी का एक भी शब्द सुनाई नहीं पड़े। हम अंग्रेजी का व्यवहार बिलकुल त्याग दें। आप हिन्दी को भारत की राष्ट्रभाषा बनने का गौरव प्रदान करें।'

'दिनकर' जी ने आगे बताया है कि महात्मा गाँधी हिन्दी और उर्दू को दो अलग भाषाएँ नहीं मानते थे। उन्हें हिन्दी न तो एकदम संस्कृतमयी स्वीकार थी और न एकदम फारसी से लदी ही। उनके लिए आदर्श हिन्दी वह थी जिसे जनसमूह सहज में समझ लें। इसीलिए उन्होंने देहाती बोली को मधुर और अकृत्रिम माना। वे चाहते थे कि लिपि चाहे अरबी रहे अथवा नागरी, भाषा का रूप देहाती बोली वाला ही रहना चाहिए जो गंगा-यमुना के संगम सा शोभित और अचल रह सकता है। 'दिनकर' जी ने यह भी याद दिलाया है कि गाँधी जी चाहते थे कि इस भाषा में फारसी और संस्कृत के प्रचलित शब्द सहज भाव से स्वीकार किए जाएँ ताकि यह हिन्दू-मुस्लिम एकता का प्रतीक बन सके। इसे उन्होंने भारतवासियों की अंग्रेजी के मोह से मुक्ति के लिए भी आवश्यक माना। गाँधी जी मानते थे कि अंग्रेजी का ज्ञान भारतवासियों के लिए बहुत आवश्यक है लेकिन किसी भाषा को उसका उचित स्थान देना एक बात है और उसकी जड़-पूजा करना दूसरी। इस सन्दर्भ में 'दिनकर' जी जोर देकर कहते हैं कि अंग्रेजी का उचित स्थान इस देश में लैंग्वेज ऑफ काम्प्रिहेंशन अथवा ज्ञान की एक भाषा भर का हो सकता है। इसके अलावा शिक्षा और शासन के सारे कार्य भारतीय भाषा (जनता की भाषा) में होने चाहिए। आगे उन्होंने पुनः गाँधी जी को उद्धृत किया है कि जब तक हम हिन्दी भाषा को, राष्ट्रीय और अपनी प्रान्तीय भाषाओं को, उनका योग्य स्थान नहीं देते तब तक स्वराज्य की सब बातें निरर्थक हैं।

दरअसल 1918 का इंदौर सम्मलेन हिन्दी आंदोलन के लिए ही नहीं भारतीय संस्कृति की सामासिकता की दृष्टि से भी ऐतिहासिक महत्व का है। इस सम्मलेन में गाँधी जी ने राष्ट्रभाषा की अपनी अवधारणा तो प्रस्तुत की ही यह प्रस्ताव भी रखा कि प्रति वर्ष 6 दक्षिण भारतीय युवक हिन्दी सीखने को प्रयाग जाएँ और हिन्दी भाषा-भाषी 6 युवकों को दक्षिणी भाषाएँ सीखने तथा साथ-साथ वहाँ हिन्दी का प्रचार करने के लिए दक्षिण भारत में भेजा जाए। दक्षिण भारत हिन्दी प्रचार सभा की स्थापना पर कुछ वर्ष तक इस प्रकार का आदान-प्रदान चला भी, लेकिन बाद में रुक गया। लगभग एक शताब्दी बाद आज भी यह योजना उतनी ही प्रासंगिक और जरूरी है। अब इस आदान-प्रदान योजना में पूर्वोत्तर भारत को भी शामिल करना जरूरी है और संख्या को भी 6 के बजाय 60 से 600 तक बढ़ाया जा सकता है। इस प्रकार हिन्दी के जो स्वयंसेवक तैयार होंगे वे भारतीय संस्कृति के सच्चे प्रचारक बन सकेंगे।

अपने आलेख में डॉ. रामधारी सिंह 'दिनकर' ने एक रोचक वाकये का जिक्र

करते हुए लिखा है कि गाँधी जी ने अपने सतत चलने वाले प्रचार से देश में वह हवा पैदा कर दी कि राष्ट्रीय सभा-सम्मेलनों में वक्ता जब अंग्रेजी में भाषण शुरू करते, तब अहिन्दी-भाषी श्रोता भी 'हिन्दी-हिन्दी' का नारा लगाने लगते थे। इस नई हवा का असर देश के बड़े लोगों पर भी पड़ने लगा। 6 अप्रैल सन 1920 ई. को भावनगर (सौराष्ट्र) में गुजराती साहित्य परिषद का छठा अधिवेशन हुआ, जिसके सभापति श्री रवीन्द्रनाथ ठाकुर थे। इस सम्मेलन में अपना अध्यक्षीय भाषण गुरुदेव ने हिन्दी में दिया था। भाषण के मुखबंध में उन्होंने कहा था कि "आपकी सेवा में खड़ा होकर विदेशीय भाषा कहूँ, यह हम चाहते नहीं। पर जिस प्रान्त में मेरा घर है, वहाँ सभा में कहने लायक हिन्दी का व्यवहार है नहीं। महात्मा गाँधी महाराज की भी आज्ञा है हिन्दी में कहने के लिए। यदि हम समर्थ होते. तब इससे बड़ा आनंद कुछ होता नहीं। असमर्थ होने पर भी आपकी सेवा में दो-चार बात हिन्दी में बोलूँगा।" यही नहीं, यह सूचना भी अत्यंत महत्वपूर्ण है कि 1925 में हिन्दी साहित्य सम्मलेन के भरतपुर अधिवेशन में भी गुरुदेव पधारे थे और हिन्दी में बोलकर हिन्दी के पक्ष का समर्थन किया था। इतना ही नहीं 'दिनकर' जी ने इस आलेख में यह भी रेखांकित किया है कि ऐनी बसंट, महाकवि सुब्रह्मण्य भारती, चक्रवर्ती राजगोपालाचारी और ऐसी ही अनेक महापुरुषों की भाँति ई.वी. रामस्वामी नायकर (पेरियार) भी हिन्दी प्रचार के अत्यंत उत्साही समर्थक रहे हैं।

गाँधी जी ने एक ऐसे भारत की कल्पना की थी जिसमें न कोई हिन्दू होगा, न मुसलमान, न सिख, न ईसाई और न दलित। होंगे तो केवल इंसान होंगे जिनका धर्म होगा इंसानियत। इंसानियत को व्याख्यायित करने की या परिभाषित करने की आवश्यकता नहीं है चूँकि वह स्वयं सिद्ध है। लेकिन आज उस इंसानियत को धर्म के नाम पर, जाति के नाम पर, राष्ट्र के नाम पर, भाषा के नाम पर टुकड़ों में, खेमों में बाँट दिया गया है। आज प्रजातंत्र 'For the people, Of the people and By the people' न होकर 'Far the people, Off the people and Buy the people' बनता जा रहा है। एक हद तक बन भी गया है। गाँधी जी का सपना (रामराज्य स्थापित करने का) महज सपना बनकर रह गया है।

महात्मा गाँधी के विचारों की जड़ें भारतीय संस्कृति से रस ग्रहण करती हैं। उनके व्यक्तित्व में एक विलक्षणता और अद्भुत शक्ति थी जिससे देश-विदेश के लोग प्रभावित थे। वे अक्सर यह कहा करते थे कि गाँधीवाद जैसा कोई वाद नहीं है। और यह सही भी है क्योंकि उनके व्यावहारिक चिन्तन को वाद की सीमाओं में नहीं बाँधा जा सकता। इस सन्दर्भ में उनका कथन द्रष्टव्य है–"गाँधीवाद नाम की कोई चीज नहीं है और न ही मैं अपने पीछे कोई संप्रदाय छोड़ जाना चाहता हूँ। मैं कदापि यह दावा नहीं करता कि मैंने किन्हीं नए सिद्धान्तों को जन्म दिया है। मैंने तो अपने निजी शाश्वत सत्यों को दैनिक जीवन और उसकी समस्याओं पर लागू

करने का प्रयत्न मात्र किया है। मैंने जो समितियाँ बनाई हैं और जिन परिणामों पर मैं पहुँचा हूँ वे अंतिम नहीं है। मैं उन्हें बदल भी सकता हूँ। मुझे संसार को कुछ नया नहीं सिखाना है। सत्य और अहिन्सा इतने ही पुराने हैं जितनी ये पहाडियाँ। मैंने तो केवल व्यापक आधार पर सत्य और अहिन्सा के आचरण में जीवन और उसकी समस्याओं का अनेक विधियों से परीक्षण किया है। अपनी सहज जन्मजात प्रकृति से मैं सच्चा तो रहा हूँ और अहिन्सक नहीं। सत्य तो यह है कि सत्य मार्ग की खोज में ही मैंने अहिन्सा को ढूँढ़ निकाला। मेरा दर्शन जिसे आपने गाँधीवाद का नाम दिया है सत्य और अहिन्सा में निहित है, आप इसे गाँधीवाद के नाम से न पुकारें, क्योंकि इसमें 'वाद' तो नहीं है।" (डॉ. लक्ष्मी सक्सेना, समकालीन भारतीय दर्शन, पृ. 89 से उद्धृत)।

अपने सत्य और अहिन्सा के इस व्यावहारिक चिन्तन को महात्मा गाँधी ने सूत्र रूप में 'हिन्द स्वराज' में बहुत बेबाकी से व्यक्त किया है। उन्होंने अन्य विषयों के साथ अपने भाषा चिन्तन की भी व्याख्या इसमें की है। स्मरणीय है कि राजनेता के अलावा एक पत्रकार और भाषा चिन्तक के रूप में भी गाँधी जी ने भारतीयों को गहरे प्रभावित किया। वे हिन्दी साहित्य सम्मलेन और दक्षिण भारत हिन्दी प्रचार सभा के कार्यकलापों से बराबर सक्रिय रूप में जुड़े रहे तथा उनके भाषा विमर्श का स्वतंत्र भारत के भाषा नियोजन पर गहरा प्रभाव है। "मात्र हिन्दी ही नहीं, सभी भारतीय भाषाओं के साहित्येतिहास और कालविभाजन में 'गाँधी युग' अपनी अलग पहचान और अपना व्यापक प्रभाव लिए हुए व्याख्यायित है।" (प्रो. दिलीप सिंह, गाँधी, प्रेमचन्द और हम, 'स्रवंति', अक्टूबर 2010, पृ. 4)। गाँधी जी ने 'हिन्द स्वराज' में पाठक-संपादक की शैली में स्वराज्य, इंग्लैंड की हालत, सभ्यता का दर्शन, हिन्दुस्तान की दशा, उसकी आजादी की संभावनाएँ, हिन्दू-मुस्लिम सम्बन्ध, राजनैतिक और आर्थिक विकेन्द्रीकरण, पत्रकारों की आचार संहिता, शिक्षा, भाषा, सत्य और अहिन्सा जैसे अनेकानेक विषयों का खुलासा किया है। मैं यहाँ विशेष रूप से गाँधी जी की भाषा सम्बन्धी मान्यताओं पर प्रकाश डालना चाहूँगी।

गाँधी जी ने हिन्दी भाषा के विकास के लिए जो कुछ भी किया है वह अतुलनीय है। उन्होंने यह महसूस किया कि पूरे देश को एक सूत्र में बाँधने के लिए तथा स्वराज्य प्राप्त करने के लिए एक ऐसी भाषा की जरूरत है जो 'हिन्द' की होगी—हिन्दुस्तान की होगी। इस सम्बन्ध में वे कहते हैं कि "हिन्दुस्तान की आम भाषा अंग्रेजी नहीं बल्कि हिन्दी है। वह आपको सीखनी होगी और हम तो आपके साथ अपनी भाषा में ही व्यवहार करेंगे।" (महात्मा गाँधी, हिन्द स्वराज, नया ज्ञानोदय, अंक 82, दिसंबर 2009 (101 वीं वर्षगाँठ पर 'हिन्द स्वराज' की अविकल प्रस्तुति), पृ. 112)। उन्होंने देश के साथ-साथ हिन्दी सेवा के लिए अपने आपको समर्पित किया। हिन्दी के प्रचार-प्रसार करने और उसे भारत के स्वतंत्रता संघर्ष की आधिकारिक भाषा

का दर्जा दिलाने के लिए उन्होंने चेन्नई (मद्रास) में 1918 में दक्षिण भारत हिन्दी प्रचार सभा की स्थापना की। "'राष्ट्रभाषा' को राष्ट्रीय एकात्मकता और स्वतंत्रता संग्राम का एक हथियार बनाकर पूरे राष्ट्र को एक सूत्र में पिरोने का जो स्वप्न महात्मा गाँधी ने देखा था, उनके इसी स्वप्न की परिणति दक्षिण भारत में सभा की स्थापना से हुई। इसकी भूमिका 1918 (इंदौर के आठवें अधिवेशन) में बनी, जिसमें महात्मा गाँधी ने हिन्दी के विस्तार का व्रत अपने विधायक कार्यक्रम में उसे राष्ट्रभाषा बनाकर लिया और इसके लिए उन्होंने व्यापक पैमाने पर देशव्यापी प्रयत्न किए।" (प्रो. दिलीप सिंह, 'दक्षिण भारत हिन्दी प्रचार सभा', हिन्दी भाषा चिन्तन, पृ. 265)।

महात्मा गाँधी ने हिन्दी के प्रचार-प्रसार के लिए अनेक संगठन और संस्थाओं की स्थापना की। वे वस्तुतः 'हिन्दुस्तानी' के पक्षधर थे। उन्होंने अंग्रेजी मोह के आवरण को हटाकर हिन्दी का - विशेष रूप से हिन्दुस्तानी का पक्ष लिया और कहा कि "हिन्दी को हम राष्ट्रभाषा मानते हैं। यह राष्ट्रीय होने लायक है। वही भाषा राष्ट्रीय बन सकती है जिसे अधिक संख्यक लोग जानते और बोलते हों और सीखने में सुगम हो।" (गोपाल शर्मा, 'हिन्दी और गाँधी', राजभाषा हिन्दी : विचार और विश्लेषण, पृ. 98 से उद्धृत)।

हिन्दी गाँधी जी की मातृभाषा नहीं थी। परन्तु उन्होंने यह महसूस किया कि भारतीय जनता हिन्दी का प्रयोग अधिक करती है तो अत्यंत तत्परता से उन्होंने हिन्दी सीखी। उनका मत था कि जिस देश की अपनी भाषा नहीं उसे जीने का अधिकार क्या हो सकता है! इसीलिए उन्होंने भारत के स्वतंत्र होने के साथ ही यह सन्देश दिया था कि दुनिया से कह दो गाँधी अंग्रेजी नहीं जानता। उन्होंने कहा कि ''अपनी भाषा को तोतली बोलोगे तो भी वह मीठी लगेगी। विदेशी भाषा में न कभी सच्ची स्वाभाविकता पा सकोगे, न सही तेजस्विता। हिन्दी के बिना राष्ट्र गूँगा है।" लेकिन भारतीय जनगण का दुर्भाग्य रहा कि गाँधी के बाद हमें उनके जैसा कोई भारतीय भाषाओं से प्रेम करने वाला या भारतीय जमीन से जुड़ा नेता नहीं मिला, और हिन्दी राजभाषा होकर भी अंग्रेजी की गुलामी से मुक्त नहीं हो सकी।

गाँधी जी मातृभाषा के पक्षधर थे। उनका मत था कि स्वदेशी भाषा और संस्कृति की बलि देकर अंग्रेजी नहीं सीखनी चाहिए। उन्होंने राष्ट्रभाषा के रूप में हिन्दी को आगे बढ़ाया। उनके अनुसार बुनियादी शिक्षा मातृभाषा में दी जानी चाहिए। उनका यह कथन भाषा विषयक उनकी तड़प का द्योतक है—"अगर मेरे हाथों में तानाशाही सत्ता हो, तो मैं आज से ही विदेशी माध्यम के जरिए दी जाने वाली हमारे लड़कों और लड़कियों की शिक्षा बन्द कर दूँ और सारे शिक्षकों और प्रोफेसरों से यह माध्यम तुरंत बदलवा दूँ या उन्हें बर्खास्त कर दूँ। मैं पाठ्य पुस्तकों की तैयारी का इंतजार नहीं करूँगा। वे तो माध्यम के पीछे पीछे अपने आप चली

आएँगी। यह एक ऐसी बुराई है जिसका तुरंत इलाज होना चाहिए।" गाँधी जी इस बात पर बल देते थे कि "जो लोग अंग्रेजी पढ़े हुए हैं उनकी संतानों को पहले तो नीति सिखानी चाहिए, उनकी मातृभाषा सिखानी चाहिए और हिन्दुस्तान की एक दूसरी भाषा सिखानी चाहिए। हमें अपनी भाषा में ही शिक्षा लेनी चाहिए। ***जो अंग्रेजी पुस्तकें काम की हैं उनका अपनी भाषा में अनुवाद करना होगा। ***हर एक पढ़े-लिखे हिन्दुस्तानी को अपनी भाषा का, हिन्दू को संस्कृत का, मुसलमान को अरबी का, पारसी को फारसी का और सबको हिन्दी का ज्ञान होना चाहिए। कुछ हिन्दुओं को अरबी और कुछ मुसलमानों और पारसियों को संस्कृत सीखनी चाहिए। उत्तरी और पश्चिमी हिन्दुस्तान के लोगों को तमिल सीखनी चाहिए। सारे हिन्दुस्तान के लिए जो भाषा चाहिए, वह तो हिन्दी ही होनी चाहिए। उसे उर्दू या नागरी लिपि में लिखने की छूट रहनी चाहिए। हिन्दू-मुसलमानों के सम्बन्ध ठीक रहें, इसलिए बहुत से हिन्दुस्तानियों का इन दोनों लिपियों को जान लेना जरूरी है। ऐसा होने से हम आपस के व्यवहार से अंग्रेजी को निकाल सकेंगे।" (महात्मा गाँधी, हिन्द स्वराज, नया ज्ञानोदय, अंक 82, दिसंबर 2009 (101 वीं वर्षगाँठ पर 'हिन्द स्वराज' की अविकल प्रस्तुति), पृ. 109)।

गाँधी जी बार-बार हिन्दी पर जोर देते थे। अंग्रेजी के बारे में तो उनका स्पष्ट मत था कि वह भारत की राष्ट्रभाषा नहीं बन सकती। 20 अक्टूबर 1917 को भरूच में हुई दूसरी गुजरात शिक्षा परिषद में राष्ट्रभाषा के लिए उन्होंने पाँच लक्षणों का होना अनिवार्य बताया था–

1. "अमलदारों के लिए वह भाषा सरल होनी चाहिए।
2. उस भाषा के द्वारा भारतवर्ष का आपसी धार्मिक, आर्थिक, राजनैतिक व्यवहार हो सकना चाहिए।
3. यह जरूरी है कि भारतवर्ष के बहुत-से लोग उस भाषा को बोलते हो।
4. राष्ट्र के लिए वह भाषा आसान होनी चाहिए।
5. उस भाषा का विचार करते समय क्षणिक या अल्प स्थायी स्थिति पर ज्यादा जोर नहीं देना चाहिए।"

गाँधी जी ने यह भी बताया कि ये लक्षण अंग्रेजी में नहीं है जबकि हिन्दी में है तथा हिन्दी को हम राष्ट्रभाषा मानते हैं और यही इस पद पर प्रतिष्ठित होने लायक है। हिन्दी भाषा के बारे में स्पष्ट करते हुए महात्मा गाँधी ने कहा था कि "हिन्दी मैं उसे कहता हूँ जिसे उत्तरी भारत में हिन्दू तथा मुसलमान बोलते हैं तथा जो नागरी या उर्दू लिपि में लिखी जाती है। हिन्दी तथा उर्दू दो अलग अलग भाषाएँ नहीं हैं। शिक्षित लोगों ने उनमें अन्तर कर रखा है।"

निष्कर्षतः महात्मा गाँधी के भाषा सम्बन्धी कतिपय सूत्र–

- हिन्दी भाषा पहले से ही राष्ट्रभाषा बन चुकी है। हमने वर्षों पहले उसका राष्ट्रभाषा के रूप में प्रयोग किया है। उर्दू भी हिन्दी की इस शक्ति से पैदा हुई है। (20 अक्टूबर, 1917 को भरूच में संपन्न दूसरी गुजरात शिक्षा परिषद का अध्यक्षीय भाषण।)
- हमें एक मध्य भाषा की भी जरूरत है। देशी भाषाओं की जगह पर नहीं। इस बात में साधारण सहमति है कि यह माध्यम हिन्दुस्तानी ही होना चाहिए, जो हिन्दी और उर्दू के मेल से बने और जिसमें न तो संस्कृत की और न फ़ारसी और अरबी की ही भरमार हो। (वही)।
- हमारे रास्ते की सबसे बड़ी रुकावट हमारी देशी भाषाओं की कई लिपियाँ है। अगर एक सामान्य लिपि अपनाना संभव हो, तो एक सामान्य भाषा का हमारा जो स्वप्न है (अभी तो यह स्वप्न ही है) उसे पूरा करने के मार्ग की एक बड़ी बाधा दूर हो जाएगी। (वही)।
- भिन्न भिन्न लिपियों का होना कई तरह से बाधक है। वह ज्ञान की प्राप्ति में एक बड़ी रुकावट है। (वही)।
- मेरी विनम्र सम्मति में तमाम अविकसित और अलिखित बोलियों का बलिदान करके उन्हें हिन्दुस्तानी की बड़ी धारा में मिला देना चाहिए। (वही)।
- हमें एक सामान्य भाषा की वृद्धि करनी होगी। अगर मेरी चले तो जमी हुई प्रान्तीय लिपि के साथ-साथ मैं सब प्रान्तों में देवनागरी लिपि और उर्दू लिपि का सीखना अनिवार्य कर दूँ और विभिन्न देशी भाषाओं की मुख्य मुख्य पुस्तकों को उनके शब्दशः हिन्दुस्तानी अनुवाद के साथ देवनागरी में छपवा दूँ। (वही)।
- करोड़ों लोगों को अंग्रेजी की शिक्षा देना उन्हें गुलामी में डालने जैसा है। मैकाले ने शिक्षा की जो बुनियाद डाली, वह सचमुच गुलामी की बुनियाद थी। (हिन्द स्वराज)
- जिस शिक्षा को अंग्रेजों ने ठुकरा दिया है वह हमारा सिंगार बनती है, यह जानने लायक है। उन्हीं के विद्वान कहते रहते हैं कि उसमें यह अच्छा नहीं है, वह अच्छा नहीं है। वे जिसे भूल-से गए हैं, उसी से हम अपने अज्ञान के कारण चिपके रहते हैं। उनमें अपनी अपनी भाषा की उन्नति के लिए कोशिश चल रही है। वेल्स इंग्लैंड का एक छोटा-सा परगना है; उसकी भाषा धूल जैसी नगण्य है। ऐसी भाषा का अब जीर्णोद्धार हो रहा है। वेल्स के बच्चे वेल्श भाषा में ही बोलें, ऐसी कोशिश वहाँ चल रही है। इसमें इंग्लैंड के खजाँची लॉयड जॉर्ज बड़ा हिस्सा लेते हैं। और हमारी दशा कैसी है? हम एक-दूसरे को पत्र लिखते हैं तब गलत अंग्रेजी में लिखते हैं। एक साधारण एम.ए. पास आदमी भी ऐसी गलत अंग्रेजी से बचा नहीं

होता। (वही)।

- अंग्रेजी शिक्षा को लेकर हमने अपने राष्ट्र को गुलाम बनाया है। अंग्रेजी शिक्षा से दंभ, राग, जुल्म वगैरा बढ़े हैं। अंग्रेजी शिक्षा पाए हुए लोगों ने प्रजा को ठगने में, उसे परेशान करने में कुछ भी उठा नहीं रखा है। (वही)।
- हिन्दुस्तान को गुलाम बनाने वाले तो हम अंग्रेजी जानने वाले लोग ही हैं। राष्ट्र की हाय अंग्रेजों पर नहीं पड़ेगी, बल्कि हम पर पड़ेगी। (वही)।
- हिन्दी सुधार (सभ्यता) सबसे अच्छा है, और यूरोप का सुधार तो तीन रोज का तमाशा। (वही)।
- भारत के गाँवों में हिन्दी भाषा के द्वारा ही सेवा संभव है। आज लोगों को राष्ट्रभाषा हिन्दी सीख लेने की प्रतिज्ञा कर लेनी चाहिए। (वही)।
- मैं अंग्रेजी से नफरत नहीं करता पर मैं हिन्दी से अधिक प्रेम करता हूँ। इसलिए मैं हिन्दुस्तान के शिक्षितों से कहता हूँ कि वे हिन्दी को अपनी भाषा बना लें। (वही)।
- लिपियों में मैं सबसे आला दरजे की लिपि नागरी को ही मानता हूँ। यह कोई छिपी बात नहीं है फिर नागरी लिपि यदि सम्पूर्ण है तो उसी का साम्राज्य अन्त में होगा। (वही)।

प्रेमचन्द का भाषा विमर्श (हिन्दी-उर्दू-हिन्दुस्तानी : साहित्यिक शैलियों का रचनात्मक समन्वय)

प्रेमचन्द (31 जुलाई, 1880–8 अक्टूबर, 1936) अपने समय के लिए जितने प्रासंगिक थे आज भी वे उतने ही प्रासंगिक हैं। "यह तथ्य इस बात से ही प्रमाणित हो जाता है कि आज दलित विमर्श, स्त्री विमर्श, बाजारीकरण, भ्रष्ट व्यवस्था, संवेदनात्मक छीजन आदि पर जब भी कहीं चर्चा होती है तो वह अन्ततः प्रेमचन्द के ही इर्द-गिर्द आकर अपनी सार्थकता पाती है। प्रेमचन्द की भाषा भी आज तक नए गद्यकारों का आदर्श बनी हुई है। यह अलग बात है कि प्रेमचन्द के निकट कोई नहीं पहुँच सका।" (संपादकीय, प्रेमचन्द की भाषाई चेतना, (सं) प्रो. दिलीप सिंह, प्रो.ऋषभदेव शर्मा, पृ. 5)।

मानव जीवन में भाषा की भूमिका निर्विवाद है चूँकि भाषा के अभाव में मनुष्य केवल जैविक जंतु है। भाषा ही वह चीज है जो उसे समाज-सांस्कृतिक प्राणी के रूप में परिवर्तित करती है। शायद इसीलिए प्रेमचन्द ने अपने एक व्याख्यान में कहा था, "जीवित भाषा तो जीवित देह की तरह बनती है। भाषा सुंदरी को कोठरी में बन्द करके आप उसका सतीत्व तो बचा सकते हैं, लेकिन उसके स्वास्थ्य का मूल्य देकर। उसकी आत्मा इतनी बलवान बनाइए कि वह अपने सतीत्व और स्वास्थ्य दोनों की ही रक्षा कर सके। *** हमारा आदर्श तो यह होना चाहिए कि हमारी भाषा अधिक से अधिक आदमी समझ सकें।" (नमिता सिंह, 'प्रेमचन्दोत्तर कथा साहित्य और भाषा के मंतव्य'; साहित्य और संवेदना, (सं) पी.वी. विजयन, पृ. 268 से उद्धृत)। भाषा एक तरफ व्यक्ति विशेष के व्यक्तित्व को प्रतिबिंबित करती है तो दूसरी तरफ वह सामाजिक सम्बन्धों को व्यक्त करती है। प्रेमचन्द की भाषा इन दोनों कर्तव्यों को बखूबी निभाना जानती है, इसीलिए वह आज भी सर्वाधिक अनुकरणीय और प्रासंगिक कथाभाषा के रूप में स्वीकृत है।

समाज में हिन्दी की तीन शैलियाँ प्रचलित हैं–उच्च हिन्दी, उच्च उर्दू और हिन्दुस्तानी। प्रेमचन्द पहले तो उर्दू में लिखते थे, लेकिन बाद में वे हिन्दी–बोलचाल की हिन्दुस्तानी में लिखने लगे। वे हिन्दुस्तानी के प्रबल पक्षधर बने। उन्होंने यह

महसूस किया था कि हिन्दी का यह शैलीभेद प्रायः राजनीतिक था। उनकी भाषा-चेतना बहुत गहरी थी। इसलिए उन्होंने बार-बार यह लिखा कि "बंगाल का मुसलमान बंगला बोलता है और लिखता है, गुजरात का गुजराती, मैसूर का कन्नड़ी, मद्रास का तमिल और पंजाब का पंजाबी आदि। यहाँ तक कि उसने अपने अपने सूबे की लिपि भी ग्रहण कर ली है। उर्दू लिपि और भाषा से यद्यपि उसका धार्मिक-सांस्कृतिक अनुराग हो सकता है, लेकिन नित्य प्रति के जीवन में उसे उर्दू की बिलकुल आवश्यकता नहीं पड़ती।" (प्रो. दिलीप सिंह, 'प्रेमचन्द की भाषाई चेतना', प्रेमचन्द की भाषाई चेतना, (सं) प्रो. दिलीप सिंह, प्रो. ऋषभदेव शर्मा, पृ. 23 से उद्धृत)। इतना ही नहीं उनके मतानुसार हिन्दुओं और मुसलमानों की भाषा में कोई अन्तर नहीं है तथा हिन्दुस्तानी बोलचाल की हिन्दी का सहज और सरल रूप है। ध्यान से देखा जाए तो प्रेमचन्द के लिए हिन्दुस्तानी केवल एक भाषा-शैली ही नहीं थी, बल्कि उनके लिए तो वह जातीय अस्मिता का एक प्रतीक थी। इसलिए उन्होंने कहा था कि "बोलचाल की हिन्दी और उर्दू प्रायः एक-सी हैं। उर्दू-हिन्दी के सर्वनाम एक हैं—वह, तुम, मैं, हम इत्यादि। हिन्दी-उर्दू की क्रियाएँ एक ही हैं—जाना, सोना, खाना, पीना, करना, मरना, जीना, लिखना, पढ़ना इत्यादि। उर्दू के सम्बन्धवाचक शब्द—पर, का, में, से आदि वही हैं जो हिन्दी के। दोनों का मूल शब्दभंडार भी एक है, लेकिन यहाँ बहुत दिनों तक फारसी के राजभाषा रहने से हिन्दी शब्दों के फारसी या अरबी पर्यायवाची शब्द भी प्रचलित हो गए हैं। जैसे : देश—मुल्क, आकाश—आसमान, नदी—दरिया, रोगी—बीमार आदि। इन शब्दों का व्यवहार बोलचाल की हिन्दी-उर्दू में बिना किसी भेदभाव के होता है।" (वही, पृ. 25 से उद्धृत)। उनकी मान्यता थी कि "बोलचाल की हिन्दी समझने में न तो साधारण मुसलमानों को कोई कठिनाई होती है और न बोलचाल की उर्दू समझने में हिन्दुओं को ही।" (वही, पृ. 24 से उद्धृत)। अभिप्राय यह कि इस दुष्प्रचार के खण्डन का प्रेमचन्द ने अपनी ओर से पूरा प्रयास किया कि हिन्दी और उर्दू दो अलग भाषाएँ हैं तथा इनका किसी धर्म-मजहब से कुछ लेना देना है।

प्रेमचन्द ने अपनी बातों को सिर्फ सैद्धान्तिक स्तर तक सीमित नहीं रखा बल्कि व्यावहारिक स्तर पर भी उन्हें लागू किया। उनकी रचनाओं में घटना और अनुभव की बहुलता है। वे अपनी रचनाप्रक्रिया में भाषा का सम्पूर्णतः दोहन कर लेते हैं। (रामस्वरूप चतुर्वेदी, हिन्दी साहित्य और संवेदना का विकास)। इसीलिए वे कहा करते थे कि "साधारण वकीलों की तरह साहित्यकार अपने मुवक्किल की ओर से उचित-अनुचित सब तरह के दावे नहीं पेश करता, अतिरंजना से काम नहीं लेता, अपनी ओर से बातें गढ़ता नहीं। वह जानता है कि इन युक्तियों से वह समाज की अदालत पर असर नहीं डाल सकता। उस अदालत का हृदय परिवर्तन तभी संभव है, जब आप सत्य से तनिक भी विमुख न हों, नहीं तो अदालत की धारणा आपकी ओर से खराब हो जाएगी और वह आपके खिलाफ फैसला सुना देगी।" (नंदकिशोर

नवल, 'प्रेमचन्द का सौंदर्यशास्त्र', प्रेमचन्द का सौंदर्यशास्त्र, पृ. 13)

विद्वानों ने यह लक्षित किया है कि मृदु और ललित शब्दयोजना, गूढ़शब्दार्थहीनता और जनपद सुखबोध्यता वास्तव में काव्यभाषा के लक्षण हैं लेकिन प्रेमचन्द ने अपने साहित्य को व्यापक जनता से जोड़ने के लिए जनपद की भाषा को अपनाया। जब वे यह कहते हैं कि "साहित्य न चित्रण का नाम है, न अच्छे शब्दों को चुनकर सजा देने का, न अलंकारों से वाणी को शोभायमान बना देने का" तो वे निस्सन्देह बोलचाल की हिन्दुस्तानी–देशजता की बात कर रहे होते हैं। प्रेमचन्द अपनी जमीन से जुड़े साहित्यकार हैं। इसलिए उनकी रचनाओं में ठेठ देहाती शब्द पाए जाते हैं। उन्होंने "ग्रामीण जन की बोली-बानी में निहित ऊर्जा का दोहन करके ही अपनी कथाभाषा का गठन किया है।" (प्रो. ऋषभदेव शर्मा, 'प्रेमचन्द दे देसिल बयना : सन्दर्भ 'गुल्ली-डंडा' का', प्रेमचन्द की भाषाई चेतना, (सं) प्रो. दिलीप सिंह, प्रो. ऋषभदेव शर्मा, पृ. 36)।

प्रेमचन्द की भाषा - विशेष रूप से ग्रामीण पात्रों की भाषा - को देखने से यह स्पष्ट होता है कि "देहाती बोली और हिन्दी के एकीकरण में उन्हें इतनी सफलता मिली है कि गाँव का रहने वाला पाठक भी प्रेमचन्द के किसानों की बात सुनकर उसे अस्वाभाविक नहीं कह सकता। *** परन्तु प्रेमचन्द किसानों की बातचीत के लिए ही देहात से शब्द नहीं लेते; उनकी भाषा का गठन ही उस देहाती बोली की भूमि पर हुआ है। जो सुंदर मुहावरे, कहावतें, उपमाएँ और हास्य के पुट उनके गद्य में हमें मिलते हैं उन्हें प्रेमचन्द ने अपने गाँव की बोली से सीखा था। अपनी उपमाएँ उन्होंने बहुधा ग्रामीण जीवन से ली हैं। *** प्रेमचन्द की भाषा के अलंकार उसके प्रवाह में सहज ही सज जाते हैं। सारी बात अनुभव और सचाई की है। प्रेमचन्द जनता को जानते थे, उसकी भाषा को जानते थे; वहीं से उन्हें शक्ति मिली है।" (डॉ. रामविलास शर्मा, प्रेमचन्द, पृ. 138)।

'गोदान' का ही एक उदाहरण देखें–प्रेमचन्द का होरी अपने विद्रोही पुत्र गोबर को समझाता है–

- "फिर मरजाद भी तो पालना ही पड़ता है। खेती में जो मरजाद है, वह नौकरी में तो नहीं है। मजूरी मजूरी है, किसानी किसानी है। मजूर लाख हो, तो मजूर ही कहलाएगा। सर पर घास रखे जा रहे हो, कोई इधर से पुकारता है, ओ घासवाले, कोई उधर से। किसी की मेड पर घास धर लो तो गालियाँ मिलें। किसानी में मरजाद है।"

होरी 'मरजाद' अर्थात मर्यादा के लिए अपने आपको समर्पित/होम कर देता है।

'कर्मभूमि' का अमरकांत कहता है–

➢ "काम की कौन कमी है घास भी काट लो, तो एक रुपये रोज की मजूरी हो जाए। नहीं जूते का काम है। बल्लियाँ बनाओ, चरसे बनाओ। मेहनत करने वाला आदमी भूखों नहीं मरता। धेली की मजूरी कहीं नहीं गई।"

ऐसे कथन स्वतः सिद्ध करते हैं कि प्रेमचन्द की भाषा में देसी मुहावरे सहज रूप से उभरते हैं जो उसे जनभाषा बनाते हैं।

'गुल्ली-डंडा' कहानी बहुत ही छोटी है पर प्रेमचन्द की भाषा के इस देशज पक्ष को उजागर करने में सक्षम है। इस कहानी में देशजता के साथ आभिजात्यता भी निहित है। इस कहानी में पग पग पर प्रेमचन्द का ठेठ देसीपन झलकता है। यहाँ प्रेमचन्द भारतीय खेल गुल्ली-डंडा के हवाले से यह कहते हैं—''हमारे अँग्रेजीदां दोस्त मानें या न मानें मैं तो यही कहूँगा कि गुल्ली-डंडा सब खेलों का राजा है। *** न लान की जरूरत, न कोर्ट की, न नेट की, न थापी की। मजे से किसी पेड़ से एक टहनी काट ली, गुल्ली बना ली, और दो आदमी भी आ जाए, तो खेल शुरू हो गया। विलायती खेलों में सबसे बड़ा ऐब है कि उनके सामान महँगे होते हैं। जब तक कम-से-कम एक सैंकड़ा न खर्च कीजिए, खिलाड़ियों में शुमार ही नहीं हो पाता। यहाँ गुल्ली-डंडा है कि बना हर्र-फिटकरी के चोखा रंग देता है; पर हम अँगरेजी चीजों के पीछे ऐसे दीवाने हो रहे हैं कि अपनी सभी चीजों से अरुचि हो गई। स्कूलों में हरेक लड़के से तीन-चार रुपये सालाना केवल खेलने की फीस ली जाती है। किसी को यह नहीं सूझता कि भारतीय खेल खिलाएँ, जो बिना दाम-कौड़ी के खेले जाते हैं। अँगरेजी खेल उनके लिए हैं, जिनके पास धन है। गरीब लड़कों के सिर क्यों यह व्यसन मढ़ते हो?" खेल से लेकर शिक्षा तक का जो महँगा अंग्रेजीपन आज भी हम अपने सिर पर ढो रहे हैं प्रेमचन्द ने उसके खतरे को अपने समय में भली प्रकार भाँप लिया था। यदि गुल्ली-डंडा को प्रतीक मान लें तो कहना होगा कि उन्होंने इस महँगे अंग्रेजीपन का विकल्प भी यहाँ सुझाया है—गुल्ली-डंडा अर्थात देहातीपन या देसीपन के वरण के रूप में।

अन्ततः डॉ. रामविलास शर्मा के शब्दों में कहे तो "प्रेमचन्द की कला का रहस्य एक शब्द में उनका देहातीपन ही है; ग्रामीण होने के कारण वह समाज के हृदय में पैठकर उसके सभी तारों से सम्बन्ध स्थापित कर सके हैं।"

अज्ञेय का भाषा विमर्श
(साहित्यिक शैली के प्रति जागरूकता)

अज्ञेय उन सचेत शब्दकर्मियों में अग्रगण्य हैं जो यह जानते और मानते हैं कि साहित्यकार मूलतः संप्रेषक होता है जो सामाजिक धरोहर के रूप में प्राप्त संप्रेषण के एक सशक्त साधन भाषा का सृजनात्मक उपयोग करता है।

रचनाशीलता और सृजनशीलता का मूलाधार भाषा ही है। अतः भाषा विहीन समाज और व्यक्ति की कल्पना करना असंभव है। इसलिए अज्ञेय कहते हैं कि "भाषा मोक्षदा है : वह मनुष्य को ही नहीं, सुख को भी मुक्त करती है।" (त्रिशंकु, पृ. 24)। भाषा के बारे में अज्ञेय का विचार स्पष्टा है। वे कहते हैं कि "भाषा कल्पवृक्ष है, जो उससे आस्थापूर्वक माँगा जाता है, भाषा वह देती है। उससे कुछ माँगा ही न जाय क्योंकि वह पेड़ से लटका हुआ नहीं दीख रहा है, तो कल्पवृक्ष भी कुछ नहीं देता।" (अद्यतन, पृ. 14)।

भाषा की सहायता से ही मनुष्य अपने भावों, अनुभूतियों और विचारों का आदान-प्रदान करता है। भाषा के अभाव में वक्ता और श्रोता के बीच संप्रेषण संभव ही नहीं है। अतः अज्ञेय मानते हैं कि "भाषा मूलतः वह चीज होती है जो एक और अनेक के बीच एक समान प्रतिज्ञा पर निर्भर होती है।" (आँखों देखी और कागद लेखी, पृ. 24-25)।

कहा जाता है कि भाषा शक्तिशाली साधन है। इसमें वह शक्ति निहित है जिसके माध्यम से दो दिलों को जोड़ सकते हैं और तोड़ भी सकते हैं। अज्ञेय के अनुसार भाषा की तीन शक्तियाँ हैं--"अपनी अस्मिता की पहचान, मूल्यबोध की संभावना और यथार्थ की पहचान।" (स्रोत और सेतु; पृ. 83)।

भाषा ही मानव अस्मिता का मूलाधार है। वस्तुतः मानव जैविक जंतु है। भाषा के माध्यम से ही वह समाज-सांस्कृतिक प्राणी कहलाता है। अतः भाषा मनुष्य को पहचान प्रदान करती है। साथ ही वह यथार्थ के साथ बँधी हुई है और मानवीय मूल्यों को भी उजागर करती है। अज्ञेय ने यह स्पष्ट किया है कि 'मैं' की पहचान भाषा के साथ बँधी हुई है। अतः स्वाभाविक है कि यथार्थ की पहचान भी भाषा के

साथ बँधी हुई है। (आँखों देखी और कागद लेखी; पृ. 22)।

मनुष्य भाषा के माध्यम से संस्कारित होता है और समाज में अपनी एक सुनिश्चित पहचान बनाता है। उसके लिए समाज से और अपने भाषा समुदाय से कटकर जीना संभव नहीं है। चाहे आम आदमी हो या साहित्यकार, अपने परिवेश को उकेरता है। अतः परिवेश की महत्ता को स्पष्ट करते हुए अज्ञेय ने लिखा है कि "आज का लेखक इस प्रकार अपने परिवेश से दबा है - अपने परिवेश के उस भाग से जो कि वह स्वयं है और जितना ही अच्छा लेखक है, उतना ही अधिक वह अपना परिवेश है। *** संक्षेप में लेखक के नाते यही मेरी परिवेश की समस्या और मेरा संकट है। मैं, लेखक, एक आत्यन्तिक विभूति, जिसका काम है मूल्य की खोज और प्रतिष्ठा। खड़ा हूँ तो वहाँ जहाँ मैं स्वयं भी केवल परिवेश हूँ और मूल्य भी केवल परिवेश है।" (आल-वाल; पृ. 21)।

भाषा की खोज में वस्तुतः रचनाकार स्थूल से सूक्ष्म की ओर अग्रसर होता है। इस यात्रा में उसकी मूल चिन्ता यही होती है कि अभिप्रेत अर्थ को वह ठीक तरह से अपने पाठकों तक पहुँचा सके। इसके लिए वह बार-बार भाषा को परिमार्जित करता है। इस सम्बन्ध में अज्ञेय की अवधारणा सप्ष्टा है -"मेरी खोज भाषा की खोज नहीं है, केवल शब्दों की खोज है। भाषा का मैं उपयोग करता हूँ। उपयोग करता हूँ लेखक के नाते, कवि के नाते और एक साधारण सामाजिक मानव प्राणी के नाते, दूसरे सामाजिक मानव प्राणियों से साधारण व्यवहार के लिए। इस प्रकार एक लेखक के नाते मैं कला सृजन के माध्यमों में सबसे अधिक वेध्य माध्यम का उपयोग करता हूँ—ऐसे माध्यम का जिसको निरन्तर दूषित और संस्कारच्युत किया जाता रहता है। अथच उसका उपयोग मैं ऐसे ढंग से करना चाहता हूँ कि वह नए प्राणों से दीप्त हो उठे।" (आल-वाल; पृ. 10-11)।

मानव अनुकरण के माध्यम से अनायास ही भाषा सीखता है और उसका प्रयोग करता है। बोलते समय वह व्याकरणिक नियमों पर ध्यान नहीं देता। कभी कभी वह भाषा का मिश्रित रूप भी प्रयोग करता है। अज्ञेय अच्छी भाषा को अपने आप में एक सिद्धि मानते हैं—"मैं उन व्यक्तियों में से हूँ - और ऐसे व्यक्तियों की संख्या शायद दिन-प्रतिदिन घटती जा रही है जो भाषा का सम्मान करते हैं और अच्छी भाषा को अपने आप में एक सिद्धि मानते हैं।" (आत्मनेपद; पृ. 242)।

भाषा का प्रयोग भी मनुष्य किसी प्रयोजन के लिए करता है। चूँकि मनुष्य-जो भी काम करता है उसके पीछे कुछ-न-कुछ प्रयोजन अवश्या होता है। चाहे व्यक्तिकगत प्रयोजन हो या सामाजिक प्रयोजन। बिना किसी उद्देश्य के वह कुछ भी नहीं करता। इस सन्दर्भ में अज्ञेय कहते हैं कि "व्यक्तिगत प्रयोजन तो बिना भाषा के ही पूरे हो जाते हैं लेकिन सामाजिक प्रयोजन के लिए भाषा से काम लेते हैं। निजी प्रयोजनों में से अधिकतर ऐसे हैं जो कि बिना भाषा के सिद्ध हो जाते हैं। क्योंकि दूसरों से

जो प्रयोजन होता है उसके लिए भाषा काम आती है।" (आँखों देखी और कागद लेखी; पृ. 24-25)।

अज्ञेय वस्तुतः शब्द को अधिक महत्व देते हैं। चूँकि अनुभूति की अभिव्यक्ति शब्दों के माध्यम से ही संभव है। वे शब्दों की गरिमा में विश्वास रखते हैं। अतः वे स्पष्ट करते हैं कि "भाषा एक ऐसा माध्यम है जिसमें आत्यंतिक या स्वतंत्र अस्तित्व रखनेवाला कुछ भी नहीं है। शब्द का आत्यंतिक या अपौरुषेय अर्थ नहीं है : अर्थ वही है, उतना ही है जितना हम उसे देते हैं बल्कि देने की प्रतिज्ञा कर लेते हैं, दूसरे शब्दों में ('दूसरे शब्दों में कहना' ही अर्थ का आरोप है।) शब्द का अर्थ एक सर्वथा मानवीय आविष्कार है, तो एक समय है, जितने अर्थ हैं सभी तदर्थ हैं।" (आत्मनेपद; पृ. 163)।

अज्ञेय वस्तुतः शब्द शिल्पी ही हैं। इस में दोराय नहीं। वे शब्द अर्थात भाषा से तमाशा न खड़ा करके उसे कला की उदात्त भावभूमि पर प्रतिष्ठित करते हैं। "निरी वाक्चातुरी मेरे निकट कोई बड़ी बात नहीं है *** वह भाषा की मदारीगीरी है, और मदारी का तमाशा देखने में क्षण भर रम जाना एक बात है, उसे कला के सिंहासन पर बिठाना दूसरी बात।" (आत्मनेपद; पृ. 242)।

अज्ञेय कुशल चितेरे हैं। वे अपने तीर जैसे तेज शब्दों के माध्यम से राजनीतिज्ञों पर करारा व्यंग्य भी करते हैं। कुछ लोग विषय के बारे में कुछ भी नहीं जानते हैं, लेकिन बेझिझक धड़ल्ले से अपनी बात कर जाते हैं। उनके पास 'रेडीमेड जवाब' होते हैं। ऐसों के बारे में अज्ञेय कहते हैं कि उन्हें "जानकारी की कमी से कोई झिझक नहीं होती, बल्कि जो जितना कम जानता है उतना ही अधिक धड़ल्ले से अपनी बात कर जाता है।" (अद्यनतन; पृ. 126)।

समाज में भाषा का प्रयोग दो तरह से होता है। एक तो सामान्य संप्रेषण के रूप में जिसके माध्यम से लोग बातचीत करते हैं। भाषा समुदाय में आमतौर पर सामान्य संप्रेषण की भाषा से ही काम लिया जाता है। शिक्षित, अशिक्षित, उच्च, मध्य और निम्न वर्ग सभी इसी सामान्य भाषा का प्रयोग करते हैं। इसे ही समाजभाषाविज्ञान ने 'सामान्य प्रयोजनों की भाषा' माना है। अर्थात दैनिक जीवन की आवश्यकताओं की पूर्ति हेतु प्रयुक्त भाषा रूप। इसमें विविधता होती है चूँकि परिवार, समाज, परिवेश, सम्पूर्ण देश इसमें समाहित है। भाषा का दूसरा रूप इससे भिन्न है। यह रूप 'विशिष्ट प्रयोजन' पर आधारित है अतः इसे 'प्रयोजनमूलक भाषा' कहते हैं। भाषा के प्रयोजन को स्पष्ट करते हुए अज्ञेय कहते हैं कि "भाषा हमेशा से साधारण प्रयोजनों और कर्म व्यापारियों का माध्यम रही है, इस मामले में कोई बुनियादी परिवर्तन नहीं हुआ है। लेकिन जहाँ पहले ऐसी प्रयोजनवादी भाषा में भी एक पर्यायत्व के शब्द और अर्थ के स्पष्ट और संप्रेषण अभेद को, एक मूल्य माना जाता था, वहाँ आज ऐसा नहीं जान पड़ता। यह बात केवल शिष्ट आचरण

के जाने हुए और इसलिए परस्पर सुबोध पाठकों के, पारंपरिक कूटनीतिक व्यापारों के बारे में नहीं कही जा रही है।" (अद्यतन; पृ. 19)।

अज्ञेय आगे यह कहते हैं कि यदि प्रयोजनवती भाषा को ही अंतिम सीमा मानकर उसी भाषा में रचना करते रहेंगे तो नई रचना का सृजन नहीं होगा। इससे शब्दों का संस्कार नहीं होगा और संवेदन की क्षमता भी नहीं बढ़ेगी–"अगर हम 'प्रयोजनवती' भाषा को अपनी अंतिम सीमा मानकर उसी भाषा में, उन्हीं अर्थों के भीतर उसी 'समय' में रचना करते हैं तो फिर आवृत्ति ही आवृत्ति होती है; नई रचना नहीं होती, न शब्दों का नया संस्कार होता है और न हमारे संवेदन की क्षमता बढ़ती है। अच्छी कविता का काम है संवेदन की क्षमता बढ़ाना, मनुष्य की अपनी भी नई रचना करना।" (आँखों देखी और कागद लेखी; पृ. 26)।

अज्ञेय अपनी बात को 'सामान्य भाषा' में अभिव्यक्त करते हैं। चाहे तत्सम शब्द प्रयोग हो या तद्भव या सघन वाक्य रचना, उनकी भाषिक विशिष्टता अपनी एक अलग पहचान बनाए रखती है। अज्ञेय यह कहते हैं कि "भाषा अथवा शब्द का संस्कार व्याकरण शुद्धि से अधिक बड़ी और गहरी बात है।" (आत्मनेपद; पृ. 164)। वस्तुतः अज्ञेय की भाषा में मर्म की कई परतें हैं। पाठक उन मार्मिक परतों में निहित अर्थ को न समझ पाने के कारण भ्रम में पड़ जाते हैं।

अज्ञेय ने बार-बार भाषा के बारे में अपने विचार व्यक्त किए हैं। उनका दृष्टिकोण हमेशा ही व्यावहारिक एवं स्पष्ट रहा है। उनकी मान्यता है कि सहज भाषा ही वास्तव में सही भाषा है। अर्थात् भाषा में सहजता होना जरूरी है -"भाषा का संस्कार सही वही होता है जो इतना गहरा हो जाए कि लिखते बोलते समय ही नहीं, स्वप्न देखते समय भी यह प्रश्न न उठे कि भाषा सही है या नहीं। सही भाषा जब सहज भाषा हो जाए तभी वह वास्तव में सही है। इस सहजता की साधना हम हिन्दी लेखकों ने यथेष्ट नहीं की, ऐसा मुझे लगता है।" (आत्मनेपद; पृ. 164)।

अज्ञेय को यह पीड़ा बराबर सालती रही कि पिता की भ्रमणशील वृत्ति के कारण उन्हें कहीं एक जगह टिककर लोक भाषा और जन भाषा के बोलीगत मुहावरे को आत्मसात करने का अवसर नहीं मिला–"मुझे सभी कुछ मिला पर सब बेपेंदी की। शिक्षा मिली, पर उसकी नींव भाषा नहीं मिली आजादी मिली लेकिन उसकी नींव आत्मगौरव नहीं मिला, राष्ट्रीयता मिली लेकिन उसकी नींव ऐतिहासिक पहचान नहीं मिली।" (अद्यतन; पृ. 83)। उनकी यह पीड़ा तब और भी अधिक गहरी हो उठती है जब वे भाषा को रचनाशीलता के स्रोत के रूप में पहचानने का आग्रह करते हैं–"भाषा हमारी शक्ति है, उसको हम पहचानें; वही रचनाशीलता का उत्स है व्यक्ति के लिए भी और समाज के लिए भी।" (स्रोत और सेतु; पृ. 99)। इसमें सन्देह नहीं कि अज्ञेय अद्वितीय शब्द शिल्पी हैं। भाषा में निहित विविध प्रकार की सर्जना की संभावनाओं को वे भली प्रकार पहचानते भी हैं और उद्घाटित भी करते

हैं। इसके बावजूद वे यह बताना नहीं भूलते कि उनकी शिक्षा-दीक्षा ने उन्हें हिन्दी का मानक रूप भर प्रदान किया। इसी में उनकी साहित्य भाषा की सीमा भी निहित है और विशेषता भी -"एक तरह से मेरी भाषा में सीमा और विशेषता भी आप पहचान सकते हैं। आरम्भ से मेरी शिक्षा हिन्दी में हुई - उस हिन्दी में जिसका मैं इस समय उपयोग कर रहा हूँ : जिसमें पुस्तकें लिखी जाती हैं।" (आँखों देखी और कागद लेखी; पृ. 19)। वे आगे कहते हैं कि भाषा का सम्बन्ध अस्मिता से है और अस्मिता के आक्रांत होने के कारण भाषा भी आक्रांत होती है—"इस सुविधा और सौभाग्य के बावजूद कि मैं शुरू से ही हिन्दी का व्यक्ति रहा, मैं यह समझता रहा कि भाषा अस्मिता के साथ जुड़ी हुई है और मेरी भाषा आक्रांत नहीं है। 'हिन्दी को खतरा है, हम उसे बचाएँ'—यह नारा मेरी समझ में कभी नहीं आया। 'हमें खतरा है जिससे हिन्दी हमें बचा सकती है'—यह बात ज्यादा सही जान पड़ती रही। भाषा इसलिए आक्रांत है कि अस्मिता आक्रांत है।" (वही; पृ. 23)।

भाषा ऐसा सशक्त साधन है जो परम्परा, अनुभव और अध्ययन से प्राप्त शब्द संपदा पर आधारित है। वस्तुतः भाषा का प्रारम्भ समाज के गठन के साथ ही हुआ है और समाज का गठन भाषा के प्रारम्भ के साथ। अर्थात समाज और भाषा एक दूसरे के पूरक हैं। इसलिए अज्ञेय कहते हैं कि राष्ट्रत्व के बोध के विस्तार के साथ भाषा का विस्तार होगा—"भाषा राष्ट्र की देन होती है। देश में अगर एक राष्ट्र समाज नहीं है तो उसकी एक भाषा भी नहीं होगी। जितनी छोटी या बड़ी परिधि में राष्ट्रत्व का बोध होगा उतनी ही परिधि भाषा की भी होगी, राष्ट्रत्व के बोध का जितना विस्तार होगा उतना ही भाषा का भी।" (त्रिशंकु; पृ. 24)।

पहले भी संकेत किया जा चुका है कि समाज में भाषा से ही मनुष्या की पहचान होती है। अर्थात मनुष्य को सही अर्थ में आधुनिक बनने के लिए उसे सही भाषा की जरूरत है। चूँकि भाषा के माध्यम से ही वह संस्कारी होता है। आज के बुद्धिजीवी वर्ग ने 'आधुनिकता' को कई तरह से पारिभाषित किया है। पर अज्ञेय यह मानते हैं कि आधुनिकता एक प्रक्रिया है, संस्कारवान होने की एक क्रिया—"आधुनिकता को लोगों ने अलग अलग अर्थ दिए हैं। मेरी दृष्टि में आधुनिकता एक अनगढ़ चीज है। वह एक सिद्ध स्थिति नहीं है, एक प्रक्रिया है। संस्कारवान होने की क्रिया को ही मैं आधुनिकता मानता हूँ। जो संस्कारी हो चुका है और अब स्थिर है वह मेरी दृष्टि में आधुनिक नहीं है।" (लिखि कागद कोरे; पृ. 67)।

अज्ञेय की दृष्टि में हिन्दी हमेशा ही आधुनिक रही है। हिन्दी में जड़ता नहीं है, वह गतिशील है। वह जो ग्राह्य है उसे ग्रहण कर लेती है और जो त्याज्य है उसे त्याग देती है। इसलिए वह जनमानस के साथ जुड़ी हुई है—"मेरी दृष्टि में हिन्दी सदा से आधुनिक रही है। सिंधु से ब्रह्मपुत्र तक सारा क्षेत्र हिन्दी का है, चाहे आज उनके दोनों छोर देश से बाहर चले गए हैं। यह देश भाषाओं और संस्कृतियों के

संगमों का देश है। हिन्दी उन संगमों से ही विकसित हुई है। अतः वह संगमों की भाषा है, विद्रोहों की भाषा है। इसी भाषा ने सारे देश में भारतीय संस्कृति को बनाए रखा, भारतीयता के बोध को जीवित रखा। युद्ध होते रहे, फिर भी भारतीय संस्कृति नाम की चीज आगे बढ़ती रही। हिन्दी उसकी भाषा रही। हिन्दी प्रदेश से प्रवृत्तियाँ उठीं और सारे देश में फैलीं। दूसरे भाषा क्षेत्रों में भी जो प्रसारणीय हुआ वह हिन्दी में गया और हिन्दी से छनकर वितरित हुआ। किसी दूसरी भाषा ने यह काम नहीं किया। हिन्दी अब भी यह काम कर रही है।" (लिखि कागद कोरे; पृ. 67-68)।

हर भाषा की अपनी प्रकृति होती है। नफासत तो वस्तुतः सामाजिक गुण है और यह भाषा का आत्यन्तिक गुण नहीं है। अतः कोई भी भाषा इस गुण को पा सकती है। लेकिन हिन्दी में निहित नाद सौंदर्य आत्यन्तिक है। वह भाषा की निजी पहचान है। इसलिए अज्ञेय कहते हैं कि "उर्दू बड़ी नफ़ीस जबान है। लेकिन उर्दू की नफासत की बात करते वक्त कुछ बातें और भी याद रखने की है। नफासत भाषा का आत्यन्तिक गुण नहीं है, एक सामाजिक गुण है। अर्थात कोई भी भाषा उसे पा सकती है अगर उस भाषासमाज में उसका इतना ऊँचा मूल्य हो और अगर वह समाज इसलिए उस दिशा में विकास करे। लेकिन नादगुण आत्यन्तिक गुण है। हिन्दी का नाद सौंदर्य उर्दू में नहीं है, कभी नहीं रहा, न उस दिशा में उसने विशेष उन्नति की है।" (शाश्वती; पृ. 41-42)।

आधुनिकीकरण के कारण परिस्थितियों में बदलाव आए। मनुष्य ने अपनी आवश्यकता हेतु मशीनों का आविष्कार किया लेकिन मशीनी युग ने सम्पूर्ण सामाजिक व्यवस्था और संस्कृति को इतना बदल दिया कि मनुष्य यांत्रिक पुर्जा बन गया है। इसलिए अज्ञेय कहते हैं कि "आधुनिक युग मशीन युग है। मशीन के विस्तार के प्राचीण समाज व्यवस्था और संस्कृति नष्ट हो रही है। इसका परिणाम है कि पुरानी संस्कृति के मरने के साथ नई के मान नहीं बन रहे, हमारा मन और आत्मा संकुचित हो रहे हैं और हम यथार्थता का सामना करने के अयोग्य बनते जा रहे हैं। दूसरी ओर, मशीन युग के साथ जो 'मास प्रोडक्शन' आया है, उसके लिए विज्ञापनबाजी आवश्यक है, और साहित्य को सस्ता, घटिया और एकरस बनाने का कारण बनती है।" (त्रिशंकु; पृ. 23)।

'मास प्रोडक्शन' के आगमन के साथ-साथ साहित्य की ओर लोगों की रुचि कम होती जा रही है। यह सर्वविदित है कि किसी भी संस्कृति का मूलाधार भाषा होती है और भाषा का चरम उत्कर्ष उसके साहित्य में प्रकट होता है। संस्कृति और भाषा का अटूट सम्बन्ध है। संस्कृति का पतन जीवन का पतन है। मशीन युग ने हमारे जीवन को सस्ता और अर्थहीन बना दिया है। इसके साथ ही भाषिक प्रयोग भी। भाषा की गुणवत्ता गिरने लगी है। शब्द अर्थात भाषा के सस्तेपन पर चिन्ता व्यक्त करते हुए अज्ञेय कहते हैं कि "केवल शब्द ही सस्ता नहीं हुआ है, उसका

प्रयोग करनेवालों का सामाजिक जीवन भी उतना ही सस्ता हुआ है, क्योंकि प्रेम का नगर और घर और मंदिर और नदी तो हैं लेकिन प्राण स्रोत सूख गया है और यदि वह कहीं फूट निकलना भी चाहे तो कम से कम इस मार्ग से नहीं बह सकता - वह गहरा अर्थ इस शब्द से सदा के लिए अलग हो गया है।" (त्रिशंकु; पृ. 21)।

यह नहीं कहा जा सकता कि भाषा का सस्तापन अकारण हो गया है। इसका मूल कारण है परिस्थितियों की मजबूरी। चूँकि यह युग उत्पादन का युग है तथा मुनाफे के सिद्धान्त पर आश्रित है। फलतः ज्यादा उपज के मार्ग ढूँढ़े जा रही हैं। इसके कारण प्राचीन सामाजिक व्यवस्था नष्ट हो रही है। पुराने मूल्य टूट रहे हैं। साथ ही साहित्य और कला की ओर आकर्षण कम होता जा रहा है। अतः अज्ञेय आक्रोश व्यक्त करते हैं कि "हमें समझ लेना चाहिए कि हमारा उद्धार मशीन से नहीं होगा, प्रचार विज्ञापन से नहीं होगा, लेक्चर और विवाद और कवि सम्मेलनों से नहीं होगा। अगर उद्धार का उपाय कोई है, तो वह संस्कृति की रक्षा और निर्माण की चिर जागरूक चेष्टा और उस चेष्टा की आवश्कता में अखण्ड विश्वास का ही मार्ग है।" (त्रिशंकु; पृ. 24)।

अज्ञेय भाषा को परम्परा, संस्कृति और यथार्थ को पहचानने का माध्यम स्वीकार करते हैं। संस्कारवान और शुद्ध भाषा की खोज में सतत अन्वेषणशील दिखाई देते हैं। उन्होंने भाषा के रूपों और प्रयोगकर्ताओं की मनःस्थिति की भी पड़ताल की है। उनका भाषा चिन्तन साहित्यिक भाषा तक सीमित न होकर व्यक्ति भाषा और समाज भाषा के विवेचन-विश्लेषण तक व्याप्त है।

किसी व्यक्ति का पारिवारिक और सामाजिक जीवन संस्कृति से ही परिलक्षित होता है। हमारे जीवन का ढंग ही हमारी संस्कृति है। अतः यह जीवन की आवश्यकता है। जैसा कि पहले भी संकेत किया गया है, अज्ञेय की विचारधारा से यह स्पष्ट है कि भाषा का मूलाधार संस्कृति है तो संस्कृति का मूलाधार मानवता है और साहित्य इसी मानवता की चरम साधना है। संस्कृति के सम्बन्ध में अज्ञेय की मान्यता है कि "संस्कृति न केवल बुर्जुआ है, न प्रगति विरोधी है, वह समाज को स्थायित्व देती है तो इसका यह अर्थ नहीं है कि वह उसे स्थितिशील बनाती है। संस्कृति एक कब्र नहीं है, वह तो जीवन है जिस पर पैर टेके बिना प्रगति हो ही नहीं सकती।" (संस्कृति : यहाँ, वहाँ या कब्र में?, पृ. 28)।

अज्ञेय ने अपने लेखन में अनेक प्रकार से परम्परा और भारतीय संस्कृति की व्याख्या की है। वे इस बात को स्पष्ट करते हैं कि "कहने के लिए कि हम परम्परा से मुक्त हैं, भाषा उपयोग करना कितनी बड़ी विडंबना है। भाषा हमारी सबसे पुरानी, सबसे कड़ी, अनुल्लंघनीय सांस्कृतिक रूढ़ि है : अपने दावे के लिए उसका सहारा लेना - और दावे के लिए भाषा का सहारा अनिवार्य है - सिद्ध कर देता है कि दावा बेमानी है।" (भवन्ती; पृ. 25)। अक्सर यह सुनने को मिलता है कि भाषा

का अवमूल्यन हो रहा है। इस सन्दर्भ में अज्ञेय की दो टूक टिप्पणी बड़े महत्व की है। उनका विचार है कि "जब तक संस्कृति की एक समग्र भावना बनी रहती है तब तक तो भाषा का अवमूल्यन नहीं होता। पूरी संस्कृति का अवमूल्यन होता है इसलिए भाषा का अवमूल्यन होता है।" (स्रोत और सेतु; पृ. 91)।

भाषा ही वह साधन है जिसके माध्यम से मानव समाज-सांस्कृतिक प्राणी कहलाता है। भाषा के अभाव में वह केवल जैविक जंतु है–"और यों हम भाषा के गुलाम हैं। भाषा मनुष्य की सबसे मूल्यवान सृष्टि है क्योंकि सच्चाई को पहचानने, अपना लेने, 'नाम देने' का वही एक साधन हमारे पास है और वही हमें पशु से अलग करती है जिसके आस पास चीजें हैं नाम नहीं है।" (भवन्ती; पृ. 64)। अज्ञेय भाषा और समाज के आंतरिक एवं बाह्य सम्बन्धों पर सूक्ष्मता से विचार करते हुए कहते हैं कि "मेरी दृष्टि में भाषा मात्र मनुष्य होने की पहचान और शर्त है। भाषा के बिना मनुष्य नहीं होता, पशु से मनुष्य के विकास में भाषा ही वह सीढ़ी है जिसको पार करके वह मनुष्यत्व प्राप्त करता है।" (स्रोत और सेतु; पृ. 80)। वे आगे यह भी स्पष्ट करते हैं कि "बिना इसके किसी समाज में अपनी अस्मिता की पहचान नहीं हो सकती। सबसे पहले भाषा अपने आप को पहचानने का साधन है।" (वही, पृ. 83)।

इस बात की ओर पहले ही ध्यान आकृष्ट किया गया है कि अज्ञेय के अनुसार भाषा की तीन शक्तियाँ हैं - अपनी अस्मिता की पहचान, मूल्यबोध की संभावना और यथार्थ की पहचान। इसी तथ्य पर आधारित अज्ञेय के भाषा चिन्तन के कतिपय सूत्र वाक्य द्रष्टव्य हैं–

➢ "भाषा संस्कृति का सर्वाधिक शक्तिशाली और समृद्ध उपकरण है क्योंकि इस संगीत और सम्बन्ध के बोध का सबसे महत्वपूर्ण वाहक है। वस्तुतः हम जो भाषा बोलते हैं, उसके द्वारा चुन लिए जाते हैं, एक निर्दिष्ट स्थान और धर्म पा लेते हैं और निबाहने को स्वतंत्र हो जाते हैं।" (अद्यतन; पृ. 17)। [इससे यह स्पष्ट होता है कि भाषा और संस्कृति एक-दूसरे से ओत-प्रोत हैं। संस्कृति भाषा में समाती है तो भाषा संस्कृति में।]

➢ "अगर हमें भाषा के अवमूल्यन की चिन्ता है तो वास्तव में हमें संस्कृति के अवमूल्यन की चिन्ता होनी चाहिए। अगर हमारा ध्यान उधर नहीं है तो सिर्फ भाषा की चिन्ता करके हम कहीं नहीं पहुँचेंगे।" (स्रोत और सेतु; पृ. 89)। [अज्ञेय सही अर्थों में संस्कृति चेता हैं। चूंकि जब भाषा में संस्कृति पूर्णतः समाती है तो वह साहित्य बन जाता है।]

➢ "जिस आविष्कार को आज की भाषा में मीडिया कहा जाता है, जहाँ से उसका आरम्भ हुआ है, जहाँ से व्यापक संचार माध्यमों का विस्तृत लोक सपर्क, प्रचार विज्ञापन या मास कांटेक्ट के लिए इन दूर प्रभावी साधनों

का उपयोग होने लगा है, वहीं से भाषा का अवमूल्यन आरम्भ होता है। क्योंकि व्यापक जन संपर्क के नाम पर वास्तव में कुछ अन्य चीजों का, या सही बात कहें तो कुछ गहरे मूल्यों का अवमूल्यन कर रहे होते हैं।" (स्रोत और सेतु; पृ. 87)। [मास कांटेक्ट मीडिया की भाषा है। यह कहा जाता है कि अवमूल्यन से भाषा कमजोर हो जाएगी, पर ऐसा नहीं होगा। यदि देखा जाय तो मीडिया भाषा को मूल्य भी दे रहा है।]

- "भाषा का उपयोग जितना ही व्यापक और गहरा होता है उतनी ही भाषा समृद्धतर होती है और अपने व्यवहर्ता को समृद्धतर बनाती है। और भाषा का ऐसा प्रयोग काम चलाऊ, आनुषंगिक, आपद्धर्मी प्रयोग नहीं है, वैसा प्रयोग नहीं है जो शासक के या लोक संपर्क कर्मचारियों के या व्यवसायियों के या पंडितों के द्वारा भी किया जा सकता है। भाषा का व्यवहार समृद्धि देनेवाला तभी होता है जब उसके साथ लगाव (कमिटमेंट), उसी भाषा के माध्यम से अनुभव के प्रति लगाव, होता है। ऐसी ही भाषा, ऐसे ही प्रयुक्त भाषा अनुभव की भाषा संस्कृति का और अस्मिता का उपकरण होती है।" (अद्यतन; पृ. 17)। [भाषा की समृद्धि प्रयोक्ता के लगाव में निहित है। तभी भाषा सही अर्थों में संस्कृति की वाहक होगी।]
- "इस सत्य से कोई किनारा नहीं है कि आज के संसार में मानव मन का घर्षण भाषा के घर्षण से आरम्भ होता है, और आज भाषा मात्र सारे संसार में अवज्ञा और बलात्कार का शिकार हो रही है।" (अद्यतन; पृ. 18)। [भाषा और संस्कृति का संयोजक लोक है। अतः हम सबको सही भाषा का प्रयोग करने के लिए भाषा के घर्षण को झेलना ही होगा।]
- "भाषा के द्वारा हम यथार्थ की एक नए ढंग की पहचान कर सकते हैं, इसलिए यह कहना अनुचित न होगा कि भाषा संस्कृति की बुनियाद होती है।" (स्रोत और सेतु; पृ. 83)। भाषा बदलती है तो भाषा के परिवर्तन भाषा में से ही निकलते हैं, भाषा एक सामाजिक और युगीन समय है, जिससे आगे तो बढ़ा जा सकता है, पर पीढ़ी-दर-पीढ़ी और समाज को अपने साथ लेते हुए ही। भाषा को आमूल उखाड़कर उसकी जगह नई भाषा हम नहीं दे सकते, नए शब्द, नए मुहावरे, नए प्रयोग हम कर सकते हैं तो एक जाने हुए उभयपक्ष द्वारा स्वीकृत ढाँचे के भीतर ही।" (युग संधियों पर; पृ. 42)। [सामाजिक तथा भाषिक पक्ष बदलते हैं पर यह बदलाव एक निश्चित ढाँचे के भीतर ही संभव होगा जो सर्वस्वीकृत हो।]

रवीन्द्रनाथ श्रीवास्तव का भाषाविमर्श
(अनुप्रयुक्त भाषाविज्ञान के सजग प्रहरी)

प्रो. रवीन्द्रनाथ श्रीवास्तव का जन्म 9 जुलाई, 1936 को उत्तर प्रदेश के बलिया जिले में हुआ। उनकी प्राथमिक शिक्षा-दीक्षा गाँव में ही संपन्न हुई। वे वस्तुतः विज्ञान के विद्यार्थी थे। लेकिन उन्होंने साहित्य की ओर अपना कदम बढ़ाया। साहित्य से उनकी रुचि भाषाविज्ञान की ओर बढ़ी। उन्होंने लेनिनग्राद विश्वविद्यालय (सोवियत संघ) से भाषाविज्ञान में डॉक्टरेट की उपाधि प्राप्त की। फिर उन्होंने कैलिफोर्निया से पोस्ट डॉक्टरेट किया। उन्होंने विभिन्न अन्तरराष्ट्रीय परम्पराओं में हुए चिन्तन को भारतीय भाषाओं के परिप्रेक्ष्य में व्यापक दृष्टिकोण प्रदान किया। उन्होंने अपने गंभीर लेखन एवं वैचारिकता से भारतीय भाषाविज्ञान के सम्पूर्ण परिदृश्य को बदल डाला।

प्रो. श्रीवास्तव बहुमुखी प्रतिभा संपन्न व्यक्ति थे। वे कर्मठ, जिज्ञासु, सहज, विनम्र, अनुशासनप्रिय, मितभाषी और जागरूक भाषा अध्येता थे। उन्हें करीब से जानने वाले और पहचानने वाले आत्मीयों के लिए वे आडंबर रहित व्यक्ति थे। उनके व्यक्तित्व के बारे में स्पष्ट करते हुए उनकी अर्धांगिनी डॉ.बीना श्रीवास्तव ने एक स्थान पर कहा है—"उनका व्यक्तित्व अत्यन्त जीवन्त था। वे पूरी तरह 'लाइफ फुल' थे। जहाँ पहुँचते जैसे रोशनी हो जाती। घर में उन्हें कोई गंभीर व्यक्ति मानने के लिए तैयार नहीं होता था। उनकी रुचि बहुमुखी थी। सिनेमा, दूरदर्शन, सैर-सपाटे, पिकनिक आदि उन्हें बहुत पसन्द थी।" (बीना श्रीवास्तव, रवीन्द्र जी : अपने घर में पूर्णकुम्भ, सितम्बर - 1996; रवीन्द्रनाथ श्रीवास्तव स्मृति अंक, पृ. 17)। प्रो.श्रीवास्तव मनुष्यों के बीच कोई भेद भाव स्वीकार नहीं करते थे। शायद इसीलिए वे अपने विद्यार्थियों को भी 'जी' लगाकर संबोधित करते थे।

प्रो. श्रीवास्तव ने भाषा और भाषाविज्ञान के विविध पक्षों पर निरन्तर चिन्तन-मनन किया। वे श्रवणिक ध्वनिविज्ञान, सैद्धान्तिक भाषाविज्ञान, शैलीविज्ञान, समाज भाषाविज्ञान, अनुवाद विज्ञान, भाषा शिक्षण और कंप्युटेशनल भाषाविज्ञान जैसे अनुप्रयुक्त भाषाविज्ञान के विविध विषयों को साथ लेकर आगे बढ़े। इतना ही नहीं उन्होंने भारतीय सन्दर्भ में भाषा को केन्द्र में रखकर साहित्य, संस्कृति, शिक्षा

और संप्रेषण के बहुविध तथा बहुआयामी पक्षों पर कई प्रख्यात पुस्तकें लिखीं। उन्होंने अपने छात्र जीवन में अनेक कविताएँ लिखीं। अपने लेखन के प्रारंभिक काल में उन्होंने काव्य, कहानी और आलोचना को अपना क्षेत्र मानकर साहित्य सृजन किया। रूस से भाषावैज्ञानिक बनकर लौटने के पश्चात् उन्होंने हिन्दी भाषाविज्ञान को आधुनिक भाषाशास्त्रीय चिन्तन से जोड़कर देखने की प्रवृत्ति का प्रवर्तन किया और इस सम्बन्ध में कई मौलिक पुस्तकों की रचना की, सैकड़ों लेख - हिन्दी और अंग्रेजी दोनों भाषाओं में लिखे, कई पुस्तकों का संपादन भी किया। "उनका सम्पूर्ण लेखन उनके भाषानुरागी मन का स्वच्छ चमकीला प्रतिबिंब है। उनके लेखन के साथ चलना पूर्व और पश्चिम के भाषाचिन्तन की सधी रज्जु पर चलना है, अपनी सम्पूर्ण सजग चेतना के साथ। इस चेतना के बिना उनके लेखन की गहराई को माप पाना सहज नहीं है।" (दिलीप सिंह; वे भाषा के अनुरागी थे, पूर्णकुम्भ; सितम्बर 1996; रवीन्द्रनाथ श्रीवास्तव स्मृति अंक; पृ. 33)। दिलीप सिंह बताते हैं कि "उन्होंने (रवीन्द्रनाथ श्रीवास्तव) पाश्चात्य भाषाविज्ञान की परख करके उसे या तो स्वीकार किया या उसके विरोध में अपने मत व्यक्त किए। उन्होंने तीसरी दुनिया की भाषाई स्थिति को भी सामने रखा। इस दिशा में अंग्रेजी, हिन्दी और रूसी भाषा में प्रकाशित उनके लेख मील का पत्थर हैं। उनके लेख अकॉस्टिक ध्वनिविज्ञान, सैद्धान्तिक भाषाविज्ञान, समाज भाषाविज्ञान, शैलीविज्ञान, अन्य भाषा शिक्षण, साक्षरता, कंप्युटेशनल लिंग्विस्टिक्स, प्रजनक स्वनिम विज्ञान तथा संकेत विज्ञान से संबद्ध हैं। इन लेखों का अध्ययन उनके चिन्तन की परिधि और उनके क्रमिक विकास से हमें परिचित कराता है।" (दिलीप सिंह, प्रोफेसर रवीन्द्रनाथ श्रीवास्तव : एक बहुमुखी व्यक्तित्व, भूमिका, रवीन्द्रनाथ श्रीवास्तव, अचानक की एक मुलाकात, पृ. 7-8)।

श्रीवास्तव जी की हिन्दी में रचित मौलिक पुस्तकों में 'प्रगतिशील आलोचना' (1962), 'शैलीविज्ञान और आलोचना की नई भूमिका' (1979), 'भाषा शिक्षण' (1978), 'संरचनात्मक शैलीविज्ञान' (1979), 'प्रयोजनमूलक हिन्दी व्याकरण' (1983), 'भाषाई अस्मिता और हिन्दी' (1992), 'हिन्दी भाषा का समाजशास्त्र' (1994), 'हिन्दी भाषा संरचना के विविध आयाम' (1995), 'भाषाविज्ञान : सैद्धान्तिक चिन्तन' (1997), 'अनुप्रयुक्त भाषाविज्ञान : सिद्धान्त एवं प्रयोग' (2000) और 'साहित्य का भाषिक चिन्तन' (2004) उल्लेखनीय हैं। इनमें से 'हिन्दी भाषा का समाजशास्त्र' से लेकर 'साहित्य का भाषिक चिन्तन' तक की पुस्तकें उनके निधन के बाद प्रकाशित हुईं। अंग्रेजी भाषा में लिखित पुस्तकें हैं–'Literacy' (1993), 'Stylistics' (1994), 'Bi/Multilingualism' (1994), 'Applied linguistics' (1994), 'Hindi linguistics' (1998), 'Language theory and language structure' (1998) और 'Generative Phonology' (1990)। साथ ही उनके द्वारा संपादित पुस्तकें हैं–'प्रयोजनमूलक हिन्दी' (1975), 'हिन्दी भाषा : संरचना और प्रयोग' (1980), 'व्यावहारिक हिन्दी' (1980),

'हिन्दी का शैक्षिक व्याकरण' (1980), 'अनुप्रयुक्त भाषाविज्ञान'(1980), 'साहित्य अध्ययन की दृष्टियाँ' (1980), 'भाषा के सूत्रधार' (1983), 'अनुवाद : सिद्धान्त समस्याएँ' (1985), 'भाषाविज्ञान परिभाषा कोश' (1990), 'हिन्दी के सन्दर्भ में सैद्धान्तिक एवं अनुप्रयुक्त भाषाविज्ञान' (1992), 'Evaluating Communicability in village setting (2 volumes; 1978) और 'Perspectives in language planning' (1990)।

प्रो. श्रीवास्तव ने अपनी पुस्तकों और लेखों में भाषा और भाषाविज्ञान के विविध पक्षों पर चिन्तन-मनन किया। उन्होंने हमेशा भाषा को प्रतीक व्यवस्था माना तथा भारतीय बहुभाषिकता को बहुभाषी एवं बहुसांस्कृतिक समाज की सहज संप्रेषण व्यवस्था के रूप में प्रमाणित किया है। उनकी मान्यता है कि "भाषा का गहरा सम्बन्ध समाज से है और इसी कारण वह विषमरूपी होने की नियति से बँधी है। भाषा वस्तुतः प्रयोजनसिद्ध शैलियों के समुच्चय का दूसरा नाम है। किसी एक भाषा की विभिन्न शैलियाँ आपस में अंशतः या तो सामंजस्य की स्थिति में रहती हैं या फिर तनाव की स्थिति में। सामंजस्य की स्थिति शैलियों को प्रयोजन से बाँधती हैं और तनाव की स्थिति उनमें प्रतिस्पर्धा का कारण बनती है। भाषा न केवल व्यक्ति के संज्ञानात्मक बोध का प्रतिबिंब है बल्कि इस संप्रदाय में वह ऐसा दर्पण भी है जिसमें आधारभूत शैली अन्य आरोपित शैलियों के साथ अपने सम्बन्धों का चित्र भी प्रतिबिंबित करती हैं। इसलिए भाषावैज्ञानिकों का यह दायित्व है कि किसी भाषा के व्याकरण के भीतर वे शैलीभेद सम्बन्धी चर-संयुक्त उपनियमों की व्यवस्था को भी समेटें।" (रवीन्द्रनाथ श्रीवास्तव; भाषाई अस्मिता और हिन्दी, पृ. 10)।

रवीन्द्रनाथ श्रीवास्तव भाषा को केवल व्याकरण नहीं मानते बल्कि उससे कहीं बड़ी चीज मानते हैं। वे कहते हैं कि "हिन्दी मात्र व्याकरण नहीं और न ही वह केवल विशिष्ट भाषिक संरचना है। भाषा के रूप में वह एक सामाजिक संस्था भी है, संस्कृति के रूप में सामाजिक प्रतीक भी है और साहित्य के रूप में वह एक जातीय परम्परा भी है।" (वही, पृ. 12)। वे भारतीय सन्दर्भ में भाषा के स्थान पर भाषाई समुदाय की चर्चा करना अधिक समीचीन मानते हैं। अतः वे कहते हैं कि "भाषा का साध्य तो संप्रेषण है, अर्थ व्यापार है, और सामाजिकता वह शक्ति है जो किसी एक समुदाय के सभी व्यक्तियों को भावना, चिन्तन और जीवन दृष्टि के धरातल पर एक-दूसरे के नजदीक लाकर एक इकाई में बाँधती है। इस इकाई को हम 'भाषाई समुदाय' (स्पीच कम्युनिटी) की संज्ञा देते हैं। भाषाई समुदाय उन व्यक्तियों के संस्थागत समूह का नाम है जो होने को एकभाषी या बहुभाषी हो सकता है पर जिसके सदस्य अपनी संप्रेषण व्यवस्था में समान रूप से भाषिक प्रतीकों का इस्तेमाल करते हैं और अपने सामाजिक व्यवहार में जब किसी भाषा, बोली या शैली का चुनाव करते हैं तो उसके चुनाव का आधार भी समान होता है। *** अतः इस

'भाषाई समुदाय' के लिए आवश्यक है कि (i) उसके सदस्यों की संप्रेषण व्यवस्था में समानता हो, (ii) इस संप्रेषण व्यवस्था के माध्यम से उसके सदस्य एक-दूसरे के साथ न केवल विचार-विनिमय करने में समर्थ हों बल्कि इसी आधार पर आपस में सामाजिक दृष्टि से बँधे भी हों, (iii) संप्रेषण व्यवस्था में प्रयुक्त होने वाली भाषाओं, बोलियों या शैलियों के चुनाव सम्बन्धी ज्ञान या मनोवृत्ति का आधार समानधर्मी हो, (iv) इस समानधर्मी ज्ञान और मनोवृत्ति के आधार पर अन्य भाषाई समुदाय से वे अलग या विशिष्ट हों, (v) इसकी एक ऐसी आरोपित भाषा या शैली का प्रतिमान हो जिसके आधार पर इसके सदस्य अपनी जातीय अस्मिता (आइडेंटिटी) की पहचान बनाते हों।" (वही, पृ. 11)।

वस्तुतः प्रो.श्रीवास्तव हिन्दी के प्रश्न को भारतीय सांस्कृतिक एवं सामाजिक प्रश्न से जोड़कर देखने की आवश्यकता को रेखांकित करते हुए कहते हैं, "हम अपनी सामाजिक अस्मिता को पहचानें, और इस सन्दर्भ में भाषाई अस्मिता के सवाल पर एक बार फिर गौर करें। अगर हिन्दी-उर्दू भाषा आम जनता के लिए एक है तो इसी कारण कि वह शैक्षणिक स्तर पर बनाए गए कृत्रिम विभाजन को स्वीकार नहीं करती। वह हिन्दी और उर्दू की अपनी मूल संरचना, प्रकृति और नियमों के आधार पर भाषा का प्रयोग करती है। और इस दृष्टि से हिन्दी और उर्दू एक भाषा, एक जबान ठहरती हैं। इस एक जबान को बोलने वालों में न कोई भेद भाव है और न सामाजिक अस्मिता के धरातल पर कोई दुराव।" (सामाजिक अस्मिता और हिन्दी-उर्दू का सवाल; वही, पृ. 40-41)।

प्रो. श्रीवास्तव ने हिन्दी भाषा चिन्तन के साथ हिन्दी भाषा शिक्षण को भी जोड़ा है चूँकि भाषाई अस्मिता को समझे बिना शिक्षण करना सार्थक नहीं हो सकता। उनकी मान्यता है कि "भाषा शिक्षण प्रणाली का सम्बन्ध एक निश्चित प्रकार के प्रयोजनों की सिद्धि और एक निश्चित प्रकार के द्विभाषिक प्रयोक्ता पैदा करने से हैं।" (भाषा शिक्षण; पृ. 202)।

प्रो. श्रीवास्तव भाषाविद् के साथ-साथ सर्जक साहित्यकार भी थे। यह पहले भी संकेत किया गया है कि श्रीवास्तव जी ने कविताएँ भी लिखीं हैं। इन कविताओं को परखना है तो उनके भीतर गोता लगाना होगा। अर्थात पाठ विश्लेषण के सहारे ही इन कविताओं को खोला जा सकता है। इस सन्दर्भ में प्रो.दिलीप सिंह कहते हैं कि "श्रीवास्तव की ये कविताएँ 'फरमाइशी' (शब्द नामवर सिंह का) नहीं हैं। अगर होतीं तो वे इन्हें यूँ पर्दे में न रखते। अभिव्यक्ति के स्तर पर रवीन्द्र जी का पूरा काव्य-संसार प्रौढ़ है और वस्तु की दृष्टि से सामयिक या आधुनिक। उनकी साहित्यिक अभिव्यक्ति अभिरुचि उन्नीस वर्ष की उम्र से ही कितनी आधुनिक थी, यह इन कविताओं से साफ झलकता है। *** प्रो. श्रीवास्तव 'कविता' की बुनावट को एकदम भीतर तक देखने के पक्षपाती थे। *** ये कविताएँ रूप और वस्तु के

गहरे द्वन्द्व से रची गई हैं। इन कविताओं की परख इस आधार पर न हो सकेगी कि 'कवि क्या कहता है' बल्कि इनकी सही कसौटी यह होगी कि 'कविता क्या कहती है।' अर्थात इन कविताओं की अनुगूँज की पकड़ 'पाठ-विमर्श' के रास्ते ही सम्भव हो सकेगी। उनकी 1958 से 1967 तक की कविताओं को तो जरूर ही पाठवादी आलोचना के परिप्रेक्ष्य में देखा जाना चाहिए। कम-से-कम यह जानने के बाद कि वे हिन्दी में पाठवादी आलोचना के प्रथम प्रवक्ता थे।" (दिलीप सिंह, कविता में गुँथी अर्थ की अनुगूँज, अचानक की एक मुलाकात, पृ. 11, 13, 14)।

प्रो. श्रीवास्तव ने अपने लेखों में हिन्दी-उर्दू के द्वंद्व के बारे में काफी कुछ कहा है। उनकी यह धारणा कविताओं में भी प्रतिफलित हुई है। 1955 में लिखी उनकी कविता 'आत्म-परिचय' उर्दू अदायगी का नमूना है–

"ओठों से फिसल जाय, महकते दर्द की वह सौगात कहाँ
आँखों से बहक जाय, शब्दों की वह अनुगूँज पुकार कहाँ
घायल आँसुओं में बन्द सपनों को महके हैं कभी तुमने
जकड़ दूँ तुम्हें शबनमी चीखों से मैं वह आवाज कहाँ?"
(रवीन्द्रनाथ श्रीवास्तव, अचानक की एक मुलाकात, पृ. 31)।

वस्तुतः रवीन्द्रनाथ श्रीवास्तव में गहरा आत्मविश्वास है। इसी आत्मविश्वास ने उन्हें हिन्दी भाषाविज्ञान के शिखर पर पहुँचाया। वे कहते हैं–

"लोग कहते हैं कि चलते चलते मैं मुड़ जाऊँगा
मैं तो वह रास्ता हूँ मोड़ को भी मोड़ जाऊँगा
लिख दिया मौत के साए में एकाएक ठहर जाऊँगा
मैं वह आदम हूँ, मौत की तस्वीर भी बना जाऊँगा"
(रवीन्द्रनाथ श्रीवास्तव, अचानक की एक मुलाकात, पृ. 87)।

विद्यानिवास मिश्र का भाषा विमर्श
(आधुनिक भाषाशास्त्रीय चिन्तन की पीठिका)

बहुत कम लोगों का नाम इतना सार्थक होता है जितना सार्थक नाम पं.विद्यानिवास मिश्र का था। विद्या सचमुच उनमें निवास करती थी। अथाह महासागर की तरह उनका वैदुष्य जितना विस्तृत था उतना ही गहरा भी था। वेदों से प्रारम्भ कर आधुनिक कविता तक, पाणिनीय व्याकरण से लेकर पश्चिमी भाषाविज्ञान तक, लोक जीवन की मार्मिक अन्तर्दृष्टि संपन्नता से लेकर गहन शास्त्रीय विवेचना तक उनकी सहज गति थी। संस्कृत भाषा और हिन्दी के गंभीर अध्येता एवं रचनाशील साहित्यकार ही नहीं अपितु वैयाकरण भी थे, शब्दवेत्ता और भाषावैज्ञानिक भी थे। हिन्दू धर्म एवं भारतीय संस्कृति के मर्मग्राही व्याख्याता एवं मौलिक चिन्तक भी थे। संस्कृत साहित्य से आरम्भ करते हुए हिन्दी के भक्तिकाल एवं आधुनिक साहित्य तक उनकी पहुँच थी। उन्होंने इस पूरे संवेदनात्मक विकास को उसकी क्रमबद्धता में विवेचित किया। डॉ.रामस्वरूप चतुर्वेदी कहते हैं कि विद्यानिवास मिश्र ने 'समाज परिवर्तन एवं साहित्य' के रिश्ते की भी छानबीन की और पुराने प्रचलित शब्द 'लोक' की व्यंजनाओं को अधिक सार्थक ठहराया। (डॉ. रामस्वरूप चतुर्वेदी, हिन्दी साहित्य और संवेदना का विकास; पृ. 311)

विद्यानिवास मिश्र शब्दशिल्पी थे, पर शब्दों से परे वे बहुत कुछ तलाशते थे। उनके शब्द ललित नहीं, जमीनी थे। उनका पूरा रचना संसार साहित्य की चली आती प्रतीति और प्रतीकों से अलग था। उनकी कर्मठता, साहित्यिक और सांस्कृतिक विषयों में उनकी प्रखर सक्रियता, प्राचीन तथा आधुनिक साहित्य, धर्म, दर्शन, तंत्र, भाषाशास्त्र, लोक साहित्य, कला आदि विषयों में उनकी गहरी पैठ, विलक्षण स्मरण शक्ति, अध्ययन-चिन्तन-लेखन के प्रति पूर्ण जागरूकता आदि अनेकानेक गुण उनमें विद्यमान थे। उनके निबन्धों में ऐसे अनेक सूत्र बिखरे पड़े हैं जिन्हें अगर कोई खोल सके और जोड़ सके तो कई मौलिक ग्रंथों की रचना हो सकती है।

मिश्र जी के बारे में डॉ. यश गुलाटी ने ठीक ही कहा है कि "इनके निबन्धों में सहज चिन्तन और तीव्र अनुभूति का मणिकांचन संयोग मिलता है। इनकी शैली

रोचक, मार्मिक और हृदयस्पर्शी है। प्राचीन साहित्य, संस्कृति और परम्परा का गंभीर ज्ञान और आधुनिक जीवन के जटिल प्रश्नों के समाधान की दृष्टि की एक साथ उपस्थिति से संपन्न इनके व्यक्तित्व का बड़ा सुंदर अभिव्यक्तिकरण इनके निबन्धों में हुआ है। (हिन्दी के प्रतिनिधि निबन्धकार, (सं) सुरेश अग्रवाल, पृ. 163)। वस्तुतः वे चिन्तन, कथन और आचरण की अप्रतिम अन्विति के प्रतीक थे तथा लोक और शास्त्र के संगम। निबन्ध के क्षेत्र में मिश्र जी ने विषय चयन की दृष्टि से अद्‌भुत एवं वैविध्यपूर्ण क्षमता का परिचय दिया है। भारतीय संस्कृति एवं लोक साहित्य के मर्मज्ञ डॉ. विद्यानिवास मिश्र एक सफल ललित निबन्धकार होने के साथ-साथ अनेकानेक विधाओं के भी कुशल चितेरे थे। वे बहुमुखी व्यक्तित्व से दीप्त सर्जक थे। उनके लेखन का प्रवाह निरन्तर ऊर्ध्वगामी रहा।

पंडित विद्यानिवास मिश्र भाषा, भाषाविज्ञान, व्याकरण और काव्यशास्त्र की भारतीय और पश्चिमी परम्पराओं के अधीत विद्वान थे। लोक, लोक साहित्य, लोक संस्कृति और लोक जीवन के साथ उनका मानस एकाकार होकर लोक मानस बन गया था। इसी कारण वे लोक और शास्त्र का अद्‌भुत समन्वय कर सके। उनकी रचनाओं में उनके अध्ययन एवं चिन्तन के साथ लोक संस्कृति के उपादानों एवं अभिप्रायों की असाधारण समझ झलकती है। उनका शोधप्रबंध 'The Descriptive Technique Of Panini' पाणिनि पर सर्वाधिक प्रामाणिक अध्ययनों पर परिगणित है। रीति विज्ञान, भाषा दर्शन की पीठिका, हिन्दी की शब्द संपदा, हिन्दू धर्म जीवन में सनातन की खोज, हिन्दू धर्म दीपिका, महाभारत का काव्यार्थ, भाषा और संप्रेषण आदि का सृजन उनकी प्रतिभा का एक अनूठा आयाम है जिससे उनकी खोजी प्रवृत्ति का पता चलता है और साथ ही यह स्पष्ट होता है कि वे सफल निबन्धकार होने के साथ-साथ श्रेष्ठ भाषावैज्ञानिक भी थे।

पं. विद्यानिवास मिश्र द्वारा संपादित पुस्तक 'भारतीय भाषाशास्त्रीय चिन्तन' 1976 में राजस्थान हिन्दी ग्रंथ अकादमी, जयपुर से प्रकाशित हुई। इस संग्रह में कुल 16 निबन्ध संकलित हैं जो इस प्रकार हैं—भारतीय भाषा दर्शन की पीठिका, भारत और भाषाविज्ञान, शब्द विचार : भारतीय दृष्टिकोण, प्रतिपादित विचार, शब्द और अर्थ का स्वरूप, शब्दार्थ सम्बन्ध : नैयायिक दृष्टि, पाणिनीय व्याकरण की कतिपय विशेषताएँ, वक्रोक्ति की संकल्पना, शब्दार्थ सम्बन्ध : प्राचीन काव्यशास्त्र के अनुसार, स्फोटवाद का भाषा दर्शन, शब्दार्थ सम्बन्ध : अपोहवादी दृष्टिकोण, पाणिनीय विश्लेषण पद्धति के आधार, प्राचीन भारत में ध्वनि विज्ञान, वाक्य तथा वाक्यार्थ सम्बन्धी भारतीय मत, भाषा की चार अवस्थाएँ और वैदिक वाङमय में भाषादर्शन। इन सभी निबन्धों में भारतीय दर्शन के अनेकानेक सूत्र ऐसे बिखरे पड़े हैं जिन्हें जोड़ने पर हर एक अंग स्वतन्त्र ग्रन्थ के रूप में सामने आ सकता है। इस संग्रह के उद्देश्य को स्पष्ट करते हुए पंडित जी ने कहा है कि, 'भारतीय भाषाशास्त्रीय

चिन्तन' एक समवेत प्रयत्न है। इस संकलन का दुहरा उद्देश्य है, एक तो भारतीय चिन्तन की भाषाई धारा से भारत के प्रबुद्ध आधुनिक मानस को जोड़ना और दूसरे आधुनिक सन्दर्भ को भारतीय अस्मिता से प्रमाणित करने का प्रयत्नऔ करना।"((सं) विद्यानिवास मिश्र; भारतीय भाषाशास्त्रीय चिन्तन, पृ. 1)

'भारतीय भाषादर्शन की पीठिका' नामक अपने निबन्ध में मिश्र जी ने यह प्रतिपादित किया है कि भारतीय चिन्तन मूलतः वाक् केन्द्रित है। वाक् को देवताओं की धारिका तथा शक्ति के रूप में माना गया। अतः परिशुद्ध वाक् में कल्याण निहित है। मिश्र जी की मान्यता है कि भारतीय चिन्तन के अनुसार व्याकरण वेद का मुख है। अर्थात यदि भारत की विवर्तमान ज्ञान राशि के भीतर पैठना है तो यह केवल व्याकरण के द्वार से ही संभव है। यही कारण है कि भारतीय चिन्तन की भाषा व्याकरणमूलक है, पश्चिमी चिन्तन की तरह गणितमूलक नहीं। गणित स्वयं यहाँ व्याकरणमूलक है। पाणिनीय व्याकरण के लोप से ही गणित का शून्य उद्भूत हुआ, और व्याकरणात्मक राशियों से तथा रूप वृत्तों से अंकगणित और ज्यामिति ने आकार ग्रहण किया है।' (वही; पृ. 10)। भारतीय कला बोध की पीठिका वस्तुतः वाक् है। वाक् के कारण समस्त जगत वस्तु-अनुभाव्य आकार ग्रहण करता है और भारतीय साधना की पीठिका का नाम ध्यान है। मिश्र जी कहते हैं कि भारतीय चिन्तन में व्याकरण किस प्रकार ओतप्रोत है, इसको भारतीय जीवन पद्धति एवं भारतीय मूल्यबोध के आलोक में पाणिनि, पतंजलि तथा भर्तृहरि के द्वारा प्रतिपादित तत्वों के आधार पर देखना समीचीन होगा।

'पाणिनीय विश्लेषण पद्धति के आधार' नामक निबन्ध में व्याकरण परम्परा के शिखर पाणिनि की विश्लेषण पद्धति के प्रमुख आधार सूत्रों का प्रतिपादन किया गया है। पाणिनि ने व्याकरण शास्त्र में प्रयुज्यमान इकाई को पारिभाषित करने की पहली कसौटी के रूप में इकाइयों का द्वितात्मक (Binary) विभाजन को सामने रखा जिससे कि केवल सीमित क्षेत्र वाली इकाई की परिभाषा आवश्यक हो तथा उससे इतर अपने आप पारिभाषित हो जाय। दूसरी कसौटी थी कि भाषिक परिवेश को ही आधार बनाकर परिभाषाएँ की जाय। यह सिद्धान्त जेलिंग हैरिस के वितरण सिद्धान्त से भी अधिक विकसित एवं समावेशक है। इस सम्बन्ध में मिश्र जी की मान्यता है कि पाणिनि ने इस सूत्र के आधार पर भाषा व्यवहार को ही भाषा विश्लेषण में प्रमाण माना है। और साथ ही साथ अर्थात्मक, पदबंधात्मक, रूपात्मक और वर्णात्मक सभी प्रकार के परिवेशों की समग्रता को सामने रखते हुए ही अपनी कोटियों की परिभाषा की है, चूँकि भाषा संरचना की समग्रता उनके ध्यान में है और वही उनके लिए अंतिम प्रमाण है। उन्होंने भाषा के वर्णन के लिए भाषाई उपादान को ही पर्याप्त माना।

पाणिनि के वर्णात्मक व्याकरण का प्रारम्भ वाक्य को उक्ति (Utterance) की अनुभाव्य इकाई मानकर किया गया है और पूरा व्याकरण वाक्यगत सम्बन्धों के

प्रत्यायन (Representation) के रूप में बाँधा गया है। आज की भाषाशास्त्रीय शब्दावली के Sign के समीप, बुद्धिगोचर वाच्य अपने आपमें अर्थसंज्ञा (Signified) है। दोनों एक दूसरे में ओतप्रोत हैं। अर्थात न अर्थरहित वाक्य संभव है और न वाक्य के श्रव्य रूप के अभाव में अर्थ की संभावना है।

वस्तुतः मिश्र जी ने यह प्रतिपादित किया है कि "पाणिनि का व्याकरण वाक्य पर आधारित है, केवल पद व्याकरण नहीं है। क्योंकि पाणिनि ने पद की सत्ता वाक्य से ही मानी है।" (वही, पृ. 132)। उन्होंने यह दर्शाया है कि पाणिनीय विश्लेषण की विशेषता यह है कि वह भाषा के तत्वों का जहाँ विखण्डन प्रस्तुत करता है वहीं साथ-साथ उनका संश्लेष भी प्रस्तुत करता है। अर्थात यह व्याकरण भाषा की रचना की परख तो करता ही है, उस रचना के प्रसार की संभावनाएँ भी बढ़ाता है। इस तरह यह भाषा के सर्जनात्मक उद्देश्य की ही वस्तुतः पूर्ति करता है।

पाणिनि, पतंजलि और भर्तृहरी की चिन्तन संपदा से संपन्न दृष्टि के सहारे पं. विद्यानिवास मिश्र ने भारतीय भाषा चिन्तन को नई आधुनिक पीठिका प्रदान करने का अविस्मरणीय उद्यम किया। जिस प्रकार उन्होंने वाक् की सामान्य भाषिक चिन्तन की प्राक्कल्पना को भारतीय चिन्तन से जोड़कर उदात्त रूप प्रदान किया उसी प्रकार 'संप्रेषणपरक व्याकरण' पर अपने मौलिक चिन्तन द्वारा वाक्यपदीय (भर्तृहरी) के अनेक सूत्रों की नई व्याख्या करके ऐसे बिन्दु प्रतिपादित किए जो पाश्चत्य संप्रेषण सिद्धान्त को भी समृद्ध करने में समर्थ है। जैसे–

"(1) भाषिक अर्थ का सन्दर्भ शब्द और अर्थ से प्राप्त संकेत, संकेतित अर्थ के सन्दर्भ और संकेतक शब्द के सामंजस्य से आबद्ध होता है।
(2) इन तीनों में सामंजस्य रहने से ही संप्रेषण पूरा होता है।
(3) अकेले एक वाक्य से संप्रेषण की पूर्णता नहीं होती।
(4) प्रकरण अर्थ अर्थात वक्ता का अभिप्राय और औचित्य, देश, काल और परिस्थिति, ये सभी अर्थ ग्रहण में अपेक्षित होते हैं।
(5) व्याकरण न केवल पद का विश्लेषण है, न केवल वाक्य का अपितु यह पूरे वाचिक सन्दर्भ का विश्लेषण है।" (प्रो. दिलीप सिंह, भाषा का संसार, पृ. 59)

निष्कर्षतः यह कहना समीचीन होगा कि पं. विद्यानिवास मिश्र ने भारतीय व्याकरण और संप्रेषण पर व्यापक और गहन चर्चा के माध्यम से यह प्रतिपादित किया कि भारतीय भाषाशास्त्रीय चिन्तन में वाक् और वाचिक व्यवहार को इतना मूल्य दिया गया है कि वाक् को सृष्टि के समकक्ष माना। इसीलिए वे यह चाहते थे कि भारतीय समाज के दीर्घकालीन वाक्य पर चिन्तन का समग्र आकलन करके यह देखा जाए कि इसमें कितना कुछ ऐसा है जो सार्वभौम महत्व का हो सकता है। यही वह प्रस्थान बिन्दु है जहाँ से आधुनिक भाषाशास्त्रीय चिन्तन को आगे बढ़ने की दिशा मिल सकती है।

दिलीप सिंह का भाषा विमर्श
(अनुप्रयुक्त भाषाविज्ञान की सम्पूर्ण पड़ताल)

हिन्दी भाषाविज्ञान को एक सुनिश्चित रूप प्रदान करने और समृद्ध करने वाले भारतीय भाषा चिन्तकों डॉ. धीरेंद्र वर्मा, डॉ. रामविलास शर्मा, डॉ. देवेंद्रनाथ शर्मा, डॉ.विद्यानिवास मिश्र, डॉ. रवीन्द्रनाथ श्रीवास्तव, डॉ. सुरेश कुमार, डॉ. शिवेंद्र किशोर वर्मा, डॉ. राज़ाराम मेहरोत्रा, डॉ. भोलानाथ तिवारी, डॉ. कैलाशचन्द्र भाटिया और डॉ. हरदेव बाहरी की परम्परा को आगे बढ़ाने वाले हिन्दी भाषा चिन्तक के रूप में डॉ. दिलीप सिंह (जन्म : 8 अगस्त, 1951) का योगदान अत्यंत महत्वपूर्ण और उल्लेखनीय है। उन्होंने व्यावहारिक स्तर पर भाषा की सामाजिक भूमिका के व्याख्याकार के रूप में अपना विशेष स्थान बनाया है।

आधुनिक भाषाविज्ञान के सिद्धान्तों का हिन्दी भाषा और हिन्दी साहित्य के सन्दर्भ में अनुप्रयोग करना ही वस्तुतः भाषा चिन्तक प्रो.दिलीप सिंह की मुख्य चिन्ता है। उन्होंने अपने लेखन के माध्यम से आधुनिक भाषाविज्ञान और साहित्य चिन्तन के बीच की दूरी को पाट कर पाठ विश्लेषण की अपनी मौलिक प्रणाली का प्रतिपादन किया है। इसीलिए उन्हें समाजभाषाविज्ञान, शैलीविज्ञान, पाठ विश्लेषण, अनुवाद चिन्तन और भाषा शिक्षण के क्षेत्र में अन्तरराष्ट्रीय ख्याति प्राप्त है। अनुप्रयुक्त भाषाविज्ञान के क्षेत्र को उन्होंने अपनी लेखनी से समृद्ध किया है। उनकी मौलिक पुस्तकों में व्यावसायिक हिन्दी (1983), भाषा, साहित्य और संस्कृति शिक्षण (2007), पाठ विश्लेषण (2007), भाषा का संसार (2008), हिन्दी भाषा चिन्तन (2009), अन्य भाषा शिक्षण के बृहत सन्दर्भ (2010), अनुवाद की व्यापक संकल्पना (2011) और कविता पाठ विमर्श (2013) उल्लेखनीय हैं। उन्होंने अनेक पुस्तकों का संपादन भी किया है। उनमें समसामयिक हिन्दी कविता (1981), शैलीतत्व : सिद्धान्त और व्यवहार (1988), अनुवाद का सामयिक परिप्रेक्ष्य (स्मारिका,1999), साहित्येतर अनुवाद विमर्श (2000), भारतीय भाषा पत्रकारिता : एक अवलोकन (2000), अनुवाद : नई पीठिका, नए सन्दर्भ (2001), प्रेमचन्द की भाषाई चेतना (2006), अनुवाद का सामयिक परिप्रेक्ष्य (2009) और भाषा, साहित्य और लोक (2012) आदि सम्मिलित

हैं। इसके अतिरिक्त प्रो. रवेंद्रनाथ श्रीवास्तव की समग्र रचनाओं का भी उन्होंने संपादन किया है।

प्रो. दिलीप सिंह यह मानते हैं कि आज के बदलते परिप्रेक्ष्य में शिक्षा का उद्देश्य प्रयोजनपरक होना चाहिए। अतः उन्होंने दक्षिण भारत हिन्दी प्रचार सभा के स्नातकोत्तर पाठ्यक्रम को प्रयोजनपरक बनाया। 1983 में प्रकाशित उनकी पुस्तक 'व्यावसायिक हिन्दी' इसी उद्देश्य की पूर्ति करती है। इस पुस्तक का लेखन द्वितीय भाषा के रूप में हिन्दी भाषा और साहित्य शिक्षण सम्बन्धी सामग्री के अभाव की पूर्ति करने के लिए किया गया। यह पुस्तक प्रकार्यात्मक हिन्दी शिक्षण की उन आरंभिक पुस्तकों में से है जो यह बताती है कि हिन्दी के किस प्रयोजनमूलक रूप को किस परिप्रेक्ष्य में पढ़ाया जाए। यह पुस्तक उदाहरणों के साथ यह प्रतिपादित करती है कि प्रयोजनमूलक भाषा, भाषा का वह रूप है जिसका प्रयोग किसी विशेष अवसर या कार्य के लिए हो तथा जिसका ज्ञान अभ्यास या विशेष शिक्षा द्वारा प्राप्त किया जाए। स्पष्ट है कि आरम्भ में ही प्रो. सिंह ने प्रयोजनमूलक भाषा और निष्प्रयोजन भाषा की गलत बहस को रद्द कर दिया था।

प्रायः देखा जाता है कि भाषावैज्ञानिक अपने आपको साहित्य से और साहित्यकार एवं आलोचक भाषाविज्ञान से दूर रखते हैं। लेकिन प्रो. दिलीप सिंह यह मानते हैं कि साहित्यिक कृति में भाषा अध्ययन की तथा भाषा में सर्जनात्मकता की अनंत संभावनाएँ निहित हैं। 2007 में प्रकाशित पुस्तक 'भाषा, साहित्य और संस्कृति शिक्षण' इसी बात की पुष्टि करती है कि भाषा के माध्यम से साहित्य और संस्कृति को सीख सकते हैं और सिखा भी सकते हैं। साहित्यिक पाठ वस्तुतः सांस्कृतिक तत्वों से गूँथे होते हैं अतः किसी भी साहित्यिक पाठ को समझने और समझाने के लिए पहले उसमें निहित सांस्कृतिक तत्वों को पहचानकर उनका विश्लेषण करना अनिवार्य है। वे यह कहते हैं कि "साहित्यिक पाठ के सन्दर्भ में भी यह सर्व स्वीकार्य तथ्य है कि अधिकांश साहित्यिक पाठ सांस्कृतिक तत्वों से आबद्ध होते हैं अतः सांस्कृतिक संदर्भों का विकोडीकरण साहित्यिक पाठ के विश्लेषक/ शिक्षक के लिए अनिवार्य है।" (भाषा, साहित्य और संस्कृति शिक्षण, पृ. 187)। वे यह भी स्पष्ट करते हैं कि "शिक्षक की सजगता का अर्थ है, यह जानना कि प्रत्येक भाषा अपने अनुभव संसार को अपने ढंग से संयोजित और व्यक्त करती है। भौतिक धरातल पर ये तथ्य भले ही एक हों किन्तु बोधन के धरातल पर किसी भाषा समाज द्वारा अपनी विशिष्ट सामाजिक एवं सांस्कृतिक दृष्टि के कारण ये एक नए सन्दर्भ में ग्रहण किए जाते हैं।" (वही, पृ. 217)। इस पुस्तक में संस्कृति शिक्षण पर जोर दिया गया है। इस तरह की यह अनूठी पुस्तक है। इस पुस्तक के बारे में स्पष्ट करते हुए स्वयं लेखक ने कहा है, "भाषा, साहित्य और संस्कृति शिक्षण के बीच अन्तः क्रियात्मक प्रणाली का प्रतिपादन करने से यह पुस्तक अधिगम विकास की उस संकल्पना को साकार

करती है जिसमें शिक्षण की एक सीमा के बाद भाषा अध्येता स्वतः अपने प्रयास से अपनी भाषायी समझ और भाषा प्रयोग की शक्ति का विकास करने की ओर उद्यत होता है।" (वही, आवरण)।

प्रो. दिलीप सिंह कृतिकेन्द्रित आलोचना पर बल देते हैं। वे यह मानते हैं कि किसी साहित्यकार अथवा साहित्यिक कृति को समझने के लिए साहित्यिक पाठ का सम्पूर्ण विश्लेषण अनिवार्य है। प्रो.रवीन्द्रनाथ श्रीवास्तव के कथन 'कृति (साहित्यिक पाठ) की वस्तु भाषा के द्वारा ही नहीं अपितु भाषा के भीतर जन्म लेती है' से वे पूरी तरह सहमत हैं। वे मानते हैं कि "कृतिकेन्द्रित आलोचना रचना को गहराई के साथ पढ़ने और सूक्ष्म दृष्टि से किए गए अभिव्यक्ति के विश्लेषण के आधार पर पाठ की अद्वितीयता और उसकी अर्थच्छाया के उद्घाटन की महत्ता पर बल देती है।" (पाठ विश्लेषण, भूमिका)। 2007 में प्रकाशित पुस्तक 'पाठ विश्लेषण' में लेखक ने दो खण्डों (कविता सन्दर्भ और गद्य सन्दर्भ) में भक्तिकालीन कविता से लेकर समसामयिक हिन्दी साहित्य में निहित लोक, संस्कृति, समाज आदि का पाठ विश्लेषण प्रस्तुत किया है।

पाठ विश्लेषण के फलक को प्रो. दिलीप सिंह ने पाठ विमर्श के रूप में व्यापक फलक प्रदान किया है जिसे हिन्दी साहित्य समीक्षा के क्षेत्र में उनका सर्वथा मौलिक योगदान मना जाना चाहिए। भाषा के माध्यम से कविता के मर्म तक पैठने के सिद्धान्त और अनुप्रयोग की दृष्टि से 'कविता पाठ विमर्श' (2013) उनकी एक अनूठी पुस्तक है। इसके प्रारंभिक चार निबन्धों में पाठ विमर्श की सैद्धान्तिकी खड़ी की गई है (1) काव्य भाषा : गहि न जाइ अस अद्भुत बानी, (2) कविता : सो कबित्त कहावै (चित्त हरै जो प्रबीनन को), (3) कवि : भाषाबद्ध करबि मैं सोई, मोरे मन प्रबोध जेहि होई और (4) आलोचना : जिमि सिसुतन व्रण होहि गुसाईं, मातु चिराब कठिन की नाईं। इसके बाद हैदराबाद के 15 नए-पुराने, चर्चित-अचर्चित कवियों की प्रकाशित-अप्रकाशित कविताओं का सूक्ष्म विश्लेषण किया गया है। "साहित्यिक (खासकर कविता) पाठ में अभिव्यंजना के गठन को देखने का प्रयास इस विमर्श के केन्द्र में है। शैली का प्रश्न प्रत्येक रचनाकार को देखने का उद्दीपक बना है," (भूमिका, कविता पाठ विमर्श, पृ. 10)। शैलीविज्ञान की पाठ केन्द्रित प्रणाली पर आधारित 'कविता पाठ विमर्श' का यह लक्ष्य रहा है कि किसी पाठ की भाषा संरचना और उसमें अभिव्यक्त प्रसंग के घटकों के बीच यथोचित रीति से सह-सम्बन्ध स्थापित हो सके। पुस्तक की उपादेयता कविता और भाषा के पाठकों और समीक्षकों के लिए तो है ही, साहित्य शिक्षण के लिए भी यह कृति अपरिहार्य है। दरअसल प्रो. दिलीप सिंह यह मानते हैं कि "साहित्यिक प्रभाव, कलात्मक सौंदर्य और अभिव्यंजना की गहराई का संप्रेषण यदि भाषा पर आधारित और पाठ केन्द्रित करके किया जाय तो कृति (रचना या पाठ) पर अध्येता की पकड़ अधिक दृढ़ हो सकती है। अन्य भाषा

के साहित्य के लिए तो यह सदैव अपेक्षित है कि साहित्यिक रचनाओं का शिक्षण शैलीवैज्ञानिक विश्लेषण पर आधारित हो।" (वही, पृ. 12)।

भाषा के अभाव में मनुष्य समाज का अस्तित्व संभव नहीं है। हम भाषा के माध्यम से सब काम करते हैं परन्तु भाषा के बारे में जयादा नहीं जानते। जिस भाषा का प्रयोग हम दैनंदिन जीवन में करते हैं, उसके बारे में जानने और समझने का प्रयत्न नहीं करते। इतना ही नहीं उसके बारे में गलत धारणाएँ भी पाल लेते हैं। प्रो. दिलीप सिंह भाषा के प्रति सजग हैं अतः अपनी पुस्तक 'भाषा का संसार' (2008) में उन्होंने भाषा से संबंधित सिद्धान्तों, पाश्चात्य एवं भारतीय भाषा चितकों की मान्यताओं के साथ-साथ अनुप्रयुक्त भाषाविज्ञान की शाखाएँ और भाषा समुदाय, द्विभाषिकता, कोड मिश्रण और कोड परिवर्तन, भाषा द्वैत, भाषा नियोजन, पिजिन और क्रियोल, मानकीकरण और आधुनिकीकरण तथा अधिशासी और अधिशासित भाषाएँ जैसी आधुनिक संकल्पनाओं को स्पष्ट किया है। इस पुस्तक में उन्होंने जोर देकर यह प्रतिपादित किया है कि भाषाविज्ञान जड़ नहीं होता।

'हिन्दी भाषा चिन्तन' (2009) में प्रो.दिलीप सिंह ने सात खण्डों में मूलतः हिन्दी भाषा विषयक विमर्श का एक नया आयाम प्रस्तुत किया है। इस पुस्तक में उन्होंने भाषाविज्ञान के विकास में महिलाओं के योगदान का भी विवेचन किया है। आमतौर पर प्रयोजनमूलक हिन्दी कार्यालीन हिन्दी तक सीमित रह जाती है। पर लेखक ने यह स्पष्ट किया है कि कार्यालयीन हिन्दी प्रयोजनमूलक हिन्दी की एक शैली मात्र है। इसको विस्तार देते हुए उन्होंने 'हिन्दी की प्रयोजनमूलक शैलियाँ' शीर्षक खण्ड में व्यावसायिक हिन्दी की चर्चा करते हुए पत्रकारिता की हिन्दी और साहित्य समीक्षा के साथ-साथ 'पाक विधि की हिन्दी' की प्रयुक्ति का सोदाहरण विवेचन किया है। इस कृति में लेखक ने यह उद्घाटित किया है कि साहित्य से लेकर रसोई तक रस परिपाक का आधार भाषा ही है।

भाषा के बारे में विवेचन-विश्लेषण वस्तुतः भाषा में ही होता है। अतः भाषा साध्य भी है और साधन भी। यह सर्वविदित है कि हिन्दी भाषा के विकास, मानकीकरण, आधुनिकीकरण और सुनिश्चित व्याकरणिक संरचना की एक सुदृढ़ परम्परा रही है। हिन्दी भाषा का वैज्ञानिक अध्ययन ही 'हिन्दी भाषाविज्ञान' है। भाषाविज्ञान भाषा के व्याकरण सम्मत, शुद्ध तथा मानक रूप को अध्ययन सामग्री बनाता है, लेकिन सामाजिक व्यवहार में भाषा समरूपी न होकर विषमरूपी होती है। एक ओर समाज में भाषा के शैली भेद उपलब्ध हैं तो दूसरी ओर इसकी विविध बोलियाँ और सामाजिक व्यवहार के अनेकानेक विकल्प।

मानकीकरण की दृष्टि से हिन्दी भाषा की लिपि से लेकर उसके व्याकरणिक ढाँचे तक के महत्वपूर्ण पक्षों पर महावीर प्रसाद द्विवेदी तथा अनेकानेक विद्वानों ने समय समय पर विचार प्रकट किए हैं। साथ ही हिन्दी भाषा के शक्ति सामर्थ्य से

संबंधित अनेक गुत्थियों को भी सुलझाया गया। विश्व फलक पर उभर रहे भाषाई चिन्तन से हिन्दी भाषाविज्ञान को जोड़ने में डॉ. धीरेंद्रवर्मा का योगदान अनुपमेय है। उन्होंने हिन्दी भाषा की ऐतिहासिकता तथा उसकी बोली़गत, क्षेत्रगत एवं प्रयोगगत संभावनाओं का भी सूक्ष्म अध्ययन प्रस्तुत किया है। इस परम्परा को आगे बढ़ाने में अनेक भाषाविदों ने योगदान किया है और हिन्दी भाषा चिन्तन के विविध पक्षों को पुष्ट किया है। इस सन्दर्भ में प्रो.दिलीप सिंह (1951) की कृति 'हिन्दी भाषा चिन्तन' (2009, वाणी प्रकाशन, नई दिल्ली) मूलतः हिन्दी भाषा विषयक विमर्श के नए आयाम प्रस्तुत करती है।

प्रो.दिलीप सिंह ने अपने इस ग्रंथ (हिन्दी भाषा चिन्तन) में हिन्दी भाषा के विकास का भाषावैज्ञानिक विवेचन और विश्लेषण प्रस्तुत किया है। उनकी मान्यता है कि "हिन्दी भाषा के रचनाकारों, पोषकों, अनुवादकों (चाहे वे किसी प्रान्त या क्षेत्र के हों) ने हिन्दी भाषा के भीतर विशाल जन-जीवनों की आत्मा से बराबर तालमेल बनाए रखा है। इनको अब हिन्दी व्याकरण में उकेरना होगा। बनावटी, अनुवाद आश्रित, जन-संपर्क से दूर होती जा रही सामर्थ्यहीन हिन्दी का तिरस्कार करना भी इस व्याकरण के लिए जरूरी होगा। भाषा की शुद्धता या मानकता की दुहाई देकर हिन्दी भाषा के स्वाभाविक विकास और प्रयोग को; कहा जाय उसकी लचीली प्रकृति या ग्रहणवादी प्रकृति की आलोचना करने वाले शुद्धतावादियों से सावधान रहे बिना और भाषा-संपर्क एवं भाषा-विकास की स्वाभाविक व्याकरणिक परिणतियों का संकेत दिए बिना हिन्दी व्याकरण की परतों (layers) को नहीं टटोला जा सकता है। हिन्दी भाषा मात्र, एक 'व्याकरणिक व्यवस्था' नहीं है, वह हिन्दी भाषा समुदाय में 'व्यवस्थाओं की व्यवस्था' के रूप में प्रचलित और प्रयुक्त है; इस तथ्य के प्रकाश में निर्मित हिन्दी-व्याकरण ही भाषा के उन उपेक्षित धरातलों पर विचार कर सकेगा जो वास्तव में भाषा प्रयोक्ता के 'भाषाई कोष' की धरोहर हैं। कोई भी जीवन्त शब्द और जीवन्त भाषा एक नदी की तरह विभिन्न क्षेत्रों से गुजरती और अनेक रंग-गंधावली मिट्टी को समेटती आगे बढ़ती है। हिन्दी भी ऐसी ही जीती-जागती भाषा है। इसके व्यावहारिक विकल्पों को व्याकरण में उभारना, यही एक तरीका है कि हम हिन्दी को उसकी राष्ट्रीय-अन्तरराष्ट्रीय भूमिका में आगे ले जा सकते हैं।"

उक्त ग्रंथ के प्रथम खण्ड 'धरोहर' के अन्तर्गत हिन्दी के शब्द संस्कार की व्यापकता की चर्चा करते हुए यह स्पष्ट किया गया है कि डॉ. रघुवीर के पारिभाषिक शब्दावली कोश पर पुनर्विचार की आवश्यकता है ताकि जिन शब्द सूचियों की मदद अक्सर ली जाती हैं, उनकी रचना और बनावट को पुनः रेखांकित किया जा सके तथा उन्हें अधिक व्यावहारिक बनाया जा सके। हिन्दी की सामासिक संस्कृति पर विचार करते हुए प्रो. दिलीप सिंह ने यह रेखांकित किया है कि भाषा शिक्षण की सहायक सामग्री के रूप में व्याकरण एक अनिवार्य तत्व है। उनका मत है कि आज

व्यावहारिक अथवा संप्रेषणपरक व्याकरण की आवश्यकता है जिसके सहारे हिन्दी भाषा की वैविध्यपूर्ण प्रकृति अथवा उसकी सामाजिक यथार्थता को उद्घाटित किया जा सके। उच्चरित और लिखित भाषा के अन्तःसम्बन्धों एवं देवनागरी लिपि की वैज्ञानिकता की चर्चा भी की गई है। इस खण्ड में लेखक ने भाषाविज्ञान के विकास में महिलाओं के योगदान का भी विवेचन किया है जो स्त्रीविमर्श को नया आयाम प्रदान करता है तथा संभवतः अपनी तरह का इकलौता सर्वेक्षण है। दूसरे खण्ड 'हिन्दी का सामाजिक सन्दर्भ' के अन्तर्गत 'समाज भाषाविज्ञान' के सैद्धांतिक एवं व्यावहारिक दोनों पक्षों पर दृष्टि केन्द्रित की गई है। भाषिक क्षमता और भाषिक व्यवहार की चर्चा करते हुए आधुनिक भाषा अध्ययन के अनेक दृष्टिकोणों तथा अनुप्रयुक्त भाषाविज्ञान की भिन्न शाखाओं का परिचय कराया गया है। साथ ही समाज में व्यवहृत भाषा रूपों अर्थात पिजिन, क्रियोल, कोड मिश्रण, कोड परिवर्तन और भाषाद्वैत की संकल्पनाओं को स्पष्ट किया गया है। तीसरे खण्ड में मानकीकरण और आधुनिकीकरण की संकल्पनाओं की चर्चा करते हुए लेखक ने यह प्रतिपादित किया है कि यदि मानकीकरण के प्रयासों के साथ उसकी संभावनाओं पर दृष्टि केन्द्रित करनी है तो उसके खतरों से भी अवगत होना जरूरी है। चौथे खण्ड में भाषा विकास की चर्चा करते हुए लेखक ने यह स्पष्ट किया है कि दक्खिनी हिन्दी वस्तुतः हिन्दी के विकास की मजबूत कड़ी है। उन्होंने यह रेखांकित किया है कि "दक्खिनी हिन्दी काव्य भाषा भारत की सामासिक संस्कृति का एक अनुकरणीय स्वरूप लेकर हमारे सामने आज भी एक जीवन्त और ज्वलंत प्रमाण के रूप में उपस्थित है।" उन्होंने यह भी प्रतिपादित किया है कि 'हिन्दी और उर्दू को टुकड़ों में, खेमों में या खानों में विभाजित करना बेमानी है।' प्रयोजनमूलक हिन्दी वस्तुतः आज की जरूरत है। पाँचवे खण्ड में प्रयोजनमूलक हिन्दी की प्रयुक्तियों एवं उप-प्रयुक्तियों की स्वरूपगत विशेषताओं को समझाते हुए लेखक ने यह स्पष्ट किया है कि प्रयोजनमूलक हिन्दी के सन्दर्भ में अधिकांश अध्ययन और विवेचन 'कार्यालयीन हिन्दी' तक ही सीमित हो गए हैं। लेकिन वास्तव में प्रयोजनमूलक हिन्दी जीवन और समाज की विभिन्न आवश्यकताओं एवं दायित्वों की पूर्ति के लिए उपयोग में लाए जाने वाली हिन्दी है। छठे खण्ड में प्रयोजनमूलक हिन्दी की विविध शैलियों के अन्तर्गत व्यावसायिक हिन्दी की चर्चा करते हुए लेखक ने पत्रकारिता की हिन्दी और साहित्य समीक्षा के साथ-साथ पाक-विधि की प्रयुक्ति का सोदाहरण विवेचन किया है। इसमें सन्देह नहीं कि समीक्षा से रसोई तक रस परिपाक का आधार भाषा ही है और इस कृति में इसे अत्यंत रोचक ढ़ंग से उद्घाटित किया गया है। सातवें और अंतिम खण्ड में डॉ. दिलीप सिंह हिन्दी के प्रचार-प्रसार में दक्षिण भारत हिन्दी प्रचार सभा के योगदान को स्पष्ट किया है। यह सर्वविदित है कि स्वतंत्रता संघर्ष में हिन्दी राष्ट्रीय प्रतीक के रूप में उभरी। इसलिए दक्षिण भारत हिन्दी प्रचार सभा का प्रतीक चिह्न हृदयों

को जोड़ता हुआ यह घोषित करता है—"एक राष्ट्रभाषा हिन्दी हो, एक हृदय हो भारत जननी।" 1918 में स्थापित सभा का मुख्य उद्देश्य था, हिन्दी का प्रचार-प्रसार। राष्ट्रपिता महात्मा गाँधी इस संस्था के आजीवन अध्यक्ष रहे। 1927 में दक्षिण भारत हिन्दी प्रचार सभा एक स्वतंत्र संस्था के रूप में उभरी और 1964 में 'राष्ट्रीय महत्व की संस्था' बनी। इसी वर्ष मद्रास में उच्च शिक्षा और शोध संस्थान (विश्वविद्यालय विभाग) प्रारम्भ हुआ। तब से लेकर आज तक सभा अपने उद्देश्यों को क्रियान्वित कर रही है। उच्च शिक्षा और शोध संस्थान ने व्यावहारिक हिन्दी के पाठ्यक्रमों में एम.ए. स्तर पर साहित्य के साथ-साथ शैलीविज्ञान, सौंदर्यशास्त्र, सामान्य भाषाविज्ञान, हिन्दी भाषा की संरचना और इतिहास ही नहीं कार्यालयीन हिन्दी, व्यावसायिक हिन्दी, अनुवाद विज्ञान, तुलनात्मक अध्ययन, व्यतिरेकी विज्ञान तथा अन्य भाषा शिक्षण जैसे प्रयोजनमूलक हिन्दी के प्रश्न पत्र भी शामिल किए हैं। इस प्रकार के 'जॉब ओरियंटेड' पाठ्यक्रम छात्रों को रोजगार प्राप्त कराने में सक्षम हैं। इस प्रकार हिन्दी के प्रचार-प्रसार के साथ-साथ उच्च शिक्षा और शोध कार्यों के माध्यम से निरन्तर एक नई पीढ़ी को तैयार कर रही है ताकि हिन्दी अखिल भारतीय स्वरूप प्राप्त कर सकें।

यह निर्विवाद है कि भारत और भारतीय संस्कृति को समझने में हिन्दी की अहम भूमिका है। हिन्दी ने सम्पूर्ण विश्व का ध्यान अपनी ओर खींच रखा है। प्रो. दिलीप सिंह ने अपने एक लेख में विश्व भाषा के रूप में हिन्दी की शक्ति का भी बोध कराया है। यथा—"हम भारत के लोग विदेशों में हो रहे हिन्दी सम्बन्धी कार्यों को भी अनदेखा किए हुए हैं। इन्हें न तो हम कोई पहचान देते हैं और न ही महत्व। इस तरह की उदासीनता को सक्रिय जागरूकता में बदले बिना हिन्दी भाषा (साथ ही विदेशों में चल रहे तमिल, तेलुगु, बांग्ला भाषा कार्यक्रमों को भी) के अन्तरराष्ट्रीय सन्दर्भ को वह ऊँचाई नहीं मिल सकती जिसकी आकांक्षा है, उल्टा, इस तरह क़ी मनोवृत्ति से विदेशी भाषा के रूप में हिन्दी भाषा की गति-प्रगति बाधित होगी, नीचे की ओर ढुलकेगी। विदेश में हिन्दी का ध्वज रामायण के परिवेश में फहरा है। शायद ही दुनिया की कोई ऐसी भाषा हो जिसमें वाल्मीकी कृत 'रामायण' अथवा 'रामचरित मानस' का अनुवाद या व्याख्यानुवाद न हुआ हो। मीराँ, सूर, कबीर भी खूब अनूदित हुए हैं। रूसी भाषा में 'प्रेम सागर' (ए.पी.बारान्निकोव) का अनुवाद भी हुआ है। अपने अन्तरराष्ट्रीय सन्दर्भ में हिन्दी भाषा, मात्र एक भाषा नहीं, भारतीय संस्कृति, दर्शन और अध्यात्म की संवाहिका भाषा है। इस भावात्मक लगाव के कारण ही विश्व का झुकाव हिन्दी की ओर हुआ। हिन्दी साहित्य के अनुवाद कार्य में तथा हिन्दी में सृजनात्मक लेखन में इन देशों का योगदान अपना ऐतिहासिक महत्व रखता है। आज हमें इन कार्यों का अवलोकन-आकलन करते हुए इन्हें प्रोत्साहित करने और इनसे सम्बद्ध समस्याओं का समाधान करने का प्रयत्न करना चाहिए। भारत के विश्वविद्यालयों में इन कार्यों पर शोध हों, महत्वपूर्ण व्याकरणों, रचनाओं

का पाठ्यनक्रम में स्थान दिया जाय और भारत सरकार इन कार्यों को प्रकाशित कर सस्ते दामों पर उपलब्ध कराए। विश्व हिन्दी के विस्तार को भारतीय जनता से परिचित कराने पर ही हम हिन्दी-प्रेमी भारतीय का आत्म सम्मान बढ़ेगा और विदेशों में हिन्दी के लिए समर्पित प्रतिभाओं का उत्साह भी।"

प्रो.दिलीप सिंह मूलतः भाषा शिक्षक हैं। उन्हें द्वितीय भाषा और विदेशी भाषा के रूप में हिन्दी शिक्षण का व्यापक अनुभव है। हिन्दी में अन्य भाषा शिक्षण की सैद्धान्तिकी को व्यावहारिक रूप में प्रस्तुत करने वाली पुस्तकें काफी कम है। डॉ. सिंह ने इस कमी को दूर करने का यथाशक्ति प्रयास किया है। इस दृष्टि से 'भाषा, साहित्य और संस्कृति शिक्षण' के बाद 'अन्य भाषा शिक्षण के बृहत सन्दर्भ' (2010) विशेष रूप से ध्यान खींचने वाली किताब है। यह पुस्तक अन्य भाषा शिक्षण के परिवर्तनशील स्वरूप को सामने रखती है तथा संप्रेषण और शैली को आधार बनाती है। इसमें इलेक्ट्रॉनिक मीडिया और कंप्यूटर की भूमिका पर भी प्रकाश डाला गया है। वास्तव में यह किताब हिन्दी भाषा के अन्तरराष्ट्रीय सन्दर्भ को गढ़ने में अत्यंत उपयोगी हो सकती है। अन्य भाषा शिक्षण में शैलीविज्ञान और समाजभाषाविज्ञान का अनुप्रयोग इस पुस्तक की मौलिक विशेषता है।

हिन्दी के अन्तरराष्ट्रीय सन्दर्भ के निर्माण में अनुवाद का भी बड़ा महत्व है। प्रो. दिलीप सिंह अनुवाद चिन्तन से आरम्भ से ही जुड़े रहे हैं। अनुवाद विज्ञान के एक सफल अध्यापक के रूप में उन्होंने देश भर में ख्याति प्राप्त की हैं। 'साहित्येतर हिन्दी अनुवाद विमर्श', 'अनुवाद का सामयिक परिप्रेक्ष्य' (स्मारिका), 'अनुवाद : नई पीठिका, नए सन्दर्भ' और 'अनुवाद का सामयिक परिप्रेक्ष्य' (ग्रंथ) जैसी संपादित कृतियों के माध्यम से उन्होंने अनुवाद के चिन्तन और व्यवहार पक्ष के सभी आयामों को एकत्र करने का अनुष्ठान संपन्न किया है। इसका अगला चरण है 'अनुवाद की व्यापक संकल्पना' (2011) जिसमें बदलते भूमंडलीय समाजार्थिक संदर्भों में अनुवाद की नई भूमिका की व्याख्या की गई है। यहाँ प्रो. सिंह ने समतुल्यता के सिद्धान्त को पुनर्व्याख्यायित किया है और अनुवाद मूल्यांकन जैसे सर्वथा नए विषय पर इस पुस्तक में कई प्रारूप दिए गए हैं जो इसे शोधार्थियों और भाषा अध्येताओं के लिए विशेष उपयोगी बनाते हैं। भारत की बहुभाषिकता के सन्दर्भ में अनुवाद की उपादेयता को प्रतिपादित करने के अलावा यह पुस्तक अब तक के अनुवाद चिन्तन को सार रूप में प्रस्तुत करने के कारण इस विषय की अनिवार्य पुस्तक बन गई है।

इस प्रकार प्रो.दिलीप सिंह ने अपनी अब तक प्रकाशित कृतियों के माध्यम से हिन्दी भाषाविज्ञान और भाषा चिन्तन को ही परिपुष्ट नहीं किया है बल्कि निरन्तर सामाजिकता और व्यावहारिकता पर ध्यान केन्द्रित रखते हुए अनुप्रयुक्त भाषाविज्ञान को हिन्दी के सन्दर्भ में नई दिशा प्रदान की है।

पुनश्चः प्रो. दिलीप सिंह इधर दक्षिण भारत हिन्दी प्रचार सभा की मासिक

पत्रिका 'स्रवंति' में एक 'लेखमाला' लिख रहे हैं। नवंबर 2013 से आरम्भ इस लेखमाला का शीर्षक है 'कहाँ कहाँ से गुजर गया : किताबों के बहाने'। इसके अन्तर्गत वे प्रति माह किसी के भूली बिसरी पुस्तक की सृजनात्मक समीक्षा प्रस्तुत करते हैं जिसमें विवेच्य कृति के साथ समीक्षक की पाठकीय यात्रा का ब्यौरा दिया जाता है। पाठक की रचनाधर्मिता के विविध आयामों को विवेच्य पुस्तक के बहाने सामने लाने वाली इस शृंखला में लेखक का मूलतः भाषावैज्ञानिक व सहृदय साहित्य चिन्तक रूप संस्मरण और ललित निबन्ध की शैली में उभरता दीखने के कारण सर्वथा नई और अनाम विधा की यह लेखमाला पाठकों और समीक्षकों को विशेष रूप से आकर्षित कर रही है।

❑❑